지능의 기원

우리의 뇌 그리고 AI를 만든 다섯 번의 혁신

맥스 베넷 김성훈 옮김 | 정재승 감수

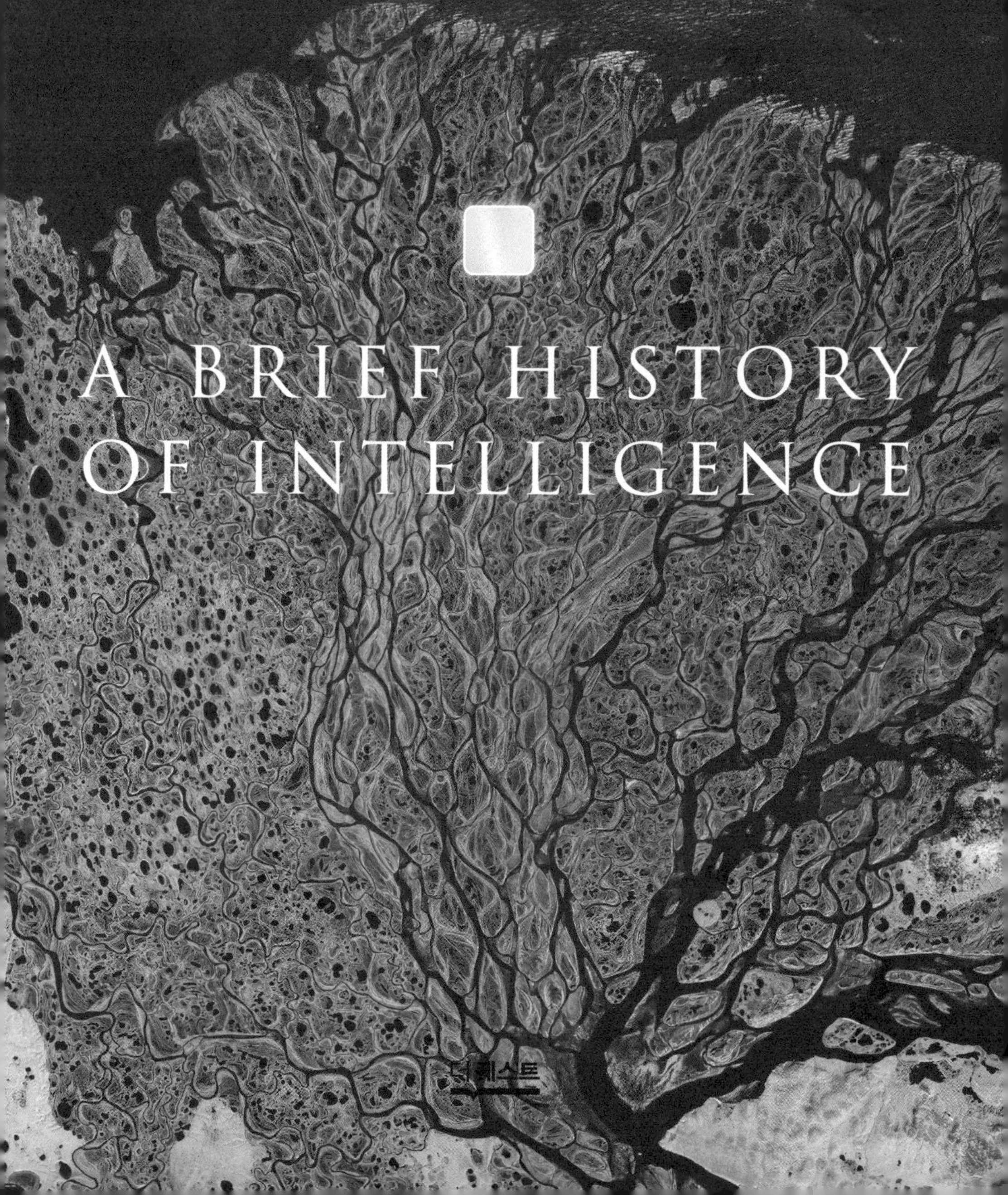

아내 시드니에게 이 책을 바친다.

먼 미래에는 훨씬 중요한 연구 분야가 열릴 것이다.
심리학은 각각의 정신적 힘과 능력의 단계에 따른
필연적 습득이라는 새로운 토대 위에 세워질 것이다.
인간의 기원과 역사에 새로운 빛이 드리울 것이다.

찰스 다윈(1859)

이 책을 향한 찬사

《지능의 기원》에 실린 내용이 믿을 수 없을 정도로 놀라웠던 나머지 책을 다 읽고도 다시 펼쳐들 수밖에 없었다.

- 대니얼 카너먼, 노벨경제학상 수상자, 《생각에 관한 생각》 저자

이 책은 뇌에 대해 항상 알고는 싶었지만 감히 물어보지 못했던 모든 것을 밝혀준다. 정말 놀라운 책이다. 지난 세기 동안 신경과학에서 이룬 모든 발견을 아름답게 구성한 진화 이야기에 녹여냈으며, 고대의 작은 생명체에서 시작해 사고력과 호기심을 갖춘 현재의 우리가 되기까지 뇌가 점진적으로 정교해지는 과정을 완벽하게 추적한다. 이 책은 백과사전만큼 포괄적인 내용을 대단히 일관성 있게 엮어냈다.

- 칼 프리스턴, 전 세계적으로 가장 많이 인용된 신경과학자 1위

베넷이 뇌의 진화에 관해 발표한 과학 논문 두 편은 정말 놀라웠다. 그 내용이 이 멋진 책 《지능의 기원》으로 탄생했다는 것이 기쁘다. 풍부한 정보를 누구나 쉽게 읽을 수 있도록 전문용어를 남발하지 않고 명료한 문장으로 풀어낸 것이 돋보이는 이 책을 통해 다른 사람들도 나와 같은 감정을 느끼기 바란다.

- 조지프 르두, 뉴욕대학교 신경과학 · 심리학 교수,
《불안》 《우리 인간의 아주 깊은 역사》 저자

이 책은 과학이자 하나의 예술에 가깝다. 정말 놀라울 정도로 광범위한 영역을 다루는 이 책은 관련된 과학지식을 통합해 인간의 정신이 어떻게 탄생했는지 보여준다. 야심만만한 이 책은 유익하면서도 엄격하게 사실에 기반하며 근거 없는 추측은 피한다. 나는 거대한 진화적 틀 안에서 인간의 본성을 설명하려는 이 용감한 프로젝트에 깊은 감명을 받았지만 베넷이 사실상 불가능한 도전에 성공했다는 점에 훨씬 큰 감명을 받았다.

- 쿠르트 코트르샬, 2010년 오스트리아 올해의 과학상 수상자, 《늑대-개-인간》 저자

젊고 신선한 지성인의 순수한 열정과 기백, 지적 활력, 때 묻지 않은 유쾌한 호기심, 지성, 용기로 뭉친 걸작이다. 젊은 학생부터 기성 학자까지 누구든 이 책을 통해 새롭게 눈을 뜰 것이다.

- 에바 야블롱카, 텔아비브대학교 콘연구소 교수,
《4차원에서의 진화》 《예민한 영혼의 진화》 공저자

베넷은 뇌가 어떻게 진화했고 작동하는지를 생동감 넘치게 설명한다. 이 책은 새로운 통찰로 가득한 매력적이고 이해하기 쉬운 책이다.

- 켄트 베리지, 미시간대학교 신경과학·심리학 교수,
그라베마이어 심리학 부문 수상자

저자가 흥미롭고 유익하게 풀어낸 이 뇌의 자연사는 역작이다! 덕분에 나의 뇌가 행복해졌다. 당신의 양쪽 귀 사이에 자리 잡은 1.35킬로그램짜리 회색 덩어리에 조금이라도 관심이 있는 사람이라면 이 책을 읽기 바란다.

- 조너선 밸컴 박사, 《물고기는 알고 있다》《슈퍼 파리》 저자

이 책은 인간의 지능에서 핵심 요소들을 관통하는 흥미로운 여정을 제공하며, 우리가 누구이고 인간이 된다는 것은 어떤 의미인지에 관해 중요한 이야기를 담고 있다. 세상과 상호작용하는 능력이 더 복잡해지는 계기가 된 다섯 번의 혁신은 이야기를 전개하는 새로운 진화적 틀을 제시한다. 가독성 높고 매력적인 문체로 쓰인 이 책을 강력히 추천한다.

- 데이비드 레디시, 미네소타대학교 신경과학과 교수,
《뇌 속의 마음》《선택 방식의 변화》 저자

뇌를 이해하고 싶은 사람, 인공일반지능을 구축하는 일에 관심이 있는 사람이라면 이 책을 꼭 읽어야 한다. 이 책은 역사라는 가면을 쓰고 있지만 사실은 앞날을 내다본다. 다양한 신경계의 해부학, 생리학, 행동에 관한 방대하고 상세한 정보를 일관된 진화 이야기에 담아서 최신 컴퓨터공학의 맥락과 함께 설명한다. 정말 즐겁게 읽을 수 있는 책이니 놓치지 않기를 바란다!

- 딜립 조지, 딥마인드 연구자이자 바이케리어스 AI의 공동 창업자

나는 내가 아는 모든 사람에게 이 책을 추천하고 있다. 지능이란 무엇이며 생명의 여명기부터 어떻게 발전해왔는지에 대해 진정으로 참신하고 아름답게 말하는 책이다.

- 앤절라 더크워스, 《그릿》 저자

〔 이 책을 감수하고 추천하며 〕

지능의 역사라는 무대에서 펼쳐진 인간 뇌의 경이로운 여정

책을 감수하는 과정은 대개 고역이다. 오역을 놓치지 않기 위해 신경을 쓰다 보니 종종 머리가 아프다. 하지만 흥미로운 책, 수려하게 번역된 글을 만나면 오히려 즐겁다. 무엇보다 번역본을 가장 먼저 읽는 '첫 번째 독자'로서의 기대감은 좋은 책일수록 충만한 즐거움으로 이어진다. 이 책이 바로 그랬다.

맥스 베넷은 뉴욕에 기반을 둔 인공지능 기업 알비의 공동 창업자이자 최고 경영자로서, 테크 기업들 중에서 두각을 나타내는 기업인이다. 그는 이전에 블루코어의 공동 창업자이자 최고 제품 책임자로서, 전 세계의 유명 브랜드들이 마케팅을 개인화하도록 돕는 AI 기술을 개발하고 상품화를 했다. 최근 블루코어는 기업 가치가 10억 달러를 넘어섰으며, 미국에서 가장 빠르게 성장하는 기업 순위인 Inc. 500에 여러 차례 이름을 올리기도 했다.

그런 그가 신경과학 관점에서 지능의 탄생과 역사를 기술한 책을 출간한 것은 이례적인데, 그의 이력을 보면 놀랍진 않다. 맥스 배넷은 인공지능 관련

기술에 대한 특허를 여러 개 보유하고 있을 뿐 아니라 진화신경과학과 지능을 주제로 한 다수의 논문을 학술지에 발표했다. 그의 학문적 호기심과 기업가로서의 실용주의가 결합된 이 책에는 인공지능과 인간 지능의 미래에 대한 독특한 통찰이 담겨 있다. 그것이 이 책의 매력이다.

다섯 번의 놀라운 혁신

인류가 지닌 지적 능력의 기원과 진화를 이해하는 것은 뇌과학자들에게도 여전히 도전적인 질문이다. 맥스 베넷의 《지능의 기원》은 이러한 궁금증에 답을 제시하고 있으며, 우리의 지능이 어떻게 형성되었고 어디로 향하는지를 깊이 있게 탐색하는 탁월한 저작이다. 뇌과학과 진화생물학, 철학의 경계를 넘나들며 인간 지능의 역사를 총체적으로 서술하고 있기에, 인류 문명의 근원에 대한 호기심을 가진 독자들에게 강력히 추천할 만한 역작이다.

이 책의 핵심은 지능의 진화가 수억 년에 걸쳐 다섯 번의 혁신적인 도약을 통해 이뤄졌다는 것을 강조하는 데 있다. 약 5억 5,000만 년 전, 단순한 방사대칭생물에서 좌우대칭동물이 출현하며 '조종을 통한 탐색 능력'이 발달하게 됐는데, 이는 환경을 능동적으로 탐색하고 자극에 반응하는 신경 구조의 형성을 촉진했다. 약 5억 년 전에는 초기 척추동물의 등장으로 '강화학습 능력'이 부각되었다. 새로운 뇌 구조의 발달로 보상과 처벌을 통한 학습이 가능해졌으며, 이는 복잡한 행동 패턴의 습득과 환경 적응을 가속화했다. 세 번째 혁신은 초기 포유류에서 보인 변화로, 대뇌 새겉질(신피질)의 발달과 함께 시뮬레이션 능력이 진화했다. 이는 미래 상황을 예측하고 다양한 가상의 시나리오를 경험함으로써 생존 전략을 세우는 데 중요한 역할을 했다. 네 번째 혁신으로서, 영장류의 진화 과정에서는 정신화 능력이 두드러졌다. 다른 사람의 마음을 이해하고 모방하며 미래의 필요를 예측하는 능력은 사회적 상호작용과 협력을 촉진해 복잡한 사회 구조가 형성될 수 있게 했다. 마지막으로 초기 인류는 언어 능력을 통해 도구를 제작하고 지식을 세대 간에 전파할 수 있었다. 기존의 신경 구조를 재조정해서 언어학습 프로그램이 형성되었으며, 이를 통해 복잡한 개념의 전달과 문화의 축적이 가능해진 것이다.

이러한 다섯 번의 혁신적 도약은 인간 지능의 복잡성과 적응력을 형성하는 데 결정적인 역할을 했다. 맥스 베닛은 이 다섯 번의 혁신이 신경 구조와 기능에 중요한 도약을 이뤄냈고 오늘날의 인간 지능을 탄생시킬 수 있었음을 강조한다. 이러한 발상이 독창적인 이유는 지능의 발달을 뇌의 진화적 혁신과 환경 적응이 상호작용한 결과로 설명한다는 데 있다. 저자는 지능을 단순히 신경망의 복잡성이 증가한 결과로 보지 않고, 각 진화 시기마다 특정한 생존 도전과 환경적 요구에 맞춰 신경회로가 혁신적으로 재구성되었음을 강조한다. 특히 이러한 혁신이 무작위적이거나 일률적인 과정이 아니라, 생물학적 진화와 인지적 필요가 정교하게 맞물린 결과임을 보여준다. 이러한 접근은 지능을 이해하는 데 있어 진화적 관점과 신경과학적 메커니즘을 통합하는 새로운 시각이기에 지능 연구자들에게 신선한 통찰을 제시한다.

인공지능은 어디로 가는가?

《지능의 기원》은 인간 지능의 진화를 설명하는 데 그치지 않고 미래 인공지능의 발전 방향에 대한 비전을 제시한다. 맥스 배넷은 먼저 인간 지능과 인공지능의 비교를 통해 기술 낙관주의에 신중한 질문을 던진다. 그는 AI가 아무리 발전해도, 인간의 고유한 정서적·사회적 맥락과 진화적 배경을 완전히 모방할 수 없다고 주장한다. 인간 지능이 결코 단순한 알고리즘으로 환원될 수 없는 복합적이고 미묘한 시스템이라는 뜻이다. 기술이 발전하더라도 인간의 창의력, 직관, 사회적 협력이라는 고유한 특성은 결코 대체할 수 없다고 역설한다. 이 책은 우리가 인공지능과 기술에 압도당하지 않고, 인간 지능의 본질을 재발견하고 균형을 유지해야 한다는 중요한 메시지를 품고 있다.

뇌과학자의 시각에서 볼 때도 이 책은 각별한 의미가 있다. 이 책에 담긴 통찰은 뇌과학이 홀로 설 수 없으며, 그동안 크게 관심을 두지 않았던 진화생물학의 관점을 적극 수용해 지능 연구의 패러다임을 재정립해야 한다는 점을 강조하고, 지능 연구에서 다학제적 접근이 필수적임을 일깨워준다. 또한 맥스 배넷은 복잡하고 불확실한 세계에서 지속적인 학습과 적응의 중요성을 강조한다. 인류의 지능이 진화의 과정에서 끊임없이 재구성되었듯, 현대인 역시 변화하는 환경에 맞서 지적 유연성과 비판적 사고를 발휘해야 한다고 말이다. 저자는 우리의 뇌가 여전히 성장하고 적응할 수 있음을 일깨우며, 자기계발과 평생 학습을 통해 더 나은 미래를 준비하라는 지적 도전장을 내민다.

맥스 배넷의 《지능의 기원》은 단순한 뇌과학책이 아니다. 이 책은 신경과학뿐 아니라 진화생물학, 비교심리학, 인공지능 분야의 연구를 종합해 인간 지능의 기원을 새로운 시각에서 조명한다. 이것은 인류 지능의 기원과 진화를 아우르는 사고의 향연이자 우리 자신이라는 지적 존재에 대한 성찰로 이끄는 초대장이다. 맥스 배넷은 지능의 역사라는 무대에서 인간 뇌의 경이로운 여정을 생생하게 그려내며 인간의 본질을 향해 나아가도록 우리 모두를 응원한다. 뇌과학자뿐 아니라 인공지능 연구자, 철학자 그리고 인간의 본질에 관심이 있는 모든 사람의 마음을 지적으로 흔들어놓는다. 이 책을 덮을 때쯤, 독자는 인간 지능이라는 놀라운 기적에 다시 한 번 경외감을 표하게 될 것이다.

정재승(KAIST 뇌인지과학과 교수, 융합인재학부 학부장)

사람 뇌의 기초 구조

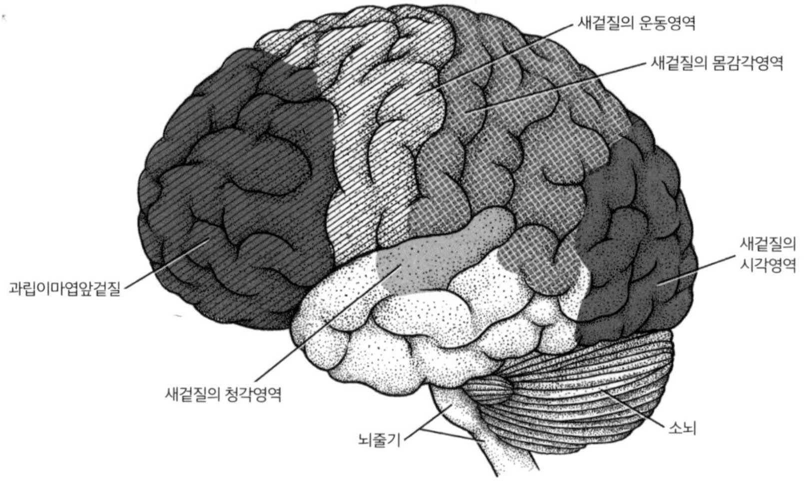
새겉질의 운동영역
새겉질의 몸감각영역
새겉질의
시각영역
과립이마엽앞겉질
새겉질의 청각영역
뇌줄기
소뇌

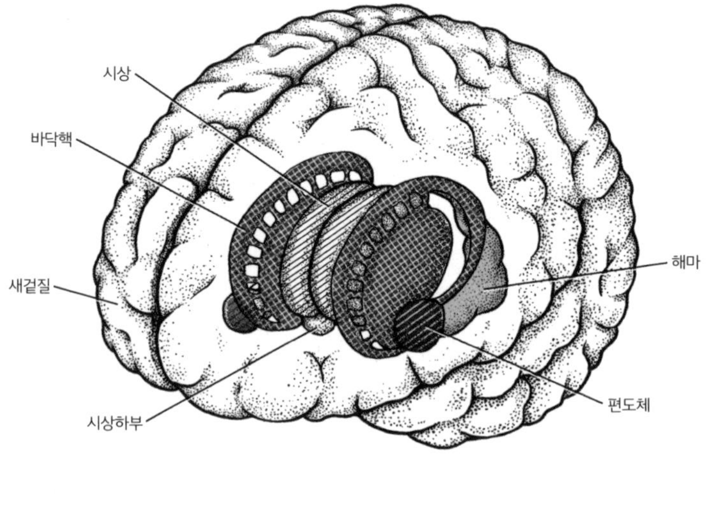
시상
바닥핵
해마
새겉질
편도체
시상하부

우리의 진화 계통

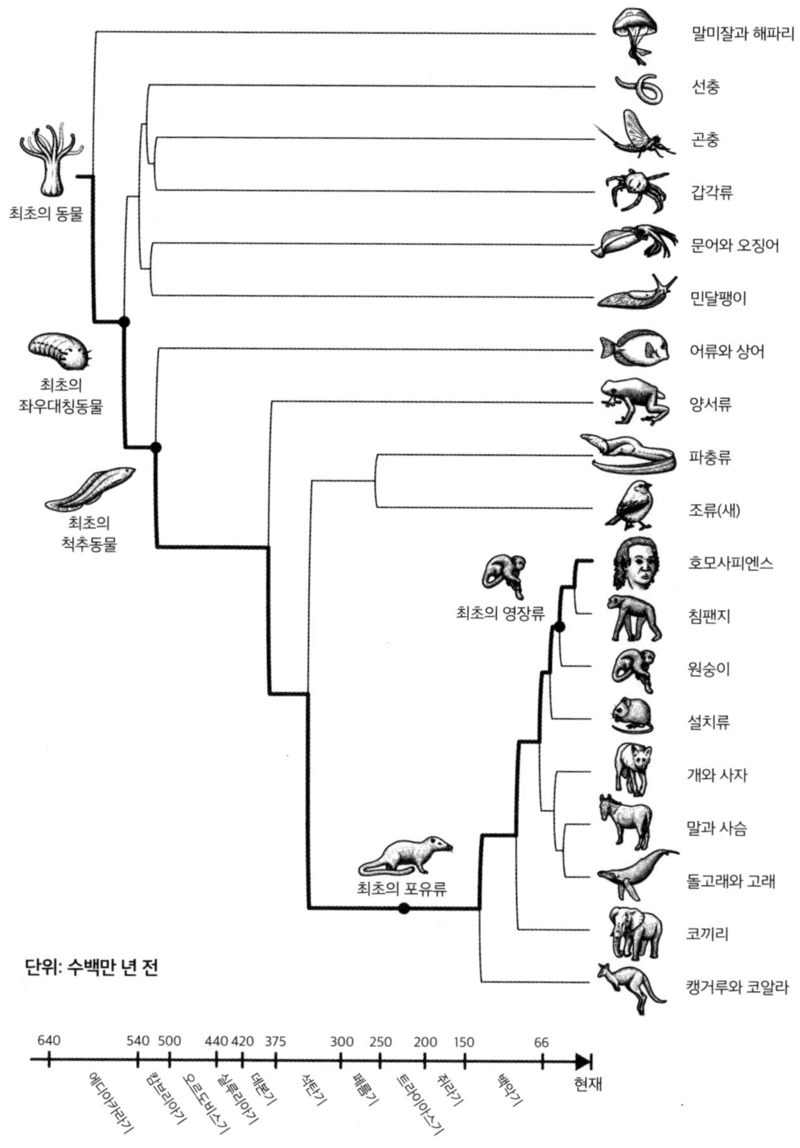

말미잘과 해파리
선충
곤충
갑각류
문어와 오징어
민달팽이
어류와 상어
양서류
파충류
조류(새)
호모사피엔스
침팬지
원숭이
설치류
개와 사자
말과 사슴
돌고래와 고래
코끼리
캥거루와 코알라
최초의 동물
최초의 좌우대칭동물
최초의 척추동물
최초의 영장류
최초의 포유류
단위: 수백만 년 전
640
540
500
440
420
375
300
250
200
150
66
현재
에디아카라기
캄브리아기
오르도비스기
실루리아기
데본기
석탄기
페름기
트라이아스기
쥐라기
백악기

AI의 눈으로 인류 지능의 역사를 재구성하다

우주 진출 경쟁, 쿠바 미사일 위기, 소아마비 백신 도입 등으로 전 세계가 떠들썩했던 1962년 9월, 사람들에게 잘 알려지지 않았지만 인류의 역사에서 다른 사건들만큼이나 중요한 이정표가 하나 세워졌다. 1962년 가을에 나온 미래 예측이었다.

100년 후의 미래를 살아가는 한 가족의 이야기를 그린 만화 〈우주 가족 젯슨The Jetsons〉이 새롭고 화려한 총천연색의 미국 TV 화면에 첫선을 보였다. 이 만화는 시트콤이라는 가면을 썼지만 사실 미래의 인류가 어떤 삶을 살지, 어떤 기술이 그들의 주머니를 채우고 집안을 꾸며줄지 예측하는 내용이었다.

〈우주 가족 젯슨〉은 영상통화, 평면 TV, 스마트폰, 3차원 프린팅, 스마트워치 등의 발명을 정확하게 예측했다. 1962년만 해도 실현될 것이라 생각하지 않았던 이 기술들이 2022년에는 모두 보편화되었다. 하지만 그중에서 지금까지도 만들지 못해서 나중을 기약하는 한 가지 기술이 있었다. 바로 로지Rosey라는 이름의 자율 로봇이다.

로지는 아이들과 가사를 돌보며 젯슨 가족을 돕는 관리 로봇이다. 당시 여섯 살이었던 엘로이가 학업을 따라가기 힘들어하자 숙제하는 것을 로지가 도와주었다. 열다섯 살짜리 딸 주디에게 운전을 가르쳐준 것도 로지였다. 로지는 요리를 하고 음식을 식탁에 차리고 설거지를 했다. 로지는 충성스럽고 세심하며 농담에도 곧잘 대처했다. 그녀는 가족 간의 불화나 오해가 생기면 개입해서 가족들이 서로의 관점을 이해할 수 있게 도와주었다. 한번은 엘로이가 엄마를 위해 쓴 시를 읽고 눈물을 보이기도 했다. 심지어 로지 자신이 사랑에 빠지는 에피소드도 있었다.

바꿔 말하면 로지에게는 사람의 지능이 있었다. 그냥 물리세계에서 복잡한 과제를 수행하는 데 필요한 추론, 상식, 운동기술만 있는 것이 아니라 성공적으로 사회적 삶을 살아가는 데 필요한 공감, 상대방의 관점을 이해하는 능력, 사교성도 갖추고 있었다. 작중 인물인 젯슨 가족의 엄마 제인의 말을 빌리면 로지는 '가족 같은 존재'[1]였다.

〈우주 가족 젯슨〉에서 예측한 스마트폰과 스마트워치는 상용화됐지만 로지 같은 로봇이 탄생하려면 갈 길이 멀다. 이 책이 인쇄에 들어간 시점을 기준으로 볼 때 로지의 가장 기본적인 행동들조차 우리가 아직 닿지 못하는 먼 곳에 있다. 그냥 식기세척기에 설거지할 그릇을 차곡차곡 쌓을 수 있는 로봇만 개발해도 판매 1위는 따놓은 당상이지만 지금까지 이런 시도는 모두 실패했다. 이는 기계공학적 문제가 아니라 지능의 문제다. 싱크대 안에 있는 물체를 식별하고 제대로 들어 올린 다음 깨뜨리지 않고 식기세척기에 쌓는 능력은 생각한 것보다 훨씬 어려운 일로 밝혀졌다.

아직 로지 같은 로봇은 나오지 않았지만 1962년 이후로 인공지능artificial

intelligence, AI은 놀라운 발전을 이룩했다. AI는 이제 체스나 바둑 같은 게임에서 인간 챔피언을 이기고, 영상의학과 전문의처럼 방사선 이미지에서 종양을 찾아낸다. AI가 자동차 자율주행을 선보일 날도 멀지 않았다. 지난 몇 년 동안은 대형언어모델large language model, LLM*에서 이룬 새로운 발전 덕분에 챗GPTChatGPT 같은 제품도 세상에 나올 수 있었다. 2022년 가을에 출시된 챗GPT는 시를 짓고 언어를 번역하고 심지어 악보 코드도 작성할 수 있다. 전 세계 고등학교 교사들이 탄식할 일도 있다. 어느 용감한 학생이 어떤 주제든 질문만 던지면 챗GPT는 즉각적으로 독창적인 리포트를 척척 써낸다. 챗GPT는 심지어 전체 변호사의 90퍼센트보다 높은 점수를 받아 변호사 자격시험도 통과한다.

AI 발전의 긴 여정에서 사람 수준의 지능을 만들어내는 데 얼마나 가까워졌느냐는 질문에 답하기는 늘 어려웠다. 1960년대에 문제해결 알고리즘을 만드는 데 성공한 후에 AI의 선구자 마빈 민스키Marvin Minsky는 이와 같이 선언한 것으로 유명하다. "앞으로 3년에서 8년 안에 평균적인 사람의 일반지능을 갖춘 기계가 등장할 것이다." 하지만 그런 일은 일어나지 않았다. 1980년대에 전문가시스템expert system**이 성공을 거둔 후에 《비즈니스위크Business Week》에서는 이렇게 선언했다. "AI는 우리 곁에 와 있다." 하지만 얼마 지나지 않아 발전이 멈췄다. 그리고 지금은 LLM의 등장으로 많은 연구자가 다시금 "사람 수준의 AI를 완성하기 직전이다.[2] 이제 게임은 끝났다"라고 주장한다. 과연 그럴까? 우리는 마침내 로지처럼 사람과 비슷한 AI를 만들 수 있는 단계에

* 레이블링되지 않은 방대한 양의 글을 학습하는 인공지능 모델-옮긴이

** 전문가와 동일하거나 그 수준 이상의 문제해결 능력을 갖추도록 만들어진 시스템-옮긴이

도달했을까? 아니면 챗GPT 같은 LLM은 앞으로 수십 년 더 가야 할 여정에서 단지 가장 최근에 거둔 성과일 뿐일까?

이 목표에 우리가 얼마나 가까워졌는지 판단하기란 점점 더 어려워지고 있다. 만약 AI 시스템이 한 과제에서 사람보다 더 뛰어난 성과를 낸다면 사람이 문제를 해결하는 원리를 그 AI 시스템이 이해했다는 의미일까? 사람보다 훨씬 빠른 속도로 계산하는 계산기는 실제로 수학을 이해하는 것일까? 변호사 시험에서 대부분의 변호사보다 더 높은 점수를 받은 챗GPT는 법률을 실제로 이해했을까? 그 차이를 어떻게 구분할 수 있을까? 그리고 그런 차이는 어떤 상황에서 중요한 의미를 갖게 될까?

현재 사회 곳곳에 빠르게 확산되는 챗GPT가 출시되기 1년 전인 2021년에 나는 그 전신인 GPT-3라는 LLM을 사용하고 있었다.* GPT-3는 인터넷 전체에서 수집한 방대한 텍스트를 바탕으로 훈련을 했고, 프롬프트prompt가 주어지면 이 말뭉치corpus를 이용해서 가장 가능성이 높은 대답을 내놓는 패턴매칭pattern matching을 시도했다. "개가 기분이 안 좋을 수 있는 두 가지 이유는?"이라고 질문하면 GPT-3는 이렇게 대답했다. "개가 기분이 안 좋을 수 있는 두 가지 이유는 배가 고프거나 덥기 때문입니다." 이 시스템의 새로운 구조 중 뭔가가 시스템으로 하여금 적어도 겉보기에는 놀라운 지능 수준으로 질문에 대답할 수 있는 능력을 부여했다. GPT-3는 자신이 읽었던 사실, 예를 들어 개에 대한 위키피디아 내용과 기분이 나쁜 원인에 대한 다른 인터넷 페이지의 내용을 일반화해 한 번도 본 적 없는 새로운 질문에 맞춰 대답의 범위를 확장할 수 있었다. 2021년에 나는 이 새로운 언어모델을 적용할 다른 응

* 2024년, 챗GPT는 GPT-3의 오류를 개선한 GPT-4o 버전의 기술을 사용한다. - 옮긴이

용 분야를 탐색했다. 이 모델을 이용한다면 정신건강 지원시스템, 보다 원활한 고객서비스 또는 더 평등하게 의학 정보에 접근할 기회를 제공할 수 있지 않을까?

GPT-3와 상호작용하는 시간이 길어질수록 나는 그 성취와 오류 모두에 마음을 사로잡혔다. GPT-3는 어떤 면에서는 대단히 똑똑하다가도 어떤 면에서는 이상할 정도로 멍청했다. GPT-3에게 18세기 감자 농업*과 세계화의 관계를 주제로 논문을 작성해달라고 요청하면 놀라울 정도로 논리적인 논문을 받아볼 수 있다. 그런데 '창문 없는 지하실에서 위를 올려다 보면 무엇이 보일까?'라는 상식적인 질문을 하면 완전히 비상식적으로 대답한다.[3] GPT-3는 어째서 어떤 질문에는 올바르게 답하고 어떤 질문에는 그러지 못할까? GPT-3가 인간의 지능 중 어떤 특성은 포착하고 어떤 특성은 놓치고 있는 것은 아닐까? 그리고 AI의 발전 속도가 점점 빨라지면서 AI가 어떤 해에는 대답하기 어려웠던 질문에 그다음 해에는 쉽게 대답하는 이유가 무엇일까? 실제로 2023년 초에 출시된 GPT-3의 업그레이드 버전인 GPT-4는 GPT-3를 괴롭혔던 많은 질문에 올바르게 답했다. 하지만 이 책 뒤에서도 살펴보겠지만 GPT-4는 아직도 인간 지능의 본질적 특성, 곧 인간의 뇌에서 실제로 일어나는 현상을 포착하지 못하고 있다.

실제로 AI와 인간 지능의 차이를 확인하면 당혹스럽기 그지없다. 어째서 AI는 체스 게임을 지구상의 모든 인간을 압도할 정도로 뛰어나게 잘하는데, 식기세척기에 그릇을 쌓는 일은 여섯 살배기 아이보다도 못할까? 이런 질문에 제대로 답하지 못하는 이유는 우리가 재창조하려 노력하고 있는 대상

* 감자는 관상용 식물로 키우다가 18세기부터 유럽에서 주식으로 쓰이기 시작했다.-옮긴이

을 아직 제대로 이해하지 못하고 있기 때문이다. 이 모든 질문은 사실상 AI에 관한 질문이 아니라 인간 지능 그 자체의 본성에 관한 질문이 아닐까? 인간의 지능은 어떻게 생겨났으며 왜 그렇게 작동하게 됐을까?

자연의 단서

인류는 비행의 원리를 이해하고자 했을 때 새가 하늘을 나는 모습에서 영감을 얻었다. 게오르크 데 메스트랄George de Mestral은 옷에 귀찮게 달라붙는 우엉 열매의 가시에서 아이디어를 얻어 찍찍이 벨크로Velcro를 발명했다. 벤저민 프랭클린Benjamin Franklin은 번개가 치는 모습을 보고 전기에 대해 이해할 수 있는 실마리를 번쩍 얻었다. 인류 혁신의 역사에서 자연은 오랫동안 뛰어난 길잡이 노릇을 했다.

자연은 또한 지능의 작동방식에 관한 단서도 제공하지만 AI는 다른 기술적 혁신과 차이를 보인다. 지능이 생겨나는 가장 분명한 장소는 인간의 뇌이지만, 뇌는 다루거나 해독하기가 날개나 번개보다 훨씬 어렵기 때문이다. 과학자들은 수천 년 동안 뇌의 작동방식을 연구해왔고 그 과정에서 진전도 있었지만, 아직 만족스러운 해답은 나오지 않았다.

복잡하다는 것이 문제다.

인간의 뇌에는 860억 개의 신경세포neuron와 100조 개 이상의 신경 연결(화학적 또는 전기적 시냅스synapse)이 있다. 각각의 연결은 굉장히 작아서 폭이 30나노미터도 되지 않는다. 가장 성능이 좋은 현미경으로도 간신히 보일 정도다. 이런 연결이 한데 얽히고설켜 동전에 적힌 글자 크기만 한 1세제곱밀리미터당 10억 개가 넘는 연결[4]이 들어 있다.

연결의 숫자가 엄청나게 많다는 것은 뇌를 복잡하게 만드는 한 요소일 뿐이다. 각각의 신경세포가 이루는 배선을 모두 지도로 작성한다고 해도 뇌의 작동방식을 이해하기까지는 갈 길이 멀다. 컴퓨터에 들어 있는 전기적 연결의 경우 전선이 모두 전자라는 동일한 신호를 이용해 소통하는 반면, 신경 연결의 경우 각각 수백 가지 서로 다른 화학물질을 통해 신호를 주고받으며 이 각각의 화학물질은 뇌의 작용에 완전히 다른 영향을 끼친다. 두 신경세포가 연결되어 있다는 사실만으로는 그들이 어떤 내용을 소통하는지 알아낼 수 없다. 무엇보다 이 연결들 자체가 항상 변화한다는 점이 가장 어려운 문제다. 어떤 신경세포는 가지를 뻗어 새로운 연결을 이루는 반면 어떤 신경세포는 기존에 있던 가지를 다시 회수해 오래된 연결을 제거한다. 이렇게 복잡하다 보니 뇌의 작동방식을 역설계reverse engineering*하기는 거의 불가능하다.

뇌를 연구하다 보면 손에 잡힐 듯 말듯 감질나면서도 짜증이 난다. 눈에서 불과 3센티미터 정도 안쪽에 우주에서 가장 경이로운 대상이 자리 잡고 있다. 그 안에 지능의 본질, 사람과 비슷한 AI를 구축하는 방법, 인간이 지금처럼 생각하고 행동하는 이유에 대한 비밀이 숨어 있다. 그 비밀은 멀리 있지도 않으며 그 비밀 덕분에 매년 새로 태어나는 아기의 머릿속에서 뇌가 수백만 번 재구성된다. 우리는 뇌를 만지고 붙잡고 해부할 수 있고 말 그대로 뇌로 이루어져 있지만, 그 비밀에 닿을 수는 없다. 바로 눈앞에 있는데도 보이지 않는다.

뇌의 작동방식을 역설계하고 싶다면, 로봇 로지를 만들고 싶다면, 인간

* 대상을 분해해 작동원리를 이해한 뒤 그 원리에 따라 다시 복제하는 공학-옮긴이

지능의 숨겨진 본성을 밝히고 싶다면 아마도 인간의 뇌가 자연이 제공하는 최고의 단서는 아닐 듯하다. 직관적으로 생각하기에 인간의 뇌를 이해하려면 인간의 뇌 그 자체를 들여다보는 것이 맞겠지만, 그런 직관과 달리 인간의 뇌는 가장 마지막으로 들여다봐야 할 대상인지도 모른다. 어쩌면 지각 깊숙이 묻혀 있는 먼지투성이 화석, 동물계 곳곳의 세포에 박혀 있는 작디작은 유전자, 지구에 사는 다른 많은 동물의 뇌에서 출발하는 것이 가장 좋은 방법일 수 있다. 다시 말해 해답은 현재가 아니라 오래전 과거가 숨겨놓은 잔재에 있을지도 모른다.

뇌 박물관 이용하기

나는 AI를 작동시킬 방법은 딱 한 가지, 인간의 뇌와 비슷한 방식[5]으로 연산을 수행하는 것이라 늘 확신해왔다.

– 제프리 힌턴Geoffrery Hinton, 2024년 노벨물리학상 수상자, AI의 아버지 중 한 명으로 인정받고 있다.

인류는 우주선을 쏘아 올리고 원자를 쪼개며 유전자를 편집한다. 하지만 다른 동물들은 바퀴 하나도 발명하지 못했다.

인류의 발명품이 훨씬 많으니까 다른 동물의 뇌에서는 배울 것이 없다고 생각할 수도 있다. 사람의 뇌는 다른 동물의 뇌와 달리 너무나 독특하고, 우리를 똑똑하게 만드는 비밀이 특별한 뇌 구조에 있을 것이라고 말이다. 하지만 현실은 그렇지 않다.

다른 동물의 뇌를 조사해보면 그들의 뇌가 우리의 뇌와 놀라울 정도로 비슷하다는 점을 알게 된다. 우리의 뇌와 침팬지의 뇌는 크기 말고는 거의 차이가 없다. 우리의 뇌와 쥐의 뇌 사이에는 몇 가지 변형밖에 차이점이 없다. 어류의 뇌는 우리 뇌와 구조가 거의 동일하다.

동물계 전반에 보이는 이러한 뇌의 유사성에는 아주 중요한 의미가 있다. 이 유사성이 바로 단서다. 지능의 본질에 관한 단서, 우리 자신에 관한 단서, 우리의 과거에 대한 단서인 것이다.

오늘날 인간의 뇌는 복잡하지만 항상 그랬던 것은 아니다. 뇌는 의도가 없고 혼란스러운 진화라는 과정으로부터 등장했다. 생명체 번식에 도움이 되느냐 마느냐에 따라 형질의 작고 무작위적인 변이variation가 선택되거나 제거됐다.

진화에서 계界, 곧 시스템system은 단순하게 시작한다. 복잡성은 시간이 흐른 후에만 나타난다.[6] 최초의 뇌, 곧 동물의 머리에 처음으로 모인 신경세포 군집은 6억 년 전 쌀알 하나 크기의 벌레에서 등장했다. 이 벌레가 현재 뇌가 있는 모든 동물의 조상이다. 수억 년의 진화를 거치면서 수조 번의 미세한 회로 수정을 통해 이 단순한 뇌가 현대의 복잡한 뇌로 변모했다. 그리고 이 고대 벌레의 후손 중 한 계통이 우리 머릿속의 뇌로 이어졌다.

시간을 거슬러 올라가 최초의 뇌를 조사하고 그 작동방식과 그로 인해 가능해진 기능들을 이해할 수만 있다면, 나아가 인간으로 이어진 계통 안에서 뇌가 점점 복잡해진 과정을 추적해 각각의 물리적 변화와 그로 인해 가능해진 지적 능력을 관찰할 수 있다면 얼마나 좋을까? 그럴 수만 있다면 그 결과로 탄생한 복잡성을 이해할 수 있을지도 모른다. 실제로 생물학자 테오도시우스 도브잔스키Theodosius Dobzhansky는 이런 유명한 말을 남겼다. "생물학에서는 진화의 관점으로 비춰보지 않고는 아무것도 이해할 수 없다."

심지어 찰스 다윈Charles Darwin도 그렇게 이야기를 재구성해보는 일을 꿈꿨다. 그는《종의 기원Origin of Species》말미에서 이런 미래를 그렸다. "심리학은 각각의 정신적 힘과 능력의 단계에 따른 필연적 습득이라는 새로운 토대 위에 세워질 것이다." 다윈 이후로 150년이 지난 지금 이 일이 마침내 가능해졌는지도 모른다.

타임머신은 없지만 이론적으로 시간 여행을 할 수 있다. 불과 지난 10년 동안 진화신경과학자들은 우리 조상들의 뇌를 재구성하는 연구에서 놀라운 성과를 거뒀다. 그 방법 중 하나는 화석 기록을 이용하는 것이다. 과학자들은 고대 생명체의 두개골 화석을 이용해서 그들의 뇌 구조를 역설계할 수 있다. 또 다른 방법은 동물계에 속한 다른 동물의 뇌를 조사해서 우리 조상의 뇌를 재구성하는 것이다.

동물계 전반에서 뇌가 비슷한 이유는 공통 조상에 뿌리를 두고 있기 때문이다. 동물계에 존재하는 모든 뇌는 우리 조상들의 뇌가 어떤 모습이었는지 말해주는 작은 단서다. 각각의 뇌는 하나의 기계일 뿐 아니라 이전에 존재했던 수조 개의 지능에 대한 숨은 단서가 가득 들어 있는 타임캡슐이기도 하다. 이렇듯 다른 동물들이 공유하거나 공유하지 않는 지적 능력을 조사함으로써, 우리 조상의 뇌를 재구성할 뿐 아니라 이 고대의 뇌가 우리에게 어떤 지적 능력을 부여했는지도 알아낼 수 있다. 그리고 이를 통해 각각의 정신적 능력을 하나씩 습득해간 과정을 단계별로 추적할 수 있다.

물론 이 모든 것은 아직 진행 중인 작업이지만 이야기는 손에 잡힐 듯 점점 명확해지고 있다.

층이라는 미신

인간의 뇌를 이해하기 위한 진화적 틀을 제안한 사람이 내가 처음은 아니다. 이런 틀은 오랜 전통이 있다. 그중 가장 유명한 것은 1960년대에 신경과학자 폴 매클레인Paul MacLean이 공식화한 틀이다. 매클레인은 인간의 뇌가 세 개의 층(3중뇌triune brain)으로 이루어져 있으며, 각각의 층은 또 다른 층 위에 만들어졌다는 가설을 세웠다. 가장 최근에 진화한 새겉질neocortex은 그보다 앞서 진화한 둘레계통limbic system(변연계) 위에 자리 잡고 있고, 둘레계통은 가장 먼저 진화한 파충류의 뇌reptile brain 위에 자리 잡고 있다는 것이다.

매클레인은 파충류의 뇌가 공격성, 영토 지키기 같은 기본적인 생존 본능의 중추라고 주장했다. 둘레계통은 공포, 부모 애착, 성욕, 배고픔 같은 감정의 중추다. 새겉질은 인지기능의 중추이며 언어 능력, 추상 능력, 계획 능력, 지각 능력을 부여해준다. 또한 파충류는 오직 파충류의 뇌를, 쥐와 토끼 같은 포유류는 파충류의 뇌와 둘레계통을, 인간은 이 세 가지 층을 모두 갖고 있다고 주장했다. 실제로 그는 이렇게 말했다. "이 세 가지 진화적 형성물은 서로 연결된 세 개의 생물학적 컴퓨터라 할 수 있다. 이 각각의 컴퓨터에는 고유의 특별한 지능, 고유의 주관성, 고유의 시간과 공간 감각, 고유의 기억, 운동, 그 밖의 기능[7]이 있다."

현재 매클레인의 3중뇌 가설은 신뢰를 잃었다. 그 이유는 부정확해서가 아니라(가설이란 것은 모두 부정확할 수밖에 없다) 뇌가 진화하고 작동하는 방식[8]에 대해 엉뚱한 결론을 내리기 때문이다. 이 가설에서 암시하는 뇌 해부도는 틀렸다. 파충류의 뇌는 매클레인이 '파충류의 뇌'라고 말한 구조로만 이루어져 있지 않다. 파충류의 뇌에도 자체적인 둘레계통이 있다.

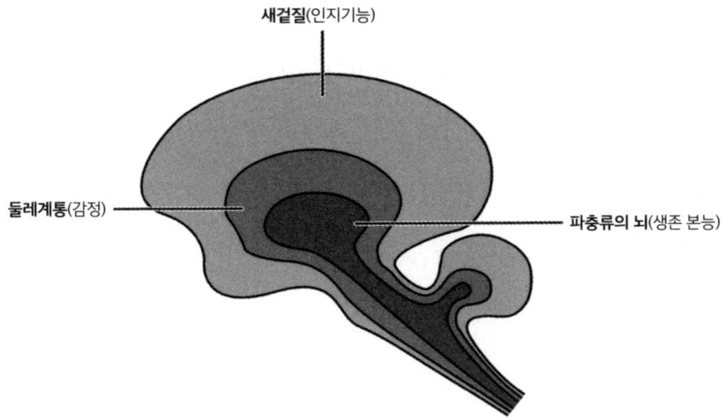

그림 1 매클레인의 3중뇌 가설

기능적 구분 역시 틀린 것으로 밝혀졌다. 생존 본능, 감정, 인지cognition기능은 칼로 자르듯 명확하게 나뉘지 않는다. 이른바 세 가지 층을 모두 아우르는 다양한 시스템 네트워크에서 비롯된다. 그리고 이 가설에 함축된 진화 이야기 역시 잘못된 것으로 밝혀졌다. 당신의 머릿속에는 파충류의 뇌가 들어 있지 않다. 기존의 시스템을 전혀 바꾸지 않고 단순히 기존 시스템 위에 다른 시스템을 겹겹이 쌓아올리는 방식으로 진화가 일어나지 않기 때문이다.

매클레인의 3중뇌 가설이 진실에 가까운 것으로 밝혀진다 해도 가장 큰 문제가 남는다. 매클레인이 말하는 기능적 구분이 우리 목표에 특별히 도움이 되지 않는다는 것이다. 우리의 목표는 사람의 뇌를 역설계해서 지능의 본질을 이해하는 것인데, 매클레인의 3중뇌 가설은 너무 광범위하고 각 시스템의 기능이 너무 모호해서 출발점조차 제시하지 못한다.

뇌가 어떻게 작동하고 진화했는지 이해하기 위해서는 지능이 어떻게 작동하는지 이해해야 한다. 그러기 위해서는 반드시 AI 분야로 눈을 돌려야 한다. AI와 뇌는 서로의 연구에 영향을 준다. 뇌 연구를 통해 어떻게 하면 사람과 비슷한 AI를 만들 수 있는지에 대해 많은 것을 알아낼 수 있으며, AI 연구를 통해서도 뇌에 대해 알아낼 수 있다. 뇌의 일부가 특정 알고리즘을 사용한다고 생각했지만, 그 알고리즘을 기계로 구현해보니 작동하지 않는다면 뇌가 그런 식으로 작동하지 않는다는 증거가 될 수 있다. 반대로 AI 시스템에서 잘 작동하는 알고리즘을 찾아냈는데, 이런 알고리즘의 속성과 동물 뇌의 속성에서 유사점을 발견한다면 뇌가 실제로 그런 식으로 작동할지 모른다는 증거다.

물리학자 리처드 파인먼Richard Feynman은 죽기 직전에 칠판에 다음과 같은 글을 남겼다. "창조할 수 없는 것은 이해할 수도 없다." 뇌는 AI를 구축하는 방법을 찾아내기 위한 영감의 원천이며, AI는 우리가 뇌를 얼마나 잘 이해하고 있는지 알려주는 리트머스 시험지다.

우리에게는 뇌에 관한 새로운 진화 이야기가 필요하다. 그리고 그 이야기는 시간의 흐름 속에서 뇌의 해부도가 어떻게 변해왔는지에 대한 현대적 이해는 물론이고, 지능 그 자체에 대한 현대적 이해를 기반으로 해야 한다.

모험의 이정표

> 쥐 수준의 AI부터 시작하자. 그리고 그다음에는 고양이 수준의 AI를 만들고 이런 식으로 쭉쭉 진행해서 사람 수준의 AI까지 가보자.[9]
>
> - 얀 르쿤Yann LeCun, 메타의 AI 수석 과학자

이제부터 무려 40억 년이나 되는 방대한 진화의 역사를 다룰 것이다. 작은 변

화들을 일일이 연대순으로 정리하는 대신 중요한 진화적 혁신을 중심으로 정리하겠다. 사실 최초의 뇌에서 시작해 인간의 뇌가 진화한 과정 전체를 요약하자면 딱 다섯 번의 혁신이 누적된 결과라 말할 수 있다. 이것이 이 이야기의 뼈대다.

이 다섯 번의 혁신이 이 책을 구성하는 지도이며, 시간을 거슬러 올라가는 모험의 이정표 역할을 한다. 각각의 혁신은 뇌가 새롭게 바뀔 때마다 등장해 동물들을 새로운 지적 능력의 포트폴리오로 무장시켰다. 이 책은 각각의 혁신이 왜 진화했고 어떻게 작동하며 현재 사람의 뇌에서는 어떻게 발현되는지 설명할 것이다. 이어지는 혁신은 이전의 혁신을 토대로 이루어졌고, 기존의 혁신은 뒤따라올 혁신의 토대가 되었다. 과거의 혁신이 미래의 혁신을 가능하게 한 것이다. 이러한 진화 이야기 속 일련의 변화를 따라가다 보면 비로소 뇌에 나타난 복잡성을 이해할 수 있다.

하지만 우리 조상의 뇌를 생물학적 관점으로만 이해해서는 이 이야기를 충실히 재현할 수 없다. 이런 혁신은 항상 우리 조상이 극단적인 상황에 내몰렸던 시기 또는 강력한 되먹임고리feedbadk loop에 갇혔던 시기에 등장했다. 뇌를 급속히 재구성한 것은 이런 강한 압력이었다. 포식자를 영리하게 물리치고 환경의 재앙을 견뎌내며 생존을 위해 생태적 지위를 필사적으로 지켜내는 과정에서 조상들이 겪은 시련과 거둔 승리를 이해하지 않고는 뇌 진화에서 일어난 혁신을 이해할 수 없다.

무엇보다 이런 혁신은 현재 AI 분야에서 알려진 내용에 입각해 이해해야 한다. 생물학적 지능에서 일어났던 혁신 중에는 AI를 통해서 알게 된 내용과 유사한 점이 많기 때문이다. 그 혁신 중 일부는 AI 분야에서 잘 알려진 지적 기능에 해당하는 반면 어떤 기능은 여전히 이해할 수 없다. 이런 방식으로 사람과 비슷한 AI를 개발하는 과정에서 놓쳤을 수 있는 혁신을 뇌의 진화 이야기를 통해 밝힐 수 있을지 모른다. 어쩌면 자연이 숨겨놓은 단서가 드러날지도 모른다.

나에 대해서

내가 평생을 뇌의 진화에 대해 고민하고 지능을 갖춘 로봇을 만드는 데 헌신해왔기 때문에 이 책을 썼다고 말할 수 있다면 얼마나 좋을까. 하지만 나는 신경과학자도 로봇공학자도 심지어 과학자도 아니다. 나는 내가 읽고 싶어서 이 책을 썼다.

나는 AI 시스템을 현실세계의 문제에 적용하려 시도하면서 사람의 지능과 AI 사이에 존재하는 당혹스러운 차이를 마주하게 됐다. 나는 경력의 상당 부분을 내가 공동 창립한 블루코어Bluecore라는 회사에서 보냈다. 그 회사에서 일하면서 세계 최고 브랜드에서 개인 맞춤형 마케팅을 진행할 수 있도록 지원하는 소프트웨어와 AI 시스템을 구축했다. 우리가 만든 소프트웨어는 소비자들이 자기가 원하는 것이 무엇인지 알기도 전에 무엇을 구입할지 예측할 수 있게 도왔다. 우리는 AI 시스템의 새로운 발전을 이용하기 시작한 수많은 회사 중 하나에 불과하지만, 크든 작든 이 수많은 프로젝트는 모두 똑같이 난감한 질문들로부터 비롯됐다.

AI 시스템을 상용화할 때는 사업팀과 기계학습팀 사이에 회의가 끝나질 않는다. 사업팀에서는 새로운 AI 시스템의 활용 방안이 '얼마나 가치를 창출하는지' 고민하는 반면, 어떤 활용 방안을 '실현할 수 있는지'는 기계학습팀

만 이해하고 있다. 이런 회의를 하다 보면 지능에 대해 많이 알고 있다고 직관적으로 착각하고 있다는 사실이 드러나는 경우가 많다. 사업팀 사람들은 간단해 보이는 AI 시스템 활용 방안에 대해 조사한다. 하지만 이런 방안들은 우리 뇌를 기준으로 하기 때문에 간단해 보일 뿐이다. 이제 기계학습팀 사람들은 이 발상이 간단해 보이지만 실제로는 어마어마하게 어렵다는 점을 사업팀 사람들에게 참을성 있게 설명한다. 새로운 프로젝트를 시작할 때마다 이런 토론이 계속 이어진다. 현대의 AI 시스템을 어디까지 확장할 수 있는지 탐구하고, 그 시스템이 예상치 못한 지점에서 한계를 드러내는 것을 지켜보면서 나는 뇌에 대한 호기심이 생겼다.

물론 나도 사람인지라 당신처럼 뇌가 있다. 그래서 인간의 경험을 대부분 정의하는 신체 기관에 매력을 느끼기가 어렵지는 않았다. 뇌는 지능의 본질일 뿐 아니라 우리가 지금처럼 행동하는 이유에 대한 답도 제공한다. 왜 우리는 비합리적이고 자멸적인 선택을 할까? 어째서 우리 종은 고무적일 정도로 이타적이었다가 이해할 수 없을 정도로 잔인해지는 과정을 오랫동안 반복했을까?

이 책은 내가 제기한 질문에 스스로 답하기 위해 관련된 책들을 찾아 읽는 것에서 시작됐다. 그러다 일이 커져서 신경과학자들과 장문의 이메일을 교환하기에 이르렀다. 이 과학자들은 너그럽게도 외부자의 호기심 어린 질문에 시간을 내어 정성스럽게 답해주었다. 이렇게 서신을 교환하며 연구하다가 결국 몇 편의 연구 논문을 발표하게 됐다. 이 과정에서 깊이 파고들수록 뇌가 어떻게 그리고 왜 지금처럼 작동하며 현대의 AI 시스템과 어떤 면에서 중첩되거나 차이가 나는지에 대해, 신경과학과 AI의 다양한 개념들을 하나의 이야기로 묶어서 쉽게 설명해줄 종합서가 필요하다고 확신했다. 결국 머릿속에 자리 잡기 시작한 이 개념들을 책으로 엮기 위해 휴직을 결심했다.

《지능의 기원》은 다른 많은 사람의 연구를 종합한 것이다. 사실 이 책은 이미 마련된 조각들을 한데 모았을 뿐이다. 나는 책 전체에서 실제 연구를 진행한 과학자들에게 공로를 돌리기 위해 최선을 다했다. 그러지 못한 부분이 있다면 의도적으로 그런 것이 아니니 이해해주기 바란다. 솔직히 내 나름대로 추측한 내용을 참지 못하고 간간히 섞어 넣기도 했지만 그런 부분은 명확하게 밝히겠다.

이 책이 뇌와 마찬가지로 사전에 계획해서 만들어지지 않고 잘못된 출발점과 엉뚱한 반전, 우연과 반복, 행운이라는 혼란스러운 과정을 거쳐 쓰였다는 것이 어찌 보면 참 절묘하다는 생각이 든다.

사다리와 우월주의에 대한 마지막 당부

시간을 거슬러 올라가는 여행을 시작하기에 앞서 마지막으로 당부할 것이 하나 있다. 이 전체 이야기의 행간에는 위험한 오해가 숨어 있다.

이 책에서는 인간의 능력과 오늘날 살아 있는 다른 동물의 능력을 자주 비교하는데, 특히 우리 조상과 가장 비슷하다고 여겨지는 동물을 구체적으로 언급한다. 다섯 가지 혁신이라는 이 책의 뼈대 자체는 오로지 인간 계통의 이야기, 우리의 뇌가 어떻게 세상에 등장하게 되었느냐는 이야기에 관한 것일 뿐이다. 문어나 꿀벌의 뇌가 세상에 등장하는 이야기도 마찬가지로 구성할 수 있을 것이다. 또 그렇게 나온 이야기도 그 나름의 우여곡절과 나름의 혁신을 담고 있을 것이다. 우리의 뇌가 조상들보다 더 많은 지적 능력을 발휘한다

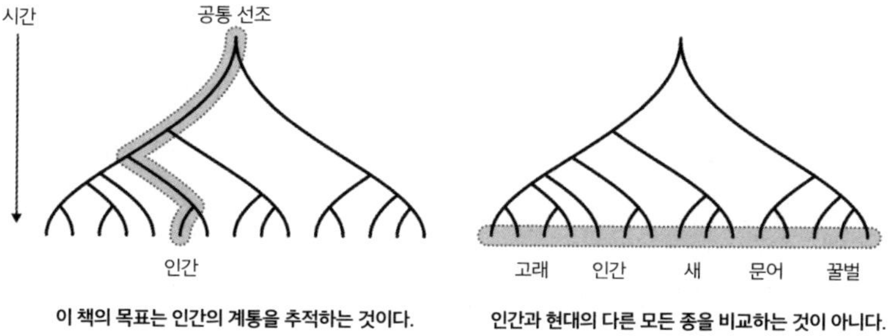

그림 2

고 해서 현대 인간의 뇌가 현대의 다른 동물들보다 지적으로 우월하다는 의미는 아니다.

진화는 항상 독립적으로 공통의 해결책에 수렴한다. 날개라는 혁신은 곤충, 박쥐, 새에서 독립적으로 진화했는데, 이 생물들의 공통 조상에게는 날개가 없었다. 눈 역시 독립적으로 여러 번 진화한 것으로 보인다. 따라서 내가 일화기억episodic memory 같은 지적 능력이 초기 포유류에서 진화했다고 주장해도, 현재 포유류에게만 일화기억이 있다는 의미는 아니다. 날개나 눈처럼 다른 계통의 생명체가 독립적으로 일화기억을 진화시켰을 수 있다. 사실 우리가 이 책에서 연대순으로 정리한 지적 능력 중 상당수는 우리 계통의 고유한 능력이 아니다. 이런 능력은 지구의 여러 가지 진화 계통수를 따라 독립적으로 싹을 틔웠다.

아리스토텔레스Aristoteles 이후로 과학자와 철학자들은 현대 생물학자들이 '자연의 위계scale of nature'(라틴어를 즐겨 쓰는 과학자들은 scala naturae라고 부른다)라고 부르는 것을 구축했다. 아리스토텔레스는 모든 생명체로 구성된 위계를 만들었다. 이 위계에서는 인간이 다른 포유류보다 위에 있고, 포유류는 다시 파충류와 어류보다 위에, 파충류와 어류는 다시 곤충보다 위에, 곤충은 식물보다 위에 있다.

진화라는 개념이 발견된 이후에도 자연의 위계는 계속 살아남았다. 하지만 종에 위계가 존재한다는 개념은 완전히 잘못됐다. 오늘날 살아남은 종은 모두 말 그대로 '살아남았다'. 이들의 조상은 지난 35억 년의 진화 과정에서 살아남은 존재들이다. 진화에서 중요한 것은 오직 생존밖에 없다. 그런 면에서 오늘날 살아남은 생명체는 모두 1등이다.

종은 생존을 위해 서로 다른 생태적 지위를 선택하고, 각각의 생태적 지위는 서로 다른 상황에 최적화되어 있다. 많은, 아니 대부분의 생태적 지위는 뇌가 작고 단순한 종 또는 뇌가 아예 없는 종에게 유리하다. 뇌가 큰 유인원이 탄생한 것은 지렁이, 세균, 나비 등과 다른 생존 전략을 선택한 결과다. 어느 종이 다른 종보다 더 우월한 것은 아니다. 진화의 시각으로 보면 이 위계의 사다리에는 가로대가 딱 두 개밖에 없다. 하나는 살아남은 종을 위한 가로대이고, 다른 하나는 살아남지 못한 종을 위한 가로대다.

지능의 특정한 속성을 기준으로 우열을 가르고 싶을 수도 있다. 하지만 이 경우도 그 순위는 전적으로 우리가 측정하려는 지적 능력이 무엇이냐에 따라 결정된다. 문어의 각 촉수에는 독립적으로 뇌가 있어서 멀티태스킹 능력이 인간을 압도할 수도 있다. 비둘기, 다람쥐, 참치, 심지어 이구아나도 시각정보를 인간보다 더 빠르게 처리[10]할 수 있다. 어류는 실시간 처리 능력이 놀라울 정도로 정확하다. 물고기를 잡으려고 할 때 미로 같은 바위 사이로 물고기가 얼마나 쏜살같이 움직이는지 본 적이 있는가? 사람이 장애물 코스를 그렇게 지나가려고 했다가는 분명 장애물에 부딪히고 말 것이다.

내가 당부하고 싶은 부분은 다음과 같다. 과거에서 미래로 나아갈수록 복잡성이 나타난다고 해서 현대 인류가 현대의 다른 동물들보다 우월하다고 생각해서는 안 된다. 우발적으로라도 자연의 위계를 구축하는 일은 없어야 한다. 오늘날 살아남은 모든 동물은 같은 시간 동안 진화해온 존재들이다.

물론 인간만의 고유한 특성은 있다. 그리고 우리가 인간이다 보니 자신을 이해하는 데 특별히 관심을 갖는 것도 당연하고, 인간과 비슷한 AI를 만들려고 노력하는 것도 당연하다. 따라서 나는 인간우월주의에 빠지지 않으면서 인간 중심의 이야기를 풀어가고 싶다. 꿀벌부터 앵무새, 문어까지 우리와 이 지구를 공유하는 다른 동물을 대상으로도 똑같이 설득력이 있는 이야기를 풀어갈 수 있다. 하지만 이 책에서는 그런 이야기를 하지 않겠다. 이 책에서는 여러 지능 중 오직 한 가지, 곧 우리 인간의 이야기만을 들려줄 것이다.

차례

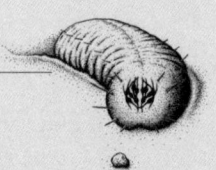

혁신 #2

강화와 최초의 척추동물

혁신 #3

시뮬레이션과 최초의 포유류

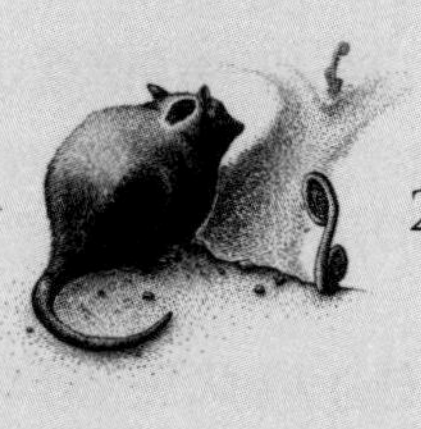

혁신 #5

언어와 최초의 인류

1. 뇌가 등장하기 전부터 지능은 있었다

최초의 뇌가 등장하기 전에도 생명은 지구에서 오랫동안 존재했다. 여기서 '오랫동안'이란 30억 년 정도를 의미한다. 뇌가 처음 생겨나 진화할 무렵 생명은 이미 수없이 많은 도전과 변화의 주기를 견뎌온 상태였다. 지구 생명체의 대서사시에서 뇌의 이야기가 차지하는 분량은 최근의 15퍼센트이며, 본론이 아니라 후기 정도에서나 볼 수 있을 정도다. 지능 역시 뇌가 탄생하기 오래전부터 존재했다. 앞으로 살펴보겠지만 이야기 초반부터 생명은 지능적으로 활동하기 시작했다. 따라서 먼저 지능 그 자체의 진화를 검토하지 않으면 뇌가 왜, 어떻게 진화했는지 이해할 수 없다.

약 40억 년 전, 생명체가 존재하지 않던 지구의 화산 작용이 일어나고 있는 바다 깊숙한 곳에서 딱 적당한 분자 수프가 평범한 열수공hydrothermal vent[1]의 미세한 구석구석에서 튕겨 다니고 있었다. 자연적으로 생성된 뉴클레오티드nucleotide가 해저에서 터져나온 끓는 물과 충돌하면서 오늘날의 DNAdeoxyribo nucleic acid와 매우 비슷한 분자사슬로 바뀌었다. 초기의 DNA 유사 분자는 수명이 짧았다. 이 분자사슬을 만든 화산의 운동에너지가 필연적으로 그 분자사슬을 끊어놓을 수밖에 없었기 때문이다. 이는 열역학 제2법칙에 따른 결과다. 이 불변의 물리법칙은 엔트로피entropy, 곧 한 시스템 안의 무질서도가 필연적으로 항상 증가할 수밖에 없다고 말한다. 따라서 우주는 붕괴를 향해 나아갈 수밖에 없다.

수없이 많은 뉴클레오티드 사슬이 무작위로 만들어지고 파괴되다가 행운의 서열이 우연히 만들어졌다. 그리고 무자비한 엔트로피의 맹공에 맞서 반란을 일으켰다. 적어도 지구에서는 최초의 반란이었다. 새로 등장한 DNA 유사 분자는 그 자체로는 생명이라고 할 수 없었지만, 나중에 생명 출현의 밑바탕이 될 가장 근본적인 과정을 수행했다. 자기 자신을 스스로 복제한 것이다.[2]

자기복제하는 DNA 유사 분자 역시 엔트로피의 파괴적인 힘에 굴복해 개별적으로는 살아남지 못해도, 집단적으로 살아남는 데는 문제가 없었다. 자신의 복제물을 만들 때까지 살아남을 수만 있다면 이들은 사실상 영속할 수 있었다. 이것이 바로 자기복제의 특별한 재능이다. 최초의 자기복제 분자와 함께 원시적인 형태의 진화 과정이 시작됐다. 운 좋게 적절한 환경을 찾고 성공적으로 복제하는 것이 용이하다면 당연히 더 많은 복제가 이뤄졌다.

여기서 생명의 탄생으로 이어진 두 번의 진화적 사건이 있었다. 첫 번째는 보호성 지질lipid 방울이 DNA 분자를 포획한 사건이다. 이 과정은 비누로 손을 씻을 때 비눗방울이 생기는 것과 동일한 원리로 이뤄진다. DNA 분자를 움켜쥔 미세 지질 방울이 최초의 세포였으며 이 세포가 생명의 기본 단위가 됐다.

두 번째 사건은 리보솜ribosome이라는 뉴클레오티드 기반의 분자 집단이 특정 서열의 DNA를 특정 서열의 아미노산으로 번역하기 시작하면서 일어났다. 이렇게 만들어진 아미노산 서열이 접히면서 단백질이라는 3차원 구조물이 되었다. 단백질은 일단 생산되고 나면 세포 내부를 떠다니거나 세포의 벽에 박혀서 서로 다른 기능을 수행한다. DNA가 유전자로 이뤄졌다는 이야기를 한 번쯤은 들어봤을 것이다. 유전자란 특정 단백질을 만드는 데 필요한 코드를 암호화하는 DNA 구간을 말한다. 이것이 바로 단백질 합성protein synthesis의 탄생이었고 여기서 지능의 첫 번째 불꽃이 등장했다.

DNA는 상대적으로 반응성이 없고 화학적으로 변하지 않으려는 불활성inert 상태라서, 자기복제는 효과적으로 수행하지만 자기 주변의 미시세계를 조작하는 능력은 제한적이다. 반면 단백질은 훨씬 유연하고 강력하다. 여러 면에서 단백질은 분자보다는 기계에 가깝다. 단백질은 놀이용 터널, 여닫는 자물쇠, 로봇의 움직이는 부품처럼 여러 가지 형태로 구성되고 접힐 수 있다. 따라서 수없이 많은 기능을 수행한다. 이 기능에는 '지능'도 포함된다.

세균처럼 가장 단순한 단세포 생명체라도 세포 에너지를 추진력으로 전환하는 모터가 달린 엔진, 현대의 선박에 달린 모터[3] 못지않은 복잡한 메커니즘을 사용하는 회전 프로펠러 등 운동할 수 있도록 설계된 단백질이 있다. 세균은 지각perception을 위해 설계된 단백질도 갖고 있다. 수용체receptor라고 하는 이 단백질은 온도, 빛, 접촉 등 외부환경에서 어떤 특성을 감지하면 형태가 바뀐다. 운동과 지각을 담당하는 단백질로 무장한 초기 생명체들은 외부세계를 감시하며 그 환경에 반응할 수 있었다. 너무 높거나 낮은 온도, DNA나 세포막에 파괴적으로 작용하는 화학물질 등 복제 성공 가능성을 낮추는 환경을 피해 헤엄칠 수 있었다. 또한 번식하기 좋은 환경을 만나면 그쪽으로 헤엄칠 수도 있었다.

이처럼 고대의 세포들에게는 실제로 원시적인 지능이 있었다. 이 지능은 신경세포를 통해 구현된 것이 아니라 연이어 일어난 화학반응과 단백질의 복잡한 네트워크를 통해 구현된 것이다.

단백질 합성 과정의 발달은 지능의 씨앗을 만들었을 뿐 아니라 단순한 물질에 불과한 DNA를 정보저장매체로 바꿔놓았다. DNA는 더 이상 자기복제하는 생명의 물질 그 자체에 머물지 않고 생명의 물질을 구성하는 정보의 토대가 됐다. DNA는 공식적으로 생명의 청사진이, 리보솜은 그 공장이, 단백질은 그 생산물이 됐다.

이런 토대가 마련되자 본격적으로 진화가 이뤄지기 시작했다. DNA의 변이는 단백질의 변이로 이어졌고, 이 과정에서 새로운 세포 기계에 대한 진화적 탐험이 이뤄졌다. 새로 등장한 기계는 생존에 도움이 되는지 여부에 따라 자연선택을 통해 폐기되거나 살아남았다. 이렇게 해서 우리는 두 번 다시 재현된 바 없는, 생명의 자연발생abiogenesis이라는 길고 신비한 과정에 대한 이야기를 마무리한다. 생명의 자연발생이란 생명이 없는 물질abio이 생명으로 전환되는genesis 과정을 말한다.

지구의 테라포밍

머지않아 이 세포들은 과학자들이 '모든 생명체의 공통 조상last universal common ancestor', 줄여서 루카LUCA라 부르는 존재로 진화했다. 루카는 모든 생명체의 할아버지다(할아버지라고 했지만 성별은 없다). 우리를 비롯해서 현존하는 모든 균류, 식물, 세균, 동물은 루카의 후손이다. 따라서 당연히 모든 생명체가 루

카의 핵심 특성을 공유한다. DNA, 단백질 합성, 지질, 탄수화물 등이 그 특성에 해당한다.[4]

약 35억 년 전에 살았던 루카는 지금 살아남은 세균보다 더 단순한 형태와 닮았을 가능성이 높다. 실제로 오랫동안 모든 생명체는 세균이었다. 그리고 수십 억 년 동안 진화하면서 지구의 바다는 다양한 미생물로 가득 찼고, 이들은 각각 고유의 DNA와 단백질 포트폴리오를 갖춰나갔다. 이 초기 미생물의 특성 중 하나는 에너지 생산 시스템이다. 엔트로피뿐 아니라 에너지도 생명의 이야기에서 핵심적인 위치를 차지한다.

세포를 살아 있는 상태로 유지하는 데는 많은 비용이 든다. DNA는 끊임없이 수리해야 하고 단백질은 계속해서 새로 보충해야 하며 세포를 복제하려면 내부의 많은 구조물을 재구성해야 한다. 열수공 근처에 풍부했던 수소는 이런 과정에 필요한 에너지를 공급한 최초의 연료였을 가능성이 높다.[5] 하지만 수소 기반의 에너지 생산 시스템은 효율이 떨어졌기 때문에 생명체는 생존에 필요한 에너지를 필사적으로 확보해야 했다. 생명체가 탄생하고 10억 년 넘게 지난 후에 남조류blue-green algae[6]라고도 하는 남세균cyanobacteria이 훨씬 효율적으로 에너지를 추출하고 저장하는 메커니즘을 발견하면서 이런 에너지 빈곤 상태도 막을 내린다. 바로 광합성photosynthesis이다.

초기 남세균이 갖춘 가장 인상적인 생물학적 시스템은 단백질 공장이나 그 산물이 아니라 광합성 발전소다. 이것은 햇빛과 이산화탄소를 당분으로 전환해서 저장했다가 세포 에너지로 사용[7]하는 구조물이었다. 광합성은 에너지를 추출하고 저장하는 세포 시스템보다 더 효율적으로 에너지를 생산했다. 그 덕분에 남세균은 복제에 사용할 연료를 풍부하게 확보할 수 있었다. 이 때문에 광활한 바다가 순식간에 초록색의 끈적한 미생물 매트microbial mat로

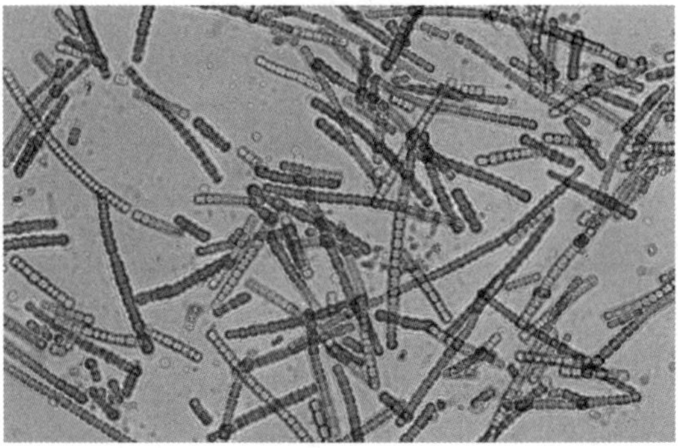

그림 1.1 남세균[8]

뒤덮였다. 이것은 햇빛을 받아 이산화탄소를 빨아들이며 끝없이 번식[9]하는 수많은 남세균의 군집이었다.

화석연료부터 원자력발전소까지 대부분의 에너지 생산과정과 마찬가지로 광합성에서도 오염성 폐기물이 발생했다.[10] 광합성의 폐기물은 이산화탄소나 핵폐기물이 아니라 산소였다. 그전에는 지구에 오존층이 없었다. 새로 발명한 광합성을 통해 산소가 풍부한 지구의 대기를 만들고, 회색빛 화산암투성이었던 지구를 지금의 오아시스 같은 행성으로 테라포밍terraforming한 존재는 바로 남세균이었다. 이 사건은 약 24억 년 전에 일어났고, 지질학적 기준으로는 굉장히 빠른 속도로 일어났기 때문에 산소대폭발 사건Great Oxygenation Event이라고 부른다. 그 후로 1억 년 동안 지구 대기의 산소 농도가 치솟았다.[11] 안타깝게도 이 사건이 모든 생명체에게 호재는 아니었다. 과학자들은 이 사건에 그리 너그럽지 못한 이름도 하나 붙여주었다. 바로 '산소대학살Oxygen Holocaust'[12]이다.

산소는 놀랄 정도로 반응성이 강한 원소라서, 세포 안에서 세심하게 조율하면서 화학반응을 진행하는 경우에도 위험한 일이 일어날 수 있다. 세포 내부에서 특별한 보호조치를 취하지 않으면 산소 화합물이 DNA의 유지를 비롯한 다양한 세포 과정을 방해할 수 있다. 혈류에서 반응성이 높은 산소 분자를 제거하는 화합물인 항산화물질이 암으로부터 인체를 보호하는 작용을 한다고 보는 이유도 바로 이 때문이다. 결국 광합성을 하는 생명체는 자신이 이룩한 성공의 제물이 되어 자기가 뱉어낸 폐기물의 구름 속에서 천천히 질식해 죽어갔다. 산소의 증가는 지구 역사상 가장 치명적인 멸종 사건 중 하나로 이어졌다.[13]

우라늄, 휘발유, 석탄 등 다른 많은 위험 물질과 마찬가지로 산소도 유용하게 사용할 수 있다. 새로 사용할 수 있게 된 원소가 에너지 활용의 기회를 제공했기 때문에 생명체가 그 방법을 찾는 것은 그저 시간 문제였다. 드디어 광합성이 아니라 세포호흡cellular respiration을 통해 에너지를 생산하는 새로운 형태의 세균이 등장했다. 세포호흡을 하면 산소와 당분을 에너지로 전환하면서 폐기물로 이산화탄소를 뱉어낸다.[14] 호흡하는 미생물이 바다에 과잉으로 넘쳐나던 산소를 빨아들이고 고갈된 이산화탄소를 다시 채웠다. 한 생명체의 폐기물인 원소가 다른 생명체의 연료가 된 것이다.

지구의 생명체는 서로 경쟁하면서도 보완하는 두 시스템 사이에서 역사상 가장 위대한 공생관계를 이뤄냈고, 이 공생은 오늘날까지 이어진다. 생명의 한 부류는 광합성을 통해 물과 이산화탄소를 당분과 산소로 전환한다. 또 다른 부류는 호흡을 통해 당분과 산소를 이산화탄소와 물로 되돌린다. 당시에는 두 형태의 생명체가 서로 비슷하게 생긴 단세포 세균이었다. 하지만 지금은 아주 다른 형태가 되어 공생하고 있다. 나무, 풀 등의 식물은 현대의 광합성 생명체에 해당하며 균류와 동물은 현대의 호흡 생명체에 해당한다.

세포호흡을 하는 생명체는 당분이 있어야 에너지를 생산할 수 있는데,

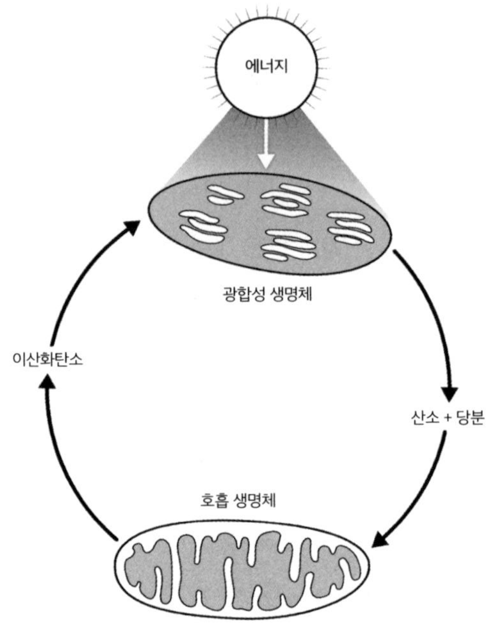

그림 1.2 광합성 생명체와 호흡 생명체 사이의 공생

이 기본적인 필요가 호흡 생명체의 후손들에게서만 나타난 지능 폭발의 에너지적 토대가 되었다. 당시에 대부분의 미생물이 원시적인 수준의 지능을 보였지만, 나중에는 호흡 생명체에서만 지능이 정교해지며 발달했다. 호흡 미생물은 광합성 미생물과 달리 사냥을 해야 했기 때문이다. 사냥을 하려면 완전히 새로운 수준의 영리함이 필요했다.

복잡성 3단계

20억 년 전의 생태계는 전쟁으로 황폐화된 세상은 아니었다(세균과 바이러스 사이에서 벌어진 전쟁은 예외지만, 이것은 완전히 다른 이야기다). 에너지를 얻기 위해 만들어진 잠정적 평화 덕분에 생물 간에 많은 상호작용이 일어났다. 일부 세균이 근처에 죽어 있는 이웃의 사체를 삼키는 경우도 더러 있었겠지만, 다른 생명체를 적극적으로 죽이는 경우는 드물었다. 산소를 이용하지 않고 당분을 에너지로 전환하는 무산소호흡anaerobic respiration은 산소를 이용하는 유산소호흡aerobic respiration보다 효율이 15배나 떨어진다.[15] 그래서 산소를 이용하기 전에는 사냥이 현실적인 생존 전략이 될 수 없었다. 그저 좋은 자리를 차지하고 가만히 앉아 햇볕을 쬐는 것이 더 나은 선택이었다. 초기 생명체 간에는 가장 심각한 경쟁이라고 해봐야 블랙프라이데이 세일 기간에 월마트로 달려가는 사람들의 경쟁과 비슷했을 것이다. 서로를 직접 공격하기보다는 고작 근처에 있는 물건을 차지하려고 팔꿈치로 서로 밀치는 정도였을 것이다. 어쩌면 그렇게 팔꿈치로 밀치는 수준의 경쟁도 잘 일어나지 않았을지 모른다. 햇빛과 수소는 어디에나 넘쳐났기 때문이다.

하지만 앞서 존재한 세포들과 달리 호흡 생명체는 광합성 생명체의 에너지인 당분을 훔쳐야 살아남을 수 있었다. 그래서 유산소호흡의 등장과 함께 유토피아 같던 세상의 평화가 갑자기 막을 내렸다. 이때부터는 미생물이 적극적으로 다른 미생물을 잡아먹기 시작했다. 이것이 진화의 엔진에 기름을 채웠다. 죽지 않기 위해 먹잇감이 새로운 방어 기술을 습득할 때마다 포식자들은 그 방어기제를 무너뜨리기 위해 공격 기술을 진화시켰다. 이렇게 해서 생명체는 공격의 혁신이 방어의 혁신을 이끌어내면 다시 공격의 혁신을 이끌어내는 군비경쟁의 되먹임고리에 휘말려 들어갔다.

이 소용돌이 속에서 다양한 생명체가 출현했다. 어떤 종은 작은 단세포 미생물로 남았다. 어떤 종은 최초의 진핵생물eukaryote로 진화했다. 진핵생물의 세포는 크기가 100배나 커졌고 1,000배나 많은 에너지를 생산했으며 내부 구조가 훨씬 복잡했다.[16] 진핵생물은 이때까지 등장한 것 중 가장 진보한 미생물 살상 기계였다.[17]

섭식영양phagotrophy을 처음으로 진화시킨 것도 진핵생물이었다. 섭식영양이란 말 그대로 다른 세포를 통째로 집어삼켜서 자신의 세포벽 안에서 분해하는 사냥 전략이자 영양을 섭취하는 방식이다. 더 많은 에너지와 복잡성으로 무장한 진핵생물은 그 종류가 다양해지면서 최초의 식물, 최초의 균류 그리고 최초 동물의 전신으로 진화했다. 진핵생물의 후손 중 균류와 동물은 사냥해야 할 필요성을 그대로 이어간 반면(호흡 생명체), 식물의 후손들은 광합성 생활방식으로 되돌아갔다.

진핵생물의 세 가지 계통, 다시 말해 식물, 균류, 동물은 모두 독립적으로 다세포성multicellularity을 진화시켰다. 사람, 나무, 버섯 등 우리가 눈으로 보면서 생명체라고 생각하는 것은 대부분 다세포 생명체다. 이는 수십억 개의 개별 세포가 서로 협력해서 하나의 새로운 생명체를 만들어내는 거대한 불협화음이다. 사람은 피부세포, 근육세포, 간세포, 뼈세포, 면역세포, 혈액세포 등 굉장히 다양하며 특화된 세포들로 이뤄져 있다. 식물 역시 특화된 세포들을 갖고 있다. 이 세포들은 서로 다르게 기능하면서도 하나의 공통 목표를 이루기 위해 노력한다. 전체 유기체의 생존을 유지하는 것이다.

그렇게 해서 해초와 비슷한 수중식물이 싹을 틔우고, 버섯처럼 생긴 균류가 자라고,[18] 원시적인 동물이 느리게 헤엄쳐 다니기 시작했다. 약 8억 년 전의 생명체는 복잡성에 따라 대략 3단계로 나뉘었다. 1단계는 세균과 단세포 진핵생물로 이루어진 단세포 생명체다. 2단계는 소형 다세포 생명체다. 이들은 단세포 생명체를 집어삼킬 정도로 크면서 기본적인 세포 추진체를 이

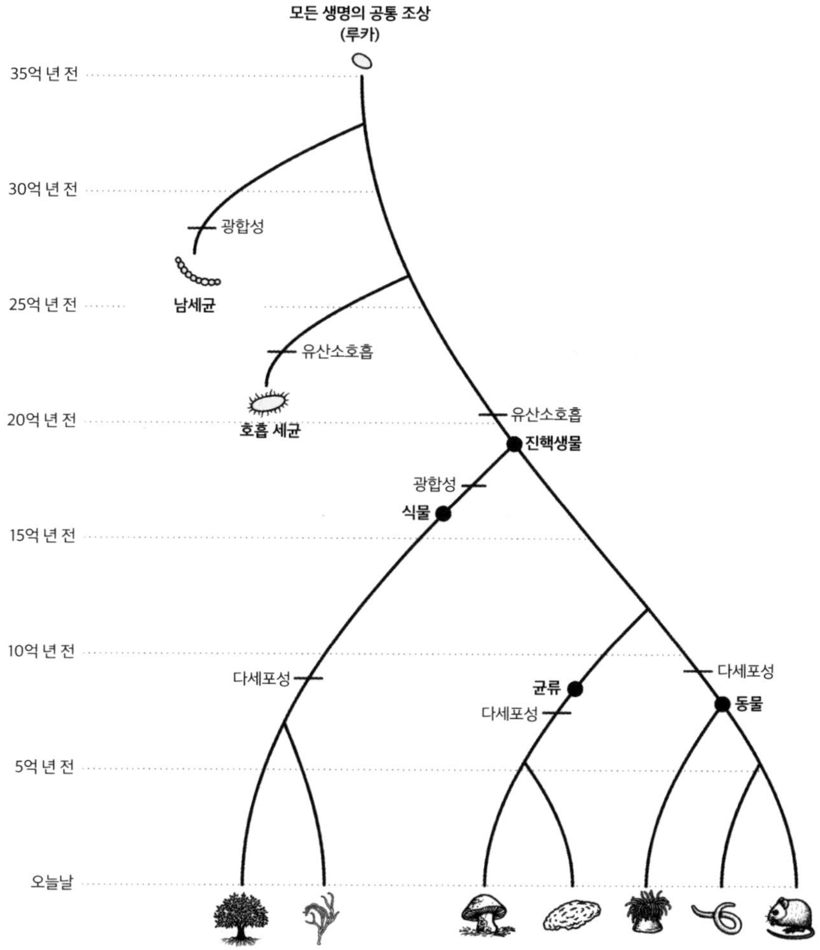

그림 1.3 생명의 계통수[19]

용해 돌아다닐 정도로 작았다. 3단계는 대형 다세포 생명체다. 이들은 세포 추진체를 이용해도 움직일 수 없을 정도로 컸기 때문에 움직이지 않는 구조물을 형성했다.

이 초기 동물들은 아마도 당신이 생각하는 동물과 닮지 않았을 것이다.

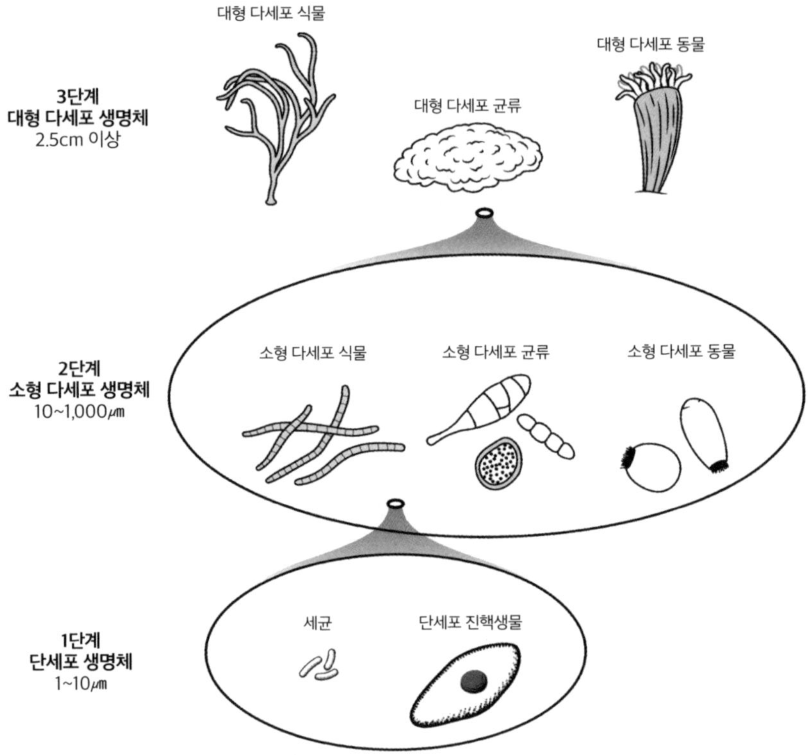

그림 1.4 뇌가 탄생하기 이전의 고대 바다에서 나타난 생명체의 복잡성 3단계

하지만 이들에게는 당시 다른 모든 생명체와 차별화되는 뭔가가 있었다. 바로 신경세포다.

6억 년 동안 뇌의 기본 요소는 변하지 않았다

신경세포가 무엇이고 어떤 일을 하는지는 누구에게 물어보느냐에 따라 달라진다. 생물학자에게 물어보면 신경계를 구성하는 1차적인 세포라고 대답할 것이다. 기계학습 연구자에게 물어보면 신경망neural network의 기본 단위이자, 입력된 값의 가중치weight를 계산하는 기본적인 작은 계산기기accumulator라고 대답할 것이다. 정신물리학자에게 물어보면 신경세포는 외부세계의 특성을 측정하는 감지기sensor라 대답할 것이다. 운동제어motor control를 전공하는 신경과학자에게 물어보면 신경세포는 반응기effector, 곧 근육과 운동의 제어기라 대답할 것이다. 그 밖의 사람들에게 물어보면 "신경세포는 머릿속에 있는 작은 전선이다"부터 "신경세포는 의식을 만들어내는 물질이다"까지 다양한 대답이 나온다. 이런 대답은 모두 진실의 일부 핵심을 담고 있지만, 그 자체로는 불완전하다.

지렁이부터 웜뱃까지 모든 동물의 신경계는 실처럼 이상하게 생긴 신경세포로 이루어져 있다. 신경세포의 형태는 믿기 어려울 정도로 다양하지만

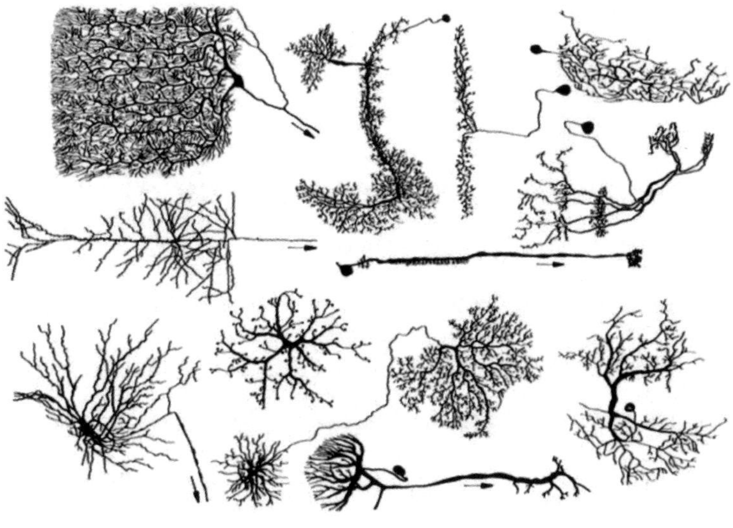

그림 1.5 신경세포[20]

모두가 동일한 방식으로 작동한다. 종별로 신경세포를 비교·관찰할 때 가장 충격적인 점이 바로 이것이다. 거의 모든 측면에서 신경세포는 근본적으로 동일하다. 사람 뇌에 들어 있는 신경세포는 해파리의 신경세포와 동일한 방식으로 작동한다. 당신이 지렁이와 구별되는 이유는 지능의 단위인 신경세포 그 자체가 아니라 이 단위들의 회로 구성방식이 다르기 때문이다.

신경세포가 있는 동물은 공통의 조상을 갖는다. 이 조상으로부터 최초의 신경세포가 진화했고 모든 신경세포가 비롯됐다.[21] 이 동물의 왕할머니에게서 이미 신경세포는 지금의 형태를 갖춘 것으로 보이며, 이후 진화를 통해 신경세포의 회로가 새롭게 배선되기는 했어도 기본 단위인 신경세포 자체에는 별다른 변화가 없었다. 이는 과거의 혁신이 미래의 혁신을 제약해서 초기 구조가 변함 없이 계속 이어지는 대표적인 사례다. 6억 년 동안 뇌의 기본 구성 요소는 본질적으로 동일했다.

신경세포의 원래 목적

당신은 곰팡이와 진정 다르지 않다. 보기와 달리 균류는 식물보다 동물과 공통점이 더 많다. 식물은 광합성을 하면서 살아가는 반면 동물과 균류는 모두 호흡을 하면서 살아간다. 동물과 균류는 모두 산소로 호흡하고 당분을 섭취한다. 두 생명체 모두 먹이를 소화하고 효소로 세포를 분해하며 그 안에 들어 있는 영양분을 흡수한다. 균류와 동물은 계통수에서 훨씬 일찍 갈라져 나간 식물보다 더 가까운 조상을 공유한다. 다세포성이 처음 생겨날 즈음에는 균류와 동물이 매우 비슷했을 것이다. 하지만 동물은 계속해서 신경세포와 뇌를 진화시켰고 균류는 그러지 않았다. 왜 그럴까?

당분은 생명체만이 생산할 수 있다. 따라서 대형 다세포 호흡 생명체가 영양분을 먹을 수 있는 방법은 딱 두 가지밖에 없다. 하나는 다른 생명체가 죽기를 기다리는 것이고, 다른 하나는 살아 있는 생명체를 잡아먹는 것이다. 초기에 균류와 동물이 갈라질 때 이 둘은 서로 반대되는 섭식 전략을 선택했다. 균류는 기다리는 전략을, 동물은 잡아먹는 전략을 선택한 것이다.[22] 균류는 체외소화external digestion(몸 밖에서 효소를 분비해 먹이를 분해하는 방식)를 통해 영양분을 흡수하는 반면 동물은 체내소화internal digestion(먹이를 몸 안에 가둔 다음 효소를 분비하는 방식)를 통해 영양분을 흡수한다. 어떤 면에서는 균류의 전략이 동물보다 더 성공적이었다. 생물량biomass으로 보면 지구에는 균류가 동물보다 여섯 배 정도 더 많으니까 말이다.[23] 그러나 앞으로도 살펴보겠지만 보통은 더 불리하거나 어려운 전략에서 혁신이 등장한다.

균류는 수조 개의 단세포 포자를 만들어내고 이 포자는 휴면 상태로 떠다닌다. 그러다 운 좋게 죽어가는 생명체 근처에 떨어지면 커다란 균류 구조물로 자라나 부패하는 조직 속으로 털 같은 섬유를 뻗고 효소를 분비해 그 생명체에서 방출되는 영양분을 흡수한다. 곰팡이가 항상 오래된 식품에만 나타나는 것도 이 때문이다. 균류의 포자는 우리 주변 곳곳을 떠다니며 뭔가가 죽을 때까지 참을성 있게 기다린다. 균류는 현재 지구의 쓰레기 수거인이고 과거에도 마찬가지였을 것이다.

초기 동물은 2단계 다세포 먹잇감을 적극적으로 포획해서 소화하는 전략을 택했다(그림 1.4). 물론 능동적 포획이 새로운 전략은 아니었다. 최초의 진핵생물이 일찍이 생명체를 죽이는 전략(섭식영양)을 고안했으니 말이다. 하지만 섭식영양 전략은 1단계 단세포 생명체에만 적용할 수 있었다. 2단계 다

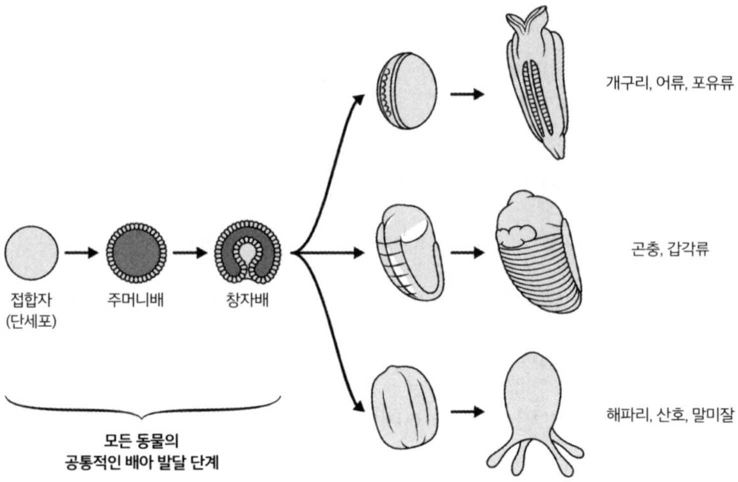

그림 1.6 모든 동물의 공통 발달 단계

세포 생명 덩어리는 집어삼키기에 너무 컸다. 그래서 초기 동물은 2단계 생명체를 잡아먹는 전략으로 체내소화를 진화시켰다. 먹잇감을 가두고 효소를 분비해 소화시키는 작은 위를 진화시킨 것이다.

소화를 위한 내부 공간의 형성은 초기 동물의 가장 큰 특성이었을 것이다. 오늘날 살아 있는 모든 동물은 사실상 초기에 동일한 세 단계를 거치며 발달한다. 단세포 수정란에서 속이 빈 주머니배blastula가 형성되고, 이것이 안쪽으로 접히면서 공간, 곧 작은 위장인 창자배gastrula를 만든다. 이 과정은 해파리 배아에서나 사람의 배아에서나 똑같이 일어난다.[24] 모든 동물은 이런 식으로 발달하지만 다른 계통의 생명체는 그렇지 않다. 이것은 모든 동물이 어떤 진화의 원형에서 유래했는지 보여주는 명확한 단서다. 먹이를 소화하는 위가 만들어진다는 것이 바로 그 진화의 원형이다. 이런 창자배가 형성되는 모든 동물은 신경세포와 근육도 있는 것으로 보아 신경세포를 갖추고 있

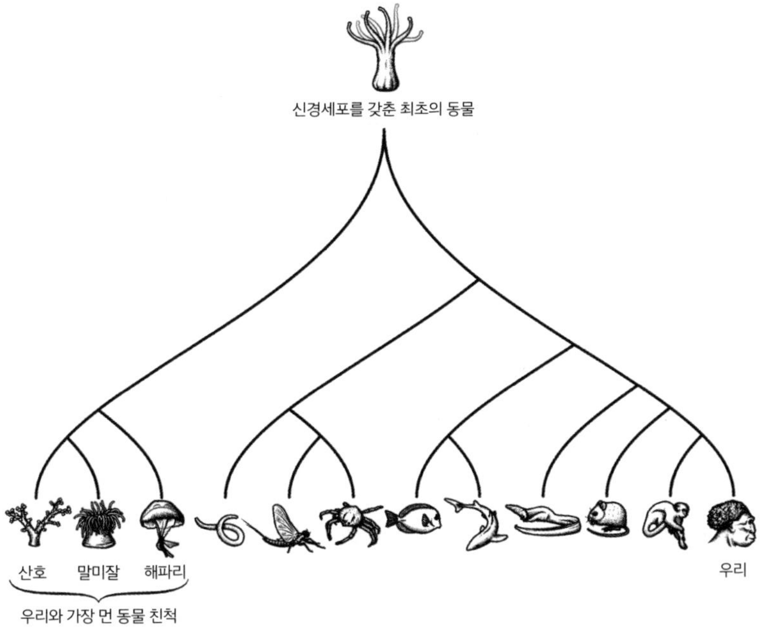

그림 1.7 신경세포를 갖춘 동물의 계통수

던 공통의 동물 조상으로부터 유래한 것으로 보인다(여기서부터 내가 '동물'이라고 하면 진짜Eu 후생동물metazoan을 뜻하는 진정후생동물Eumetazoa을 말한다). 창자배 형성, 신경세포, 근육은 모든 동물을 하나로 묶어주는 세 가지 필수 특성이며, 동물을 다른 모든 형태의 생명체와 구분하는 특성이다.

심지어 어떤 사람은 모든 동물의 왕할머니가 말 그대로 창자배와 비슷하게 생기고 신경세포를 갖춘 작은 생명체였다고 주장하기도 한다.[25] 하지만 이 주장에는 논란의 여지가 많다. 모든 동물이 이런 식으로 발달한다고 해서 실제로 그런 형태로 살았다는 의미는 아니기 때문이다.

화석 증거가 있는 또 다른 연구에서는 최초의 동물이 오늘날의 산호와 비슷했을지도 모른다고 주장한다.[26] 산호의 겉모습은 너무 단순해서 균류나 식물과 다르지 않아 보인다(그림 1.8). 산호를 자세히 관찰해야 비로소 그 안에 동물의 원형인 위장, 근육, 신경세포가 존재한다는 것을 알 수 있다. 사실 산호는 산호 폴립coral polyp이라는 독립적인 생명체가 모여 있는 군집이다. 어떻게 보면 산호 폴립 하나는 신경세포와 근육이 있는 위장이라 할 수 있다. 폴립에는 물속에서 흐느적거리는 작은 촉수가 있다. 촉수는 작은 생명체가 자기를 향해 헤엄쳐 오기를 기다린다. 생명체가 이 촉수 끝에 닿으면 촉수는 신속하게 수축하면서 먹잇감을 위장 공간으로 끌어들인 다음 그 안에서 먹이를 소화한다. 촉수 끝의 신경세포는 먹이를 감지해서 다른 신경세포들로 구성된 그물망을 통해 일련의 신호를 보낸다. 그러면 그물망의 여러 근육이 조화를 이루며 이완-수축 운동을 만들어낸다.

이런 산호의 반사작용은 다세포 생명체가 세상을 감지하고 그에 반응하는 최초의 방식도 유일한 방식도 아니었다. 식물과 균류 역시 신경세포나 근육이 없어도 이런 일을 잘 해낸다. 식물은 이파리가 태양을 향하게 할 수 있고, 균류도 먹이가 있는 방향으로 성장할 수 있다. 다세포성의 여명기였던 고대 바다에서 산호의 반사작용이 혁명적이었던 이유는 다세포 생명체가 처음으로 세상을 감지하고 움직였기 때문이 아니라 감지하고 움직이는 과정이 처음으로 신속하고 구체적으로 일어났기 때문이다. 식물과 균류의 움직임은 몇 시간에서 며칠이 걸린다.[27] 반면 산호의 운동은 몇 초면 끝난다. 식물과 균류의 움직임은 굼뜨고 부정확하다. 하지만 산호의 움직임은 상대적으로 매우 구체적이다. 먹이를 붙잡고 입을 벌려 안으로 밀어 넣고 나서 입을 닫는 등의 행동 모두가 타이밍에 맞춰 일부 근육은 이완하고 일부 근육은 수축하는 등 정확하게 조율된다. 균류에게는 신경세포가 없는데 동물에게는 신경세포가 있는 이유도 이 때문이다. 양쪽 모두 다른 생명체를 먹고 사는 대형 다세

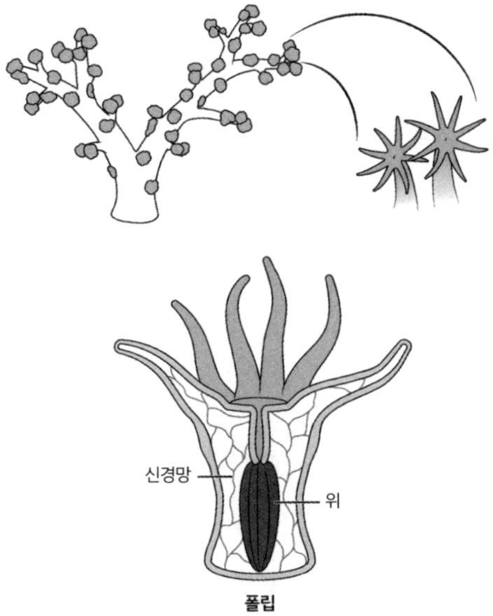

그림 1.8 초기 동물 생명체의 모델인 연산호

포 생명체이지만, 2단계 다세포 생명체를 잡아먹는 동물의 생존 전략은 신속하고 구체적인 반사작용을 갖춰야만 한다.[28] 신경세포와 근육의 원래 목적은 먹이를 삼키는 소박하고 단순한 과제를 수행하는 것이었는지도 모른다.

뇌가 만들어질 준비가 되었다

신경세포의 작동방식을 이해하기까지의 과학적 여정은 길고 우여곡절도 많았다.[29] 고대 그리스의 유명한 의사 히포크라테스Hippocrates가 살았던 기원전 400년경에는 동물 속에 실처럼 생긴 물질로 된 시스템이 존재하고, 이것이 뇌 안팎을 오가며 근육을 제어하고 감각을 인지하는 매개체라는 것이 알려져 있었다. 이것은 나중에 신경nerve('힘줄'을 의미하는 라틴어 nervus에서 유래)이라 불리게 된다. 고대 그리스인들은 살아 있는 돼지나 다른 가축의 척수를 자르고 신경을 조이는 등 끔찍한 실험을 통해 이런 사실을 알아냈다. 하지만 신경을 따라 흐르는 것이 '동물 정기animal spirit'라고 잘못된 결론을 내렸다. 이 오류를 수정하기까지는 수 세기가 걸렸다. 2,000년이 지난 후에 아이작 뉴턴Isaac Newton조차 신경이 '에테르ether'라는 신경액을 통해 흐르는 진동으로 소통한다고 잘못 추측했다. 1700년대 후반이 되어서야 과학자들은 신경계를 통해 흐르는 것이 에테르가 아니라 전기임을 확인했다.[30] 신경에 전류를 가하면 그 전류가 근육으로 흘러들어가 근육을 수축시켰다.

하지만 많은 오류가 그대로 남아 있었다. 당시에는 신경계가 순환계의 균질한 혈관망처럼 단일 신경망으로 이뤄졌다고 생각했다. 19세기 말이 되어서야 더 발전된 현미경과 염색 기술이 등장하면서 과학자들은 신경계가 독립된 신경세포로 이뤄져 있으며, 이들이 이어져 있기는 하지만 따로 작동하고 자기만의 신호를 생성한다는 것을 발견했다.[31] 이 과정에서 전기신호가 신경세포 안에서 한쪽 방향으로만 흐른다는 것도 밝혀졌다. 전기신호는 입력을 받아들이는 가지돌기dendrite에서 전기 출력을 내보내는 축삭돌기axon로만 흐른다. 이 출력 신호가 다른 신경세포나 유형이 다른 세포(근육세포 등)로 흘러들어가 그 세포를 활성화한다.

1920년대 초에 영국의 젊은 신경학자 에드거 에이드리언Edgar Adrian이 제1차 세계대전에서 군의관으로 오랜 기간 복무를 하고 나서 케임브리지대학교로 돌아왔다. 에이드리언은 당시의 많은 연구자와 마찬가지로 신경세포를 전기적으로 기록해서 이들이 어떤 내용을 어떻게 소통하는지 해독하는 일에 관심이 있었다. 그런데 한 신경세포의 활동을 기록하기에는 전기 기록장치가 너무 크고 조잡했으며, 그 때문에 여러 개의 신경세포로부터 신호가 뒤섞여 잡음이 발생하는 것이 문제였다. 에이드리언과 그 동료들은 단일 신경세포 전기생리학single-neuron electrophysiology이라는 분야를 만들어 처음으로 이 문제에 대한 해결책을 찾아냈다. 그 덕분에 과학자들은 개별 신경세포의 언어를 들여다볼 수 있게 됐다. 그리고 이후에 이루어진 세 가지 발견 덕분에 에이드리언은 노벨상을 수상했다.[32]

첫 번째 발견은 신경세포가 전기신호를 밀물과 썰물 같은 연속적인 형태로 보내지 않고 실무율all-or-none law*에 따라 전달한다는 것이었다. 이렇게 나타나는 신호를 스파이크spike 또는 활동전위action potential라고 한다.[33] 한마디로 신경세포는 켜져 있거나 꺼져 있으며 그 중간 상태는 존재하지 않는다. 바꿔 말하면 신경세포는 전기가 끊임없이 흐르는 전력선처럼 행동하지 않고, 전신 케이블처럼 전기가 끊어졌다 이어졌다 하는 패턴으로 행동한다. 에이드리언도 신경 스파이크와 모스부호의 유사성을 지적했다.

스파이크를 발견한 에이드리언은 오히려 당혹스러웠다. 사람은 감각기관에서 자극의 강도를 분명하게 지각한다. 소리의 크기, 조명의 밝기, 냄새나 통증의 강도를 판별할 수 있다. 그런데 어떻게 켜짐 아니면 꺼짐밖에 없는 단순한 이진신호가 이처럼 차등화된 자극의 강도를 전달할 수 있단 말인가? 연구자들은 신경세포가 사용하는 언어가 스파이크라는 사실을 알아냈지만 일련의 스파이크에 담긴 의미를 알 수 없었다. 그런데 모스부호 역시 부호code의 일종으로, 전선을 따라 흐르는 전기를 이용해 정보를 효과적으로 저장하고

* 단일 세포의 경우 자극이 역치 이하일 때는 반응이 전혀 나타나지 않다가 역치에 이르면 최대를 나타내며, 그 이상은 자극을 더 가해도 반응의 크기에 변화가 없다는 법칙-옮긴이

전송한다. 에이드리언은 신경세포의 신호[34]를 지칭하는 데 '정보information'라는 단어를 처음으로 사용한 과학자였으며, 이 신호를 해독decode하기 위해 단순한 실험을 고안했다.

에이드리언은 죽은 개구리의 목에서 근육을 하나 가져다가 그 속에 들어 있는 신장 감지 신경세포stretch sensitive neuron 한 가닥에 기록장치를 부착했다. 이 신경세포는 근육이 늘어날 때 자극되는 수용기가 있다. 이어서 에이드리언은 다양한 무게추를 근육에 달아보았다. 여기서 던진 질문은 다음과 같다. 이 신장 감지 신경세포의 반응이 근육에 매단 무게에 따라 어떻게 변화할까?

모든 경우에서 나타난 스파이크 자체는 동일했다. 딱 한 가지 차이라면 스파이크가 몇 번 발화하느냐였다. 추가 무거울수록 스파이크의 발생빈도가 높아졌다(그림 1.9). 이것이 발화율 부호화firing rate coding라고 불리는 에이드리언의 두 번째 발견이었다. 신경세포가 스파이크 자체[35]의 모양이나 크기가 아니라 스파이크 발화 속도를 바탕으로 정보를 부호화한다는 개념이다. 에이드리언의 초기 연구 이후로 해파리부터 사람까지[36] 동물계 전반의 신경세포에서 발화율 부호화가 발견됐다. 접촉 감지 신경세포touch sensitive neuron는 접촉의 압력을 발화율로 부호화한다.[37] 빛 자극 감지 신경세포photo sensitive neuron도 명암의 대비를 발화율로 부호화한다. 냄새 감지 신경세포smell sensitive neuron도 냄새의 농도를 발화율로 부호화한다.[38] 운동 신경세포motor neuron의 부호 역시 발화율이다. 근육을 자극하는 신경세포의 스파이크 발화 속도가 빠를수록 근육의 수축력도 강해진다.[39] 당신이 강아지를 부드럽게 쓰다듬고, 20킬로그램짜리 무거운 물체를 힘주어 들어 올릴 수 있는 것도 이 때문이다. 근육의 수축력을 조절하지 못하는 사람이 곁에 있으면 괴로울 것이다.

에이드리언의 세 번째 발견이 가장 놀라웠다. 접촉의 압력이나 빛의 밝

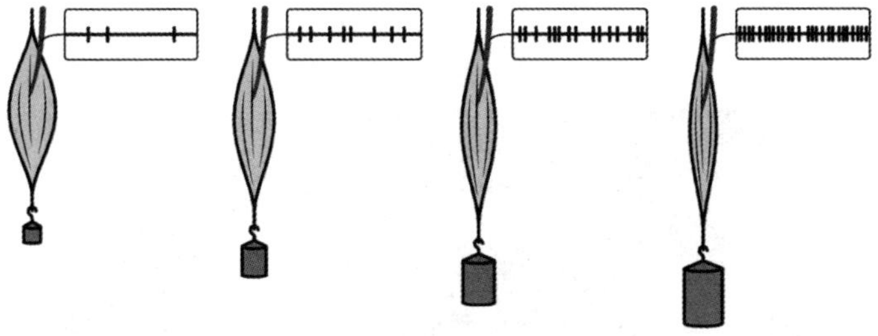

그림 1.9 에이드리언은 신장 감지 신경세포에서 발생하는 초당 스파이크의 수(발화율)와 추 무게의 관계를 도표로 작성했다.

기 같은 자연의 변수를 발화율 부호로 번역할 때는 문제가 생긴다. 자연의 변수가 취하는 범위가 한 신경세포의 발화율로 부호화할 수 있는 수준을 훨씬 넘어서는 것이다. 시각을 예로 들어보자. 우리는 주변의 밝기가 천문학적으로 다양하다는 사실을 깨닫지 못하고 살아간다. 감각기관이 그 밝기를 추상화하기 때문이다. 당신이 햇빛 아래에서 하얀 종이를 바라볼 때 눈에 들어오는 빛은 달빛 아래에서 볼 때보다 100만 배나 강하다.[40] 사실 햇빛 아래에서 보는 검은 글자는 달빛 아래에서 보는 하얀색 바탕보다 30배나 밝다![41]

이것은 빛만의 특성이 아니다. 후각부터 촉각, 청각까지 모든 감각은 방대한 자연의 변수를 구분할 수 있어야 한다. 신경세포의 한계만 아니었다면 이것이 꼭 문제가 되지는 않았을 것이다. 하지만 다양한 생화학적 이유로 신경세포의 발화 속도는 1초당 500회[42]를 넘기기가 불가능하다. 따라서 신경세포는 100만 배의 차이를 나타내는 자연의 변수를 오직 1초당 0회에서 500회의 범위 안에서 부호화해야 한다. 바로 '압축 문제squishing problem'다. 신경세포는 이렇게 방대한 자연의 변수를 상대적으로 좁은 범위의 발화율로 압축해서 표현해야 한다.

이런 이유로 발화율 부호화는 그 자체로 성립할 수 없다. 신경세포가 그

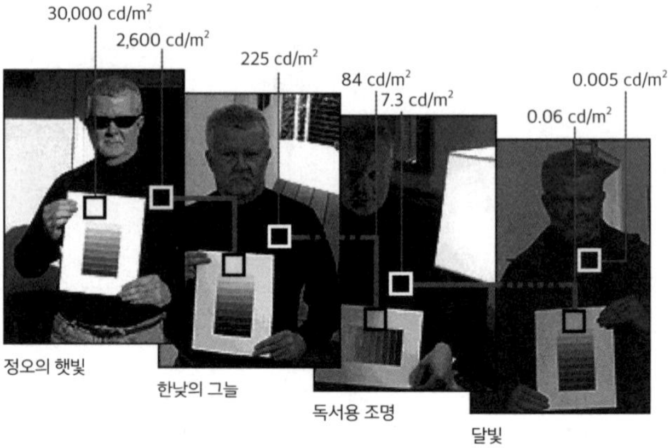

그림 1.10 자극 강도의 넓은 스펙트럼[43]

렇게 좁은 범위의 발화율로 방대한 자연의 변수를 부호화하려면 정확도가 크게 낮아질 수밖에 없다. 그렇게 해서 감각이 부정확해지면 실내에서 글을 읽을 수도, 미묘한 냄새를 맡을 수도, 부드러운 촉감을 느낄 수도 없을 것이다.

신경세포는 이 문제를 현명하게 해결했다. 자연의 변수와 발화율의 관계가 고정되어 있지 않으니, 신경세포가 환경에 맞춰 발화율을 항상 조정하는 것이다. 신경세포는 자연세계의 변수와 발화율의 관계를 끝없이 재설정한다. 신경과학자들은 이를 '적응adaptation'이라 부른다. 이것이 에이드리언의 세 번째 발견이었다.

에이드리언이 진행한 개구리 근육 실험에서 신경세포가 특정 무게에 대해 스파이크를 100번 발화했다고 가정해보자. 처음으로 노출된 이후 신경세포는 신속하게 적응한다. 곧이어 똑같은 무게를 적용하면 이 신경세포는 스파이크를 여덟 번만 발화할 수도 있다. 이 작업을 계속하면 스파이크의 수가 지속적으로 줄어든다. 이런 현상은 동물의 뇌에 있는 수많은 신경세포에도 그대로 적용된다. 자극이 강할수록 스파이크가 발생하는 신경 역치도 더 크게 변한다. 어떤 면에서 신경세포는 자극 강도의 상대적 변화를 측정하는 것이라 할 수 있다. 자극의 절대치를 신호로 보내는 것이 아니라 기준치에 대해 자극의 강도가 상대적으로 얼마나 변했는지를 신호로 보내는 것이다.

이게 정말 끝내주게 멋진 점이다. 적응은 압축 문제를 해결한다. 적응 현상 덕분에 신경세포는 발화율의 범위에 한계가 있어도 광범위한 자극 강도를 정확하게 부호화할 수 있다. 자극이 강할수록 그다음에 신경세포의 반응을 다시 이끌어내기 위해서는 더 강하게 자극해야 한다. 그리고 자극이 약할수록 신경세포는 점점 더 예민해진다.

19세기 후반과 20세기 초반에는 신경세포의 내부 작동방식에 대해 많은 것이 발견됐다. 이 시기에는 에드가 에이드리언 말고도 산티아고 라몬 이 카할Santiago Ramón y Cajal, 찰스 셰링턴Charles Sherrington, 헨리 데일Henry Dale, 존 에클스John Eccles 등 걸출한 신경과학자가 대거 등장해 노벨상을 수상했다.[44] 이때 발견된 중요한 한 가지는 신경충동nerve impulse이 한 신경세포에서 또 다른 신경세포로 시냅스를 통해 전달된다는 것이었다. 시냅스는 신경세포와 신경세포 사이에 존재하는 미세한 간극을 말한다. 입력 신경세포에서 발생한 스파이크가 축삭끝가지axon terminal에서 신경전달물질neurotransmitter이라는 화학물질의 분비를 촉발하면, 이 신경전달물질이 수 나노초 이내에 시냅스를 가로질러서 단백질 수용체와 결합한다. 그러면 이것이 표적 신경세포로 들어가는 이온의 흐름을 촉발해서 표적 신경세포의 전하가 변한다. 신경세포 내부에서의 신경 소통은 전기적으로 이뤄지지만, 신경세포와 신경세포 사이에서는 화학적 소통이 일어나는 것이다.[45]

1950년대에 존 에클스는 신경세포에 흥분성 신경세포escitatory neuron와 억

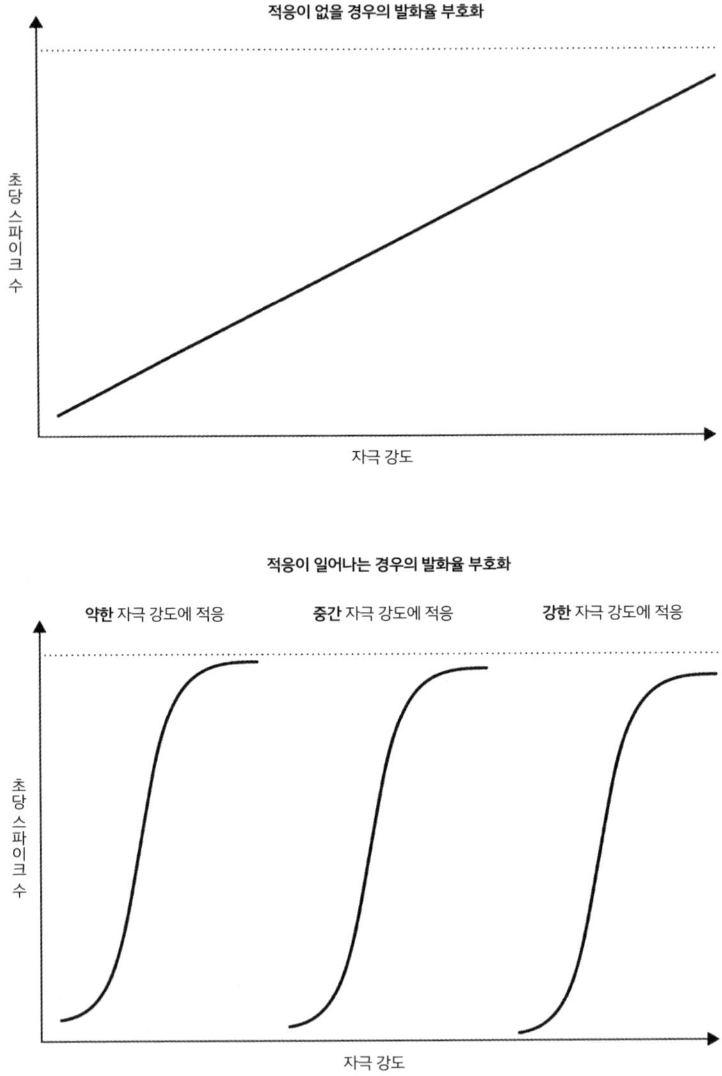
적응이 없을 경우의 발화율 부호화
초당 스파이크 수
자극 강도
적응이 일어나는 경우의 발화율 부호화
약한 자극 강도에 적응
중간 자극 강도에 적응
강한 자극 강도에 적응
초당 스파이크 수
자극 강도

그림 1.11

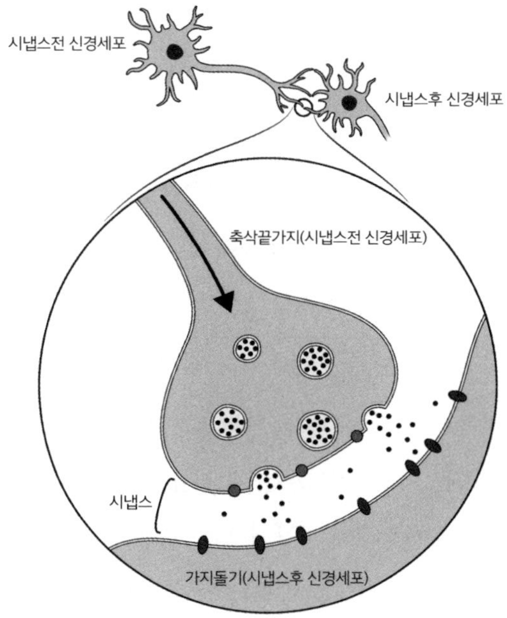

그림 1.12

제성 신경세포inhibitory neuron 두 가지가 있음을 발견했다. 흥분성 신경세포는 연결된 신경세포를 흥분시키는 신경전달물질을 분비하는 반면, 억제성 신경세포는 연결된 신경세포를 억제하는 신경전달물질을 분비한다. 바꿔 말하면 흥분성 신경세포는 다른 신경세포에 스파이크를 일으키고, 억제성 신경세포는 다른 신경세포에서 스파이크의 발생을 억누른다는 의미다.

실무율에 따른 스파이크 발생, 발화율 부호화, 적응, 흥분성 신경전달물질과 억제성 신경전달물질을 갖춘 시냅스 등 신경세포에서 나타나는 이런 특성들은 모든 동물에서 보편적으로 발견된다. 심지어 산호 폴립이나 해파리처럼 뇌가 없는 동물에서도 마찬가지다. 어째서 모든 신경세포는 이런 특성을 공유하는 것일까? 초기 동물이 사실 오늘날의 산호, 말미잘과 비슷했다면 신경세포의 이런 특성 덕에 고대 동물은 주변의 환경에 신속하고 구체적으로 반응할 수 있었을 것이다. 2단계 다세포 생명체를 적극적으로 포획해서 죽이려면 이런 능력이 필요했다. 실무율 전기 스파이크 덕분에 동물은 아주 미세한 접촉이나 냄새에도 신속하고 조율된 반사작용을 일으켜 먹잇감을 잡을 수 있었다. 동물은 발화율 부호화 덕분에 접촉이나 냄새의 강도를 바탕으로 반응의 강도를 수정할 수 있었다. 동물은 적응 덕분에 스파이크가 일어나는 감각 역치를 조정하며 아주 미묘한 접촉이나 냄새에도 예민하게 반응하는 한편, 더 강한 자극에서 오는 과잉자극도 예방할 수 있었다.

억제성 신경세포는 어떨까? 이들은 왜 진화했을까? 산호 폴립이 입을 벌리고 다무는 단순한 과제에 대해 생각해보자. 입을 벌리려면 일부 근육은 반드시 수축하고 일부 근육은 이완해야 한다.[46] 입을 다물 때는 그 반대로 되어야 한다. 흥분성 신경세포와 억제성 신경세포가 존재함으로써 반사작용이 일어나는 데 필요한 논리를 구현하는 최초의 신경회로가 탄생할 수 있었다. 이 신경세포들을 통해 '이것은 하고 저것은 하지 마'라는 규칙을 강제할 수 있는 것이다. 어쩌면 이것이 신경세포 회로에서 처음으로 등장한 지능의 한 단면일 수도 있다. '이것은 하고 저것은 하지 마'라는 논리가 새로운 것은 아니었다. 단세포에서 일어나는 단백질 활성 과정에도 이런 논리는 이미 존재했다. 하지만 이런 능력이 신경세포라는 매개체를 통해 재구성된 덕분에 3단계 다세포 생명체 수준에서 새롭게 적용할 수 있었다. 억제성 신경세포는 잡아서 삼키기 반사가 작동하는 데[47] 반드시 필요한 내적 논리를 구현할 수 있게 해줬다.

창자배를 형성하는 생명체든 폴립 같은 생명체든 최초의 동물에게는 분명 신경세포가 있었지만 뇌는 없었다. 오늘날의 산호 폴립과 해파리처럼 최

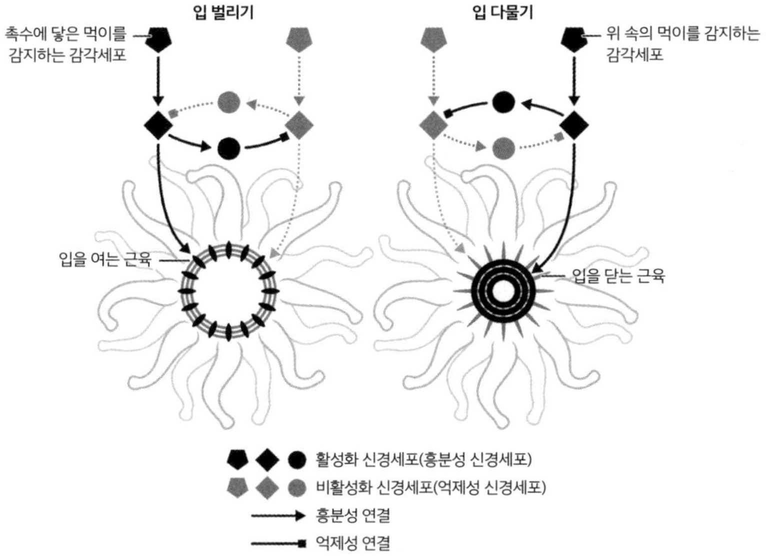

그림 1.13 최초의 신경회로

초 동물의 신경계는 과학자들이 말하는 '신경망nerve net'에 해당했다. 신경망이란 독자적으로 반사작용을 일으키는 독립적인 신경회로들로 구성된 분산망distributed net을 말한다.

이로써 포식자-먹잇감의 진화적 되먹임고리가 본격적으로 가동되었고 적극적 사냥꾼이라는 동물의 생태적 지위가 자리 잡았으며 신경세포라는 기본 구성요소가 갖춰졌다. 이 때문에 신경망 회로를 새로 배선해서 뇌가 만들어지는 혁신 #1의 진화는 단지 시간 문제였다. 우리의 이야기는 여기서부터 진짜로 시작된다. 하지만 그 시작은 당신의 예상과 다를 것이다.

혁신 #1

조종과 최초의 좌우대칭동물

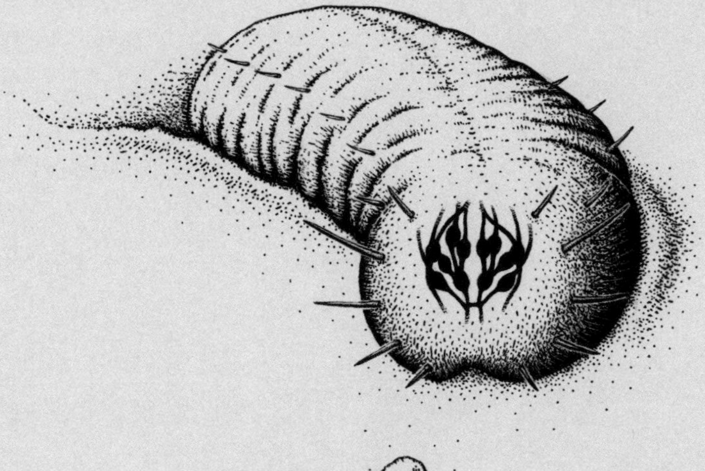

6억 년 전 당신의 뇌

2.
좋음과 나쁨의 탄생

자연은 절대 권력을 가진 두 주인의 지배 아래 인간을 두었다. 바로 고통과 쾌락이다.

– 제러미 벤담Jeremy Bentham, 《도덕과 입법의 원리 서설An Introduction to the Principles of Morals and Legislation》

언뜻 보면 개미부터 악어, 꿀벌부터 개코원숭이, 갑각류부터 고양이 등 동물계의 다양성은 실로 놀랍다. 동물은 헤아릴 수 없는 다양성을 보여주는 것 같다. 하지만 조금만 더 생각해보면 동물계에서 정말 놀라운 점은 오히려 다양성의 부족이라고 쉽게 결론 내릴 수 있다. 지구에 사는 거의 모든 동물은 구조 면에서 동일한 체제body plan를 갖고 있다. 모든 동물에게는 입, 뇌, 주요 감각기관(눈, 귀 등)이 몰려 있는 앞부분과 배설물이 빠져나오는 뒷부분이 있다.

진화생물학자들은 이런 체제를 갖는 동물을 좌우대칭이 있다고 해서 좌우대칭동물bilateria이라고 부른다. 이는 앞뒤가 없이 중심축을 따라 양쪽으로 비슷한 신체 부위가 배열되어 있는 방사대칭동물radiata인 산호 폴립, 말미잘,

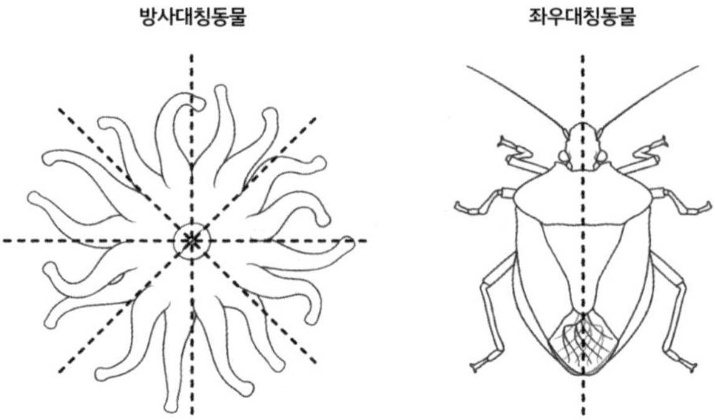
방사대칭동물
좌우대칭동물

그림 2.1

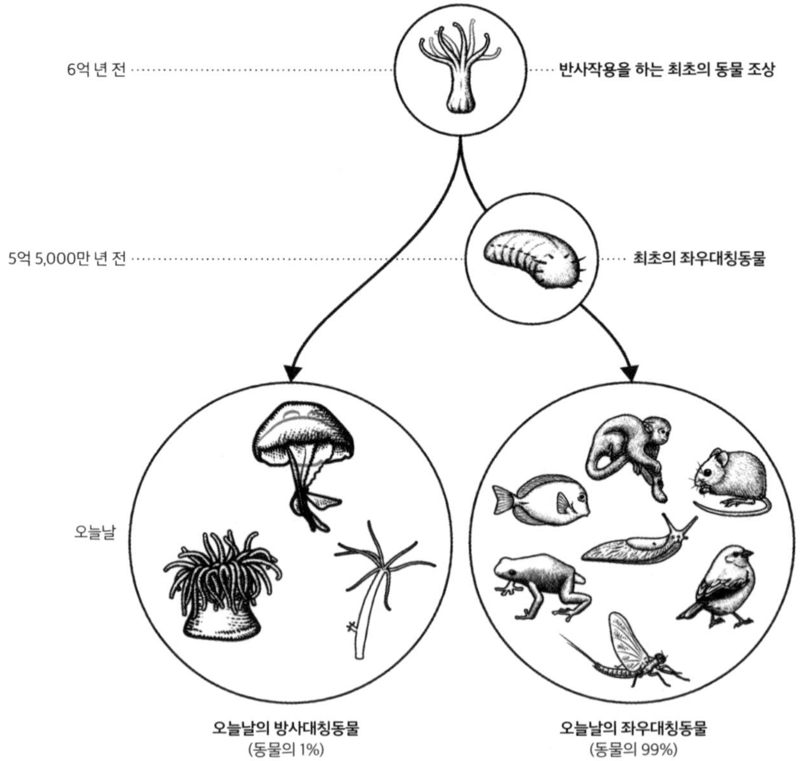
6억 년 전
반사작용을 하는 최초의 동물 조상
5억 5,000만 년 전
최초의 좌우대칭동물
오늘날
오늘날의 방사대칭동물
(동물의 1%)
오늘날의 좌우대칭동물
(동물의 99%)

그림 2.2

해파리 등 우리와 가장 먼 동물 친척들과 대비된다. 이 두 부류 사이에서 가장 명확하게 드러나는 차이는 먹이를 먹는 방식이다. 좌우대칭동물은 입으로 먹이를 밀어 넣고 엉덩이 쪽으로 배설물을 밀어낸다. 반면 방사대칭동물은 구멍이 하나밖에 없다. 입이 곧 엉덩이라고 할 수 있다. 이 구멍을 통해 먹고 싼다. 둘 중에서는 좌우대칭동물이 더 제대로 된 동물임에 틀림없다.

최초의 동물은 방사대칭이었을 것으로 추측하지만 요즘에는 대부분의 동물 종이 좌우대칭이다. 지렁이부터 사람까지 오늘날의 좌우대칭동물은 놀라운 다양성을 보여주지만, 이들은 모두 5억 5,000만 년쯤 전에 살았던 단일 좌우대칭동물 공통 조상의 후손이다. 고대 동물의 이런 단일 계통 체제가 방사대칭에서 좌우대칭으로 변한 이유는 대체 무엇일까?

방사대칭 체제는 산호처럼 먹이를 기다리는 전략을 쓸 경우에는 효과적이다. 하지만 먹이를 탐색하며 이동하는 사냥 전략을 구사할 경우에는 끔찍한 구조다. 방사대칭 체제의 동물이 움직이려면 모든 방향에서 먹이의 위치를 감지할 수 있는 감각 메커니즘이 있어야 하고, 그 방향으로 움직일 수 있는 기계적 메커니즘도 있어야 한다. 다시 말해 모든 방향을 동시에 감지하고 움직일 수 있어야 한다. 반면 좌우대칭 체제에서는 운동 방향이 훨씬 단순해진다. 어느 방향으로든 움직일 수 있는 가동 시스템 대신 그냥 앞으로 움직이고 방향을 바꿀 수 있는 시스템만 있으면 된다. 좌우대칭 체제는 정확한 방향을 선택할 필요가 없다. 그냥 오른쪽이나 왼쪽으로 방향을 바꿀지 여부만 선택하면 된다.

심지어 오늘날의 인간 공학자들도 주변을 탐색navigation하는 데 이보다 더 나은 구조를 아직 찾지 못했다. 자동차, 비행기, 배, 잠수함 등 인간이 만든 거의 모든 탐색용 기계의 구조는 좌우대칭이다. 한마디로 이 체제는 이동 시스

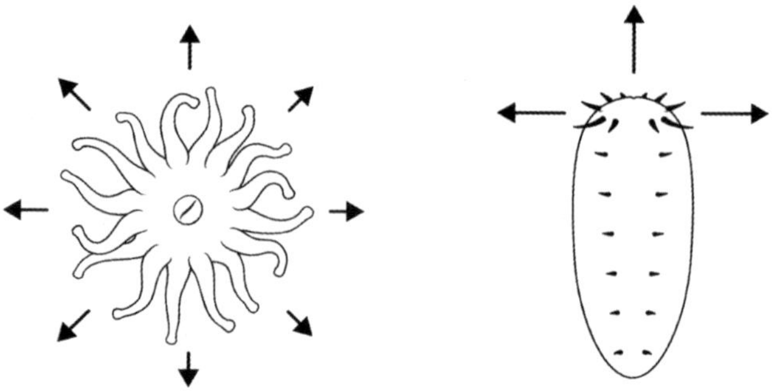

수많은 방향 중에서 한쪽을 선택　　　　그냥 왼쪽이나 오른쪽으로 조종

그림 2.3 탐색에 좌우대칭 체제가 유리한 이유

템에 가장 효율적인 설계다. 좌우대칭 체제는 이동장치가 한쪽 방향(앞쪽)으로 이동할 수 있게 최적화하고, 여기에 방향전환 메커니즘을 추가하면 탐색도 할 수 있다.

좌우대칭에 대한 더 중요한 관찰 내용이 있다. 뇌가 있는 동물은 좌우대칭동물밖에 없다. 이는 우연이 아니다. 최초의 뇌와 좌우대칭 체제는 처음에 동일한 진화의 목적을 공유하고 있었다. 동물이 조종steering을 통해 주변을 탐색할 수 있게 해준 것이다. 조종이 바로 혁신 #1이다.

조종을 통한 탐색

최초의 좌우대칭동물이 어떤 모습이었는지 정확히는 모르지만 화석을 보면 쌀 한 톨 정도 크기의 지렁이처럼 다리가 없는 생명체였을 것으로 추정된다.[1] 화석 증거에 따르면 이들은 6억 3,500만 년 전에서 5억 3,900만 년 전 사이의

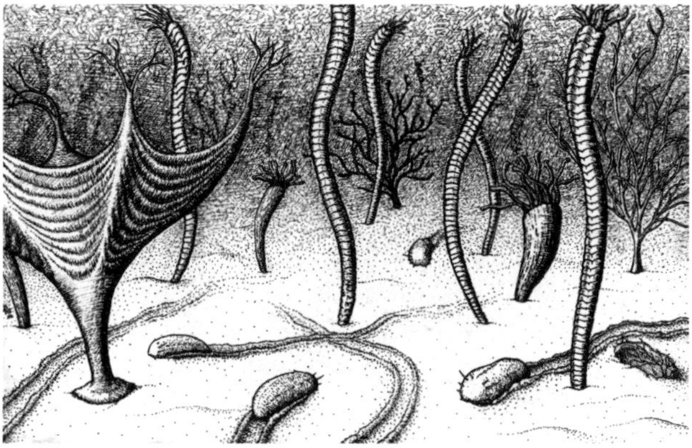

그림 2.4 에디아카라기의 세계

에디아카라기Ediacaran period에 처음 등장한 것으로 보인다. 에디아카라기의 얕은 바다 밑바닥에는 미생물이 층을 이루며 살아가는 끈적끈적한 초록색 미생물 매트가 두텁게 깔려 있었다. 이것은 햇볕을 쬐고 있는 남세균의 거대한 군집이었다. 그 사이로 산호, 해면동물 같은 고착성 다세포 동물과 초기 식물이 흔히 보였을 것이다.

오늘날의 선충nematode은 초기 좌우대칭동물이 등장한 이후 비교적 변화 없이 그대로 남은 것으로 보인다. 이 생명체는 지렁이와 비슷하게 생겼던 우리 조상들의 내부 작동방식을 들여다볼 수 있는 창문 역할을 해준다. 선충은 말 그대로 좌우대칭동물의 기본 원형만 갖춘 존재라 할 수 있다. 머리, 입, 위, 엉덩이, 약간의 근육, 뇌 말고는 별다른 구조가 없다.

최초의 뇌는 선충의 뇌처럼 아주 단순했다.[2] 선충 중에서도 연구가 가장 잘 이뤄진 예쁜꼬마선충*Caenorhabditis elegans*은 신경세포가 겨우 302개에 불과하다. 사람이 갖고 있는 850억 개[3]에 비하면 초라하기 그지없는 숫자다. 하지만 선충은 뇌가 이렇게 작은데도 놀라울 정도로 정교하게 행동한다. 선충이 딱

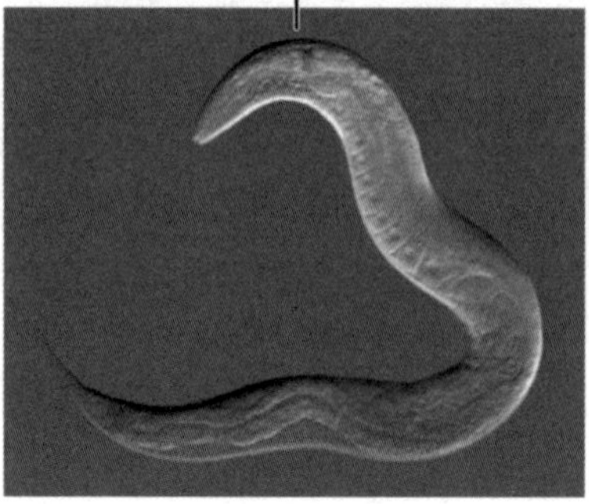

그림 2.5 예쁜꼬마선충

할 만큼 단순한 뇌로 행동하는 것을 보면 최초의 좌우대칭동물이 자신의 뇌로 어떻게 행동했을지 짐작할 수 있다.

선충과 산호 같은 오래된 동물의 행동에서 가장 뚜렷하게 드러나는 차이는, 선충이 더 많은 시간을 '움직이면서' 보낸다는 것이다. 한 실험을 살펴보자. 선충 한 마리를 페트리접시 한쪽에 놓고 그 반대편에 작은 먹이 조각을 놓는다. 그럼 세 가지 일이 일어날 것이다. 첫째, 선충은 항상 먹이를 찾아낸다(여기서부터 선충은 예쁜꼬마선충의 특정 종을 지칭한다). 둘째, 선충은 그냥 무작위로 돌아다닐 때보다 훨씬 빠른 속도로 움직여 먹이를 찾는다. 셋째, 먹이를 향해 직선으로 나가지 않고 원을 그리며 다가간다.[4]

선충이 시각을 이용하는 것은 아니다. 선충은 앞을 볼 수 없다. 이들은 눈이 없어서 먹이를 탐색하는 데 유용한 이미지를 형성할 수 없다. 대신 후각을 이용한다. 냄새의 원천에 다가갈수록 그 냄새의 농도가 진해진다. 선충은 이런 변화를 이용해서 먹이를 찾아낸다. 선충은 그저 먹이의 냄새 입자 농도가 옅어지는 쪽을 등지고, 농도가 진해지는 쪽으로 방향을 바꾸기만 하면 된

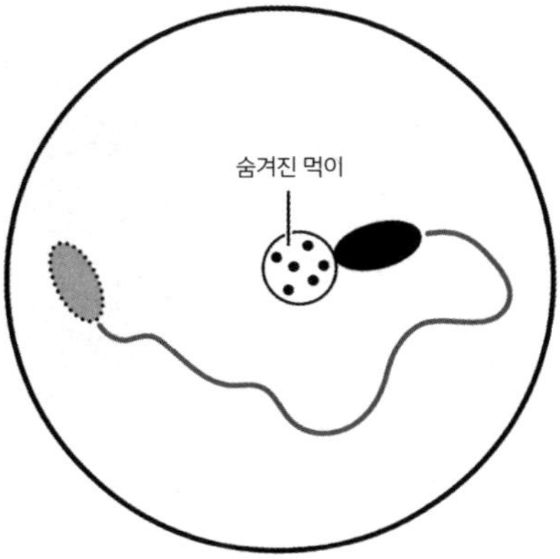

그림 2.6 먹이를 향해 방향을 조종하는 선충

다. 이 얼마나 단순하면서도 효과적인 탐색 전략인가. 정말 우아하다. 이 움직임의 규칙은 두 가지로 요약할 수 있다.

1. 냄새가 짙어지면 계속 앞으로 나간다.

2. 냄새가 약해지면 방향을 바꾼다.

이것이 '조종'이라는 혁신이었다. 바다 밑바닥의 복잡한 세상을 성공적으로 탐색하기 위해 그 2차원 세상을 실제로 이해할 필요는 없다. 자기가 어디에 있는지, 먹이는 어디에 있는지, 어떤 경로로 가야 하는지, 가는 데 얼마나 걸릴지 알 필요가 없고 세상에 대해 의미 있는 지식을 갖고 있을 필요도 없다. 그저 좌우대칭의 몸통을 먹이 냄새가 짙어지는 쪽과는 가까워지게, 먹이 냄새가 약해지는 쪽과는 멀어지게 조종할 수 있는 뇌만 있으면 된다.

조종은 뭔가를 탐색하는 데도 필요하지만, 뭔가로부터 멀어지기 위해서도 필요하다. 선충에게는 빛, 온도, 접촉을 감지하는 감각세포가 있다. 이들

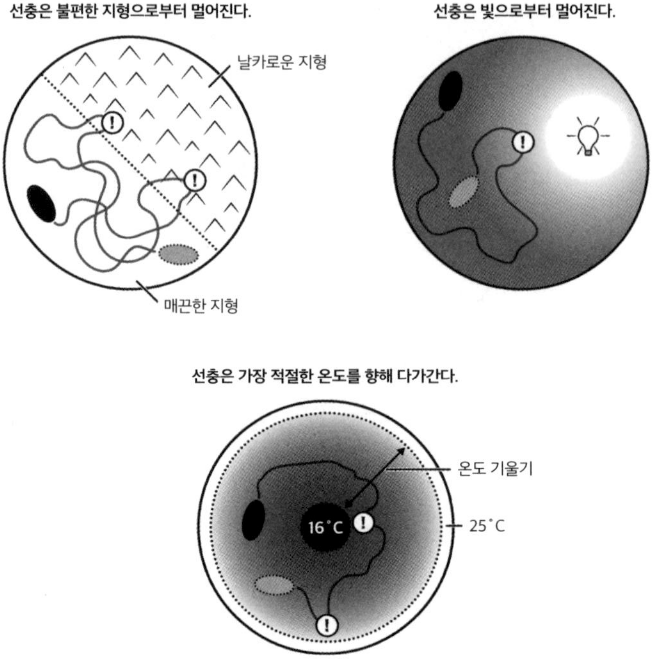

그림 2.7 선충과 편형동물Platyhelminthes처럼 단순한 좌우대칭동물이 조종을 이용해서 방향을 결정하는 사례

은 포식자의 눈에 쉽게 발각될 수 있는 밝은 빛으로부터 멀어지는 쪽으로 자신의 몸을 조종한다. 해로운 열이나 추위로부터도 멀어진다. 너무 덥거나 추운 곳에서는 신체 기능을 수행하기 어렵기 때문이다. 날카로운 표면으로부터도 멀어진다. 약한 몸통이 상처를 입을 수 있기 때문이다.[5]

조종을 통한 탐색이라는 비법이 새로운 것은 아니었다. 세균 같은 단세포 생명체도 비슷한 방식으로 주변 환경을 탐색한다. 세균의 표면에 붙어 있는 단백질 수용체가 빛 같은 자극을 감지하면 세포 안에서 화학 반응을 일으켜 단백질 추진체의 운동 방향을 바꿔놓는다. 그러면 세균이 방향을 전환하게 된다. 세균 같은 단세포 생명체가 먹이 공급원을 향해 움직이고 위험한 화

학물질을 피할 수 있는 것은 이런 방법 덕분이다. 하지만 이런 메커니즘은 단순한 단백질 추진체로도 생명체 전체의 방향을 성공적으로 재설정할 수 있는 개별 세포 단위에서만 작동한다. 수백만 개의 세포로 구성된 생명체를 조종하기 위해서는 자극이 신경세포 회로를 활성화하면 그 신경세포가 다시 근육세포를 활성화해서 특정한 전환 동작을 일으키는 완전히 새로운 구성이 필요하다. 따라서 최초의 뇌와 함께 찾아온 혁신은 조종 그 자체가 아니라 다세포 생명체의 규모에서 가능한 조종이었다.

최초의 로봇

1980년대와 1990년대에는 AI 공동체에 분열이 일어났다. 한쪽에는 기호주의 AIsymbolic AI 진영이 있었다. 이들은 인간의 지능을 각각의 구성요소로 분해해서 AI 시스템에 우리가 가장 소중히 여기는 능력, 곧 추론 능력, 언어 능력, 문제해결 능력, 논리력 등을 채워 넣으려고 했다. 반대편에는 메사추세츠공과대학교의 로봇공학자 로드니 브룩스Rodney Brooks가 이끄는 행동주의 AIbehavioral AI 진영이 있었다. 이들은 기호주의 AI의 접근방식이 실패할 수밖에 없다고 생각했다. 그 이유는 다음과 같았다. "더 단순한 수준의 지능으로 많이 연습해보기 전까지는 결코 인간 수준의 지능을 어떻게 분해할 수 있는지 이해할 수 없다."

브룩스의 주장은 부분적으로 진화에 바탕을 둔다. 생명이 자신의 환경을 감지하고 반응할 수 있기까지 수십억 년이 걸렸다. 그리고 뇌를 만들어내서 운동기술과 탐색 능력이 좋아지는 데 또다시 5억 년이 걸렸다. 그리고 이 힘든 과정 끝에 드디어 언어와 논리가 등장했다. 브룩스가 보기에 감지와 운동 기능이 진화하는 데 걸린 시간에 비하면 언어와 논리 기능은 눈 깜짝할 사이에 등장한 것이나 마찬가지였다. 그래서 그는 다음과 같이 결론 내렸다. "일단 존재와 반응이라는 본질만 확보되면 언어와 이성으로 발전하는 것은 간단하다. 본질은 생명과 번식을 유지하는 데 충분한 수준으로 주변 환경을 감지하면서 역동적인 환경에서 돌아다니는 능력이다. 진화는 이런 지능을 만들어 내는 데 집중적으로 시간을 쏟았다. 그것이 훨씬 어려운 일이기 때문이다."

브룩스는 이렇게 생각했다. "인간은 인간 수준의 지능이 존재한다는 사실을 보여주는 실존적 증거지만, 우리가 그 사실에서 배워야 할 교훈이 무엇인지에 대해서는 신중하게 생각해봐야 한다."[6] 이것을 설명하기 위해 그는 다음과 같은 비유를 들었다.

지금이 1890년대라고 해보자. 인공 비행은 과학, 공학, 벤처 투자 부분에서 뜨거운 관심사다. 한 무리의 인공 비행 연구자들이 기적적으로 타임머신을 타고 몇 시간 동안 1990년대로 넘어갔다. 이들은 모든 시간을 보잉747 여객기를 타고 비행하면서 보냈다. 다시 1890년대로 돌아온 그들은 인공 비행이 아주 큰 규모로도 가능하다는 사실을 알고 흥분했다. 그리고 즉시 자기가 목격한 것을 복제하는 일에 착수했다. 이들은 승객용 좌석, 비행기용 이중창 등을 설계하는 데 큰 진척을 이뤘고, 그 이상한 '플라스틱'을 만드는 법만 알아낼 수 있다면 인공 비행이라는 성배를 손에 넣을 수 있으리라 생각했다.[7]

이 예시 속 연구자들은 간단한 비행기를 만드는 과정을 건너뛰고 직접 보잉747을 제작하려 함으로써 비행기의 작동 원리를 완전히 오해하는 위험을 떠안고 말았다(승객용 좌석, 이중창, 플라스틱은 전혀 집중해야 할 대상이 아니다). 브룩스는 사람의 뇌를 역설계하려고 하면 이와 같은 문제를 겪게 된다고 믿었다. 그보다는 "단계마다 완전한 시스템을 갖추면서 지능 시스템의 능력을 점진적으로 쌓아올리는 것"이 더 나은 접근방식이었다. 바꿔 말하면 진화 과정과 마찬가지로 간단한 뇌에서 시작해서 점점 복잡성을 키워가는 방식이었다.

브룩스의 접근방식에 동의하지 않는 사람이 많지만, 당신이 그의 의견에 동의하든 하지 않든 상업적으로 성공을 거둔 최초의 가정용 로봇을 만든 사람이 바로 브룩스다. 로지를 만들어내기 위해 처음으로 작은 발걸음을 내딛은 사람이 브룩스였던 것이다. 그리고 상업용 로봇이 진화하게 된 이 첫걸음은 뇌가 진화하면서 겪은 첫걸음과 유사하다. 브룩스 역시 조종에서 시작했다.

1990년에 브룩스는 아이로봇iRobot이라는 로봇 회사를 공동 창립하고 2002년에는 진공청소기 로봇 룸바Roomba를 출시했다. 룸바는 집안을 스스로 탐색하고 다니며 청소하는 로봇이었다. 이 로봇은 출시되자마자 히트를 쳤으며, 요즘에도 새로운 모델이 계속 출시되고 있다. 아이로봇은 이 청소기를 4,000만 대 넘게 팔았다.[8]

최초의 룸바와 최초의 좌우대칭동물은 놀라울 정도로 공통점이 많다. 둘 다 지극히 단순한 센서가 있었다. 최초의 룸바는 벽에 부딪혔을 때, 충전 스테이션에 가까워졌을 때 등 몇 가지 상황만을 감지할 수 있었다. 그리고 둘 다 뇌가 단순했다. 또한 보잘것없는 감각 입력sensory input을 이용하기 때문에 주변 지형을 그리거나 사물을 인식하지도 못했다.[9] 무엇보다 둘 다 좌우대칭이었다. 룸바의 바퀴는 전진과 후진만 가능했다. 방향을 바꾸려면 일단 멈춰서 방향을 바꾼 다음 전진 운동을 계속해야 했다.

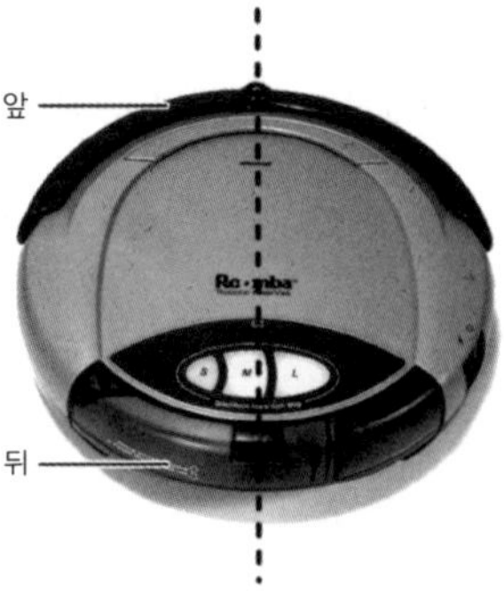

그림 2.8 최초의 좌우대칭동물과 비슷한 방식으로 주변을 탐색하는 진공청소기 로봇 룸바[10]

룸바는 무작위로 주변을 돌아다니며 장애물과 부딪히면 피하고, 배터리가 부족하면 충전 스테이션으로 돌아가 충전한 뒤 바닥을 구석구석 청소했다. 룸바는 벽에 부딪힐 때마다 무작위로 방향을 바꿔서 다시 앞으로 나가려 했다. 배터리가 떨어지면 충전 스테이션에서 보내는 신호를 찾았다. 그리고 신호를 감지하면 그냥 신호가 가장 강력한 쪽으로 방향을 바꿔서 충전 스테이션으로 돌아갔다.

룸바와 최초의 좌우대칭동물이 사용한 탐색 전략이 똑같지는 않았다. 하지만 상업적으로 성공한 최초의 로봇에게 최초의 뇌와 크게 다르지 않은 지능이 있었다는 것은 우연이 아닐지도 모른다. 둘 다 실제로 세상을 이해하거나 세상에 대한 모델을 구축하지 않고도 복잡한 세상을 탐색할 수 있는 방법을 이용했다.

다른 사람들이 지도 그리기나 운동하기 같은 복잡한 계산을 하는 눈과 촉각, 뇌가 있는 수백만 달러짜리 로봇을 연구하느라 연구실에 처박혀 있는 동안 브룩스는 간단하기 그지없는 로봇을 만들었다. 센서도 변변찮고 거의 아무것도 계산하지 않는 로봇이었다. 하지만 진화와 마찬가지로 시장에서도 저렴한 것, 작동하는 것, 애초에 발견할 수 있을 만큼 단순한 것이라는 세 가지 조건이 통했다.

조종이 다른 지적 업적처럼 경외감을 불러일으킬 정도로 대단한 진화의 결과는 아닐 것이다. 하지만 분명 에너지 측면에서 저렴했고 제대로 작동했으며 진화가 생명체를 만지작거리다가 우연히 발견할 수 있을 만큼 단순했다. 그리고 여기서 뇌가 만들어지기 시작했다.

감정가 신경세포

선충의 머리 주위로는 감각신경세포가 있다. 어떤 것은 빛에, 어떤 것은 접촉에, 어떤 것은 특정 화학물질에 반응한다. 조종 기능이 작동하기 위해 초기 좌우대칭동물은 후각, 촉각 또는 감지되는 다른 자극을 각각 받아들인 뒤 선택을 내려야 했다. 이것에 다가가야 하나, 피해야 하나 아니면 무시해야 하나?

조종이라는 혁신이 일어나기 위해서는 좌우대칭동물이 환경에서 다가가야 할 것(좋은 것)과 피해야 할 것(나쁜 것)을 구분할 수 있어야 했다. 심지어 룸바도 이런 선택을 한다. 장애물은 나쁜 것이다. 배터리가 부족할 때 충전 스테이션은 좋은 것이다. 더 앞서 등장했던 방사대칭동물은 탐색을 하지 않았기 때문에 세상을 이런 식으로 구분할 필요도 없었다.

동물이 자극을 좋은 것과 나쁜 것으로 구분하는 것을 심리학자와 신경과학자들은 자극에 감정가valence를 부여한다고 말한다. 감정가는 도덕적 판단에 관한 것이 아니라 자극의 좋음과 나쁨에 관한 것이다. 동물이 자극에 반응해서 다가갈지 피할지 결정하는 것처럼 훨씬 원초적인 차원이다. 자극의 감정가는 당연히 객관적이지 않다. 화학물질, 이미지, 온도 등은 그 자체로는 좋지도 나쁘지도 않다. 자극의 감정가는 좋음과 나쁨에 대한 뇌의 판단으로 정의되는 주관적인 것이다.

선충은 자기가 인지하는 대상의 감정가를 어떻게 판단할까? 선충이 먼저 대상을 관찰한 다음, 그에 대해 숙고하고 나서 그 감정가를 판단하는 것은 아니다. 대신 머리 주변에 있는 감각신경세포가 자극의 감정가를 직접 신호로 보낸다. 사실상 긍정적 감정가 신경세포positive-valence neuron라고 할 수 있는 한 무리의 감각신경세포가 있는 것이다. 이들은 선충이 좋다고 여기는 것(예를 들어 먹이 냄새)에 따라 직접 활성화된다. 그리고 부정적 감정가 신경세포negative-valence neuron라고 할 수 있는 또 다른 무리의 신경세포가 있다. 이들은 선충이 나쁘다고 여기는 것(높은 온도, 포식자 냄새, 밝은 빛 등)에 따라 직접 활성화된다.

선충의 경우 감각신경세포가 주변 세상의 객관적 특성을 신호로 전달하는 것이 아니라, 선충이 뭔가에 다가가거나 그것으로부터 멀어지기를 얼마나 원하는지 결정하고 그에 따라 방향을 조종하기 위한 투표를 부호화한다. 사람처럼 복잡한 좌우대칭동물의 경우 모든 감각장치가 이런 식으로 작동하는 것은 아니다. 당신 눈에 있는 신경세포는 이미지의 특성을 감지한다. 그리고 이미지에 대한 감정가는 다른 곳에서 따로 계산한다. 하지만 최초의 뇌는 세상의 객관적 특성을 측정하는 일에 관심이 없었다. 감정가라는 단순한 이진법적 렌즈를 통해 지각을 통째로 투영하는 감각신경세포에서 투표를 시작했던 것으로 보인다.

그림 2.9는 선충에서 조종이 어떻게 이뤄지는지 보여준다. 감정가 신경세포는 다른 신경세포와 연결되어[11] 방향을 전환할지 결정한다.

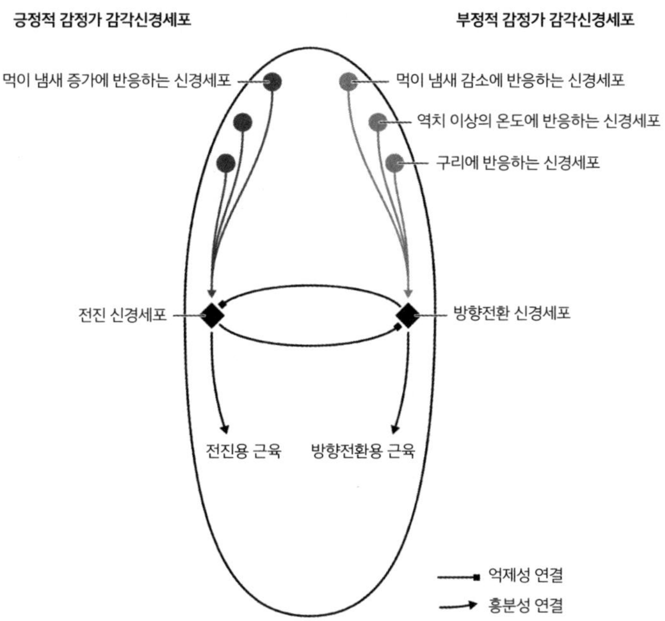

그림 2.9 최초의 뇌를 구성하는 회로

선충이 이 회로를 이용해서 어떻게 먹이를 찾는지 생각해보자. 선충에게는 먹이 냄새의 농도가 짙어지면 전진 운동을 촉발하는 긍정적 감정가 신경세포가 있다. 초기 동물의 신경망에 있는 감각신경세포에서 보았듯이 이런 신경세포는 냄새의 기준치에 신속하게 적응한다. 이를 통해 이 감정가 신경세포들은 냄새 농도의 범위가 넓어도 변화를 감지하고 신호를 보낼 수 있다. 이 신경세포는 냄새 농도가 2에서 4로 변할 때나 100에서 200으로 변할 때 모두 비슷한 수의 스파이크를 만들어낼 것이다. 이런 식으로 감정가 신경세포는 선충을 올바른 방향으로 조금씩 유도하며 저 멀리서 먹이 냄새를 처음 감지한 순간부터 먹이에 도달하는 순간까지 "맞아, 계속 가!"라고 신호를 보낸다.

이런 식으로 적응을 활용하는 것은 과거의 혁신 덕분에 미래에 더 나은 혁신이 이뤄질 수 있다는 것을 보여주는 사례다. 초기 좌우대칭동물로 하여금 먹이를 향해 가도록 조종이 가능했던 것은 앞서 방사대칭동물에서 이미 적응 현상이 진화한 덕분이었다. 적응이 없었다면 감정가 신경세포는 너무 예민하거나(그래서 냄새가 너무 가까워지면 지속적으로 잘못 발화하거나), 충분히 예민하지 못했을 것이다(그래서 멀리 떨어진 냄새를 감지하지 못했을 것이다).

이 시점에서 서로 다른 감정가 신경세포가 흥분하는 조건만 바꿔주면 새로운 탐색 행동을 할 수 있다. 예를 들어 선충이 최적의 온도를 어떻게 탐색하는지 생각해보자. 냄새를 탐색할 때는 단순히 냄새 농도가 짙은 곳을 향해 계속 나아가면 된다. 하지만 온도를 탐색할 때는 조금 더 영리해져야 한다. 먹이 냄새의 농도가 옅어지는 것은 항상 나쁜 상황이지만, 환경의 온도가 낮아지는 것은 선충이 이미 너무 추운 상태인 경우에만 나쁘다. 선충이 너무 더운 상태라면 온도가 낮아지는 것이 오히려 좋다. 따뜻한 목욕물이 담긴 욕조가 푹푹 찌는 여름에는 지옥이지만 추운 겨울에는 천국인 것과 마찬가지다. 어떻게 최초의 뇌는 상황에 따라 요동치는 온도에 다르게 대응할 수 있었을까?

선충은 온도가 높아지면 방향전환을 촉발하는 부정적 감정가 신경세포가 있다. 하지만 이 신경세포는 온도가 이미 특정 역치 이상으로 올라갔을 때만 흥분한다. '너무 뜨거워!' 신경세포다. 선충에게는 '너무 차가워!' 신경세포도 있다. 이 신경세포는 온도가 낮아지면 방향전환을 촉발한다. 이는 온도가 이미 특정 역치 아래로 내려가 있을 때만 작용한다. 이 두 가지 부정적 감정가 신경세포가 함께 작용하면 너무 더울 때는 열기에서 멀어지고 너무 추울 때는 냉기에서 멀어지게[12] 선충을 조종할 수 있다. 사람의 뇌 깊숙한 곳에도 선충의 신경세포와 동일한 방식으로 온도에 민감한 신경세포가 있다. 바로 시상하부hypothalamus라는 고대의 구조다.

맞교환 문제

여러 가지 자극이 존재하는 상황에서 조종을 할 때는 문제가 생길 수 있다. 만약 서로 다른 감각신경세포들이 조종을 위해 투표하는 과정에서 서로 반대쪽에 투표하면 어떤 일이 벌어질까? 만약 선충이 맛있는 냄새와 위험한 냄새를 동시에 맡는다면 어떻게 될까?

과학자들이 바로 이런 상황을 구성해서 선충으로 실험을 했다. 한 무리의 선충을 페트리접시 한쪽에 놓고, 반대편에는 맛있는 먹이를 놓는다. 그리고 그 중간에 위험한 구리 장벽을 놓는다(선충은 구리를 싫어한다). 이제 선충에게 문제를 낸다. 장벽을 가로질러[13] 먹이를 구하러 갈 것인가? 놀랍게도 대답은 '상황에 따라 다르다'다. 지능이 조금이라도 있는 동물이라면 당연한 결과다. 먹이 냄새와 구리 냄새의 상대적 농도에 따라 답이 달라진다.

구리 냄새의 농도가 옅은 경우에는 대부분의 선충이 장벽을 가로질러 먹이로 향한다. 구리 냄새 농도가 중간 수준일 때는 무리 가운데 일부만 가로질러 먹이로 향한다. 냄새 농도가 높은 수준일 때는 한 마리도 장벽을 가로질러 가지 않는다.

의사결정 과정에서 이렇게 맞교환trade-off하는 능력이 있는지 확인하기 위해 선충 같은 단순한 좌우대칭동물들을 대상으로 여러 가지 감각 양식에 대한[14] 실험이 진행됐다. 그 결과를 보면 신경세포가 1,000개도 안 되는 가장 단순한 뇌도 이렇게 할 수 있다는 사실이 일관되게 드러난다.

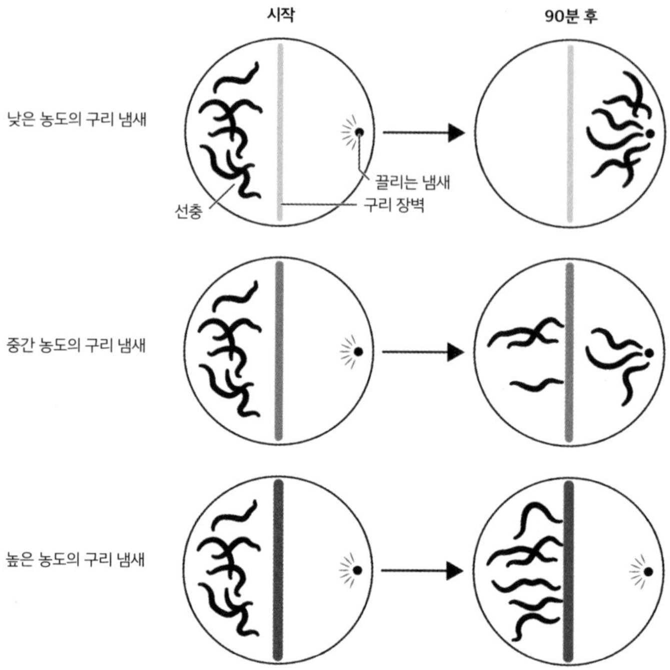

그림 2.10

다양한 감각기관으로부터 들어오는 입력을 통합해야 했기 때문에 조종을 위해서는 뇌가 필요했을 것이다. 이런 능력을 산호 폴립 같은 반사작용 분산망에서 구현하기는 불가능했다. 서로 다른 방향으로 가겠다고 투표하는 모든 감각 입력을 한데 통합해 하나의 결정으로 수렴해야 했기 때문이다. 결국 한 번에 한 방향으로만 움직일 수 있으니까 말이다. 최초의 뇌는 이런 거대 감각 통합센터, 곧 조종할 방향을 정하는 하나의 거대한 신경회로였다.

다시 그림 2.9를 보면 이것이 어떻게 작용하는지 직관적으로 파악할 수 있다. 이 그림은 선충의 조종 회로를 단순화한 것이다. 긍정적 감정가 신경세포는 전진 운동을 일으키는 신경세포('전진 신경세포'라고 불러도 좋겠다)와 연결된다. 부정적 감정가 신경세포는 방향을 전환하는 신경세포('방향전환 신경세포')와 연결된다. 전진 신경세포는 '앞으로 전진!' 표를 모으고, 방향전환 신경세포는 '방향을 바꿔!' 표를 모은다. 전진 신경세포와 방향전환 신경세포는 서로를 억제하기 때문에 이 네트워크는 맞교환 결과를 통합해서 하나를 선택할 수 있다. 어느 쪽이든 표를 더 많이 모은 신경세포가 이겨서 선충이 구리 장벽을 넘어갈지 말지를 결정한다.[15]

이는 과거의 혁신 덕분에 미래의 혁신이 가능해진 또 하나의 사례다. 좌우대칭동물이 앞으로 전진하면서 동시에 방향을 전환할 수 없듯이 산호 폴립도 입을 열면서 동시에 다물 수는 없다. 초기의 산호 같은 동물에서 억제성 신경세포가 진화한 이유는 이런 상호 배타적인 반사작용이 서로 경쟁해서 한 번에 한 가지 반사작용만 선택되도록 하려는 것이었다. 초기 좌우대칭동물에서는 이 메커니즘의 용도를 바꾸어 조종과 관련된 결정을 내릴 때 맞교환 지점을 찾는 용도로 사용하게 됐다. 좌우대칭동물은 억제성 신경세포를 이용해서 입을 열지 다물지 판단하는 대신 앞으로 나갈지 방향을 바꿀지 판단했다.

얼마나 배고픈지에 따라 감정가 뒤집기

어떤 대상에 대한 감정가는 동물의 내적상태internal state에 따라 달라진다. 선충이 구리 장벽을 넘어 먹이가 있는 곳으로 갈지 말지 선택하는 것은 먹이와 구리 냄새의 상대적인 수준뿐 아니라 선충이 얼마나 배가 고픈지[16]에 따라서도 좌우된다. 배가 부르다면 굳이 장벽을 넘어 먹이가 있는 곳으로 가지 않을 테지만 배가 고프면 넘어갈 것이다. 더 나아가 얼마나 배가 고픈지에 따라서[17]

선충의 먹이 선호도가 완전히 바뀔 수도 있다. 선충이 잘 먹어 배가 부른 상태라면 이산화탄소에서 멀어지려 한다. 배가 고프면 이산화탄소를 향해 움직인다. 왜 그럴까? 이산화탄소는 먹이와 포식자 모두가 방출하는 화학물질이다. 따라서 선충이 배가 부를 때는 포식자에게 잡아먹힐 위험을 감당하면서까지 먹이를 찾아 이산화탄소를 따라가는 것이 그다지 가치 있는 행동이 아니다. 하지만 배가 고플 때는 위험을 무릅쓰고 이산화탄소를 포식자가 아니라 먹이의 존재를 알리는 신호일 것이라고 기대할 가치가 있다.

내적상태에 따라 자극의 감정가를 신속하게 뒤집는 뇌의 능력은 주변에서 흔히 볼 수 있다. 하루 종일 굶다가 저녁이 되어 좋아하는 음식을 한 입 물었을 때 침이 왈칵 쏟아져 나오는 황홀경과, 식곤증이 올 정도로 배불리 먹은 후에 마지막으로 한 입 더 베어 물었을 때 느껴지는 더부룩함을 비교해보라. 좋아하는 음식이 몇 분 만에 신이 주신 선물에서 곁에 두기도 싫은 혐오의 대상으로 바뀔 수 있다.

이런 현상이 일어나는 메커니즘은 비교적 단순하고 모든 좌우대칭동물이 공유하는 특성이다. 동물 세포는 건강한 양의 에너지를 섭취하면 그에 반응해서 특정 화학물질, 예를 들어 인슐린 같은 '포만 신호'를 분비한다.[18] 반면 충분한 양의 에너지를 확보하지 못한 경우에는 그에 반응해서 다른 종류의 화학물질, 곧 '배고픔 신호'를 분비한다. 두 신호 모두 동물의 몸으로 확산되어 동물의 배고픔 수준을 몸 전체에 알린다. 선충의 감각신경세포에는 이런 신호를 감지하고 그에 따라 다르게 반응하는 수용체가 있다. 예쁜꼬마선충의 먹이 냄새를 향한 긍정적 감정가 신경세포는 배고픔 신호를 감지하면 먹이 냄새에 강하게 반응하고, 포만 신호를 감지하면 약하게 반응한다.

내적상태는 룸바 내부에도 존재한다. 룸바는 완충된 상태에서는 충전 스테이션에서 보내는 신호를 무시한다. 이런 상태에서는 충전 스테이션의 신호에 중립적 감정가neutral valence를 갖는다고 말한다. 룸바의 내적상태가 변해서 배터리가 떨어지면 충전 스테이션에서 오는 신호에 긍정적 감정가를 갖는다. 이때 룸바는 충전 스테이션에서 보내는 신호를 무시하지 않고 배터리를 충전하기 위해 그쪽으로 갈 것이다.

조종에는 적어도 네 가지 요소가 필요하다. 방향전환을 위한 좌우대칭 체제, 자극을 감지해서 좋은 것과 나쁜 것으로 분류하는 감정가 신경세포, 입력 신호를 종합해서 조종에 관해 단일한 결정을 내릴 수 있는 뇌, 내적상태를 바탕으로 감정가를 조절할 수 있는 능력이다. 하지만 진화는 여전히 생명체를 이리저리 바꿔보며 만지작거리고 있었다. 그렇게 해서 초기 좌우대칭동물의 뇌에서 또 다른 기술이 등장했다. 이는 조종의 효과를 더욱 키웠다. 바로 우리가 감정emotion이라 부르는 것의 초기 형태다.

3.
감정의 기원

반대하는 정당이 최근에 저지른 실수를 옹호하는 친구의 말을 들었을 때 느끼는 피가 끓는 듯한 분노는 실망, 배신감, 충격 등이 복잡하게 뒤섞여 정의하기 어렵겠지만 어쨌거나 분명 나쁜 기분이다. 햇살 좋은 따뜻한 해변에 누웠을 때 느껴지는 상쾌한 평온함도 역시나 정확하게 정의하기는 어렵지만 좋은 기분인 것은 분명하다. 이런 감정가는 외부자극을 평가할 때뿐 아니라 내적 상태를 평가할 때도 존재한다.

우리의 내적상태에는 감정가의 수준뿐 아니라 각성arousal 수준도 포함되어 있다. 피가 끓는 분노는 그냥 나쁜 기분이 아니라 각성을 동반하는 나쁜 기분이다. 이는 우울함, 지겨움 등 각성이 동반되지 않는 나쁜 기분과는 다르다. 그와 비슷하게 따뜻한 해변에 누웠을 때 느껴지는 상쾌한 평온함은 그냥 좋은 기분이 아니라 각성이 낮은 상태의 좋은 기분이다. 이것은 대학교에 합격했을 때나 롤러코스터를 탈 때(좋아한다면) 느끼는 높은 수준의 각성이 동반되는 좋은 기분과는 다르다.

감정은 복잡하다. 특정 감정을 정의하고 분류하는 것은 문화적 편견으로 가득 찬 위험한 작업이다. 독일어에는 sehnsucht라는 단어가 있다. 대략 다른 삶을 원하는 감정을 말한다. 영어에는 이것을 적절히 번역할 수 있는 단어가 없다. 페르시아어에서 ænduh는 후회regret와 비탄grief을 동시에 표현하는 단어다. 다루구와어에서 dard는 불안anxiety과 비탄을 동시에 표현하는 단어다. 영어에서는 이 각각을 표현하는 단어가 따로 있다.[1]

뇌가 만들어내는 감정 상태를 객관적인 범주에 따라 가장 잘 구분하는 언어는 무엇일까? 많은 사람이 사람의 뇌에서 이런 객관적인 범주를 찾기 위해 평생 연구했다. 하지만 오늘날 대부분의 신경과학자는 그런 객관적인 범주가 아예 존재하지 않는다고 생각한다. 적어도 sehnsucht나 비탄 같은 단어의 수준에서는 존재하지 않는다. 이런 감정의 범주는 대체로 문화적으로 학습되는 것으로 보이며 이에 관한 연구에 대해서는 뒤이어 나오는 혁신에서 더 알아보겠다. 여기서는 감정의 단순한 기원을 알아볼 것이다. 감정의 원형은 최초의 뇌가 직면한 구체적인 문제를 해결할 지적 전략으로서 진화했다. 따라서 우리는 감정의 가장 단순한 두 가지 특성부터 살펴볼 것이다. 이 두 가지는 인류의 문화뿐 아니라 동물계 전반에서 보편적으로 나타난다. 최초의 뇌로부터 우리가 물려받은 감정의 특성이란 바로 감정가와 각성이다.

신경과학자와 심리학자는 감정의 이 두 가지 속성을 정동affect이라는 단어로 지칭한다.[2] 특정한 시점에 사람은 감정가와 각성의 두 가지 차원으로 표현되는 정동상태affective state에 놓인다. 사람의 감정 그 자체의 범주를 엄격하게 정의하는 일은 철학자, 심리학자, 신경과학자도 어려워하지만 정동은 감정의 통합적 토대로 비교적 잘 받아들여진다.

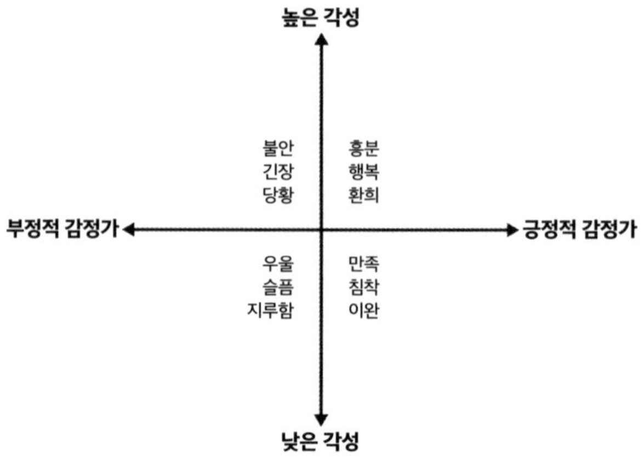

그림 3.1 인간의 정동상태

정동의 보편성은 우리의 직관에서도 살펴볼 수 있다. 침착calm, 환희elated, 긴장tense, 당황upset, 우울depressed, 지루함bored처럼 감정을 표현하는 미묘한 단어들이 어떤 정동상태로부터 유래했는지 어렵지 않게 짐작할 수 있다(그림 3.1). 정동의 보편성은 인체에서도 확인할 수 있다. 심박수, 호흡수, 동공 크기, 아드레날린adrenaline, 혈압 등[3] 각성 수준을 명확하게 구분하는 신경생리학적 특징이 있다. 그리고 스트레스 호르몬 수치, 도파민dopamine 수치, 특정 뇌 부위[4]의 활성화 등 감정가의 수준을 구분하는 신경생리학적 특징도 있다. 분노나 공포 같은 특정 감정의 범주를 분류하는 기준은 전 세계 문화권마다 모두 다르지만 정동상태를 분류하는 기준은 꽤 보편적이다. 모든 문화권에는 감정가와 각성을 표현하는 단어가 있으며[5] 신생아들은 보편적인 얼굴 표정과 몸짓으로 감정가와 각성을 표현한다(예를 들어 울기, 미소 짓기 등[6]).

정동의 보편성은 인류에 국한되지 않고 동물계 전반에서 발견된다. 정동은 현대의 감정으로 싹을 틔운 고대의 씨앗이다. 그렇다면 정동이 진화한 이유는 무엇일까?

어둠 속에서 조종하기

최소한의 신경계만을 갖춘 선충에게도 정말 단순하기는 하지만 정동상태가 있다. 선충은 다양한 수준의 각성을 표현한다. 잘 먹었거나 스트레스를 받거나 아프면 이들은 좀처럼 움직이지 않고 외부자극에 반응하지 않는다(낮은 각성). 반면 배가 고프거나 먹이를 감지하거나 포식자의 냄새를 맡으면 이들은 끝없이 주변을 헤엄쳐 다닌다(높은 각성). 선충의 정동상태는 감정가의 수준도 표현한다. 긍정적 감정가의 자극은 먹이 활동, 소화, 번식 활동을 촉진한다(원시적인 형태의 좋은 기분). 반면 부정적 감정가의 자극은 이 모든 것을 억누른다(원시적인 형태의 나쁜 기분).

서로 다른 수준의 각성과 감정가를 종합하면 정동의 원형을 찾을 수 있다. 부정적 감정가의 자극은 방향전환을 적게 하고 빨리 헤엄치는 행동을 촉발한다. 이는 가장 원시적인 형태의 각성된 나쁜 기분aroused bad mood이라 생각할 수 있다(흔히 이것을 탈출상태state of escaping라고 부른다). 반면 먹이를 감지하면 느리게 헤엄치며 방향을 자주 전환하는 행동을 촉발한다. 이는 가장 원시적인 형태의 각성된 좋은 기분aroused good mood이라고 할 수 있다(흔히 이것을 활용상태state of exploiting라고 한다). 탈출상태에서는 선충이 신속하게 위치를 바꿀 수 있다. 활용상태에서는 선충이 주변 환경을 탐색하며 먹이를 찾을 수 있다. 선충은 인간처럼 복잡한 감정을 공유하지는 않는다. 그들은 젊은 날의 설레는 사랑도, 아이를 대학교에 보내며 흘리는 시원섭섭한 눈물의 의미도 모른다. 하지만

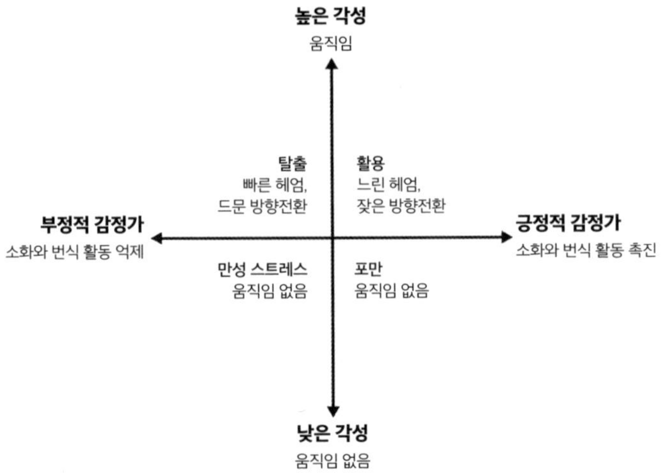

그림 3.2 선충의 정동상태

기본적인 정동의 원형을 분명히 보여준다. 이 놀라울 정도로 단순한 선충의 정동상태를 통해 애초에 정동이 진화한 이유에 대한 단서를 얻을 수 있다.

먹이를 숨긴 큰 페트리접시에 배고픈 선충 한 마리를 넣었다고 해보자. 당신이 먹이 냄새를 차단해서 먹이가 있는 쪽으로 조종하지 못하게 해도 선충은 그냥 하릴없이 멈춰서 먹이 냄새가 날 때까지 기다리고만 있지는 않을 것이다. 선충은 빠른 속도로 헤엄치며 자신의 위치를 바꾼다. 바꿔 말하면 탈출하는 것이다. 선충이 이렇게 행동하는 이유는 탈출을 촉발하는 배고픔 때문이다. 선충이 우연히 숨겨놓은 먹이를 발견하면 바로 속도를 늦추고 신속하게 방향전환을 시도하며 먹이를 찾아낸 장소에 계속 머물 것이다. 탈출상태에서 활용상태로 바뀌는 것이다. 결국 먹이를 충분히 먹고 나면 선충은 움직임을 멈추고 반응하지 않을 것이다. 포만상태satiation로 바뀌는 것이다.

과학자들은 선충처럼 단순한 좌우대칭동물에 정동상태라는 용어 대신

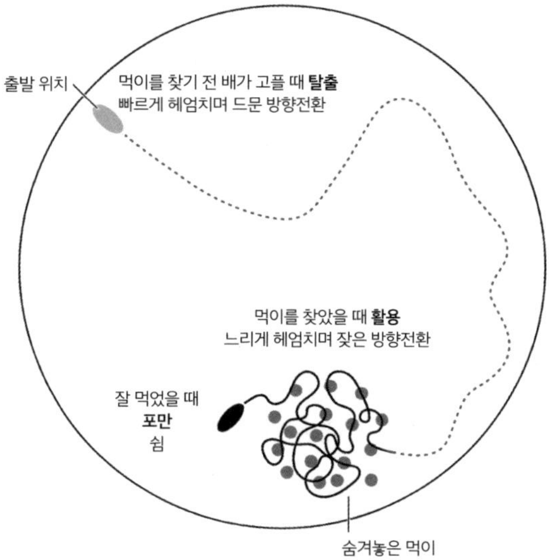

그림 3.3

행동상태behavioral state라는 용어를 사용한다. 선충이 실제로 뭔가를 느낀다고 암시하지 않기 위해서다. 의식적 경험이라는 것은 한번 빠지면 헤어 나오기 힘든 철학적 수렁 같은 주제라서 뒤에서 잠깐만 다룰 것이며 일단 여기서는 다루지 않을 것이다. 정동에 대한 의식적 경험은, 그것이 무엇이고 어떻게 작용하든 간에 정동의 원초적 메커니즘이 등장한 이후에 진화했을 가능성이 높다. 이것은 인간에게서도 확인할 수 있다. 인간의 뇌에서 긍정적, 부정적 정동상태에 대한 경험을 생성하는 영역은 반사적으로 이루어지는 회피 반응과 접근 반응을 담당하는 뇌 영역과는 다르고 진화적으로 더 늦게 나타났다.

외부자극으로 인해 촉발되는 경우가 많지만 자극이 사라진 후에도 오래도록 지속된다는 점이 정동상태의 본질적 특징이다. 정동상태의 이런 특징은 선충부터 인간까지 모두에게서 나타난다. 선충이 포식자의 냄새를 한 번

맡은 이후에도 몇 분 동안 공포를 느끼는 것과 비슷한 상태에 머무는 것처럼, 우리도 한 번 불쾌한 사회적 접촉을 하고 나면 몇 시간 동안 기분이 상할 수 있다. 적어도 처음에는 이런 지속성으로 무슨 이점을 얻을 수 있는지 불분명했다. 선충이 포식자가 사라진 지 한참 뒤에도 여전히 탈출하려 움직이고, 먹이가 모두 사라졌는데도 먹이를 찾아 그 주변을 돌아다니는 것이 조금 멍청해 보이기도 한다.[7] 하지만 최초의 뇌가 조종을 위해 기능했다고 생각하면, 선충에게 이런 정동상태가 있고 최초의 좌우대칭동물에게도 같은 정동상태가 있었을 가능성이 높은 이유에 대한 단서를 얻을 수 있다. 제대로 조종하기 위해 그런 지속성이 필요하기 때문이다.

감각 자극, 특히 선충이 감지하는 단순한 자극의 경우 실제 세계에 존재하는 것에 대한 일관되고 확실한 단서가 아니라 일시적인 단서만 제공한다. 과학자의 페트리접시가 아닌 야생의 세상에서는 먹이 냄새의 농도가 완벽하게 균일하지 않다. 물살이 냄새를 왜곡하거나 완전히 가리면 선충은 먹이를 향해 다가가거나 포식자를 피해 달아나는 능력을 잃어버릴 수도 있다. 정동상태의 지속성은 이런 문제를 해결하기 위한 비결이다. 만약 먹이 냄새가 스치듯 사라졌다면 더 이상 냄새가 나지 않더라도 근처 어딘가에 먹이가 있을 가능성이 높다. 따라서 일단 먹이를 접했다면 먹이 냄새가 나는 순간에만 반응하지 않고 주변을 꾸준히 뒤져보는 것이 더 효과적이다. 그와 마찬가지로 포식자가 득실거리는 지역을 지나는 선충도 포식자의 냄새를 지속적으로 감지하는 것이 아니라 근처에 있는 한 포식자의 냄새를 스치듯 맡게 될 것이다. 이런 상황에서 탈출하고 싶다면 냄새가 사라진 후에도 계속 열심히 헤엄쳐 달아나는 것이 현명한 선택이다.

불투명하거나 흐린 창문으로 밖을 보며 비행기를 띄워야 하는 조종사는 바깥세상의 깜박이는 불빛을 단서로 어둠 속에서 나는 법을 배울 수밖에 없다. 마찬가지로 선충도 '어둠 속에서 조종하는 법', 곧 감각 자극이 없는 상태에서도 조종을 결정하는 법을 진화시켜야만 했다. 그 첫 번째 진화적 해법이 바로 외부자극으로 인해 촉발되지만 자극이 사라진 후에도 오랫동안 지속되는 정동이었다.

이런 조종 특성은 청소로봇 룸바에서도 나타난다. 실제로 룸바도 마찬가지 이유 때문에 서로 다른 행동상태를 나타내도록 설계됐다. 평소에 룸바는 무작위로 주변을 탐색하지만 먼지를 만나면 먼지 감지 모드를 활성화해서 자신의 행동을 바꾼다. 해당 지역에서 빙글빙글 돌기 시작하는 것이다. 이런 새로운 행동상태는 먼지를 감지하면서 촉발되지만 먼지가 더 이상 감지되지 않아도 한동안 지속된다. 룸바는 왜 이렇게 설계됐을까? 그렇게 행동하는 것이 효과적이기 때문이다. 한 장소에서 먼지를 발견하면 그 근처에도 먼지가 있을 것이라 예측할 수 있다. 따라서 청소하는 속도를 개선하기 위한 단순한 규칙은 먼지를 감지하면 한동안은 그 구역을 계속 수색하는 모드로 바꾸는 것이다. 선충이 먹이를 접하고 난 후에는 자신의 행동상태를 탈출에서 활용으로 바꿔 주변을 수색하는 것도 정확히 같은 이유 때문이다.

도파민과 세로토닌

선충의 뇌는 신경전달물질이라는 화학물질을 이용해서 이런 정동상태를 만들어낸다. 신경전달물질 가운데 가장 유명한 것은 도파민과 세로토닌serotonin이다. 항우울제, 항정신병약, 흥분제, 환각제 모두 이런 신경전달물질의 분비를 억제하거나 촉진해서 효과를 나타낸다. 우울장애, 강박장애, 불안장애, 외상후스트레스장애, 조현병 같은 여러 가지 정신질환은 적어도 부분적으로는 신경전달물질의 불균형 때문에 일어나는 것으로 보인다. 신경전달물질은 인간이 등장하기 훨씬 오래전부터 진화했다. 이들은 최초의 좌우대칭동물 시절부터 정동과 연결되기 시작했다.

자신과 연결되어 있는 특정 신경세포에만 짧은 시간 동안 영향을 끼치는 흥분성 신경세포나 억제성 신경세포와 달리 신경조절 신경세포neuromodulatory neuron는 다수의 신경세포에 오랜 시간 광범위하게 미묘한 영향을 끼친다. 신경조절 신경세포는 종류에 따라 서로 다른 신경전달물질을 분비한다. 도파민 신경세포는 도파민을, 세로토닌 신경세포는 세로토닌을 분비한다. 그리고 동물의 뇌 곳곳에 퍼져 있는 신경세포에는 각각 다른 종류의 신경전달물질과 결합하는 다양한 수용체가 있다. 신경전달물질은 어떤 신경세포는 부드럽게 억제하고 어떤 신경세포는 활성화한다. 어떤 신경세포에서는 스파이크 발생 가능성을 높이는 한편, 어떤 신경세포에서는 스파이크 발생 가능성을 낮춘다. 어떤 신경세포는 활성화에 더 민감하게 만들고 어떤 신경세포는 반응을 둔화시킨다. 심지어 적응 과정을 가속하거나 늦출 수도 있다. 이런 효과가 모두 종합되면서 신경전달물질들은 뇌 전체의 신경 활성을 조율할 수 있다. 선충의 정동상태를 결정하는 것은 이처럼 서로 다른 신경전달물질들이 이루는 균형이다.

선충의 도파민 신경세포는 머리 밖으로 작은 부속지appendage를 뻗고 있고, 그 내부에는 먹이를 감지하도록 특별히 설계된 수용체가 들어 있다. 이 신경세포는 먹이의 존재를 감지하면 뇌를 도파민으로 채운다.[8] 이 도파민이 회로를 조율해 활용상태를 만들어낸다.[9] 효과가 몇 분 정도 지속되다가 도파민 수치가 다시 낮아지면 선충은 탈출상태로 돌아온다. 선충의 세로토닌 신경세포에는 목구멍 안에 들어 있는 먹이의 존재를[10] 감지하는 수용체가 있다. 세로토닌이 충분히 분비되면 포만상태가 된다.[11]

선충의 단순한 뇌에서 도파민과 세로토닌의 첫 번째 기능, 적어도 아주 초기의 기능을 엿볼 수 있다. 선충의 뇌는 자기 주변에서 먹이가 감지되면 도파민을, 자기 내부에서 먹이를 감지하면 세로토닌을 분비한다. 도파민이 '근처에 뭔가 좋은 것이 있음'을 알리는 화학물질이라면 세로토닌은 '뭔가 좋은 일이 실제로 일어나고 있음'을 알리는 화학물질이다. 도파민은 먹이를 찾아 나서게 만들고, 세로토닌은 일단 먹이를 먹고 나서 즐거움을 느끼게 해준다.

도파민과 세로토닌의 정확한 기능은 서로 다른 진화 계통을 따라 정교해졌지만 두 물질의 이런 기본적인 차이는 최초의 좌우대칭동물 이후 놀라울 정도로 잘 보존되었다. 선충, 민달팽이, 어류, 생쥐, 인간에 이르기까지 다양한 종에서 도파민은 근처에 보상이 있을 때 분비되어 각성과 추적(활용)의 정동상태를 촉발한다. 반면 세로토닌은 보상을 소비했을 때 방출되어 낮은 각성상태를 촉발하고 보상 추적 행동을 억제한다(포만).[12] 배고플 때 음식을 보거나 매력적인 이성을 보거나 경주 막바지에 결승선이 눈에 보이면 어떤 일이 일어날까? 뇌에서 도파민이 폭발하듯 쏟아져 나온다. 오르가슴을 느끼거나 맛있는 음식을 먹거나 할 일 목록에 있는 과제를 막 마무리하는 등 원하던 것을 얻었을 때는 어떤 일이 일어날까? 뇌에서 세로토닌이 분비된다.[13]

쥐의 뇌에서 도파민 수치를 높이면 쥐는 주변에서 찾을 수 있는 보상을 충동적으로 활용하기 시작한다. 그래서 닥치는 대로 먹이를 먹고 눈에 보이는 어떤 개체든 짝짓기를 하려 한다.[14] 반면 세로토닌 수치를 높이면 먹는 행위를 멈추고 충동성이 가라앉으며 만족을 지연하려 한다.[15] 세로토닌은 도파

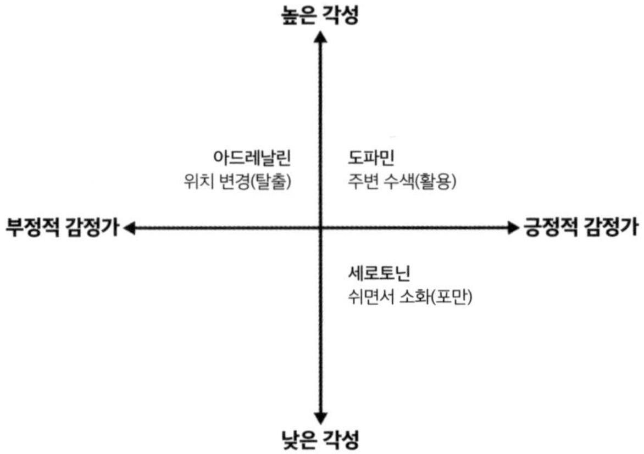

그림 3.4 최초 좌우대칭동물의 정동상태에서 신경전달물질의 역할

민에 대한 반응을 끄고 감정가 신경세포의 반응을 무디게 함으로써[16] 집중적인 목표 추구 행동을 만족스러운 포만상태로 바꿔놓는다. 결정적으로 감정가 신경세포같이 모든 신경조절 신경세포는 내적상태에 민감하다. 동물이 배가 고프면 도파민 신경세포가 먹이 단서에 반응할 가능성이 높아진다.

도파민과 보상 사이의 이런 연결고리 때문에 도파민에 '쾌락의 화학물질pleasure chemical'이라는 잘못된 이름이 붙었다. 미시간대학교의 신경과학자 켄트 베리지Kent Berridge는 도파민과 쾌락의 관계를 탐구하는 실험 방식을 고안했다. 쥐도 사람과 마찬가지로 달콤하고 맛있는 사료처럼 자기가 좋아하는 것을 먹을 때와 쓴 액체처럼 좋아하지 않는 것을 먹을 때 얼굴 표정이 달라진다. 아기도 따뜻한 우유를 맛볼 때는 미소를 짓고 쓴 물을 맛보면 뱉는다. 쥐는 맛있는 먹이를 먹을 때는 입술을 핥고 역겨운 먹이를 맛보면 입을 크게 벌리고 머리를 흔든다. 베리지는 서로 다른 표정의 발생빈도를 이용해서 쥐가 느끼는 쾌락을 확인할 수 있음을 깨달았다.

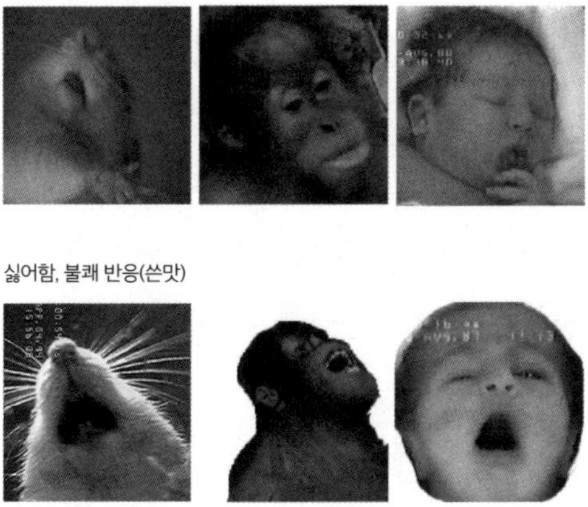

그림 3.5 얼굴 표정으로 쾌락(좋아함)과 불쾌(싫어함)를 추론하기[17]

그런데 놀랍게도 베리지는 쥐의 뇌에서 도파민 수치를 높여도 음식을 먹었을 때 얼굴 표정에서 나타나는 쾌락의 정도나 발생빈도에 변화가 없다는 것을 발견했다. 도파민 때문에 쥐가 터무니없을 정도로 음식을 많이 먹게 되는 것은 사실이지만, 쥐의 행동을 보면 음식을 더 먹고 싶어서 그런 것이 아님을 알 수 있다. 쾌락을 나타내는 입술 핥기 행동이 늘어나지 않고 오히려 식품에 대한 혐오를 더 많이 표현한다. 마치 쥐가 더 이상 먹는 것이 즐겁지 않은데도 먹기를 멈추지 못하는 것처럼 보인다.

또 다른 실험에서 베리지는 몇몇 쥐의 도파민 신경세포를 파괴해 거의 모든 도파민을 고갈시켰다. 그러자 쥐들은 산더미처럼 쌓인 먹이를 옆에 두고 굶어 죽었다.[18] 하지만 이런 도파민 고갈이 쾌락에는 아무런 영향도 끼치지 않았다. 베리지가 굶주린 쥐의 입속에 먹이를 넣어주자 배고파서 먹이를 먹었을 때 느끼는 황홀감을 암시하는 표정을 지었다. 어느 때보다도 입술을 많이 핥은 것이다. 쥐는 도파민이 없어도 아무 문제 없이 쾌락을 경험했다.

다만 쾌락을 추구하려는 동기가 사라진 것처럼 보였을 뿐이다.

이런 모습은 사람에게서도 확인됐다. 정신과의사 로버트 히스Robert Heath는 1960년대에 논란이 있는 실험들을 진행하면서 환자의 뇌에 전극을 심고 버튼을 누르면 환자 스스로 도파민 신경세포를 자극할 수 있게 했다. 그러자 환자는 재빨리 버튼을 반복적으로 누르기 시작했다. 한 시간에 수백 번씩[19] 누를 때도 많았다. 환자가 '좋아서' 그랬을 것이라고 생각하기 쉽다. 하지만 히스는 다음과 같이 말했다.

환자는 버튼을 그렇게 자주 누른 이유를 설명하면서 그 느낌이 마치 … 성적 오르가슴을 느끼려는 것 같았다고 말했다. 하지만 그는 그 오르가슴에 도달할 수 없었다고 했다. 그리고 그렇게 자주, 때로는 미친 듯이 버튼을 누른 것은 그 절정에 도달하기 위한 시도[20]였다고 했다.

도파민은 쾌락을 느끼고 있다는 신호가 아니다. 이는 앞으로 느낄 쾌락을 예상할 때 나오는 신호다. 히스의 환자들은 쾌락을 경험하고 있었던 것이 아니다. 오히려 버튼을 눌렀을 때 생기는 엄청난 갈망을 충족시킬 수 없다는 사실에 극심한 좌절을 느끼는 경우가 많았다.

베리지는 도파민이 대상에 대한 '좋아함liking'이 아니라 '원함wanting'을 나타낸다는 것을 입증했다. 도파민의 진화적 기원을 생각하면 이 결과를 이해할 수 있다. 선충에서 도파민은 먹이가 가까이 있지만 그 먹이를 먹지 못할 때 분비된다. 선충에서 도파민으로 인해 촉발되는 활용상태(이동 속도를 늦추고 주변에서 먹이를 찾는 행동)는 여러 면에서 가장 원시적인 형태의 '원함'이다. 일찍이 최초의 좌우대칭동물부터 도파민은 좋은 것 그 자체에 대한 신호가 아니라 앞으로 생길 좋은 것을 예상할 때 나오는 신호였다.

도파민은 좋아함 반응에 아무런 영향을 끼치지 않는 반면 세로토닌은 좋아함 반응과 싫어함 반응을 모두 감소시킨다.[21] 세로토닌 수치를 높이는 약물을 투여하면 쥐는 맛있는 음식을 먹어도 입술을 핥는 행위가 줄어들고, 쓴 음식을 먹을 때 머리를 흔드는 행동도 줄어든다. 세로토닌의 진화적 기원을 생각하면 이 또한 예상할 수 있는 결과다. 세로토닌은 감정가 반응을 끄도록 설계된 포만의 화학물질, '이제 좀 살 것 같다'라는 화학물질, 만족의 화학물질이다.

도파민과 세로토닌은 정동상태의 행복한 측면, 곧 긍정적 정동의 서로 다른 성질을 탐색하는 데 주로 관여한다. 그리고 두 물질만큼 오래되었으며 스트레스, 불안, 우울 등의 부정적 정동의 메커니즘을 뒷받침하는 신경전달물질도 있다.

선충이 스트레스를 받을 때

인류는 그 어느 때보다도 스트레스와 관련된 질병으로 고통받고 있다. 매년 모든 폭력 범죄와 전쟁으로 인한 사망자 수를 합친 것보다 더 많은 사람이 자살한다. 매년 80만 명 정도의 사람이 스스로 목숨을 끊고 자살 시도만 해도 매년 1,500만 건이 넘는다.[22] 즐거움을 경험하고 삶에 능동적으로 참여할 능력을 박탈당하는 우울장애로 전 세계에서 3억 명 이상이 고통받고 있다.[23] 전 세계에서 2억 5,000만 명 이상이 주변 세상에 대한 비이성적 공포인 불안장애로 고통받고 있다. 미국 질병통제예방센터Centers for Disease Control and Prevention,

CDC에서는 자살과 약물 중독에 따른 사망을 아울러 '절망사deaths of despair'라고 불렀다. 지난 20년 동안 절망사로 인한 사망률은 2배 이상 증가했다.

이 사람들은 사자한테 잡아먹히는 것도 굶어 죽는 것도 얼어 죽는 것도 아니다. 이 사람들은 뇌에게 죽임을 당하는 것이다. 자살을 시도하고, 몸에 치명적인 것을 알면서도 마약을 하고, 폭식해서 비만에 이르는 것 등은 당연하게도 모두 뇌가 만들어내는 행동이다. 동물의 행동, 뇌, 지능 그 자체는 다음과 같은 수수께끼를 풀지 않고는 완전히 이해할 수 없다. 어째서 진화가 이렇게 치명적이고 터무니없는 결함이 있는 뇌를 만들어냈을까? 모든 진화적 적응이 그렇듯 뇌도 결국 생존 가능성을 높이기 위해 진화한 것이 아닌가? 그렇다면 어째서 뇌는 이렇게 명백하게 자기파괴적인 행동을 하게 만들까?

선충이 새로운 장소로 가려고 서둘러 헤엄치는 탈출의 정동상태는 부분적으로 노르에피네프린norepinephrine, 옥토파민octopamine, 에피네프린epinephrine(아드레날린) 등 종류가 다른 신경전달물질로 촉발된다. 선충, 지렁이, 달팽이, 어류, 생쥐 등 다양한 종의 좌우대칭동물에서 이런 화학물질은 부정적 감정가의 자극을 받아 분비되어 그 유명한 투쟁-도피 반응fight-or-flight response을 촉발한다. 이 반응에서는 심장박동이 빨라지고 혈관이 수축하며 동공이 확장되고 수면, 번식, 소화 등의 여러 가지 값비싼 행동이 억제된다.[24] 이 신경전달물질들은 부분적으로는 세로토닌의 효과를 직접 상쇄하는 방식으로 작동한다. 동물이 쉬고 만족할 수 있는 능력을 감소시키는 것이다.[25]

선충이라고 해도 세상을 돌아다니려면 많은 에너지가 필요하다. 아드레날린으로 유도되는 탈출 반응은 동물이 취할 수 있는 가장 값비싼 행동 중 하나다. 탈출 반응을 진행하는 동안 빨리 헤엄치기 위해 근육에서 막대한 에너지를 소비하기 때문이다. 그래서 진화 과정에서 에너지를 절약해 탈출 반응을 더 오래 지속시킬 비법이 고안됐다. 아드레날린[26]은 탈출 행동을 촉발하는 데 그치지 않고 에너지 자원을 근육에 집중하기 위해 에너지가 필요한 다른 여러 가지 활동을 중단시킨다. 몸 곳곳의 세포에서 포도당이 빠져나오고 세포 성장 과정이 중단되며 소화도 일시 정지되고 번식 과정도 멈추며 면역계도 잠잠해진다. 이를 급성 스트레스 반응acute stress response이라고 한다. 부정적 감정가의 자극을 받아 몸에서 즉각적으로 나타내는 반응을 말한다.

하지만 전쟁 비용을 마련하기 위해 정부에서 적자 예산을 운영하는 것처럼 급성 스트레스 반응에서 이런 필수적인 신체 기능을 무한정 지연시킬 수는 없다.[27] 그래서 좌우대칭동물의 조상은 스트레스에 대한 대응조절 반응counter-regulatory response을 진화시켰다. 전쟁이 끝났을 때를 대비해 몸을 준비시키는 항스트레스 화학물질이다. 이런 항스트레스 화학물질 중 하나가 오피오이드opioid*였다.

오피오이드가 양귀비에서만 나오는 것은 아니다. 뇌도 자체적으로 오피오이드를 만들고 스트레스 요인에 반응해서[28] 분비한다. 스트레스 요인이 사라지고 아드레날린 수치가 낮아져도 선충은 기준치 상태로 바로 돌아가지 않는다. 대신 남은 항스트레스 화학물질이 일련의 회복 과정을 개시해 면역반응, 식욕, 소화 등의 활동을 다시 시작한다. 오피오이드 같은 완화-회복relief-and-recover 화학물질은 세로토닌과 도파민 신호를(두 물질 모두 급성 스트레스 반응에서 억제된다[29]) 강화해서 이런 활동을 부분적으로 수행한다. 오피오이드는 또한 부정적 감정가 신경세포 활동도 억제해 동물이 부상을 입어도 회복하고 휴식을 취할 수 있게 돕는다. 모든 좌우대칭동물에게 오피오이드가 강력한

* 양귀비에서 추출한 약물로, 진통 작용이 있어서 예전부터 마취제나 진통제로 사용됐다. -옮긴이

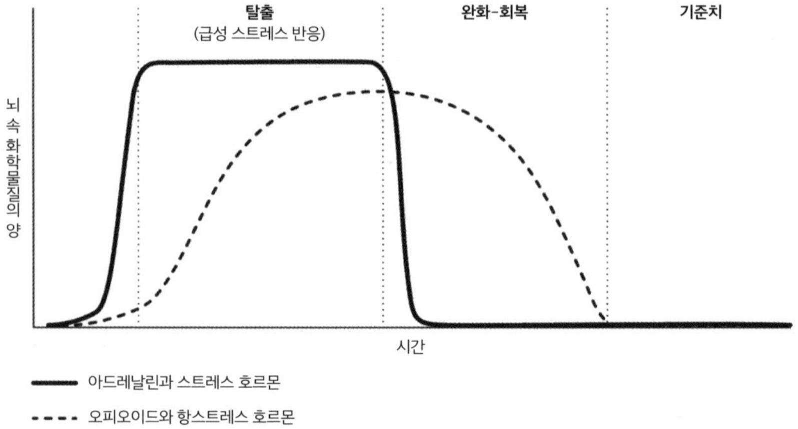

그림 3.6 스트레스 호르몬과 항스트레스 호르몬의 분비 조절

진통제 역할을 하는 것도 물론 이런 성질 덕분이다. 오피오이드는 완화-회복 과정이 마무리될 때까지 번식 활동같이 한가할 때나 하는 기능을 꺼두는 역할도 한다. 오피오이드가 성욕을 줄이는 이유도 이 때문이다. 선충, 다른 무척추동물, 인간이 모두 먹이 섭취 시간 증가[30], 통증 반응 억제[31], 번식 활동 억제[32] 등 오피오이드에 비슷하게 반응하는 것도 놀랄 일이 아니다.

이 완화-회복 과정은 그냥 식욕을 원래대로 되돌려놓는 데서 그치지 않는다. 12시간을 굶은 선충은 일반적인 수준으로 배가 고픈 선충에 비해 먹이를 30배나 많이 먹는다.[33] 다시 말해 스트레스는 선충에게 폭식을 유도한다. 굶었던 선충은 폭식한 후에 거의 기절한 채 굶지 않은 선충에 비해 10배나 긴 시간을 움직이지 않는 상태로 보낸다. 선충이 이렇게 행동하는 이유는 선충이 받은 스트레스가 상황이 심각하며 어쩌면 먹이를 구하지 못할 수도 있다는 신호로 작용하기 때문이다. 그래서 선충은 다음에 찾아올 굶주림에 대비해서 먹을 수 있는 만큼 양껏 먹이를 비축해둔다. 6억 년 전 최초의 뇌에서도

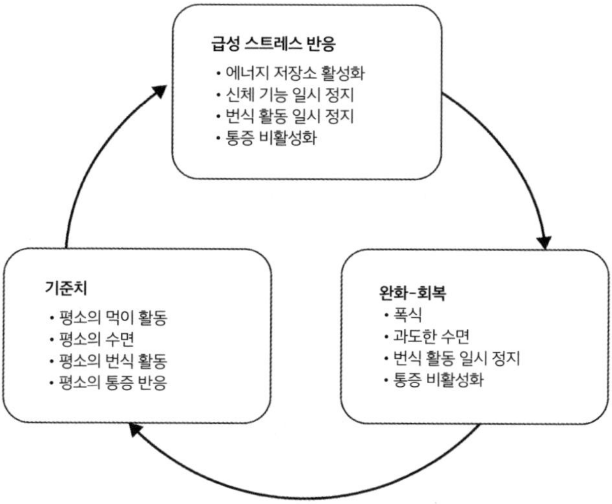

그림 3.7 최초의 좌우대칭동물에서 기원한 고대의 스트레스 주기

스트레스를 겪고 나면 폭식하는 시스템이 가동하고 있었던 것이다.

오피오이드 같은 항스트레스 호르몬의 역할은 베리지가 쥐의 표정 실험에서 다룬 도파민, 세로토닌과 다르다. 도파민은 쥐의 좋아함 반응에 아무런 영향을 끼치지 않았던 반면 오피오이드는 쥐에게 투여하면 영향이 있었다. 먹이에 대한 좋아함 반응이 현저히 증가한 것이다. 오피오이드의 진화적 기원에 대해 우리가 알고 있는 내용을 바탕으로 생각하면 이렇게 반응하는 것은 당연하다. 오피오이드는 스트레스를 경험하고 난 후 분비되는 완화-회복 화학물질이다. 스트레스 호르몬은 긍정적 감정가 반응을 끄지만('좋아함' 감소) 스트레스 요인이 사라지면 남아 있는 오피오이드가 이런 감정가 반응을 되살린다('좋아함' 증가). 오피오이드는 모든 것을 더 좋아하게 만든다. 좋아함 반응을 증가시키고 싫어함 반응은 감소시켜 쾌락을 높이고 통증은 억제한다.

감정의 공허

지금까지는 단기적 스트레스 요인에 반응해서 몸이 하는 일, 곧 급성 스트레스 반응에 대해 설명했다. 그런데 현대 인류를 괴롭히는 스트레스는 대부분 오래 지속되는 스트레스 요인으로 인한 만성 스트레스 반응chronic stress response에서 비롯된다. 이 반응 역시 최초의 좌우대칭동물에서 기원했다. 위협적인 더위, 살을 에는 추위, 독성 화학물질 등 부정적 자극에 선충을 30분 정도 노출시키면 처음에는 전형적인 급성 스트레스 반응을 보이면서 탈출을 시도하고, 스트레스 호르몬이 분비되어 신체 기능을 일시 정지시킨다.[34] 이렇게 해도 탈출할 수 없는 스트레스 요인이 완화되지 않으면 2분 정도 후에 선충은 놀라운 행동을 보인다. 그냥 포기하는 것이다.[35] 선충은 움직임을 멈춰버린다. 탈출 시도를 멈추고 그 자리에 그대로 가만히 머문다. 이 행동은 사실 상당히 영리하다. 탈출하려고 에너지를 소비하는 것은 실제로 탈출할 수 있는 자극을 받을 때만 가치가 있다. 그렇지 않다면 선충은 차라리 그냥 기다리며 에너지를 보존해야 생존 가능성이 높아진다. 진화는 생명체가 탈출할 수 없는 상황에서 탈출하려고 애쓰느라 에너지를 허비하지 않도록 고대의 생물학적 안전장치를 내장시켜 놓았다. 이 안정장치가 바로 일찍이 우리 안에 움튼 만성 스트레스 반응과 우울장애의 씨앗이다.

지속적 통증이나 오랫동안 이어지는 굶주림 등 탈출할 수 없거나 반복되는 부정적 자극이 지속될 경우 선충의 뇌는 만성 스트레스 상태[36]에 들어간다. 만성 스트레스 반응도 급성 스트레스 반응과 크게 다르지는 않다. 스트레스 호르몬과 오피오이드 수치가 높은 상태로 유지되면서 소화, 면역 반응, 식욕과 번식 기능을 만성적으로 억제한다.[37] 하지만 만성 스트레스 반응의 경우 적어도 한 가지가 급성 스트레스 반응과 결정적으로 다르다. 각성과 동기 부여가 멈춘다는 점이다.

선충에서도 만성 스트레스 반응의 정확한 생화학 메커니즘은 매우 복잡해서 아직 완전히 이해하지 못하고 있다. 하지만 급성 스트레스 반응과 달리 만성 스트레스 반응은 스트레스 상태에서 세로토닌이 활성화되기 시작한다.[38] 언뜻 보면 말이 안 된다. 세로토닌은 포만과 좋은 기분을 느끼게 하는 화학물질로 알려져 있기 때문이다. 하지만 세로토닌의 주요 효과를 생각해 보자. 세로토닌은 감정가 신경세포 반응을 끄고 각성의 수준을 낮춘다. 이 효과를 스트레스 호르몬에 추가하면 이상하면서도 익숙한 상태에 이른다. 바로 무감각numbness이다. 어쩌면 이것이 가장 원시적인 형태의 우울장애일 수도 있다. 물론 선충은 파블로 피카소Pablo Picasso처럼 예술성 있는 우울한 시기*를 겪지도, 의식적으로 뭔가를 '경험'하지도 않는다. 그렇지만 곤충부터 어류, 생쥐, 인간까지 대부분의 좌우대칭동물에서 나타나는 우울 삽화depressive episode의 근본적 특성을 공유한다. 바로 감정가 반응이 무감각해지는 것이다. 그러면 통증에 무뎌지고 가장 흥미진진한 자극에도 무감각해진다. 심리학자들은 우울장애의 이 전형적인 증상을 무쾌감증anhedonia이라고 부른다. 쾌락hedonia이 결여an되어 있다는 의미다.

선충 같은 동물에서 나타나는 무쾌감증은 탈출할 수 없는 스트레스 요인이 있는 상황에서 에너지를 보존하는 비결로 보인다.[39] 동물은 더 이상 스트레스 요인에도 좋은 먹이 냄새에도 근처에 있는 짝짓기 대상에게도 반응하지

* 피카소가 가까운 친구인 카를로스 카사헤마스Carlos Casagemas가 자살로 생을 마감한 이후에 눈에 띄게 어두운 파란색 화풍을 나타냈던 '청색시대the blue period'를 빗댄 말-옮긴이

않는다. 인간은 이 고대의 시스템으로 말미암아 즐거움과 동기를 느끼는 능력을 빼앗긴다. 이것이 우울장애에서 나타나는 감정의 공허다. 모든 정동상태와 마찬가지로 만성 스트레스 반응 역시 부정적 자극이 사라진 후에도 지속된다.[40] 동물이 부정적 감정가 자극에서 탈출하려는 행동을 멈추는 이런 학습된 무기력은 바퀴벌레, 달팽이, 초파리를 비롯한 여러 좌우대칭동물에서 관찰[41]된다.

우리는 이 고대의 시스템을 해킹하는 약물을 발명했다. 천연 오피오이드가 제공하는 희열은 임사체험near-death experience 후의 짧은 시간에 대비해서 아껴두어야 한다. 하지만 인간은 이제 그냥 알약 한 알로 이런 상태를 무분별하게 유발한다. 이것이 문제를 일으킨다. 뇌에 오피오이드가 넘쳐나는 상태가 반복되면 약기운이 잦아들 때 만성 스트레스 상태에 빠진다. 그래서 적응 현상을 피할 수 없다. 이렇게 해서 오피오이드 사용자는 완화, 적응, 만성 스트레스 상태라는 악순환에 갇히기 때문에 기준치로 돌아가려면 점점 더 많은 용량의 약을 먹어야 한다. 이것이 다시 더 많은 적응을 일으키고, 따라서 더 심각한 만성 스트레스 반응으로 이어진다. 진화가 만들어놓은 제약이 현대 인류에게 어둡고 긴 그림자를 드리운 것이다.

원시적인 정동상태는 후대로 전승되면서 진화를 통해 정교해졌고, 좋든 싫든 그 잔재는 인간 행동의 본질적 초석으로 남아 있다. 시간이 흐르면서 신경전달물질들은 다른 기능을 담당하도록 용도가 변경되었고, 각각의 정동상태는 새로운 형태로 바뀌었다. 현대 인류의 감정 상태가 감정가와 각성으로 표현되는 단순한 2×2 격자보다 훨씬 복잡하고 미묘해졌다는 사실은 명백하다. 그렇지만 이 모든 것이 진화해온 원형은 그대로 유지되고 있다.

이런 정동상태는 좌우대칭동물 대부분이 공유하지만, 우리와 더 먼 동물 친척인 말미잘, 산호, 해파리는 이런 상태를 보이지 않는다. 이런 동물 중 상당수에는 심지어 세로토닌 신경세포가 아예 없다.[42]

이 사실을 통해 놀라운 가설과 마주하게 된다. 정동은 현대에 들어서 다양한 색채를 띠게 됐지만, 사실 5억 5,000만 년 전 초기 좌우대칭동물에서 그저 조종이라는 평범한 목적을 이루기 위해 진화해왔다는 것이다. 정동의 원형은 조종에서 나타나는 두 가지 근본 질문을 통해 등장한 것으로 보인다. 첫 번째 질문은 각성에 관한 것이다. 나는 움직이는 데 에너지를 사용하려고 하는가, 사용하지 않으려고 하는가? 두 번째 질문은 감정가에 관한 것이다. 나는 이 장소에 머물고 싶은가, 이 장소를 떠나고 싶은가? 특정 신경전달물질의 분비는 이 각각의 질문에 명확한 대답을 강요했다. 그리고 머무느냐 떠나느냐와 관련된 신호 전반을 사용해서 알을 낳고 짝을 짓고 에너지를 써서 먹이를 소화해도 안전한지 여부 등의 반사작용을 조절할 수 있었다.

하지만 이런 정동상태와 신경전달물질들은 최초의 뇌가 진화하는 과정에서 훨씬 더 근본적인 역할을 담당하게 된다.

4.
연합, 예측 그리고 학습의 여명기

기억이 전부다. 기억이 없으면 우리는 아무것도 아니다.[1]

– 에릭 캔들Eric Kandel

1904년 12월 12일에 이반 파블로프Ivan Pavlov라는 러시아 과학자가 스웨덴 카롤린스카연구소Karolinska Institute에서 연구자들 앞에 섰다. 이틀 전에 파블로프는 노벨상을 수상한 최초의 러시아인이 됐다. 그보다 8년 앞서 다이너마이트를 발명해서 부자가 된 스웨덴 공학자 겸 사업가 알프레드 노벨Alfred Nobel이 세상을 뜨기 전 자신의 재산을 기부해 노벨재단Nobel Foundation을 설립했다. 노벨상 수상자는 자기가 상을 받은 주제에 대해 강연을 해야 한다는 규정이 있었기 때문에 그날 스톡홀름에서 파블로프가 강단에 선 것이었다.

파블로프는 지금은 심리학에 공헌한 연구자로 알려져 있지만, 심리학 연구 성과 덕분에 노벨상을 받은 것은 아니다. 파블로프는 심리학자가 아니라 생리학자였다. 그는 그때까지 전체 연구 경력을 소화계의 밑바탕에 깔린 생물학적 메커니즘, 곧 '생리학'을 연구하는 데 쏟아부었다.

파블로프 이전에는 소화계를 연구하기 위해 살아 있는 동물에게서 식도, 위, 췌장 등의 기관을 수술로 제거한 다음 그 기관이 죽기 전에 신속하게 실험을 진행할 수밖에 없었다. 그런데 파블로프는 상대적으로 비침습적noninvasive인 다양한 기법을 개발했고, 그 덕분에 온전하고 건강한 개에서 소화계의 특성들을 측정할 수 있었다. 그중 가장 유명한 실험은 한쪽 침샘에 작은 관을 삽입해서 거기서 나오는 침을 개의 입 바깥쪽에 달아놓은 작은 튜브로 빼는 것이었다. 이렇게 해서 파블로프는 다양한 자극에 따라 만들어지는 침의 양과 내용물을 측정했다. 그는 식도, 위, 췌장에도 비슷한 실험을 진행했다.

이 새로운 기법을 통해 파블로프와 그 동료들은 몇 가지 사실을 발견했다. 그들은 다양한 먹이에 반응해서 어떤 종류의 소화용 화학물질이 분비되는지 알아냈고, 소화기관이 신경계의 통제를 받는다는 사실도 알아냈다. 그는 이 공로를 인정받아 노벨상을 받게 된 것이었다.

하지만 강연이 3분의 2 정도 지났을 때부터 파블로프는 노벨상 수상 연구와는 동떨어진 부분에 초점을 맞췄다. 흥분한 이 과학자는 당시에는 추측일 뿐이었지만 결국 자신의 가장 중요한 업적이 되리라 믿었던 연구에 대해 이야기하고 싶어 견딜 수 없었다. 바로 조건반사conditioned reflex에 대한 연구였다.

그가 소화 반응을 세심하게 측정하려고 할 때마다 항상 성가시게 방해하는 골칫거리가 있었다. 동물이 먹이를 맛보기도 전에 소화기관이 이미 자극을 받은 상태인 경우가 많았던 것이다. 그의 실험용 개들은 먹이를 주는 실험이 시작되리라는 사실을 아는 순간 침을 흘리고 위에서 꼬르륵 소리를 냈다. 이것이 문제였다. 혓바닥의 맛봉오리taste bud가 지방이 많은 고기나 달콤한 과일을 감지했을 때 침샘이 어떻게 반응하는지 측정해야 하는데, 실험용 개가 음식을 바라보기만 해도 뭔가가 분비되어 측정 결과가 교란되니 말이다.

당시에는 이를 심리적 자극psychic stimulation이라 불렀는데 파블로프의 연구에서는 이것이 특히나 성가신 일이었다. 그는 이런 자극을 '오류의 근원'[2]이라 여겼다. 파블로프는 이 교란 요소를 제거하기 위해 다양한 기법을 개발했다. 예를 들어 개가 먹이에 대한 생각을 유발할 수 있는 것[3]은 모두 통제하기 위해 별도의 격리된 방에서 실험을 진행하기도 했다.

훨씬 후에 실험실에 심리학자들을 데려온 다음에야 파블로프는 심리적 자극이 제거해야 하는 교란 요소가 아니라 분석할 가치가 있는 변수라고 생각하기 시작했다. 역설적이게도 심리적 자극을 제거하는 것이 목표였던 소화생리학자가 그 현상을 이해하는 최초의 인물이 된 것이었다.

파블로프의 연구실에서는 심리적 자극이 겉으로 보이는 것처럼 무작위로 일어나는 현상이 아니라는 사실을 알아냈다. 개는 메트로놈 소리, 빛, 버저 소리 등 어떤 자극에 반응해서 침을 흘렸다. 그것이 미리 먹이와 연합association*되어 있기만 하다면 말이다. 실험자가 버저를 누른 다음에 먹이를 주었다면 개는 버저 소리만 들어도 침을 흘리기 시작했다. 개가 조건반사를 형성한 것이다. 버저 소리에 반응해서 침을 흘리는 반사는, 그에 앞서 버저 소리와 먹이를 연합시켰기 때문에 조건부로 반응하는 것이었다. 파블로프는 이 조건반사를 무조건반사autonomic reflex와 대조했다. 무조건반사는 선천적으로 타고나서 아무런 연합도 필요 없는 반사를 말한다. 굶주린 개가 입안에

* '연관' '연상' 등으로도 번역할 수 있다. 이 책에서는 주로 '연합'으로 번역했다. -옮긴이

넣어준 설탕에 반응해서 침을 흘리는 반사는 기존의 어떤 연합과도 상관없이 일어났다.

파블로프가 실험을 하고 나서 얼마 지나지 않아 다른 과학자들도 다른 반사작용에 이 기법을 시험해보기 시작했다. 그 결과 전부는 아니라도 대부분의 반사작용이 그런 연합을 구축하는 것으로 밝혀졌다. 임의의 소리와 손에 가하는 전기충격을 짝 지으면 소리만 들려줘도 손을 움찔하게 된다. 임의의 소리를 들려주며 계속 사람의 눈에 후 하고 바람을 불면 결국 소리만 들어도 자기도 모르게 눈을 깜박이게 된다. 임의의 소리를 들려주며 반사망치로 사람의 무릎을 두드리면 결국에는 소리만 들려줘도 다리를 뻗는다.[4]

파블로프 조건반사의 결정적인 특성은 자기도 모르게 일어나는 불수의적 연합이라는 점이다. 사람들은 눈을 깜빡이거나 다리를 뻗거나 손을 움찔하는 것을 통제할 수 없다. 전쟁터에 나갔다가 돌아온 병사가 큰 소리를 들으면 깜짝 놀라고, 대중 연설을 무서워하는 사람이 무대에 오를 때 긴장할 수밖에 없는 것처럼 파블로프의 개 역시 버저 소리에 반응해서 침을 흘릴 수밖에 없었다. 파블로프의 조건반사에서 나타나는 불수의적 속성은 연합학습associative learning이 의식과 상관없이 자동적으로 일어난다는 것을 말해준다. 이는 학습과 기억이 기존에 생각한 것보다 더 오래전에 생겨났다는 사실을 말해주는 첫 번째 단서였다. 진화 과정에서 나중에 등장한 모든 뇌 구조가 없어도 학습은 가능할지 모른다. 실제로 뇌를 완전히 제거한 쥐에서도 조건반사가 일어났다. 쥐의 다리를 살짝 두드리면 다리가 움찔했다. 꼬리를 두드리면 꼬리가 움찔했다. 이 두 가지를 짝 지으면 쥐는 뇌가 없어도 다리를 두드리는 것에 반응해서 꼬리를 움찔하는 것을 학습했다. 쥐는 척수에 있는 단순한 회로[5]만으로도 이런 연합을 학습할 수 있었다.

만약 연합학습이 뇌 외부의 단순한 신경세포 회로에서도 나타나는 속성이라면 진화적으로 아주 오래된 기술일 수 있다. 사실 파블로프는 학습 그 자체의 진화적 기원을 우연히 발견한 것이다.

좋음과 나쁨을 변경하기

선충 100마리를 가져다가 그중 절반은 맹물이 들어 있는 접시에, 나머지 절반은 소금물이 들어 있는 접시에 넣는다고 해보자. 접시에는 먹이가 전혀 없기 때문에 몇 시간 뒤면 이 선충들은 불쾌할 정도로 배가 고파진다. 이 시점에 양쪽 선충 집단을 모두 한쪽에 약간의 소금이 들어 있는 다른 접시로 옮긴다고 해보자. 어떻게 될까?

맹물 속에서 배고픔을 경험했던 선충들은 정상적인 선충들과 똑같이 행동한다. 곧 소금을 향해 조종해간다(일반적으로 선충은 소금에 긍정적 감정가를 부여한다). 하지만 소금물 속에서 배고픔을 경험했던 선충들은 정반대로 행동한다. 곧 소금에서 멀어지는 방향으로[6] 조종해간다. 소금이 배고픔의 부정적 감정가 상태와 연합되자 긍정적 감정가 자극이었던 소금이 부정적 감정가 자극으로 바뀐 것이다.[7]

파블로프의 연합학습은 모든 좌우대칭동물에게 있는 지적 능력으로 밝혀졌다. 단순한 좌우대칭동물에게도 이런 능력이 있다. 선충을 맛있는 먹이 냄새와 독성 화학물질에 동시에 노출시키면 그 후로는 선충이 먹이 냄새에서 멀어지는 반응[8]을 보인다. 선충에게 특정 온도에서 먹이를 주면 선충의 온도 선호도가 그쪽으로 이동한다.[9] 달팽이 옆을 가볍게 두드리면서 회피반

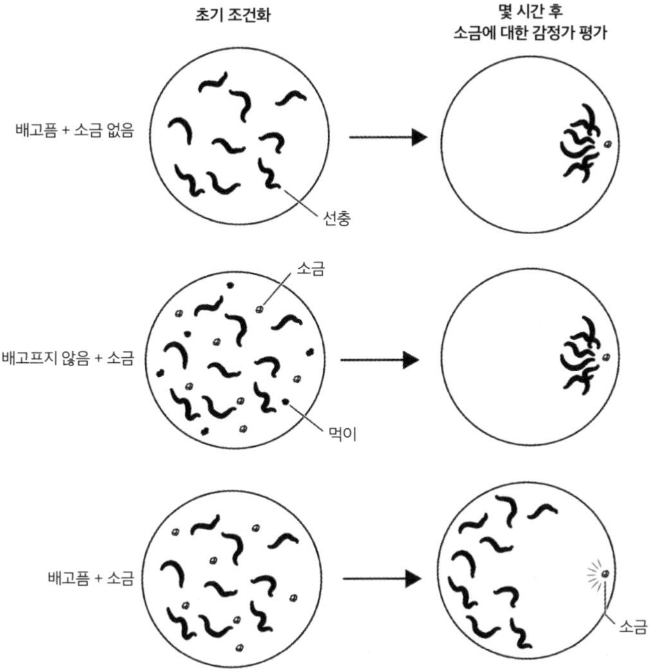

그림 4.1 소금을 배고픔과 연합하면 선충은 소금으로부터 멀어지는 쪽으로 조종하는 법을 학습한다.

사withdrawal reflex를 일으키는 약한 전기충격을 주면 그 달팽이는 두드리기만 해도 회피하는 법을 학습하게 된다. 그리고 이 연합은 며칠 정도 지속된다.[10]

연합학습은 모든 좌우대칭동물에서 발견되지만 해파리, 말미잘, 산호 등 우리와 가장 먼 동물 친척인 방사대칭동물에게는 연합을 학습하는 능력이 없다.[11] 빛과 전기충격을 다양하게 짝 지어도 말미잘은 빛에만 반응하며 회피하는 법을 전혀 학습하지 못한다. 말미잘은 충격 그 자체에만 회피반사를 보인다. 좌우대칭동물에서는 보편적으로 일어나지만 그 밖의 동물에서는 보이지 않는 것으로 보아 초기 좌우대칭동물의 뇌에서 연합학습이 처음 등장했을 것이라고 추측할 수 있다. 세상에 존재하는 대상을 좋은 것과 나쁜 것으로 분류하는 감정가가 등장한 시기에 경험을 바탕으로 좋음과 나쁨을 변경할 수 있는 능력도 함께 등장한 것으로 보인다.

그렇다면 산호나 말미잘처럼 좌우대칭이 아닌 동물들은 왜 그 뒤로 6억 년의 진화 기간이 있었는데도 연합학습 능력을 습득하지 못했을까? 이들의 생존 전략에는 그 능력이 필요 없었기 때문이다.

산호 폴립에게 연합학습 능력이 있다고 해도 그렇지 못한 개체보다 그들의 생존 가능성이 높아지지 않았을 것이다. 산호 폴립은 꼼짝하지 않고 한 자리에 머물면서 먹이가 자기 촉수 쪽으로 헤엄쳐 오기를 기다린다. 이들의 본능에 새겨진 대로 촉수를 건드리는 것은 무엇이든 삼키고 아프게 하는 것은 무엇이든 회피한다는 전략은 연합학습 없이도 아주 잘 작동한다. 그와는 대조적으로 조종이 가능하게 설계된 뇌는 경험을 바탕으로 조종 관련 결정을 바꾸라는 독특한 진화적 압력을 받았을 것이다. 예전에 포식자 주변에서 발견되었던 화학물질을 피하는 법을 기억한 초기 좌우대칭동물은 그렇지 못한 동물보다 생존 가능성이 훨씬 높았을 것이다. 이렇게 동물이 어떤 대상에게는 접근하고 어떤 대상은 회피하기 시작하자 좋음과 나쁨의 대상을 변경하는 능력이 생사를 결정하는 문제가 됐다.

연속학습 문제

자율주행차의 성능은 운행을 할 때마다 자동으로 더 좋아지지 않는다. 스마트폰의 안면인식 기술도 당신이 스마트폰을 열어볼 때마다 자동으로 더 좋아지지 않는다. 2023년 현재 AI 시스템들은 대부분 훈련 과정을 거친다. 그리고 일단 훈련을 받고 나면 세상으로 나가 사람들에게 이용되지만 계속 학습하지는 않는다. 이것이 항상 AI에게는 문제가 된다. 만일의 사태가 일어나 세상이 변했는데, 그 정보가 훈련 데이터에 담기지 않았다면 이 AI 시스템은 새로 훈련을 받아야 한다. 그러지 않으면 끔찍한 실수를 할 수 있다. 법이 바뀌어서 도로 왼쪽 차선으로 자동차를 운전해야 하는데, AI 시스템은 오른쪽 차선으로만 운전하도록 훈련받았다면 새로운 통행 방식을 학습하지 않은 상태로는 새로운 환경에 유연하게 적응할 수 없다.

현대 AI 시스템의 학습은 이처럼 연속적이지 않지만 생물학적 뇌에서 학습은 항상 연속적으로 이뤄져왔다. 심지어 우리의 선충 조상도 살아남으려면 끊임없이 학습해야 했다. 사물과의 연합 상황은 항상 변화한다. 어떤 환경에서는 먹이에서 소금이 발견되는데, 어떤 환경에서는 먹이라고는 전혀 없는 척박한 바위에서 소금이 발견된다. 어떤 환경에서는 먹이가 시원한 온도에서 자라는데, 어떤 환경에서는 따뜻한 온도에서 자란다. 어떤 환경에서는 밝은 지역에서 먹이가 자라는데, 어떤 환경에서는 밝은 지역에 포식자가 숨어 있다. 최초의 뇌는 연합뿐 아니라 변화하는 세상의 규칙에 맞춰 이런 연합 관계를 신속하게 바꾸는 메커니즘도 습득해야 했다. 이 고대 메커니즘의 실마리를 처음으로 발견한 사람은 파블로프였다.

그는 먹이와 짝 지은 단서에 반응해 분비되는 침의 양을 측정함으로써 연합의 존재를 관찰했을 뿐 아니라 그 연합의 강도도 정량적으로 측정해냈다. 단서에 반응해서 분비되는 침의 양이 많을수록 연합의 강도도 강했다. 파블로프는 기억을 측정하는 방법을 찾았던 것이다. 시간이 흐르면서 기억이 어떻게 변하는지 기록함으로써 파블로프는 연속학습continual learning 과정을 관찰할 수 있었다.

실제로 파블로프의 조건반사에서 나타나는 연합은 새로운 경험을 할 때마다 강화되거나 약해진다. 파블로프의 실험에서 먹이를 주기 전에 항상 버저 소리를 들려주면 연합이 강화돼서 다음에 버저가 울리면 개는 침을 더 많이 흘린다. 이 과정을 획득acquisition이라고 한다(연합을 획득했다). 이런 연합을 학습한 후에 먹이가 없는 상태에서 버저 소리를 들려주면 그런 일이 일어날 때마다 연합의 강도가 약해진다. 이 과정을 소거extinction라고 한다(연합을 소거했다).[12]

소거에는 두 가지 흥미로운 특성이 있다. 기존에 학습한 연합을 깨뜨린다고 해보자. 여러 번 연속으로 버저만 울리고 먹이는 주지 않는 것이다. 개는 결국 버저 소리를 들어도 침을 흘리지 않게 된다. 하지만 며칠을 기다렸다가 다시 버저 소리를 들려주면 이상한 일이 일어난다. 개가 버저 소리에 반응해서 다시 침을 흘리기 시작하는 것이다. 이를 자발적 회복spontaneous recovery이라고 한다. 연합이 깨진다고 해서 학습이 무효화되는 것은 아니다. 충분한 시간이 주어지면 연합이 다시 나타난다. 더 나아가 오랜 기간 연합을 깨뜨렸다가(버저는 울리지만 먹이는 주지 않는 상황) 연합을 다시 회복하면(버저를 울리면서 다시 먹이 제공), 개는 버저와 먹이 사이의 연합을 처음으로 경험했을 때보다 훨씬 빠른 속도로 예전의 연합을 재학습한다. 이를 재획득reacquisition이라고 한다. 오래전 소거된 연합은 완전히 새로운 연합보다 더 빨리 획득된다.

연합에서 자발적 회복과 재획득이 일어나는 이유는 무엇일까? 연합학습이 진화했던 고대의 환경을 생각해보자. 선충 한 마리에게 소금을 따라가서 먹이를 발견했던 경험이 많다고 해보자. 그러던 어느 날 소금을 감지하고 그쪽으로 가보았는데 먹이가 없었다. 그 후로 선충은 한 시간 정도 킁킁거리며 주변을 돌아다녔지만 먹이를 찾지 못했고 연합은 소거됐다. 선충은 더 이상

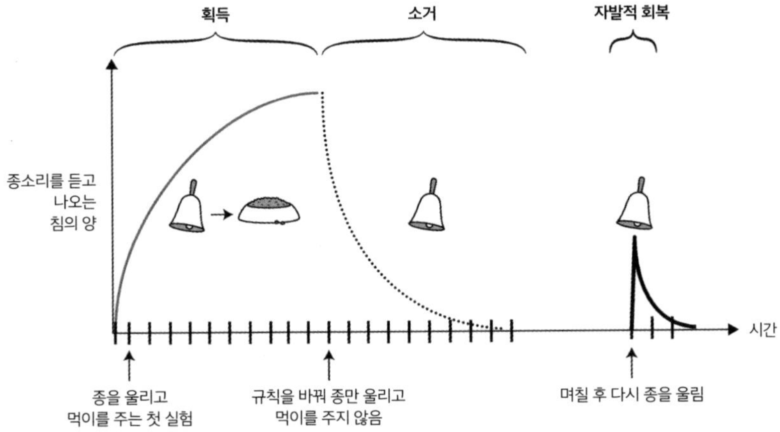

그림 4.2 시간 경과에 따른 연합학습의 변화

소금에는 끌리지 않고 다른 단서를 찾아 나서기 시작했다. 그러다가 이틀 후에 다시 소금을 감지했다면 소금으로 다가가는 것이 현명할까, 소금을 피하는 것이 현명할까? 가장 최근의 경험을 제외하면 선충은 과거 모든 경험에서 소금 냄새가 나면 먹이를 찾았다. 따라서 이번에도 역시 소금을 향해 다시 다가가는 것이 현명한 선택일 것이다. 가장 최근의 경험은 어쩌다 한 번 그런 것일 수 있으니까 말이다. 이것이 자발적 회복의 장점이다. 이 덕분에 우연히 일어나는 단기적 변화의 소란 속에서도 원시적인 형태의 장기기억long-term memory을 보존할 수 있게 됐다. 물론 이후로 선충이 20번 정도 소금을 감지해도 먹이를 발견하지 못했다면 결국 그 연합은 영구적으로 소거될 것이다.

오래전 깨진 연합을 다시 학습할 때 속도가 빨라지는 재획득 효과는 그 과정과 비슷한 이유로 고대의 선충에서 진화했다. 연합이 소거된 지 오래됐는데 아까 그 선충이 소금과 먹이를 함께 찾았다고 해보자. 이 선충이 소금과 먹이 사이의 연합을 얼마나 빨리 재획득해야 마땅할까? 선충이 갖고 있는 장기기억을 고려하면 이 연합을 아주 신속하게 재학습하는 것이 합리적이다. 소금이 있으면 먹이도 있었는데 바로 지금이 그런 상황인 것 같다고 말이다! 그래서 세상이 오래전의 관계가 재설정됐다는 단서를 제공할 때마다 오래된 연합은 다시 등장할 준비를 했다.

자발적 회복과 재획득은 조종 기능이 있는 단순한 뇌가 변화하는 연합을 탐색하고, 지금 당장은 부정확한 오래된 연합을 일시적으로 억제하게 해준다. 그리고 깨졌다가 다시 유효해진 연합을 기억하고 재학습할 수 있게 해준다.

최초의 좌우대칭동물은 획득, 소거, 자발적 회복, 재획득이라는 기술을 이용해서 우발적으로 변화하는 세상을 탐색했다. 이렇게 지속적으로 학습하기 위한 해결책은 여러 동물, 심지어 선충처럼 가장 오래된 동물의 다양한 반사작용에서도 발견된다. 이런 반사작용은 고대 에디아카라기의 변화무쌍한 바다[13]에서 조종 기능을 수행하도록 만들어진 최초의 뇌에서 물려받은 가장 단순한 신경회로에도 내재되어 있다.

신뢰 할당 문제

연합학습에는 또 다른 문제가 있다. 동물이 먹이를 얻었을 때 미리 그런 상황을 예측할 수 있게 해주는 단서가 하나뿐인 경우는 절대 없으며 온갖 단서가 함께 존재한다. 달팽이의 옆구리를 두드리면서 충격을 주면 달팽이의 뇌는 주변 기온, 땅바닥의 질감, 바닷속을 떠다니는 다양한 화학물질 등 당시 주변의 다른 많은 감각적 자극을 모두 배제하고 바로 그 두드림과 연합하는 방법을 학습한다. 이것이 어떻게 가능할까? 기계학습에서는 이것을 신뢰 할당 문제credit assignment problem라고 부른다. 어떤 상황이 발생했을 때 기존 단서 중에서 어떤 것이 그 사건이 일어날 거라고 예측할 만한 단서로 신뢰할 수 있을까? 아주 단순한 형태의 학습만 가능했던 고대 좌우대칭동물의 뇌는 신뢰 할당 문제를 해결하기 위해 네 가지 기술을 고안했다. 이 기술들은 조잡하면서도 기발했으며, 이후 모든 좌우대칭동물의 후손에서 신경세포가 연합을 형성하는 근본 메커니즘으로 자리 잡았다.

첫 번째 기술은 적격성 흔적eligibility trace이다. 달팽이는 충격보다 1초 앞서서 두드림이 일어났을 때만 그 두드림 이후에 찾아온 충격과 연합한다. 충격보다 2초 이상 앞서서 두드림이 일어난 경우에는 연합이 형성되지 않는다. 두드림 같은 자극은 1초 정도 지속되는 짧은 적격성 흔적을 만들어낸다. 이렇게 시간 간격이 짧을 때만 연합이 형성된다. 똑똑한 방법이다. 합리적인 경험 법칙을 적용하고 있기 때문이다. 사물을 예측하는 데 유용한 자극은 당연히 예측하려는 현상이 일어나기 직전에 발생한다.

두 번째 기술은 가리기overshadowing다. 동물이 사용할 수 있는 예측 단서가 여러 개일 때 뇌는 그중 가장 강한 단서를 고르는 경향이 있다. 강한 단서가 약한 단서를 가리는 것이다. 사건이 발생하기 전에 밝은 빛과 약한 냄새가 존재했다면 약한 냄새가 아니라 밝은 빛을 예측용 단서로 사용할 것이다.

세 번째 기술은 잠재적 억제latent inhibition다. 동물이 과거에 늘 경험했던 자극은 미래의 연합을 형성하지 못하게 억제된다. 빈번하게 발생하는 자극을 관련 없는 배경잡음으로 받아들인다는 뜻이다. 잠재적 억제는 이렇게 예리한 질문을 던진다. "이번에는 뭐가 달랐지?" 달팽이가 지금 느끼는 땅의 질감과 지금의 온도를 예전에도 수천 번 경험했지만 그때마다 한 번도 두드림을 경험한 적이 없다면, 두드림을 예측 단서로 이용할 가능성이 훨씬 높다.

신뢰 할당 문제를 해결하는 마지막 네 번째 기술은 차폐blocking다.[14] 일단 동물이 예측 단서와 반응을 연합하고 나면, 그 예측 단서와 겹치는 모든 추가 단서는 그 반응과 연합을 형성하지 않도록 차폐한다. 달팽이가 두드림이 충격으로 이어진다는 것을 학습하고 나면, 그 후 새로운 질감, 온도, 화학물질 등을 감지해도 그 충격과 연합이 형성되지 않도록 차폐한다. 차폐는 한 가지 예측 단서를 고수하고 불필요한 연합을 회피하는 반응이다.

적격성 흔적, 가리기, 잠재적 억제, 차폐는 좌우대칭동물에서 나타난다. 파블로프는 침을 흘리는 개의 조건반사에서 이런 사실들을 확인했다. 이는 사람의 불수의적 반사작용에서도 발견되며, 편형동물, 선충, 달팽이, 어류, 도마뱀, 새, 쥐 등 동물계의 거의 모든 좌우대칭동물의 연합학습에서 관찰된다.[15] 신뢰 할당 문제를 해결하기 위한 이 기술들은 일찍이 최초의 뇌에서부터 연합학습을 위해 진화했다.

신뢰 할당 문제를 해결하는 네 가지 기술

적격성 흔적	가리기	잠재적 억제	차폐
사건이 일어나기 직전과 1초 전 사이에 일어난 예측 단서만 고른다.	가장 강한 단서를 예측 단서로 고른다.	전에 경험한 적이 없는 예측 단서를 고른다.	일단 예측 단서를 확정하면 그것을 고수하고 나머지 단서는 무시한다.

이런 기술들이 완벽하다고 할 수는 없다. 경우에 따라서는 가장 좋은 예측 단서가 사건 발생 1초 전이 아니라 1분 전에 일어날 수도 있다. 시간이 지나면서 뇌는 신뢰 할당 문제를 해결하기 위해 더 정교한 전략을 진화시켰다(혁신 #2와 혁신 #3을 기대하기 바란다). 하지만 적격성 흔적, 가리기, 잠재적 억제, 차폐 등 첫 번째 해결책의 잔재들은 현대의 뇌에도 여전히 남아 있다. 우

리의 불수의적 반사작용과 가장 오래된 뇌 회로에서도 이 기술들을 확인할 수 있다. 실제로 뇌를 남김없이 제거해서 척수의 신경회로만 남긴 쥐에게도 여전히 잠재적 억제, 차폐, 가리기 등[16]이 나타난다. 획득, 소거, 자발적 회복, 재획득과 함께 이 기술들은 신경세포, 신경회로, 뇌 그 자체의 내부 작동원리에 깊숙이 새겨진 연합학습 신경 메커니즘의 토대를 이루고 있다.

학습의 고대 메커니즘

수천 년 동안 두 철학자 집단이 뇌와 정신의 관계에 대해 토론을 벌였다. 플라톤Platon, 토마스 아퀴나스Thomas Aquinas, 르네 데카르트René Descarte 등의 이원론자들은 정신이 몸(뇌)과 따로 존재한다고 주장했다. 두 실체가 상호작용하지만 서로 별개이며 정신은 물리적 현상 너머에 있는 뭔가라는 것이다. 데모크리토스Democritos, 에피쿠로스Epicuros, 토머스 홉스Thomas Hobbes 같은 유물론자들은 정신의 정체가 무엇이든 전적으로 뇌라는 물리적 구조 안에 자리 잡고 있으며 물리적 현상 너머의 뭔가는 존재하지 않는다고 주장했다. 이런 논쟁은 전 세계 철학자들 사이에서 여전히 활발하게 벌어지고 있다. 이 책을 여기까지 읽은 사람이라면 아마 유물론 쪽으로 기울지 않았을까 생각한다. 당신도 나처럼 사물, 심지어 정신에 대해서도 비물리적인 설명을 거부한다는 뜻이다. 하지만 유물론의 편을 들면 언뜻 보기에는 물리적으로 설명하기 어려운 몇 가지 문제와 만나게 된다. 그중 가장 두드러지는 문제는 학습이다.

당신은 문장을 한 번 읽고 나면 바로 큰 소리로 따라 말할 수 있다. 유물론적 관점을 고수한다면 이는 그 문장을 읽는 동안 뇌에서 즉각적으로 어떤 물리적 변화가 일어났다는 의미가 된다. 학습하는 모든 것은 우리 각자의 머릿속에 있는 860억 개의 신경세포에서 뭔가를 물리적으로 재구성한다. 대화하고 영화를 보고 신발 끈 묶는 방법을 배우는 것은 모두 우리 뇌의 물리적 속성을 확실히 변화시킨다.

사람들은 수천 년 동안 학습의 물리적 메커니즘을 여러 가지 방식으로 추측했다. 심지어 이원론자들도 학습을 유물론적으로 설명하려 했다. 플라톤은 뇌가 밀랍판과 비슷해서 어떤 것을 지각하면 거기에 영구적인 눌림흔적이 남는다고 믿었다. 그는 그 눌림흔적이 바로 기억이라 생각했다.[17] 데카르트는 기억이 뇌에 새로운 주름을 만들며 형성된다고 주장했다. 그는 이것이 종이를 구겼다 폈을 때 남는 주름[18]과 다르지 않다고 생각했다. 기억이 영구적 진동이라 추측하는 이도 있었다.[19] 이런 주장은 모두 틀렸지만 그런 개념을 생각해낸 사람의 잘못은 아니다. 당시에는 신경계의 기본 구성요소조차 이해하는 사람이 없었기 때문에 학습의 작동방식[20]에 대해서는 아예 구상조차 할 수 없었다.

20세기 초반 신경세포와 관련된 연구 결과가 쏟아지면서 새로운 기본 구성요소를 확보할 수 있었다. 신경세포 사이의 연결인 시냅스를 발견하면서 학습이 일어나는 동안 뇌에서 변화할 수 있는 새롭고 확실한 대상이 등장했다. 실제로 학습은 눌림흔적, 주름, 진동이 아니라 시냅스에서 일어나는 변화를 통해 이뤄진다는 것이 밝혀졌다.

학습은 시냅스의 강도가 변하거나 새로운 시냅스가 형성되거나 기존의 시냅스가 제거되면서 이뤄진다. 두 신경세포 사이의 연결이 약한 경우 입력 신경세포가 출력 신경세포에 스파이크를 만들어내려면 여러 번 발화해야 한다. 연결이 강하면 입력 신경세포가 몇 번만 스파이크를 발화해도 출력 신경

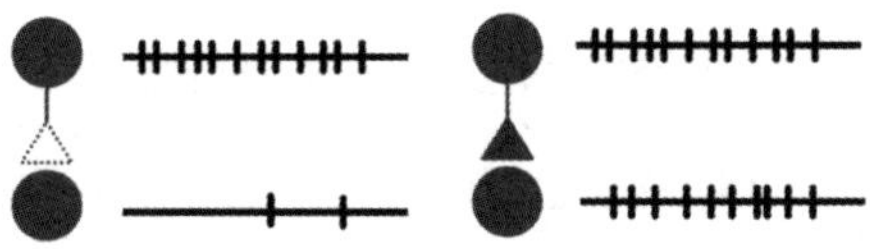

그림 4.3

세포에 스파이크를 만들어낼 수 있다. 입력 신경세포가 스파이크에 반응해서 더 많은 신경전달물질을 분비하거나 시냅스후 신경세포가 단백질 수용체의 숫자를 늘리면 시냅스의 강도가 강해진다.

시냅스에는 어떤 상황에서 강화하거나 약화할지 결정하는 여러 가지 메커니즘이 있다. 이런 메커니즘은 최초의 좌우대칭동물이 연합학습을 통해 만들어낸 진화적으로 엄청나게 오래된 혁신이다. 예를 들어보자. 좌우대칭동물 신경세포의 시냅스에는 입력 신경세포가 출력 신경세포와 비슷한 시간대에 발화하는지 여부를 감지하는 똑똑한 단백질 장치가 있다. 바꿔 말하면 각각의 입력(예를 들어 두드림으로 활성화되는 감각신경세포)이 출력(예를 들어 충격으로 활성화되는 운동신경세포)과 동시에 활성화되는지를 감지할 수 있다는 뜻이다. 두 신경세포가 동시에 활성화되면 단백질 장치는 시냅스 강화 과정을 촉발한다.[21] 따라서 다음 번에 두드림감지 신경세포가 활성화되면 자체적으로 운동신경세포를 활성화한다(두 신경세포의 연결이 강화되었기 때문에). 이 과정이 조건반사다. 이런 학습 메커니즘을 심리학자 도널드 헵Donald Hebb의 이름을 따서 헵 학습Hebbian learning이라고 부른다. 헵은 실제 메커니즘이 발견되기 수십 년 전인 1940년대에 이런 메커니즘이 존재한다는 가설을 세웠다. 헵 학습은 흔히 "함께 발화하는 신경세포는 서로 연결된다"라는 규칙으로 통용된다.

그런데 시냅스의 강도 변화를 설명하는 실제 논리는 이보다 복잡하다.

시냅스에는 타이밍을 측정하는 분자 메커니즘이 있다. 이 메커니즘 때문에 오직 입력 신경세포가 출력 신경세포 직전에 발화할 때만 연합이 형성되고 적격성 흔적이 가능해진다. 세로토닌과 도파민 같은 신경전달물질이 시냅스의 학습 규칙을 바꿀 수도 있다. 도파민 수용체나 세로토닌 수용체가 활성화된 상태에서만 헵 학습이 일어나는 시냅스도 있다. 이런 경우에는 신경전달물질이 새로운 연합을 형성하는 시냅스의 능력을 통제한다. 화학물질의 냄새를 맡고 먹이를 찾아낸 선충의 뇌에 도파민이 가득 차면서 특정 시냅스를 강화하는 식이다.

신경세포가 회로를 스스로 재배선하는 전체 메커니즘을 아직 이해하지는 못하지만, 이런 메커니즘은 대부분의 좌우대칭동물에서 놀라울 정도로 유사하게 일어난다. 선충의 뇌에 있는 신경세포는 당신 뇌의 신경세포와 거의 비슷한 방식으로 시냅스를 변화시킨다. 반면 산호 폴립처럼 좌우대칭동물이 아닌 동물의 신경세포와 시냅스를 조사하면 동일한 메커니즘을 찾을 수 없다. 이들에게는 헵 학습에 관여하는 것으로 알려진 일부 단백질이 결여되어 있다.[22] 하지만 우리의 진화 역사를 돌아보면 이는 충분히 예상할 수 있는 일이다. 산호 폴립과의 공통 조상에게 연합학습 능력이 없었다면 당연히 산호 폴립은 그런 학습을 뒷받침하는 메커니즘을 갖추지 않았을 것이다.

학습의 시작은 미약했다. 연합을 처음으로 학습한 것은 초기 좌우대칭동물이었지만 이들은 여전히 대부분을 학습하지 못하고 있었다. 이들은 시간 간격이 몇 초 이상 벌어진 사건들을 연합하는 법은 배우지 못했다. 또한 정확한 타이밍을 예측하는 법과 대상을 인식하는 법도 배울 수 없었다. 세상의 패턴을 인식할 수도 없었다. 위치나 방향을 파악하는 법도 마찬가지다.

하지만 자신의 회로를 스스로 새롭게 배선하고, 사물 간의 연합을 형성하는 뇌의 능력은 인간만의 초능력이 아니라 5억 5,000만 년 전에 살았던 고대 좌우대칭동물 조상으로부터 물려받은 것이다. 이후에 얻게 된 학습의 성과, 곧 공간지도, 언어, 사물 인식, 음악 등 모든 것을 학습하는 능력은 모두 연합을 형성하는 학습 메커니즘을 토대로 구축되었다. 좌우대칭동물 이후로 이루어진 학습의 진화는 학습 메커니즘 자체를 변화시키지 않으면서 기존 시냅스 학습 메커니즘을 새롭게 적용할 방법을 찾아내는 과정이었다.

학습이 최초 뇌의 핵심 기능은 아니었다. 다만 뇌의 한 가지 특성, 곧 조종 관련 결정을 최적화할 기술일 뿐이었다. 연합, 예측, 학습은 사물의 좋고 나쁨을 변경하기 위해 등장했다. 어떤 면에서 앞으로 이어질 진화 이야기는 뇌의 한 가지 앙증맞은 특성일 뿐이었던 학습이 뇌의 핵심 기능으로 전환되는 과정에 대한 이야기가 될 것이다. 실제로 뇌의 진화에서 나타난 그다음 혁신은 새로운 형태의 훌륭한 학습이었다. 이는 감정가, 정동, 연합학습이라는 토대가 구축되어 있었기에 가능했다.

혁신 #1의 요약: 조종

5억 5,000만 년 전 우리 조상들은 산호 폴립처럼 뇌가 없는 방사대칭동물에서 선충처럼 뇌를 갖춘 좌우대칭동물로 바뀌었다. 그 과정에서 여러 가지 신경학적 변화가 있었지만, 이 모든 변화가 단 하나의 혁신을 이루기 위한 것이었다는 틀에서 보면 놀라울 정도로 폭넓은 변화를 이해할 수 있다. 바로 조종을 통한 탐색이라는 혁신이다. 이 과정에는 다음이 포함된다.

- 탐색의 선택지를 단 두 가지, 곧 전진과 방향전환으로 줄여주는 좌우대칭 체제
- 진화적으로 새겨진 본능에 따라 자극을 좋은 것과 나쁜 것으로 나누는 감정가의 처리를 위한 신경구조
- 내적상태를 바탕으로 감정가 반응을 조절하는 메커니즘
- 서로 다른 감정가 신경세포들을 통합해서 단일한 조종 관련 결정을 내릴 수 있는 회로(이로써 우리가 뇌라고 부르는 커다란 신경세포 그룹이 생겨났다.)
- 떠날지 머물지를 지속적으로 결정하기 위해 필요한 정동상태
- 어려움이 닥쳤을 때 운동에 필요한 에너지를 관리하기 위한 스트레스 반응
- 기존의 경험을 바탕으로 조종 관련 결정을 바꿀 수 있는 연합학습
- 세상에서 일어나는 우발적 변화에 대응하기 위한 자발적 회복과 재획득(불완전할지언정 연속학습이 가능해진다.)
- 불완전하게나마 신뢰 할당 문제를 해결하기 위한 적격성 흔적, 가리기, 잠재적

억제, 차폐

이 모든 변화 덕분에 조종이 가능해지고, 미세한 세포 추진체가 아니라 근육과 신경세포로 움직이며 탐색을 통해 살아남은 최초의 대형 다세포 동물로서 우리 조상들의 입지가 공고해졌다. 그리고 이 모든 변화와 그 변화가 탄생시킨 포식성 생태계가 혁신 #2의 토대를 마련했다. 혁신 #2에서는 비로소 학습이 우리 뇌의 기능에서 핵심 역할을 하게 됐다.

혁신 #2

강화와 최초의 척추동물

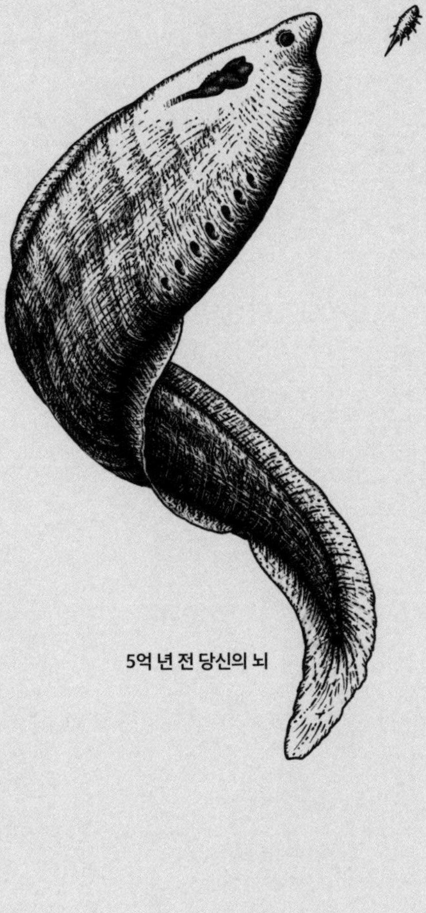

5억 년 전 당신의 뇌

5. 시행착오에서 배우기

뇌가 진화하는 과정에서 다음 이정표로 넘어가려면 최초의 좌우대칭동물이 꼼지락거리며 돌아다니던 시대에서 5,000만 년 정도를 훌쩍 뛰어넘어야 한다. 그러면 5억 4,000만 년 전에서 4억 8,500만 년 전 사이에 펼쳐진 캄브리아기Cambrian period와 만나게 된다.

캄브리아기를 둘러본다면 예전의 에디아카라기와는 아주 다른 세상이 눈에 들어올 것이다. 바다 밑바닥을 초록색으로 바꿔놓았던 에디아카라기의 끈적거리는 미생물 매트는 오래전에 사라지고 우리에게 익숙한 모래 바닥이 보인다. 에디아카라기에 돌아다니던 느리고 작은 생명체들은 사라지고 크기만큼이나 형태도 다양한 대형 동물들이 부산하게 움직일 것이다. 이는 즐겁게 관람할 만한 동물원이 아니었다. 곤충, 거미, 갑각류의 조상인 절지동물arthropod이 지배하는 세상이었다. 이 절지동물들은 지금 살아 있는 후손들보다 훨씬 무시무시했다. 거대한 몸집에 꿈에 나올까 무서울 만큼 큰 집게발과 갑

옷으로 무장한 존재들이었다. 크기가 1.5미터를 넘는 동물도 있었다.

선충과 비슷한 조상이 조종을 하게 되면서 포식이라는 진화의 군비경쟁에 가속이 붙었다. 이것이 캄브리아기 대폭발Cambrian explosion을 일으켰다. 이는 지구 역사상 가장 극적으로 동물의 다양성이 확대된 사건이다. 에디아카라기의 화석은 아주 희귀해서 찾기 어렵다. 하지만 캄브리아기의 화석은 땅을 충분히 깊이 파고 들어가기만 하면 어디에서나 나타나며, 놀라울 정도로 다양한 생물을 발견할 수 있다. 에디아카라기에 뇌가 있는 동물은 산호나 말미잘처럼 뇌가 없는 친척 동물보다 크기도 작고 수도 적은, 바다 밑바닥의 보잘것없는 존재였다. 하지만 캄브리아기에는 뇌가 있는 동물들이 동물계를 지배하기 시작했다.

왕할머니 벌레의 한 계통은 비교적 큰 변화 없이 몸집만 줄어들어 오늘날의 선충이 됐다. 또 다른 계통은 이 시대의 주인인 절지동물이 됐다. 절지동물 계통은 독자적인 뇌 구조와 지적 능력을 발전시켰다. 그래서 이 계통에 해당하는 개미와 꿀벌 등은 놀라울 정도로 똑똑해졌다. 하지만 절지동물도 선충도 우리의 계통은 아니다. 우리 조상들은 무시무시한 생명체들이 뒤섞여 살던 캄브리아기의 불협화음 속에서 그렇게 눈에 띄는 존재는 아니었을 것이다. 이들은 초기 좌우대칭동물보다 아주 살짝 커서 길이는 몇 센티미터에 지나지 않았고, 특별히 수가 많지도 않았다. 하지만 우리 눈에는 아마도 현대의 어류와 닮은 아주 친숙한 존재로 보일 것이다.

이 고대 어류의 화석 기록을 보면 몇 가지 익숙한 특성이 눈에 띈다. 이들에게는 지느러미, 아가미, 척추, 눈 두 개, 콧구멍, 심장이 있었다. 이 생명체의 화석에서 가장 눈에 띄는 특성은 등골뼈vertebral column다. 등골뼈는 두꺼운 뼈들이 서로 맞물린 구조물이며 척수를 감싸서 보호하는 역할을 한다. 실제

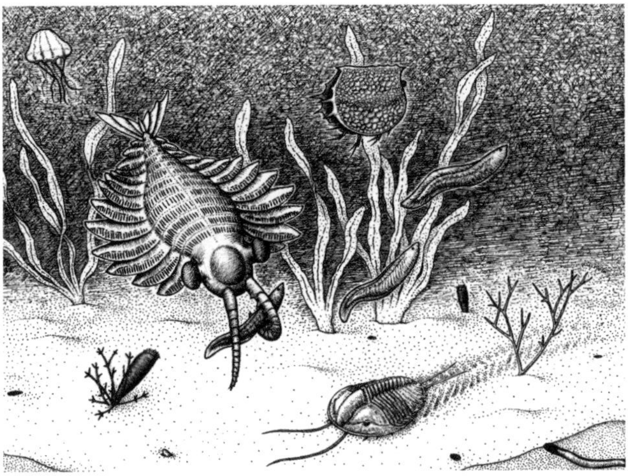

그림 5.1 캄브리아기 세계

로 분류학자들은 어류와 비슷한 고대 조상의 후손들을 척추동물vertebrate이라고 부른다. 하지만 이 초기 척추동물에서 나타난 모든 익숙한 변화 중에 가장 놀라운 것은 단연코 뇌의 변화였다.

척추동물 뇌의 원형

무척추동물(선충, 개미, 꿀벌, 지렁이)의 뇌에는 사람의 뇌와 비슷하다고 할 수 있는 구조가 없다. 사람과 무척추동물은 진화적으로 서로 너무 멀리 떨어져 있다. 우리의 뇌는 좌우대칭동물 조상의 아주 기본적인 원형에서 유래했기 때문에 무척추동물과 공통 구조가 전혀 보이지 않는다. 반면 척추동물의 경우 무악류 칠성장어처럼 우리와 진화적으로 가장 멀리 떨어진 경우여도(이들과 우리의 가장 가까운 공통 조상은 약 5억 년 전에 등장한 최초의 척추동물이었다), 뇌

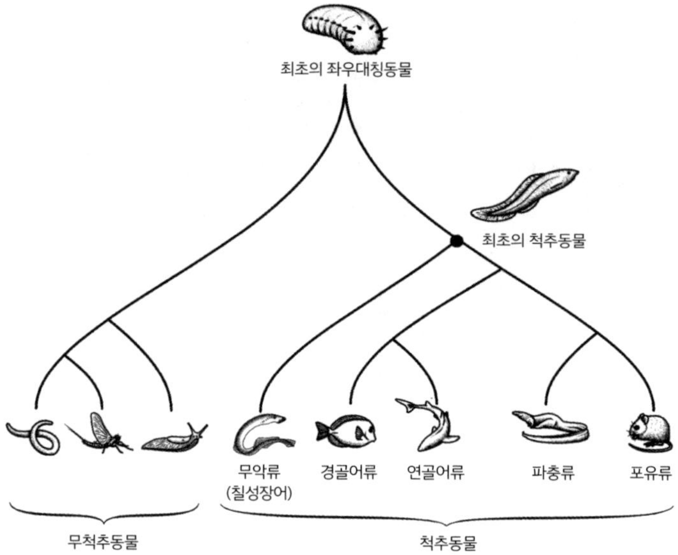

그림 5.2 우리의 캄브리아기 조상들

를 살펴보면 일부가 아니라 대부분의 구조를 공유한다.

캄브리아기 대폭발의 열기에서 척추동물의 뇌 원형이 만들어졌다. 그리고 오늘날까지도 어류처럼 생긴 초기 생명체의 모든 후손은 이 원형을 공유한다. 사람 뇌의 작동방식에 대해 빠르게 배우고 싶다면 어류 뇌의 작동방식만 알아도 절반은 성공한 셈이다.

어류부터 사람까지 모든 척추동물 배아의 뇌는 동일한 초기 단계를 거치며 발생한다. 첫째, 뇌가 세 개의 불룩한 형태로 분화하면서 모든 척추동물의 뇌에 근간이 되는 세 가지 주요 구조를 만들어낸다. 앞뇌forebrain(전뇌), 중간뇌midbrain(중뇌), 뒷뇌hindbrain(후뇌)다. 둘째, 앞뇌가 발달하면서 두 개의 하위 시스템이 만들어진다. 하나는 계속 발달해서 겉질cortex(피질)과 바닥핵basal ganglia(기저핵)이 되고, 또 하나는 시상thalamus과 시상하부가 된다.

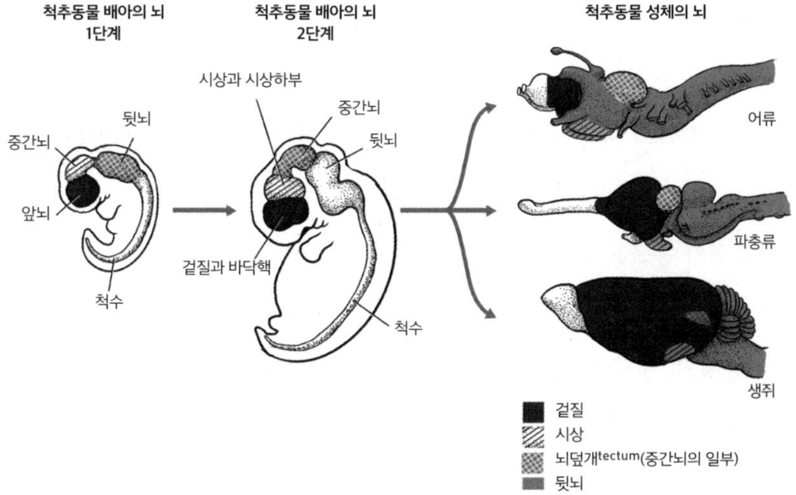

그림 5.3 척추동물의 공통적인 배아 발달

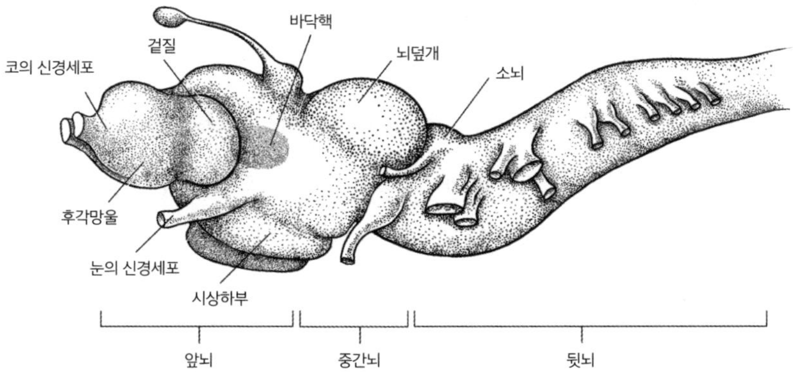

그림 5.4 최초 척추동물의 뇌

이렇게 해서 모든 척추동물의 뇌에서 발견되는 여섯 가지 주요 구조, 겉질, 바닥핵, 시상, 시상하부, 중간뇌, 뒷뇌가 만들어졌다. 공통 조상으로부터 유래했음을 드러내듯 이 구조들은 대부분의 현대 척추동물이 놀라울 정도로 유사하다.[1] 특히 사람의 바닥핵, 시상, 시상하부, 중간뇌, 뒷뇌에 있는 회로는 어류의 것과 믿기 어려울 정도로 유사하다.[2]

최초의 동물은 우리에게 신경세포를 선물했다. 그다음 초기 좌우대칭동물은 이런 신경세포들을 군집화clustering하고 중앙집중식 회로인 뇌를 만들어 내며 감정가, 정동, 연합을 처리하는 최초의 시스템을 형성했다. 그리고 초기 좌우대칭동물의 단순한 원시 뇌를 하부단위, 층 구조, 처리장치를 갖춘 진정한 기계로 바꿔놓은 것은 초기 척추동물이다.

여기서 이런 의문이 생긴다. 초기 척추동물의 뇌는 대체 어떤 일을 했을까?

손다이크의 닭

이반 파블로프가 러시아에서 조건반사의 내부 작동원리를 밝히고 있던 때와 비슷한 시기에 미국에서는 에드워드 손다이크Edward Thorndike라는 심리학자가 다른 관점에서 동물의 학습에 대해 조사하고 있었다.

1896년에 손다이크는 닭으로 가득 찬 방에 있었다. 손다이크가 하버드대학교의 심리학 석사 과정에 들어간 지 얼마 안 됐을 때다. 그의 가장 큰 연구 관심사는 아이들이 학습하는 방법이었다. 어떻게 하면 아이들에게 새로운 것을 잘 가르칠 수 있을까? 그에게는 실험 아이디어가 아주 많았지만 안타깝게도 하버드대학교에서는 그가 인간 아동을 대상으로 실험하는 것을 허락하지 않았다. 그래서 손다이크는 닭, 고양이, 개처럼 구하기 훨씬 쉬운 대상에 집중할 수밖에 없었다.

손다이크에게는 이런 제약이 그리 문제가 되지 않았다. 확고한 다윈주의자였던 그는 닭, 고양이, 개, 사람의 학습에 적용되는 공통 원리가 존재하리라고 확신했다. 이 동물들이 공통 조상에서 유래했다면 모두 유사한 학습 메커니즘을 물려받았을 것이다. 그는 다른 동물들이 어떻게 학습하는지 연구함으로써 인간의 학습 원리도 밝힐 수 있을 것이라 생각했다.

손다이크는 믿기 어려울 정도로 숫기가 없고 엄청나게 똑똑한 사람이었다. 어쩌면 그는 치밀하게 반복적이며 더할 나위 없이 기발한 연구를 혼자서 수행하기에 최적의 인간이었는지도 모른다. 그의 연구가 바로 그런 것이었다. 파블로프는 이미 생리학자로서 명성을 쌓은 후인 중년의 나이에 혁신적인 심리학 연구를 진행했지만 손다이크의 가장 유명한 연구는 그의 첫 번째 연구였다. 그는 스물세 살이 되던 1898년에 발표한 박사학위 논문으로 이름을 알렸다. 바로 〈동물의 지능: 동물의 연합과정에 관한 실험적 연구Animal Intelligence: An Experimental Study of the Associative Processes in Animals〉다.

파블로프와 마찬가지로 손다이크는 끔찍하게 복잡한 이론 문제를 측정 가능한 실험으로 단순화하는 데 천재적이었다. 파블로프가 버저 소리에 반응해서 분비되는 침의 양을 측정해 학습을 탐구했다면 손다이크는 동물이 수수께끼 상자 탈출법을 학습하는 데 걸리는 속도를 측정해서 학습을 탐구했다.

손다이크는 상자를 여러 개 만들었다. 각각의 상자 안에는 서로 다른 수수께끼가 들어 있고, 그 수수께끼를 정확히 풀면 탈출할 수 있는 문이 열리게 만들어져 있었다. 수수께끼가 특별히 복잡하지는 않았다. 어떤 상자에는 걸쇠를 설치해서 밀면 문이 열리게 만들었고, 어떤 상자에는 숨겨진 버튼이, 어떤 상자에는 당기면 문이 열리는 고리가 설치되어 있었다. 물리적 장치를 설치하지 않은 상자도 있어서, 동물이 자기 몸을 핥는 등의 특정 행동을 할 때마다 손다이크가 직접 문을 열어주는 경우도 있었다. 그는 상자 안에 다양한 동물을 넣어보았고, 바깥에는 먹이를 놓아 동물에게 상자에서 빠져나올 동기를 부여했다. 그리고 동물이 그 수수께끼를 푸는 데 시간이 정확히 얼마나 걸리는지 측정했다.

그는 동물이 탈출할 때마다 탈출에 걸린 시간을 기록하고 나서 같은 과정을 반복했다. 동물이 첫 번째 시행에서 주어진 수수께끼를 푸는 데 걸리는 평균 시간을 계산한 다음, 그 시간을 두 번째 시행에서 걸린 시간과 비교하는 식으로 무려 100번 반복해서 시행하며 동물이 수수께끼를 얼마나 빨리 푸는지 측정하고 비교했다.

원래 손다이크는 모방의 역학에 대해 조사하려고 했다. 그는 모방이 대부분의 동물[3]에게 있는 학습의 한 특성일 거라 생각했다. 그는 훈련되지 않은 고양이에게 훈련된 고양이가 다양한 수수께끼 상자에서 탈출하는 모습을 보여주고 학습에 영향을 끼치는지 지켜보았다. 바꿔 말하면 고양이가 모방을 통해 학습할 수 있는지 관찰했다. 당시에는 그 대답이 '아니오'로 보였다. 고양이는 다른 고양이의 모습을 지켜보는 것만으로는 학습하지 못했다.[4] 하지만 이 실패한 실험에서 그는 예상치 못한 놀라운 점을 발견했다. 동물들이 같은 학습 메커니즘을 공유한 것이다.

처음에 상자 안에 들어간 고양이는 온갖 행동을 했다. 막대봉을 긁고 천장을 밀고 문 앞에서 바닥을 파보고 울어도 보고 막대봉 사이로 억지로 빠져나오려고도 해보고 상자 안을 여기저기 서성이기도 했다. 마침내 고양이가 우연히 버튼을 누르거나 고리를 당기면 문이 열렸다. 그러면 고양이는 상자

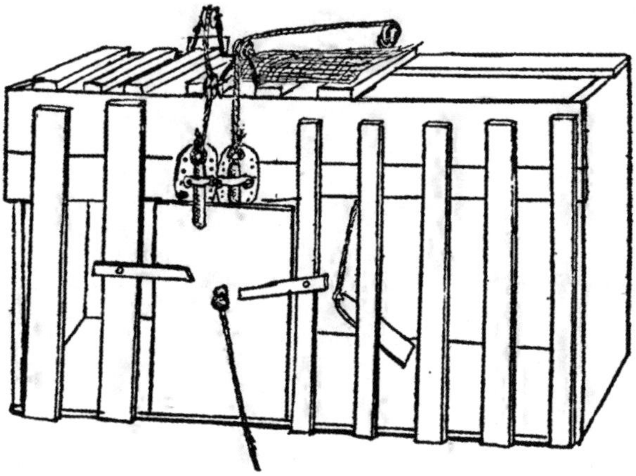

그림 5.5 손다이크의 수수께끼 상자 중 하나[5]

를 빠져나와 기쁘게 포상을 즐겼다. 고양이는 자기를 상자에서 꺼내준 행동을 반복하는 속도가 점점 빨라졌다. 여러 번 반복 시행한 후에는 처음에 했던 다른 모든 행동을 중단하고 곧바로 탈출에 필요한 행동을 수행했다. 고양이는 시행착오를 통해 학습하고 있었던 것이다. 손다이크는 동물이 탈출하는 데 걸리는 시간이 점진적으로 짧아진다는 사실을 통해 시행착오 학습trial-and-error learning을 정량화했다(그림 5.6).

시행착오 학습처럼 단순한 반복 행동을 통해 대단히 지능적으로 행동할 수 있다는 점은 놀라웠다. 충분히 시도하고 나면 동물들은 힘들이지 않고 매우 복잡한 일련의 행동을 수행했다. 이전까지는 동물에서 나타나는 이런 지능적 행동을 설명할 방법이 단 하나, 통찰이나 모방 또는 계획에 따르는 방법밖에 없다고 생각했다. 하지만 손다이크는 동물에게 정말로 필요한 것은 단순한 시행착오뿐이라는 것을 보여주었다. 손다이크는 자신의 연구 결과를 지금은 유명해진 효과의 법칙law of effect으로 요약했다.

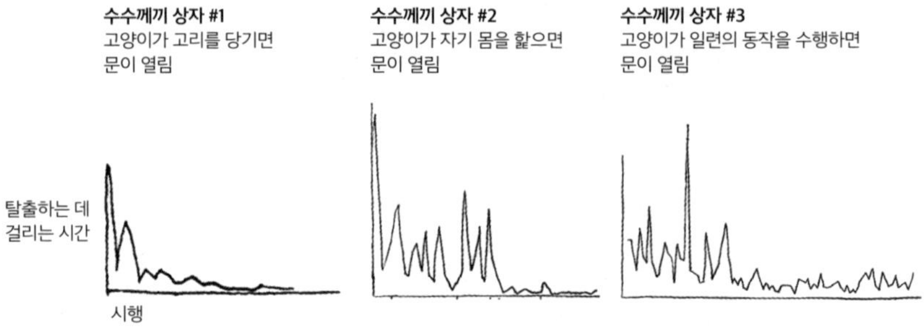

그림 5.6 시행착오를 통한 동물의 학습

특정한 상황에서 만족스러운 효과를 나타냈던 반응은 그 상황에서 다시 일어날 가능성이 높아지고,[6] *불편한 효과를 나타냈던 반응은 그 상황에서 다시 일어날 가능성이 낮아진다.*

동물은 처음에는 무작위로 탐색 행동을 수행한 다음 그 과정에서 확인된 감정가 결과를 바탕으로 미래의 행동을 조정하며 학습한다. 긍정적 감정가는 최근에 수행한 행동을 강화하고 부정적 감정가는 먼저 수행한 행동의 강화를 해제한다. 손다이크의 연구 이후 수십 년이 지난 뒤에는 '만족스러운'과 '불편한'이라는 용어는 잘 쓰지 않는다. 이런 용어에는 동물이 실제로 내부에서 어떤 감각이나 느낌을 받는다는 미심쩍은 암시가 내포되어 있기 때문이다. 손다이크를 비롯한 심리학자들은 결국 '만족스러운'과 '불편한'이라는 용어를 '강화reinforcing'와 '처벌punishing'이라는 용어로 대체했다.

손다이크의 후계자 중 한 명인 버러스 스키너Burrhus Skinner는 동물의 행동, 심지어 사람의 행동까지도 모두 그저 시행착오의 결과물일 뿐이라 주장했다. 이 책의 혁신 #3, #4, #5에서 보겠지만 스키너의 주장은 틀린 것으로 밝혀졌다. 이처럼 시행착오가 동물 학습의 모든 것을 설명할 수는 없지만 놀라울 정도로 많은 부분을 뒷받침한다.

손다이크의 첫 논문은 고양이, 개, 조류 등 약 3억 5,000만 년 전의 공통 조상을 둔 동물들을 연구 대상으로 했다. 그런데 그보다 거리가 더 먼 척추동물의 친척, 한참을 더 거슬러 올라가 5억 년 전의 공통 조상을 둔 동물이라면 어떨까? 이들 역시 시행착오를 통해 학습할까?

1898년 논문을 발표하고 1년 뒤에 손다이크는 다른 동물을 대상으로 동일한 연구를 진행해서 얻은 결과를 추가 논문으로 발표했다. 바로 어류를 대상으로 한 연구였다.

물고기의 놀라운 영리함

척추동물 중에서 사람이 가장 부정적인 편견을 갖고 바라보는 동물을 꼽으라면 바로 어류일 것이다. 어류가 멍청하다는 생각은 여러 문화권에서 찾을 수 있다. 물고기는 기억력이 길어야 3초라는 속설을 한 번쯤 들어봤을 것이다. 이런 편견을 갖게 된 이유를 이해하지 못하는 건 아니다. 어류는 우리와 가장 닮지 않은 척추동물이기 때문이다. 하지만 이런 편견에는 근거가 없다. 어류는 우리가 생각하는 것보다 훨씬 똑똑하다.

손다이크는 보이지 않는 구멍이 뚫린 투명한 벽을 여러 개 설치한 수조에 물고기를 한 마리 넣고 실험했다. 그는 물고기를 수조 한쪽에 집어넣었다. 물고기가 싫어하는 밝은 쪽이었다. 수조 반대쪽은 물고기가 좋아하는 어두운 곳이었다. 처음에 물고기는 수조를 가로지르기 위해 무작위 행동을 여러 번 시도했다. 그래서 투명한 벽에 자주 부딪혔다. 마침내 물고기는 구멍 하나를 찾아서 벽을 넘어갔고 그다음 구멍을 찾을 때까지 같은 과정을 반복했다. 물고기가 벽을 모두 통과해서 반대쪽으로 오자 손다이크는 그 물고기를 꺼내서 다시 출발점으로 되돌려놓고 처음부터 다시 시작하게 했다. 그러고 나서 매번 물고기가 반대편까지 가는 데 걸리는 시간을 측정했다. 손다이크의 고양이가 시행착오를 통해 수수께끼 상자를 탈출하는 방법을 학습했던 것처럼 물고기도 보이지 않는 구멍을 통과해서 수조의 밝은 쪽에서 벗어나는 방법을 신속하게 배웠다.

시행착오를 통해 임의의 행동 순서를 학습하는 어류의 이런 능력은 여러 번 재현되었다. 어류는 특정 버튼을 찾아내고 눌러서 먹이를 얻는 법[7]을 학습할 수 있다. 그물에 걸리지 않기 위해 작은 탈출구로 빠져나가는 법[8]도 배울 수 있다. 심지어 고리를 통과해 먹이를 얻는 법도 학습할 수 있다. 어류는 이런 과제를 수행하는 방법을 훈련하고 나서 몇 달, 심지어 몇 년 뒤까지도 기억한다. 이 모든 실험에서 학습 과정은 동일하다. 물고기는 상대적으로 무작위적인 행동들을 시도하면서 어떤 행동이 강화되느냐에 따라 자신의 행동을 점진적으로 다듬어간다. 사실 손다이크의 시행착오 학습은 다른 이름으로 더 자주 불린다. 바로 '강화학습reinforcement learning'이다.

선충이나 편형동물, 달팽이 같은 단순한 좌우대칭동물에게 이런 과제 수행 방법을 가르치려고 하면 실패할 것이다. 임의의 행동을 순서대로 수행하게 선충을 훈련시킬 수는 없다. 선충은 고리를 통과해서 먹이를 탐색하는 법을 절대로 학습하지 못한다.

이어지는 네 개의 장에서, 강화학습이 발달하면서 부딪혔던 난관과 현대의 선충 같은 좌우대칭동물이 이런 식으로 학습할 수 없었던 이유에 대해 알아볼 것이다. 최초 척추동물의 뇌가 어떻게 작동했고 이들이 초기의 난관을 어떻게 극복했는지, 이런 뇌가 어떻게 범용 강화학습 기계general reinforcement learning machine로 진화할 수 있었는지에 대해 알아볼 것이다.

두 번째 혁신은 강화학습이었다. 이는 시행착오를 통해 임의의 행동 순서를 학습하는 능력을 말한다. 시행착오 학습이라는 손다이크의 발상은 아주 쉬운 것처럼 들린다. 좋은 결과로 이어지는 행동은 강화하고 나쁜 결과로 이어지는 행동은 처벌하면 되니까. 하지만 이는 지능 면에서 쉬운 것과 어려운 것이 무엇인지에 대한 인간의 직관이 틀린 사례 중 하나다. 강화를 통해 학습하는 AI 시스템을 만들겠다고 달려들었던 과학자들은 결국 그 과제가 손다이크가 생각한 것처럼 쉬운 일이 아님을 깨달았다.

6. 시간차학습의 진화

최초의 강화학습 컴퓨터 알고리즘은 1951년에 프린스턴대학교의 박사과정 학생인 마빈 민스키가 만들었다. AI를 둘러싸고 처음으로 분위기가 들끓기 시작했다. 그보다 앞선 10년 동안에는 AI의 기반이 되는 주요 구성요소들이 발전했다. 앨런 튜링Alan Turing은 범용 문제해결 기계를 만들기 위한 수학 공식을 발표했고, 1940년대에 제2차 세계대전을 치르면서 현대적인 컴퓨터가 개발됐다. 그리고 신경세포의 작동방식을 이해하게 되면서 생물학적 뇌가 미시 수준에서 어떻게 작동하는지 알려주는 단서들이 발견되었다. 동물심리학 연구로 손다이크가 확립한 효과의 법칙을 통해, 동물의 지능이 거시 수준에서 어떻게 작동하는지 말해주는 일반적인 원리가 정립되었다.

마빈 민스키는 손다이크의 동물처럼 학습 가능한 알고리즘을 만드는 일에 착수했다. 그는 자신의 알고리즘에 확률적 신경아날로그 강화 계산기stochastic neural-analog reinforcement calculator, SNARC라는 이름을 붙였다. 그는 마흔 개의 연결로 이루어진 인공신경망을 만들고 훈련시켜 다양한 미로를 탐색하게 했다. 훈련 과정은 단순했다. 시스템이 성공적으로 미로를 빠져나올 때마다 최근에 활성화됐던 시냅스를 강화하는 방식이었다. 손다이크가 먹이로 강화해서 고양이가 수수께끼 상자를 빠져나오게 훈련시킨 것처럼 민스키는 수치를 바탕으로 강화해서 AI가 미로를 빠져나오게 훈련시켰다.

그러나 민스키의 SNARC는 제대로 작동하지 않았다. 이 알고리즘은 단순한 미로에서는 시간이 지날수록 빠르게 잘 빠져나왔지만 미로가 살짝만 복잡해져도 탈출에 실패했다. 민스키는 손다이크가 동물의 학습방식이라 믿었듯이 긍정적인 결과는 강화하고 부정적인 결과는 처벌하는 방식으로는 알고리즘을 훈련시킬 수 없음[1]을 처음으로 깨달은 사람 중 한 명이었다.

그 이유는 다음과 같다. 손다이크 버전의 시행착오 학습을 이용해서 AI에게 체스판 위의 상대방 말을 모두 따먹어야 이기는 체커를 가르친다고 해보자. 이 AI는 처음에는 무작위로 수를 두며 시작할 것이다. 우리는 AI가 이길 때마다 보상을 주고, 질 때마다 처벌을 한다. 이런 식으로 충분히 체커를 많이 하다 보면 AI도 실력이 좋아질 것이다. 하지만 문제가 있다. 체커에서 이기고 지느냐에 따라 주어지는 강화와 처벌은 게임이 끝났을 때만 이뤄진다. 한 게임은 수백 번의 수를 두며 성립된다. 이겼을 경우 대체 그중 어떤 것을 잘 둔 수라고 해야 할까? 졌다면 어떤 것을 잘못 둔 수라고 해야 할까?

물론 이것은 4장에서 보았던 신뢰 할당 문제의 또 다른 형태에 불과하다. 먹이를 주면서 빛과 소리로 동시에 자극했을 때 어떤 자극을 먹이와 연합해야 할까? 단순한 좌우대칭동물이 이를 판단할 때 사용하는 기술에 대해서는 이미 살펴봤다. 가리기(가장 강한 자극 선택하기), 잠재적 억제(새로운 자극 선택하기), 차폐(예전에 연합되었던 것을 선택하기) 등이다. 이 기술들은 시간적으로 겹치는 자극 사이에서 신뢰를 할당할 때는 유용하지만, 시간적으로 분리된 자극 사이에서 신뢰를 할당할 때는 쓸모가 없다. 민스키는 시차를 두고도 신뢰를 할당할 수 있는 합리적인 전략이 없다면 강화학습은 효과가 없다는 사실을 깨달았다. 이를 시간적 신뢰 할당 문제temporal credit assignment problem라고 한다.

한 가지 해법은 이기거나 지기 직전에 발생한 행동을 보상하거나 처벌하는 것이다. 행위와 보상 간의 시간 간격이 벌어질수록 강화가 약해진다. 민스키의 알고리즘은 이런 식으로 작동했지만 시간 간격이 짧은 상황에서만 유효했다. 체커에서도 성립하지 않는 해법이었다. 체커를 하는 AI가 이런 식으로 신뢰를 할당한다면 게임이 끝나갈 때 둔 수가 대부분의 신뢰를 할당받고, 게임 초반에 둔 수는 거의 할당을 받지 못한다. 이는 어리석은 판단으로 이어질 것이다. 게임 초반에 둔 똑똑한 한 수 덕분에 게임의 승패가 이미 결정됐는지도 모르기 때문이다.

대안은 게임에 승리했을 때 앞서 둔 모든 수를 강화하는 것이다(아니면 반대로 게임이 패배로 끝났을 때 앞서 둔 모든 수를 처벌한다). 게임에서 초반에 둔 악수, 승패의 흐름을 바꾼 중반의 한 수, 필연적으로 나올 수밖에 없는 끝내기 한 수까지 모두 동등하게 강화 또는 처벌한다. 이 방식의 논리는 다음과 같다. AI가 충분히 많은 게임을 하다 보면 결국에는 잘 둔 한 수와 잘못 둔 한 수를 구분할 수 있지 않겠느냐는 것이다.

하지만 이런 해법 역시 효과가 없었다. 가능한 게임 구성이 너무 많아서 합리적인 시간 안에 어느 수를 잘 두었는지 학습하는 것이 불가능했다. 체커에서 나올 수 있는 경우의 수는 모두 5해(5×10^{20}) 개가 넘는다. 체스에서 나올 수 있는 경우의 수는 10^{120}개가 넘는다(우주에 있는 모든 원자의 수보다 많다). 이런 방식을 적용하려면 AI가 너무 많은 게임을 해야 하기 때문에 그럭저럭 쓸

만한 체커 플레이어만 만들어보려 해도 우리는 기다리다(세다가) 늙어 죽을 것이다.

이제 막다른 골목에 다다르고 말았다. AI에게 강화학습을 통해 체커, 미로 탐색 같은 과제를 훈련시킬 때 그냥 최근의 수만 강화할 수도 없고 모든 수를 강화할 수도 없다. 그렇다면 AI는 어떻게 강화를 통해 학습할 수 있을까?

민스키가 일찍이 1961년에 시간적 신뢰 할당 문제를 발견했지만 그 후로 수십 년 동안 이 문제는 미해결 상태로 남아 있었다. 이 문제가 너무 골치 아파서 강화학습 알고리즘은 단순한 체커는커녕 현실세계의 문제도 해결하지 못하는 무능력한 해법으로 남아 있었다.

하지만 오늘날 사용하는 인공 강화훈련 알고리즘은 잘 작동하고 있다. 강화학습 모델은 우리 주변의 모든 기술에서 점점 더 보편화되고 있다. 자율주행차, 개인 맞춤형 광고, 공장 로봇 등이 강화학습을 통해 성능을 발휘하는 경우가 많다. 그렇다면 1960년대만 해도 전망이 밝지 않았던 강화학습이 어떻게 오늘날 같은 호황을 맞이하게 됐을까?

마법 같은 부트스트래핑

민스키의 연구 결과가 발표되고 수십 년이 지난 1984년에 리처드 서튼Richard Sutton이라는 사람이 박사학위 논문을 제출했다. 서튼은 시간적 신뢰 할당 문제를 해결하기 위한 새로운 전략을 제안했다. 그는 그에 앞서 6년을 매사추세츠공과대학교 애머스트캠퍼스에서 박사후연구원 앤드루 바토Andrew Barto의 지도 아래 대학원 과정을 밟았다. 서튼과 바토는 강화학습에 관한 오래된 개념들을 발굴해서 다시 공략했다. 6년 동안 이뤄진 연구는 결국 서튼의 박사 학위 논문으로 꽃을 피웠다. 그는 논문에서 강화학습 혁명의 지적 초석 중 하나를 마련했다. 바로 〈강화학습에서의 시간적 신뢰 할당Temporal Credit Assignment in Reinforcement Learning〉이었다.

학부생 시절에 컴퓨터과학이 아니라 심리학을 공부했던 서튼은 이 문제를 독특하게 생물학적 관점으로 접근했다. 그는 시간적 신뢰 할당 문제를 해결할 가장 좋은 방법을 이해하려던 것이 아니라 실제로 동물이 그 문제를 어떻게 해결하는지 이해하고 싶었다. 서튼이 쓴 학부 논문은 〈기대에 대한 통합이론A Unified Theory of Expectation〉이었다. 서튼은 강화학습을 작동시키려던 기존의 시도에서 기대expectation에 관한 내용이 빠져 있었을 것이라고 직감했다. 그는 단순하면서도 급진적인 아이디어를 제안했다. 실제 보상을 이용해서 행동을 강화하는 대신 예측되는 보상을 이용해서 행동을 강화한다면 어떨까?[2] 다시 말해 AI가 이겼을 때 AI 시스템에게 보상을 해주는 대신 AI가 이기고 있다고 생각할 때 보상을 해준다면 어떨까?

서튼은 강화학습을 두 가지 독립된 요소로 분리했다. 행위자actor와 비평가critic다. 비평가는 게임을 하는 동안 매순간 승리 확률을 예측한다. 비평가는 체커보드가 어떻게 구성되어 있는 것이 좋고 나쁜지 예상한다. 반면 행위자는 어떻게 행동할지 선택하고 게임이 끝난 후에 보상을 받는 것이 아니라 행위자의 수가 승리 확률을 높였다고 판단될 때마다 비평가에게 보상을 받는다. 행위자가 학습하는 신호는 보상 그 자체가 아니라 어느 순간과 그다음 순간 사이에 예측되는 보상의 시간적 차이다. 그래서 서튼의 방식을 '시간차학습temporal difference learning'이라 부른다.

당신이 체커를 둔다고 상상해보자. 초반의 아홉 수를 두는 동안에는 당

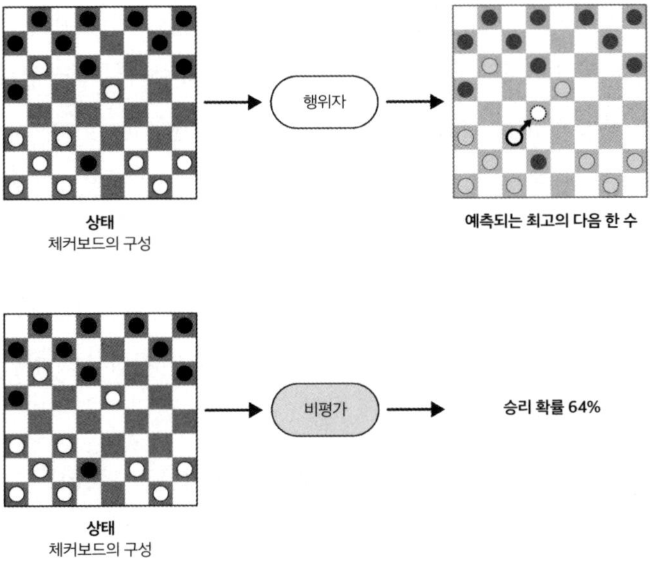

그림 6.1

신과 상대방 사이에서 대부분 막상막하의 승부가 벌어진다. 그러다 당신이 둔 똑똑한 열 번째 수가 승부의 흐름을 바꾼다. 당신은 자기가 상대방보다 훨씬 유리해졌음을 문득 깨닫는다. 이때가 바로 시간차학습 신호가 당신의 행동을 강화하는 순간이다.

서튼은 이런 과정을 통해 시간적 신뢰 할당 문제를 해결할 수 있을지도 모른다고 제안했다. 이렇게 하면 AI 시스템이 게임이 끝날 때까지 기다리지 않고도 실시간으로 학습하는 것이 가능해 보였다. AI 시스템은 이기고 지는 것에 상관없이 체커를 두는 내내 어떤 수는 강화하고 어떤 수는 처벌한다. 실제로 체커 선수는 좋은 수를 많이 두고도 결국 게임에서 질 수 있고 나쁜 수를 많이 두고도 결국에는 이길 수 있다.

서튼의 접근방식이 직관적으로는 매력적이지만 제대로 작동하리라고 기

대해서는 안 된다. 서튼은 순환논리circular logic*를 펼치기 때문이다. 주어진 보드 구성을 바탕으로 승리할 확률을 비평가가 어떻게 예측할지는 행위자가 미래에 취할 행동에 따라 달라진다(아무리 보드 구성이 좋다고 해도 행위자가 그것을 어떻게 활용할지 알지 못한다면 쓸모가 없다). 그와 유사하게 행위자가 어떻게 행위할지 판단하는 것은 비평가의 시간차 강화 신호가 얼마나 정확하게 과거의 행위를 강화하고 처벌하는지에 달려 있다. 다시 말해 비평가는 행위자에게 의존하고 행위자는 비평가에게 의존한다. 이 전략은 시작부터 망할 수밖에 없는 운명으로 보인다.

하지만 서튼은 시뮬레이션에서 행위자와 비평가를 동시에 훈련시키면 둘 사이에서 마법 같은 부트스트래핑bootstrapping(자력강화)**이 일어난다는 것을 발견했다. 물론 처음에는 비평가가 잘못된 행동에 보상을 주고, 행위자가 비평가의 예측을 구현하는 데 필요한 행위를 하지 못하는 경우가 많다. 하지만 게임을 많이 할수록 서로 방식을 개선하면서 결국에는 이 둘이 놀라울 정도로 지능적인 판단을 내릴 수 있는 AI 시스템을 만들게 된다. 적어도 서튼의 시뮬레이션에서는 그랬다. 이 과정이 현실에서도 작동할지는 불분명했다.

서튼이 시간차학습에 대해 연구하던 시기에 제럴드 테사우로Gerald Tesauro라는 젊은 물리학자가 백개먼backgammon***을 하는 AI 시스템을 연구했다. 당시 테사우로는 IBM 연구소에 있었다. 나중에 체스 경기에서 가리 카스파로프Garry Kasparov를 이겨 유명해진 딥블루Deep Blue와 미국의 장수 퀴즈쇼 〈제퍼

* 논증할 명제를 논증의 근거로 사용하는 오류-옮긴이

** 시스템이 외부에 의존하지 않고 현재 갖고 있는 것만을 활용해서 어떻게든 자력으로 강화하는 과정-옮긴이

*** 주사위를 굴려 열다섯 개의 말을 움직이면서 자기 진지에 먼저 전부 모으면 이기는 놀이-옮긴이

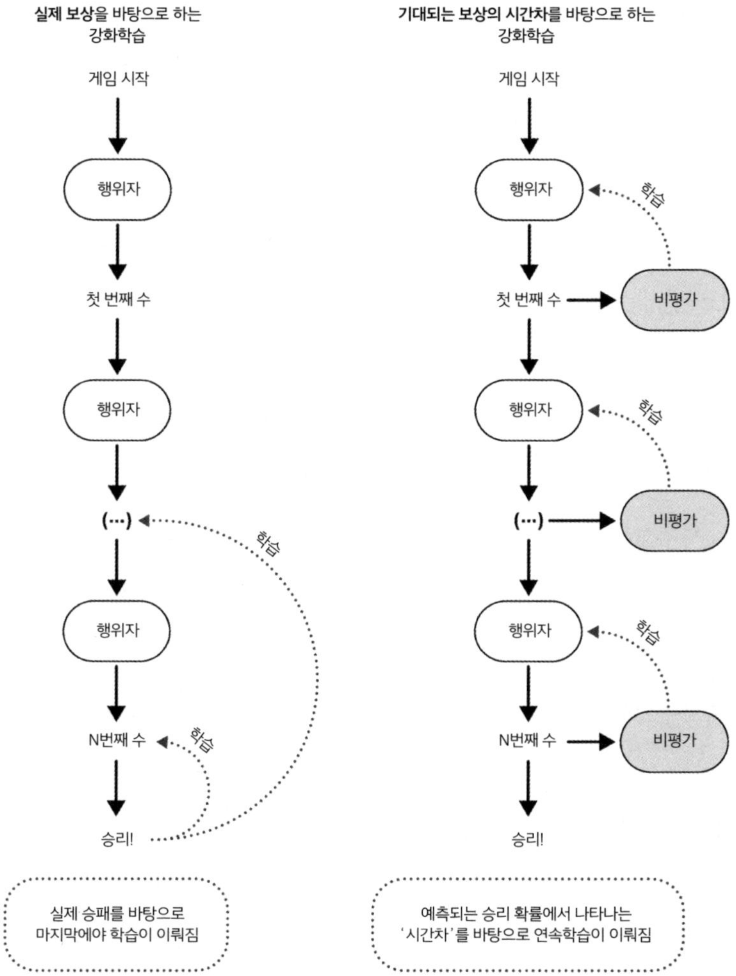

그림 6.2

디!Jeopardy!〉에서 켄 제닝스Ken Jennings를 이긴 AI인 왓슨Watson을 만든 바로 그 연구소다. 딥블루와 왓슨이 등장하기 이전에 뉴로개먼Neurogammon이 있었다. 뉴로개먼은 프로 게이머의 게임 기록 수백 편을 바탕으로 훈련받아 백개먼 게임을 하는 AI 시스템이었다. 이 AI는 시행착오를 통해 학습하지 않고 인간 전문가가 할 것으로 예상하는 행동을 재현하는 방식으로 학습했다. 1989년에 뉴로개먼은 다른 백개먼 컴퓨터 프로그램을 모두 이겼지만, 인간과 대결하면 중급자에게도 질 정도로 실력이 부족했다.

시간차학습에 관한 서튼의 연구를 우연히 접했을 무렵, 테사우로는 몇 년 동안 자신이 개발한 컴퓨터가 사람만큼 백개먼 게임을 잘하게 만들 기법을 모두 시도하고 있었다. 그가 거둔 가장 큰 성과는 뉴로개먼이었고, 이 프로그램은 똑똑하긴 했지만 중급자 수준에 머물러 있었다. 그래서 테사우로는 어떤 아이디어든 받아들일 준비가 되어 있었다. 시스템이 자신의 예측을 이용해 스스로를 가르치게 하자는 서튼의 급진적인 아이디어까지도 말이다.

테사우로는 서튼의 생각을 처음 실증적으로 확인한 인물이다. 1990년대 초에 그는 시간차학습을 이용해 백개먼 게임을 학습하는 시스템[3]인 TD-개먼temporal difference Gammon(시간차 개먼) 연구를 시작했다.

테사우로는 사실 이 연구에 회의적이었다. 뉴로개먼은 인간 전문가가 직접 게임한 사례로 학습했다. 최고의 수를 보여주며 가르친 것이다. 반면 TD-개먼은 오로지 시행착오를 통해서만 학습하면서 스스로 최고의 수를 찾아야 했다. 그러나 1994년이 되자 TD-개먼은 테사우로의 말을 빌려 표현하면 "실로 놀라운 수준의 성과"[4]를 달성했다. 뉴로개먼을 완전히 압도했을 뿐 아니라 세계 최고의 백개먼 선수들 못지않은 실력을 보여준 것이다. 시간차학습이 작동한다는 것을 이론적으로 입증한 사람은 서튼이었지만, 그 논리가 실제 세상에서도 작동한다는 것을 입증한 사람은 테사우로였다. 그 후로 수십 년 동안 시간차학습은 아타리 게임Atari game*부터 자율주행차까지 다양한 과

* 미국 게임사 아타리에서 개발한 고전 게임들로, AI가 이를 하나씩 정복하기 시작하면서 AI 성능

제를 AI 시스템이 인간 수준의 능력으로 수행할 수 있도록 훈련시키는 데 사용되었다.

여기서 진짜 중요한 문제는 시간차학습이 그저 어쩌다 작동하게 된 영리한 기술에 불과한 것인지 아니면 지능의 본질에 관한 뭔가 근본적인 개념을 포착한 기술인지를 확인하는 것이었다. 시간차학습은 기술적 발명품에 불과한 것일까 아니면 서튼의 바람대로 진화가 우연히 찾아내서 강화학습이 효과적으로 작동할 수 있게 오래전에 동물의 뇌에 새겨놓은 고대의 기술일까?

도파민의 용도 변경

서튼은 자신의 생각과 뇌 사이에 연관성이 있기를 바랐지만, 그 연관성을 실제로 찾아낸 사람은 그의 동료 중 한 명인 피터 다얀Peter Dayan이었다. 샌디에이고의 소크연구소Salk Institute에서 다얀과 그의 동료 박사후연구원 리드 몬터규Read Montague는 뇌가 일종의 시간차학습을 구현하고 있다고 확신했다. 1990년대에 테사우로가 고안한 TD-개먼의 성공에 용기를 얻은 이들은 점점 쌓여가는 신경과학 데이터에서 증거를 찾아 나섰다.

이들은 어떤 연구에서 시작해야 하는지 알고 있었다. 척추동물의 뇌에서 강화학습이 어떻게 작동하는지 이해하려면 앞에서 살펴보았던 작은 신경전달물질, 곧 도파민부터 파헤쳐야만 했다.

모든 척추동물의 중간뇌 깊숙한 곳에는 도파민 신경세포의 작은 그룹이

의 기준으로 통한다. –옮긴이

자리 잡고 있다. 이 신경세포들은 수는 적지만 많은 뇌 부위로 출력을 보낸다. 1950년대에 연구자들은 쥐의 뇌에 전극을 삽입해서 도파민 신경세포를 자극하면 쥐에게 거의 모든 행동을 하도록 시킬 수 있다는 것을 발견했다. 쥐가 레버를 누를 때마다 도파민 신경세포를 자극하면 쥐는 24시간 연속으로 레버를 5,000번 넘게 누른다.[5] 사실 도파민을 분비하는 레버와 먹이 중에서 선택하라고 하면 쥐는 레버를 선택할 것이다. 쥐는 먹이를 무시하고 도파민 자극만을 좇다가 굶어 죽는다.[6] 이런 효과는 어류에서도 발견된다. 물고기는 도파민을 얻을 수 있는 장소로 계속 돌아온다. 그곳이 자기가 평소에 피해 다니던 불쾌한 일(반복적으로 물 밖으로 꺼내지는 등[7])과 짝 지어진 장소라도 말이다.

사실 알코올, 코카인, 니코틴 등 남용 약물 대부분은 도파민 분비를 촉발한다. 어류부터 쥐, 원숭이, 사람까지 모든 척추동물은 도파민 분비를 강화하는 이런 화학물질에 중독되기 쉽다.[8]

도파민이 강화와 연관이 있다는 점은 분명하지만 정확히 어떻게 연관되어 있는지는 확실치 않았다. 원래는 도파민을 뇌의 쾌락 신호로 해석했다. 동물이 도파민 신경세포를 활성화하는 행동을 반복하는 이유는 그렇게 하면 기분이 좋아지기 때문이라는 것이다. 시행착오 학습이 만족스러운 결과로 이어지는 행동을 반복하는 과정이라 여긴 손다이크의 원래 생각과 부합하는 설명이었다. 하지만 이미 3장에서 도파민이 쾌락을 만들어내지 않는다는 사실을 확인했다. 도파민은 '좋아함'보다는 '원함'과 관련되어 있다. 그렇다면 도파민은 왜 강화 작용을 하는 것일까?

도파민이 어떤 신호를 보내는지 알려면 그 신호를 측정해보는 수밖에 없다. 1980년대가 되어서야 과학자들이 이런 실험을 할 수 있는 기술이 개발되었다. 개별 도파민 신경세포의 활성화를 처음으로 측정한 사람은 독일의 신경과학자 볼프람 슐츠Wolfram Schultz였다.

슐츠는 도파민과 강화의 연관성을 조사하기 위해 간단한 실험을 고안했다. 그는 원숭이에게 서로 다른 신호(예를 들어 기하학 도형의 그림)를 보여주고 몇 초 후에 달콤한 설탕물을 주었다.

아니다 다를까 이 단순한 보상-예측 과제에서도 도파민이 손다이크가 말한 만족스러운 결과를 나타내는 신호가 아니라는 사실은 바로 명확해졌다. 도파민은 쾌락이나 감정가를 전달하는 신호가 아니었다. 처음에는 도파민 신경세포가 감정가 신호처럼 반응해서 배고픈 원숭이는 설탕물을 받을 때마다 독특한 방식으로 흥분했다. 하지만 몇 번 반복 시행한 뒤에는 도파민 신경세포가 보상 자체에 대한 반응을 중단하고 예측 단서에만 반응했다.

원숭이가 설탕물 보상을 받을 것이라고 예상한 그림이 튀어나오자 도파민 신경세포가 흥분했지만, 잠시 후 이 원숭이가 설탕물을 받을 때는 도파민 신경세포의 기준치가 활성 정도에서 벗어나지 않았다. 그렇다면 도파민은 사실 놀람의 신호가 아닐까? 어쩌면 도파민은 깜짝 놀랄 만한 그림이 튀어나오거나 갑자기 설탕물이 공급될 때처럼 기대하지 못한 사건이 일어났을 때만 분비되는 것이 아닐까?

추가로 실험한 결과 도파민은 놀람의 신호가 아니었다. 슐츠는 원숭이 중 한 마리에게 특정 그림을 본 다음 설탕물을 받을 것으로 기대하는 법을 학습시켰다. 그러고 나서 이번에는 같은 그림을 보아도 설탕물은 주지 않았다. 이때 원숭이는 동일하게 놀랐지만 도파민 활성이 극적으로 감소했다. 기대하지 않은 보상이 제시될 경우에는 도파민 활성이 증가한 반면 기대한 보상이 누락되었을 경우에는 도파민 활성이 감소한 것이다.[9]

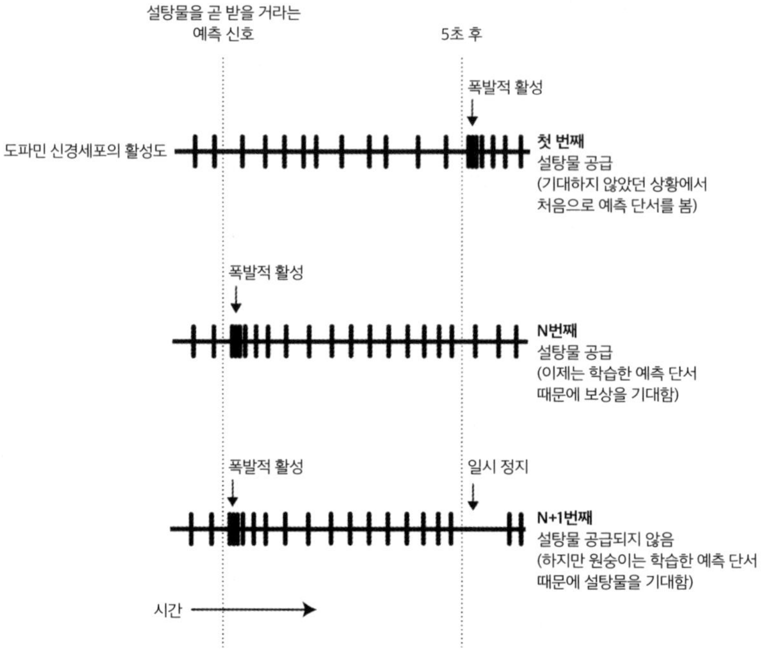

그림 6.3 예측 단서, 보상, 누락에 대한 도파민 신경세포의 반응

슐츠는 이 결과를 확인하고 혼란에 빠졌다. 도파민은 도대체 무슨 신호일까? 감정가의 신호도, 쾌락이나 놀람의 신호도 아니라면 대체 어떤 것일까? 어째서 도파민을 활성화하는 대상이 보상에서 보상의 예측 단서로 옮겨갔을까? 기대했던 보상이 누락됐을 때는 왜 도파민 활성이 감소했을까? 오랫동안 신경과학계는 슐츠의 데이터를 어떻게 해석해야 할지 확신하지 못했다. 그의 데이터는 고대 신경세포의 활성과 일시 정지의 패턴에서 분명하게 드러난 이례적 현상이었다.

이 문제는 10년 후에 해결됐다. 사실 다얀과 몬터규는 10년이 지난 후에야 뇌가 시간차학습을 구현한다는 단서를 찾기 위해 자료를 샅샅이 뒤지기 시작했다. 마침내 슐츠의 데이터를 접했을 때 이들은 눈앞의 데이터가 무엇을 의미하는지 바로 알아보았다. 슐츠가 원숭이에서 발견한 도파민 반응은 서튼의 시간차학습 신호와 정확하게 일치했다.[10] 슐츠의 원숭이에게 있는 도파민 신경세포가 예측 단서에 흥분한 이유는 이 신호가 예측되는 미래 보상의 증가로 이어졌기 때문이다(긍정적 시간차). 기대한 보상이 도착했을 때 도파민 신경세포가 영향을 받지 않은 이유는 예측되는 미래 보상에 아무런 변화도 없었기 때문이다(시간차 없음). 기대한 보상이 누락됐을 때 도파민 신경세포의 활성이 감소한 이유는 예측되는 미래 보상이 감소했기 때문이다(부정적 시간차).

미묘한 도파민 반응의 차이 역시 시간차 신호와 정확히 일치했다. 슐츠는 4초 후에 먹이를 받는다고 예측하는 신호가, 16초 후에 먹이를 받는다고 예측하는 신호보다 더 많은 도파민 분비를 촉발한다는 것을 발견했다.[11] 이것을 할인discounting이라고 한다. 서튼은 이런 반응 역시 시간차학습 신호에 포함했다. 할인은 AI 시스템(또는 동물)이 늦은 보상보다 빠른 보상으로 이어지는 행위를 선택하도록 유도한다. 심지어 도파민이 확률에 반응하는 방식도 시간차학습 신호와 일치했다. 75퍼센트 확률로 먹이를 받는다고 예측하는 신호는 25퍼센트 확률로 먹이를 받는다고 예측하는 신호보다 더 많은 도파민 분비를 촉발했다.

도파민은 보상의 신호가 아니라 강화의 신호다. 서튼이 발견한 것처럼 강화학습이 제대로 작동하기 위해서는 강화와 보상이 반드시 분리되어야 한다. 시간적 신뢰 할당 문제를 해결하려면 뇌는 실제 보상이 아니라 예측되는 미래 보상의 변화를 바탕으로 행동을 강화해야 한다. 이것이 동물이 즐겁지 않은데도 도파민을 분비하는 행동에 중독되며 도파민 반응이 보상 그 자체에 활성화되기보다는 보상이 다가오고 있음을 예측하는 순간에 활성화되는 이유다.

1997년에 다얀과 몬터규, 슐츠는 〈예측과 보상의 신경기질A Neural Substrate of Prediction and Reward〉[12]이라는 기념비적 논문을 발표했다. 오늘날까지도 이 발견은 AI와 신경과학 분야 간의 가장 유명하고 아름다운 협력 중 하나로 인정받는다. 서튼이 생각한 뇌의 작동방식에 영감을 받은 전략이 AI가 처한 실용적 난제를 성공적으로 극복하는 데 도움을 주고, 이것이 다시 뇌에 대한 수수께끼 같은 데이터를 해석하는 데 도움을 주었다. 신경과학이 AI에 정보를 제공하고 다시 AI가 신경과학에 정보를 제공한 것이다.

도파민 신경세포의 활성을 기록하는 연구는 대부분 포유류를 대상으로 이뤄졌다. 하지만 도파민의 이런 특성이 어류로 범위를 넓혀도 그대로 적용된다고 할 만한 근거는 충분하다. 도파민 시스템 회로는 어류나 포유류의 뇌에서 모두 대체로 동일하며, 시간차학습 신호는 어류, 쥐, 원숭이, 사람의 뇌에서 동일하게 발견된다.[13] 반면 선충이나 다른 단순한 좌우대칭동물의 도파민 신경세포에서는 시간차학습 신호가 발견되지 않는다.[14]

초기 좌우대칭동물에서 도파민은 '근처에 좋은 것이 있다'라는 신호였다. '원함'의 원시적인 형태라 할 수 있다.[15] 하지만 척추동물로 전환되는 과정에서 '근처에 좋은 것이 있다'라는 신호가 정교하게 다듬어져서 원함의 상태를 촉발할 뿐 아니라 정확하게 계산된 시간차학습 신호도 전달하게 됐다. 진화가 도파민이라는 신경전달물질을 재구성해서 시간차학습 신호로 만들었다는 설명은 타당하다. 원래 근처에 보상이 있음을 알리는 신호였던 도파민이 미래의 보상을 예측하는 신호로 사용하기에도 가장 적합했기 때문이다. 따라서 도파민은 '근처에 좋은 것이 있다'라는 신호에서 '정확히 10초 후에 아주 멋진 일이 일어날 확률이 35퍼센트다'라는 신호로 바뀌었다. 최근에 감지됐던 먹이에 대해 애매한 평균을 알리는 신호에서, 정교하게 측정하고 꼼꼼하게 계산하며 끝없이 요동치는 '예측되는 미래 보상'을 나타내는 신호로 용도가 변경된 것이다.

안도, 실망, 타이밍의 등장

시간차학습의 오래된 씨앗으로부터 지능의 몇 가지 특성이 싹을 틔웠다. 그중 두 가지 특성인 실망disappointment과 안도relief는 너무 익숙해서 거의 관심을 받지 못했다. 어디에서나 볼 수 있기 때문에 처음부터 갖고 있던 특성이라고 생각한 것이다. 그러나 실망과 안도 모두 미래 보상을 예측해 학습하도록 설계된 뇌에서 생겨난 창발적 속성emergent property*이다. 사실 미래의 보상을 정확하게 예측하지 않으면 그 보상이 주어지지 않았을 때 실망할 수도 없다. 또한 미래의 고통을 정확하게 예측하지 않으면 그 일이 일어나지 않았을 때 안도할 수도 없다.

물고기가 실수를 통해 학습하는 다음 과제를 생각해보자. 당신이 조명을 켜고 5초 후에 물고기가 어항 반대편으로 헤엄쳐 가지 않았을 경우 물고기에게 약하게 전기충격을 가하면 물고기는 당신이 조명을 켤 때마다 어항 반대편으로 헤엄치는 법을 자연스럽게 배우게 된다. 당연히 시행착오 학습으로 보이겠지만 이는 시행착오 학습이 아니다. 이런 것을 회피 과제avoidance task라

* 일정한 수준의 복잡성에 도달할 때만 발생하는 특성-옮긴이

고 한다. 척추동물에게 이런 유형의 과제를 수행하는 능력이 있는 것을 두고 동물 생리학자들 사이에서 오랫동안 논쟁이 있었다.

손다이크였다면 물고기의 이런 능력을 어떻게 설명했을까? 손다이크의 고양이 한 마리가 마침내 수수께끼 상자에서 빠져나왔을 때 고양이의 행위를 강화한 것은 먹이라는 보상의 존재였다. 하지만 우리 물고기가 안전한 장소로 헤엄쳐 갔을 때 물고기의 그런 행동을 강화한 것은 예측되는 충격의 누락이었다. 어떻게 뭔가의 부재가 강화 효과를 일으킬 수 있을까?

그 답은 예상했던 처벌의 누락 자체에 강화 효과가 있다는 것이다. 처벌이 누락되면 안도할 수 있다. 반면에 기대했던 보상이 누락되면 그 자체로 처벌 효과가 있으며 실망을 준다. 슐츠의 연구에서 먹이를 누락했을 때 도파민 신경세포 활성이 감소한 이유도 이 때문이다. 그는 실망의 생물학적 발현을 관찰해낸 것이다. 이것은 미래 보상을 예측하는 데 실패한 것에 대한 뇌의 처벌 신호다.[16]

보상과 처벌뿐 아니라 기대했던 보상이나 예상했던 처벌[17]의 누락으로 척추동물, 심지어 어류도 훈련시킬 수 있다. 어떤 사람에게는 깜짝 휴일(싫어하는 대상이 누락되는 경우)이 깜짝 디저트(보상)만큼이나 강화 효과가 크다. 반면 선충은 보상이나 처벌의 누락을 통해 임의의 행동을 수행하도록 학습시킬 수 없다. 심지어 독립적으로 여러 가지 지능을 진화시킨 게와 꿀벌도 누락을 통해서는 학습할 수 없다.[18]

척추동물과 무척추동물이 지능 면에서 이렇게 구분된다는 점을 통해 지능의 또 다른 익숙한 특성을 발견할 수 있는데, 이는 시간차학습과 그에 대응하는 실망과 안도에서 발현하는 특성이기도 하다. 물고기가 전기충격을 피하기 위해 특정 장소로 헤엄치는 법을 배우는 모습을 자세히 들여다보면 놀라운 점을 발견할 수 있다. 조명을 켰을 때 물고기는 당장 안전한 곳으로 헤엄치지 않는다. 대신 조명을 여유롭게 무시하고 있다가 5초가 지나기 직전에 신속하게 안전한 곳으로 헤엄친다. 이 단순한 과제에서 물고기는 무엇을 해야 할지뿐 아니라 언제 할지도 학습한 것이다. 물고기는 조명이 켜지고 정확히 5초 후에 전기충격이 일어난다는 것을 알고 있다.[19]

세균, 동물, 식물 모두 시간의 흐름을 추적하는 메커니즘이 있다. 바로 하루의 주기를 추적하는 일주기리듬circadian rhythm이다.[20] 특히 척추동물의 시간 측정 정확도는 타의 추종을 불허한다. 척추동물은 어떤 사건이 있고 정확히 5분 후에 또 다른 사건이 발생했다는 사실을 기억할 수 있다. 반면 달팽이나 편형동물처럼 단순한 좌우대칭동물은 사건과 사건 사이의 정확한 시간 간격을 아예 학습할 수 없다.[21] 사실 달팽이처럼 단순한 좌우대칭동물은 정확히 5초 뒤에 일어날 사건이 무엇인지는 물론이고 2초 이상 벌어진 사건을 연합하는 법도 학습하지 못한다. 심지어 게와 꿀벌처럼 발달한 무척추동물도 사건과 사건 사이의 정확한 시간 간격을 학습하지 못한다.

시간차학습, 실망, 안도, 시간 지각은 서로 모두 관련되어 있다. 정확하게 시간을 지각해야만 누락을 통해 학습하고 실망이나 안도를 언제 촉발할지 알 수 있으며 시간차학습도 제대로 작동할 수 있다. 시간을 지각하지 못하면 뇌는 뭔가가 누락된 것인지 아니면 그냥 아직 일어나지 않은 것인지 알지 못할 것이며, 물고기도 빛이 전기충격과 연합되어 있다는 것은 알겠지만 그 사건이 언제 일어날지는 알 수 없을 것이다. 그래서 전기충격의 위험이 사라지고 한참이 지난 후에도 자기가 안전하다는 사실을 모르고 공포에 떨며 숨게 될 것이다. 내부의 시계가 제대로 작동해야만 물고기는 전기충격이 일어날 정확한 순간을 예측하고, 따라서 전기충격이 누락되는 경우에는 정확히 안도의 도파민이 분비된다.

바닥핵의 계산

내가 뇌에서 좋아하는 영역이 있다. 바로 바닥핵이다.

대부분의 뇌 구조는 알면 알수록 이해하기가 어렵다. 뒤죽박죽 어찌나 복잡한지 단순화한 틀이 그 무게를 감당하지 못하고 무너지기 때문이다. 이런 복잡성이야말로 생물학적 시스템의 전형적인 특성이다. 하지만 바닥핵은 다르다. 그 내부 회로를 들여다보면 넋을 잃을 정도로 아름다운 설계와 함께 질서 정연한 계산과 기능이 드러난다. 진화를 통해 놀라운 대칭성과 우아함을 갖춘 눈이 만들어진 것을 보며 경외감을 느끼듯이 진화를 통해 바닥핵이 만들어졌다는 사실에도 똑같은 경외감을 느낄 수 있다. 바닥핵도 놀라운 대칭성과 우아함을 갖추고 있다.

바닥핵은 겉질과 시상 사이에 끼어 있다(이 책 첫머리에 나온 그림 참고). 바닥핵으로 들어오는 입력은 겉질, 시상, 중간뇌에서 온다. 이 입력을 통해 동물의 활동과 외부환경을 살필 수 있다. 이 정보는 가지를 쳤다가 다시 합쳐지고 변형되고 치환되며 바닥핵 안에서 미로 같은 하부구조들을 따라 흐르다가 바닥핵의 출력핵에 도달한다. 출력핵은 수천 개에서 수백만 개의 억제성 신경세포를 갖고 있으며 뇌줄기brainstem의 운동중추로서 강력한 연결을 많이 내보내고 기본적으로 항상 활성화되어 있다. 뇌줄기 운동회로들의 관문은 지속적으로 바닥핵 때문에 닫힌 채 억제되어 있다. 그래서 바닥핵의 특정 신경세포들이 꺼졌을 때만 뇌줄기에서 특정 운동회로의 관문이 열리면서 활성화된다. 다시 말해 바닥핵은 영속적으로 특정 관문들을 열었다 닫았다 하면서 동물의 행동을 꼭두각시처럼 조종한다.

바닥핵은 우리 생명에 필수적인 기능을 한다. 파킨슨병의 대표 증상 중 하나는 운동을 시작하지 못하는 것이다. 환자는 몇 분 동안이나 의자에 앉아 있어야 겨우 일어나겠다는 의지를 끌어모을 수 있다. 파킨슨병의 증상은 주로 바닥핵의 붕괴로 인해 나타난다. 바닥핵이 붕괴되면 모든 행동의 관문을 영구적으로 닫아버린 상태가 되기 때문에 환자는 아주 간단한 움직임조차 시작할 수 없게 된다.

바닥핵에서는 어떤 계산을 할까? 이 영역은 어떤 식으로 동물의 행동과 외부환경에 대한 정보를 받아서 어떤 활동의 관문을 닫고(일어나지 못하게 막는다), 어떤 행동의 관문을 열어줄지(일어나게 허락한다) 결정할까?

바닥핵은 동물의 행동과 외부환경에 관한 정보만 받는 것이 아니라 도파민 신경세포 그룹으로부터도 입력을 받는다. 도파민 신경세포들이 흥분할 때마다 바닥핵은 급속히 도파민으로 채워진다. 그리고 도파민 신경세포가 억제될 때마다 바닥핵은 급속하게 도파민에 굶주리게 된다. 바닥핵에 있는 시냅스들은 서로 다른 도파민 수용체가 있고, 각각의 수용체가 독특한 방식으로 반응한다. 이렇게 도파민의 활성이 요동치면서 특정 시냅스를 강화하거나 약화시켜 바닥핵의 입력 처리 방식을 변화시킨다.

신경과학자들이 바닥핵의 회로를 추적해보니 그 기능이 분명하게 드러났다. 바닥핵은 도파민 분비를 극대화하는 행동을 반복하도록 학습[22]한다. 도파민 분비로 이어지는 행동은 바닥핵을 통해 일어날 가능성이 더 높아지고(바닥핵이 그런 행동의 관문을 연다), 도파민 억제로 이어지는 행동은 일어날 가능성이 낮아진다(바닥핵이 그런 행동의 관문을 닫는다). 한번 들어본 이야기 같지 않은가? 부분적으로 바닥핵은 서튼이 말한 '행위자'라 할 수 있다. 강화로 이어지는 행동은 반복하고 처벌로 이어지는 행동은 억제하도록 설계된 시스템인 것이다.

놀랍게도 인간의 뇌와 칠성장어의 뇌의 바닥핵 회로는 사실상 동일하다. 신경세포의 다양한 하위그룹, 신경세포의 유형, 전체적인 기능이 동일한 것으로 보인다. 두 종의 공통 조상이 무려 5억 년 전에 등장한 최초의 척추동물이었는데도 말이다. 이를 통해 강화학습이 일어나는 생물학적 영역인 바닥핵은 초기 척추동물의 뇌에서 등장했다는 것을 알 수 있다.

강화학습은 바닥핵의 단독 행동으로 나타난 것이 아니라 바닥핵과 시상하부라는 척추동물 고유의 또 다른 구조와 오랫동안 상호작용하면서 등장했다. 시상하부는 앞뇌 바닥에 자리 잡고 있다.

척추동물의 뇌에서는 처음에 시상하부가 도파민 분비를 조절한다. 시상하부에는 좌우대칭동물 조상의 감정가 감각장치로부터 물려받은 감정가 신경세포가 있다. 추울 때 떨게 만들어 몸을 덥히는 것도, 더울 때 땀이 나게 해서 시원하게 만드는 것도 시상하부다. 몸에 열량이 필요할 때 혈액 속의 배고픔 신호를 감지해서 배고프게 만드는 것도 시상하부다. 당신의 시상하부에 있는 긍정적 감정가를 갖는 먹이 감지 신경세포food sensitive neuron는 초기 좌우대칭동물의 긍정적 감정가를 갖는 먹이 감지 신경세포와 동일한 기능을 한다. 시상하부의 이 신경세포 역시 배고플 때 먹이에 대한 반응성이 높아지고 배가 부를 때 반응성이 낮아진다. 그래서 당신이 피자를 앞에 두고 침을 흘리다가도 실컷 먹고 10분이 지나면 피자가 꼴도 보기 싫어지는 것이다.

엄격히 말해 시상하부는 초기 좌우대칭동물의 행동을 조종하는 뇌가 더 정교해진 형태일 뿐이다. 이것은 외부자극을 좋은 것과 나쁜 것 두 가지로 분류해서 그 각각에 대한 반사반응을 촉발한다. 시상하부의 감정가 신경세포는 바닥핵 곳곳에서 도파민을 전달하는 도파민 신경세포 그룹과 연결되어 있다. 시상하부가 행복하면 바닥핵을 도파민으로 넘치게 만들고, 시상하부가 속상하면 바닥핵에서 도파민을 고갈시킨다.[23] 어떤 면에서 보면 시상하부는 대체 무엇을 원하는지 정확히는 모르겠지만 근엄하기 짝이 없는 심사위원이고, 바닥핵은 그런 시상하부를 만족시키려 항상 애쓰는 응시생인 셈이다.

시상하부는 예측 단서에는 흥분하지 않는다. 배고플 때는 먹이, 추울 때는 온기 등 오직 자신이 원하는 것을 실제로 얻었을 때만 흥분한다. 시상하부는 실제 보상을 받았는지 판단하는 존재다. 백개먼 게임을 두는 AI를 예로 들면, 시상하부는 뇌에게 게임에서 이겼는지 졌는지는 말해주지만 게임이 진행되는 동안 얼마나 잘하고 있는지는 말해주지 않는다.

민스키가 1950년대에 강화학습 알고리즘을 만들려다가 발견했듯이, 뇌가 실제 보상을 통해서만 학습한다면 똑똑한 행동을 절대 할 수 없을 것이다. 시간적 신뢰 할당 문제가 생기기 때문이다. 그렇다면 실제 보상에 대한 감정가 신호였던 도파민은 어떻게 예측되는 미래 보상에서 나타날 수 있는 변화를 알리는 시간차 신호로 바뀌었을까?

모든 척추동물의 바닥핵 안에는 신비로운 모자이크처럼 나란히 병렬로 구성된 회로가 있다. 한 회로는 아래쪽 운동회로로 내려가 운동의 관문을 조절하고, 또 하나는 뒤로 흘러들어가 도파민 신경세포와 직접 이어진다.[24] 바닥핵 기능에 대한 주요 이론 중에는 이 병렬회로가 말 그대로 시간차학습을 구현하기 위한 서튼의 행위자-비평가 시스템이라는 주장도 있다. 한 회로는 도파민 분비를 촉발하는 행동을 반복하도록 학습하는 '행위자'이고, 다른 하나는 미래의 보상을 예측해서 자체적으로 도파민 활성을 촉발하는 방법을 배

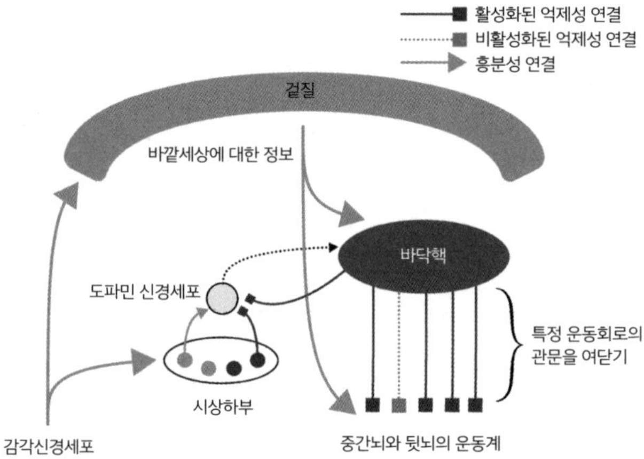

그림 6.4 단순화한 최초 척추동물의 뇌 구조

우는 '비평가'라는 것이다.

앞에서 든 비유를 다시 살펴보자. 바닥핵 응시생은 처음에는 시상하부라는 심사위원만을 통해 학습하지만, 시간이 지나면서 스스로 판단하는 법을 배워 자기가 실수를 하면 시상하부가 피드백을 주기 전에 먼저 실수했음을 알아차린다. 처음에는 도파민 신경세포가 보상을 받았을 때 반응하다가 시간이 지나면서 예측 단서에 활성화되는 것도 이 때문이다. 이미 알고 있던 보상을 받았을 때 도파민 분비가 촉발되지 않는 것도 이 때문이다. 바닥핵의 예측이 시상하부로부터 전달되는 흥분을 상쇄하는 것이다.

초기 척추동물의 작디작은 뇌에서 처음 등장해 5억 년 동안 아름답게 잘 보존된 바닥핵 회로는 생물학적으로 서튼의 행위자-비평가 시스템과 맞아떨어지는 것으로 보인다. 서튼은 진화가 5억 년 전에 우연히 발견한 기술을 재발견한 것이다. 시간차학습, 척추동물 바닥핵의 회로 설계, 도파민 반응의 속성, 정확한 시간 간격을 학습하는 능력, 누락을 통해 학습할 수 있는 능력 등은 모두 시행착오 학습을 작동시키는 것과 똑같은 메커니즘 속에 얽혀 들어가 있다.

7. 패턴인식의 문제

5억 년 전, 비둘기부터 상어, 생쥐, 개 그리고 인간까지 오늘날 살아 있는 모든 동물의 조상이자 왕할머니였던 물고기 비슷한 동물이 자기도 모르는 사이에 위험을 향해 헤엄치고 있었다. 이 동물은 캄브리아기의 반투명한 수중식물들의 해초처럼 두꺼운 줄기 사이를 부드럽게 헤엄치며 바다에 서식하는 뇌 없는 동물의 새끼인 단백질이 풍부한 산호 유생을 사냥하고 있었다. 하지만 이 동물 역시 자신도 모르는 사이에 사냥감이 되어 있었다.

30센티미터 정도의 길이에 머리에는 뾰족한 부속지 두 개가 돋아난 절지동물류 아노말로카리스*Anomalocaris*가 모래 속에 숨어 있었다. 아노말로카리스는 캄브리아기의 최상위 포식자다. 이 동물은 운 나쁜 생명체가 사정거리 안으로 들어오기를 끈기 있게 기다리고 있었다.

우리의 척추동물 조상도 익숙하지 않은 냄새와 멀리서 보이는 불규칙하게 생긴 모래 무더기를 봤을 것이다. 하지만 캄브리아기의 바다에는 항상 익숙하지 않은 냄새가 있었다. 당시에는 온갖 미생물, 식물, 균류, 동물들이 살고 있었고 각자 고유한 냄새를 풍겼다. 끊임없이 움직이는 생물과 무생물들, 익숙하지 않은 형태의 생물체가 널려 있었다. 그래서 척추동물 조상도 그 무더기에 별다른 관심을 갖지 않았다.

우리 조상이 안전한 캄브리아기 해초 틈에서 나오는 순간 그 절지동물이 달려들었다. 수 밀리초 안으로 우리 조상의 탈출 반사반응이 발동했다. 왕할머니 물고기의 눈이 주변에서 빠르게 움직이는 사물을 감지하고 본능적으로 반사반응을 일으켜 반대 방향으로 몸을 틀었다. 탈출 반응이 활성화되면서 조상 동물의 뇌에 가득 찬 노르에피네프린이 고도의 각성 상태를 촉발해 감각 반응이 더 예민해지고, 모든 회복 기능이 일시 정지되며 에너지가 근육으로 재분배됐다. 우리의 조상 동물은 아슬아슬하게 날카로운 부속지를 피해 멀리 헤엄쳐 달아났다.

끝없이 돌고 도는 사냥과 탈출, 예상과 공포 속에서 이런 상황이 수십억 번 펼쳐졌다. 하지만 이번에는 달랐다. 우리 척추동물 조상이 위험한 절지동물의 냄새를 기억하게 된 것이다. 우리의 조상은 모래 밖으로 삐져나와 있던 그 절지동물의 눈도 기억할 것이며, 이제 두 번 다시는 같은 실수를 반복하지 않을 것이다. 지금으로부터 5억 년 전쯤 우리 조상이 패턴인식pattern recognition을 진화시킨 것이다.

냄새를 인식하는 것은 생각보다 어렵다

초기 좌우대칭동물은 인간이 맡는 냄새를 지각할 수 없었다. 우리는 해바라기의 냄새와 연어의 냄새를 쉽게 구분하지만, 이는 최초의 척추동물로부터 물려받은 놀라울 정도로 복잡한 지적 능력이다. 당신의 코에 있는 것처럼 초기 척추동물의 콧구멍에도 후각신경세포olfactory neuron가 수천 개 있었다. 칠성장어에게는 약 50가지 유형의 후각신경세포가 있고, 각각에는 특정 유형의 분자에 반응하는 고유의 후각수용체가 있다.[1]

대부분의 냄새는 여러 가지 분자로 구성된다. 당신이 집에 들어와 돼지고기 바비큐 냄새를 맡았을 때 당신의 뇌는 돼지고기 바비큐 분자를 인식한 것이 아니다. 그런 분자는 존재하지 않는다. 당신의 뇌는 후각신경세포를 활성화하는 여러 분자의 특정 조합을 인식한 것이다. 냄새는 활성화된 후각신경세포의 패턴에 해당한다. 냄새 인식은 한마디로 패턴인식일 뿐이다.

선충과 비슷했던 우리 조상의 세상을 인식하는 능력은 개별 신경세포의 감각장치로 제한되어 있었다. 이 동물은 단일 빛 자극 감지 신경세포의 활성화를 통해 빛을 인식하거나 단일 물리적 자극 감지 신경세포mechano sensory neuron의 활성화를 통해 물리적 접촉을 인식했다. 이 능력은 조종하는 데는 유용했지만 바깥세상을 구체적으로 인식하는 데는 너무 제한적이었다. 사실 조종은 최초의 좌우대칭동물이 세상을 그리 꼼꼼하게 인식하지 않아도 먹이를 찾고 포식자를 피할 수 있었다는 점에서 탁월한 기능이었다.

하지만 주변 세상에 관한 정보는 활성화된 신경세포 하나만으로는 얻을 수 없고, 여러 신경세포의 활성화 패턴을 통해서만 얻을 수 있다. 당신은 망막을 두드리는 광자의 패턴을 바탕으로 자동차와 집을 구분하고, 속귀inner ear(내이)를 두드리는 음파의 패턴으로 횡설수설하는 사람의 말소리와 맹수의 포효를 구분한다. 또한 코에서 활성화되는 후각신경세포의 패턴으로 장미의 냄새와 닭의 냄새를 구분한다. 수억 년 동안 동물은 이런 능력이 없었기 때문

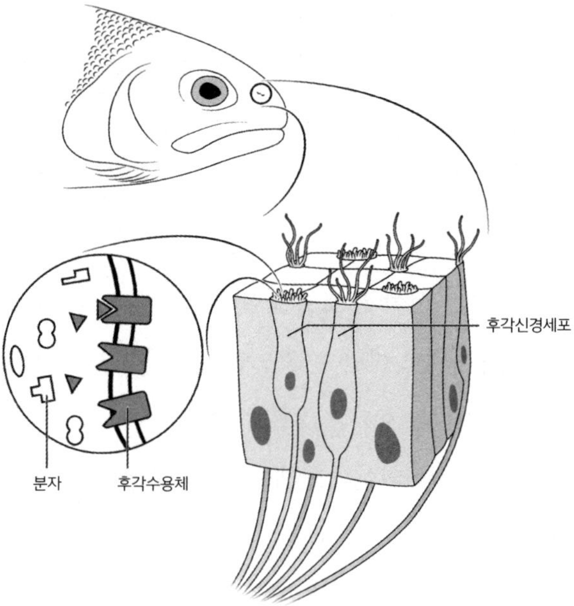

그림 7.1 척추동물의 콧속

에 지각의 감옥에 갇혀 있었다.

당신이 접시가 너무 뜨겁거나 바늘이 너무 뾰족하다고 느꼈다면 초기 좌우대칭동물처럼 개별 신경세포가 활성화되어 세상의 속성을 인식한 것이다. 하지만 당신이 냄새, 얼굴, 소리 등을 알아봤다면 초기 좌우대칭동물의 능력을 뛰어넘는 방식으로 세상을 인식한 것이다. 이는 나중에 초기 척추동물에 이르러서야 등장한 기술이다.

모든 척추동물은 신경세포의 패턴을 해독해서 사물을 알아본다. 이 능력이 동물의 지각 범위를 극적으로 확장시켰다. 50가지밖에 안 되는 후각신경세포로 구성된 작은 모자이크 안에 서로 다른 패턴으로 구성된 하나의 우주가 있다. 이 50가지 세포로 표현할 수 있는 패턴은 100조 개가 넘는다.[2]

초기 좌우대칭동물이 세상의 사물을 인식한 방법	초기 척추동물이 세상의 사물을 인식한 방법
단일 신경세포가 특정 대상을 감지한다.	뇌가 활성화된 신경세포들의 패턴을 해독해서 특정 대상을 감지한다.
소수의 사물을 알아볼 수 있다.	다수의 사물을 알아볼 수 있다.
새로운 사물을 알아보려면 진화적으로 변화해야만 한다(새로운 감각장치 필요).	진화적 변화 없이도 새로운 패턴을 학습해 새로운 사물을 알아볼 수 있다.

패턴인식은 어려운 일이다. 오늘날 살아 있는 많은 동물은 또다시 5억 년 정도의 진화를 거쳤는데도 이런 능력을 얻지 못했다. 오늘날의 선충과 편형동물이 패턴인식을 한다는 증거는 찾을 수 없다.

척추동물의 뇌가 패턴인식의 문제를 해결하려 할 때는 계산과 관련해서 두 가지 난제가 있다.

그림 7.2에 세 가지 가상의 냄새 패턴 사례가 있다. 하나는 위험한 포식자, 하나는 맛있는 음식, 하나는 매력적인 짝이다. 이 그림만 봐도 패턴인식이 왜 쉽지 않은지 알 수 있을 것이다. 이 패턴들은 서로 의미가 다른데도 겹치는 부분이 있다. 그런데 어떤 것은 탈출 반응을 촉발해야 하고 어떤 것은 접근 반응을 촉발해야 한다. 이것이 패턴인식의 첫 번째 문제인 식별 문제discrimination problem다. 이 문제의 핵심은 서로 겹치는 패턴을 별개의 것으로 구분하는 방법이다.

물고기가 새로운 포식자의 냄새를 맡고 처음 공포를 느끼면 그 특정한 냄새 패턴을 기억하게 된다. 하지만 물고기가 다음에 똑같은 포식자의 냄새를 맡더라도 완전히 동일한 후각신경세포 패턴을 활성화하지는 않을 것이다. 분자의 균형은 절대 똑같을 수 없다. 새로운 절지동물의 나이, 성별, 식습관 등 많은 부분이 그 냄새를 살짝 바꾼다. 심지어 주변 환경의 배경냄새가 달라서 조금 다른 냄새로 느낄 수도 있다. 이런 미세한 교란이 작용한 결과 다음

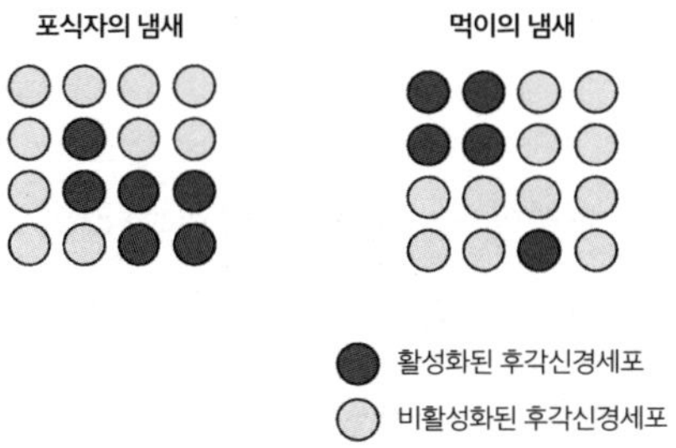

그림 7.2 식별 문제

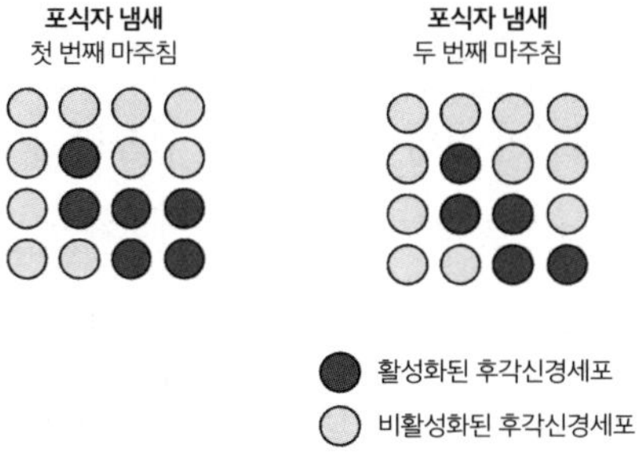

그림 7.3 일반화 문제

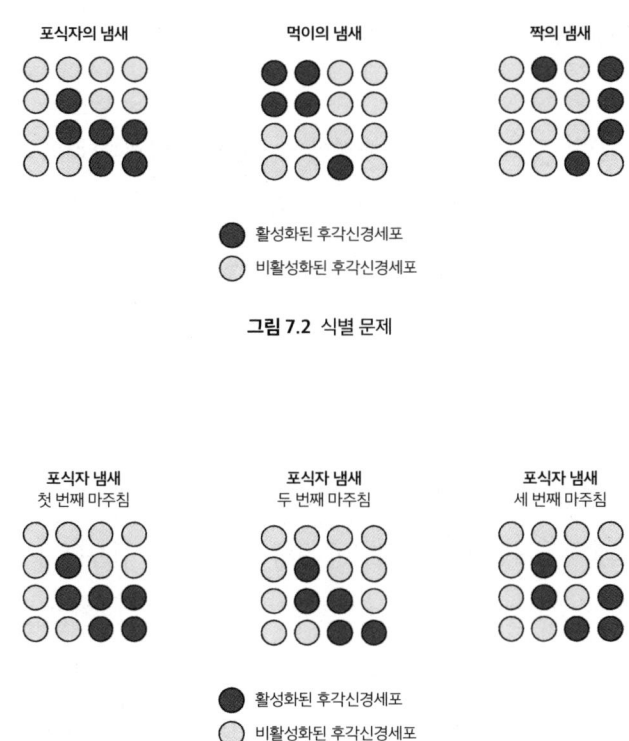

에 그 포식자를 만났을 때는 냄새가 유사하기는 해도 동일하지는 않을 것이다. 그 포식자의 냄새를 다음에 다시 마주쳤을 때 활성화되는 후각신경세포 패턴의 세 가지 사례가 그림 7.3에 있다. 이것이 패턴인식의 두 번째 문제, 곧 기존의 패턴을 어떻게 일반화해서 비슷하지만 똑같지는 않은 새로운 패턴을 알아차릴 것인가라는 일반화 문제generalization problem다.[3]

컴퓨터가 패턴을 인식하는 방법

아이폰은 안면인식으로 잠금을 해제할 수 있다. 이렇게 하려면 스마트폰이 일반화 문제와 식별 문제를 해결해야 한다. 얼굴마다 서로 겹치는 특징이 있지만 당신의 아이폰은 당신의 얼굴과 다른 사람 얼굴을 구분할 수 있어야 한다(식별 문제). 동시에 그늘, 각도, 머리카락 등으로 인한 변화가 있어도 당신의 얼굴을 알아봐야 한다(일반화 문제). 현대의 AI 시스템은 패턴인식의 이 두 가지 문제를 성공적으로 해결한 듯하다. 어떻게 해결한 것일까?

표준 접근방식은 다음과 같다. 그림 7.4 같은 인공신경망을 만든다. 한쪽으로 입력 패턴을 제공하면 이 패턴이 신경세포의 층을 관통하며 이동하다가 인공신경망 반대쪽에서 출력 패턴으로 바뀌어 나온다. 신경세포 간 연결마다 부여되는 가중치를 조절하면 인공신경망이 입력 정보를 대상으로 다양한 연산을 수행하게 만들 수 있다. 이때 가중치를 알맞게 편집한다면 알고리즘이 입력 패턴을 취해서 인공신경망 끝부분에서는 그 패턴을 알아보게 할 수 있다. 가중치를 이런 식으로 편집하면 얼굴을 알아보고, 다른 식으로 편집하면

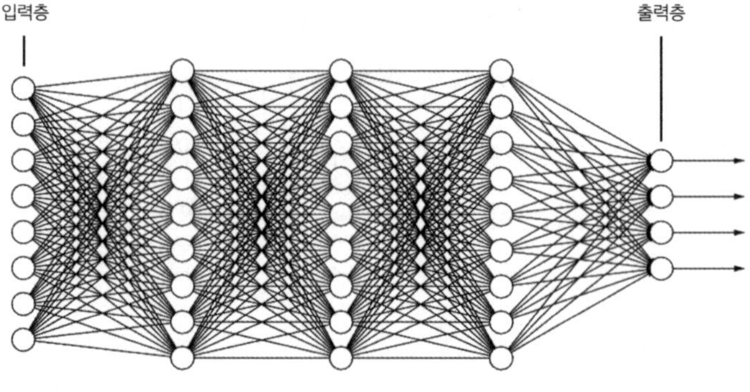

그림 7.4 인공신경망

냄새를 알아보는 것이다. 단 인공신경망에게 올바른 가중치를 학습시키는 과정이 어렵다. 이를 해내는 최신 메커니즘은 1980년대에 제프리 힌턴, 데이비드 루멜하트David Rumelhart, 로널드 윌리엄스Ronald Williams가 대중화한 방법이다.

이들이 고안한 방식은 다음과 같다. 인공신경망에게 달걀 냄새와 꽃 냄새를 분류하는 법을 훈련시키기 위해 냄새 패턴을 한 보따리 준다. 그와 동시에 인공신경망에게 각각의 패턴이 달걀에서 나온 것인지, 꽃에서 나온 것인지 알려준다(인공신경망 끝의 특정 신경세포의 활성화로 측정). 다시 말해 인공신경망에게 정답을 알려주는 것이다. 그다음 실제 출력되기를 원하는 출력과 비교해서, 실제 출력이 원하는 출력에 더 가까워지는 방향으로 인공신경망의 가중치를 조금씩 조정한다. 이런 과정을 여러 번(수백만 번) 진행하면 인공신경망은 결국 정확하게 패턴을 인식하는 법을 배우고 달걀 냄새와 꽃 냄새를 식별할 수 있다. 이런 학습 메커니즘을 역전파backpropagation라고 한다. 마지막 단계에서 오류를 인공신경망 전체로 다시 전파해 각각의 시냅스가 정확히 얼마나 오류에 기여하는지 계산한 다음 그에 따라 시냅스를 조정하는 방법이다.

정답과 함께 사례를 제공해서 인공신경망을 훈련시키는 이런 학습 유형을 지도학습supervised learning(사람이 인공신경망에 정답을 제공해 학습 과정을 지도)이라고 부른다. 이보다 더 복잡한 지도학습 방법이 많지만 원리는 같다. 정답을 제공하면 인공신경망이 충분히 정확하게 입력 패턴을 분류할 때까지 역전파를 이용해 가중치를 업데이트하면서 조종한다. 이런 설계가 전반적으로 잘 작동한다는 사실이 입증되었기 때문에 현재는 이미지 인식, 자연언어 처리, 음성 인식, 자율주행차에까지 적용하고 있다.

하지만 역전파 방식의 발명자 중 한 명인 제프리 힌턴조차 자신의 창조물이 효과적이기는 하지만 다음과 같은 이유 때문에 뇌의 실제 작동방식을 설명할 모델로는 적절치 않다는 것을 깨달았다. 첫째, 뇌는 지도학습을 하지 않는다. 사람이 이 냄새는 달걀 냄새고 저 냄새는 딸기 냄새라고 배울 때 그 냄새의 이름이 적힌 레이블을 받지는 않는다. 아이들은 달걀과 딸기라는 단어를 배우기도 전에 이 두 냄새가 서로 다르다는 것을 분명히 인식한다. 둘째, 역전파는 생물학적으로 일어날 수 없다. 역전파는 수백만 개의 시냅스를 동시에 그리고 신경망의 출력을 올바른 방향으로 정확한 양만큼 조정하는 마술 같은 방식으로 작동한다. 뇌가 어떻게 이렇게 작동할 수 있는지는 상상하기도 힘들다. 그렇다면 뇌는 어떻게 패턴을 인식하는 것일까?

패턴인식을 목적으로 설계된 최초의 신경세포

어류의 후각신경세포는 자신의 출력을 겉질이라는 뇌의 상부 구조로 보낸다. 칠성장어나 파충류 같은 단순한 척추동물의 겉질은 3층의 신경세포이며[4] 얇은 판처럼 구성되어 있다.

최초의 겉질에서 새로운 형태의 신경세포인 피라미드 신경세포pyramidal neuron가 진화했다. 피라미드 모양으로 생겼다고 해서 붙여진 이름이다. 피라미드 신경세포에는 수백 개의 가지돌기가 있어서 수천 개의 시냅스로부터 입력을 받는다. 이것이 패턴인식을 목적으로 설계된 최초의 신경세포다.

후각신경세포는 자신의 신호를 겉질의 피라미드 신경세포로 보낸다. 겉질로 들어가는 후각 입력 네트워크에는 두 가지 흥미로운 속성이 있다. 첫째, 넓은 범위의 차원 확장dimensional expansion이 일어나 소수의 후각신경세포가 훨씬 많은 겉질신경세포와 연결된다. 둘째, 희소 연결sparse connectivity이 이뤄진다.

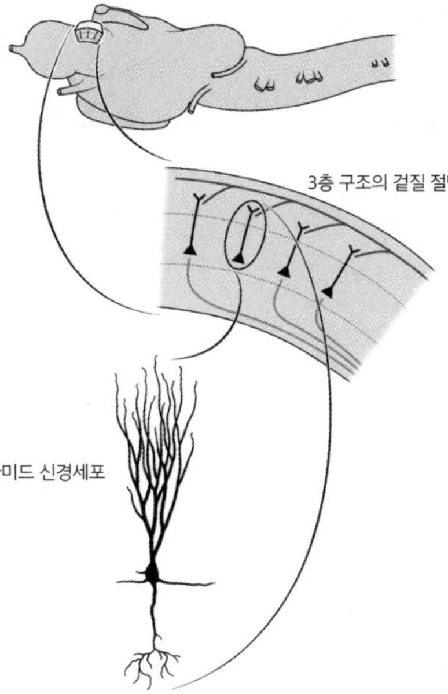

그림 7.5 초기 척추동물의 겉질

곧 후각신경세포 하나는 겉질신경세포의 한 부분집합에만 연결된다. 별 의미 없어 보이는 배선의 이 두 가지 특성이 식별 문제를 해결한다.

그림 7.6에서 확장성과 희소성(확장 재부호화expansion recoding)이 식별 문제를 어떻게 해결하는지 직관적으로 이해할 수 있다. 포식자 냄새와 먹이 냄새의 패턴은 서로 겹치더라도 활성화된 모든 신경세포로부터 입력을 받는 겉질신경세포가 다르다. 그래서 입력 정보가 겹쳐도 겉질에서 활성화되는 패턴이 달라진다. 이런 연산을 패턴분리pattern separation, 비상관화decorrelation, 직교화orthogonalization라고도 한다.

신경과학자들은 겉질이 어떻게 일반화 문제를 해결하는지에 관한 단서도 발견했다. 겉질의 피라미드 신경세포는 자기 자신에게 축삭돌기를 투사

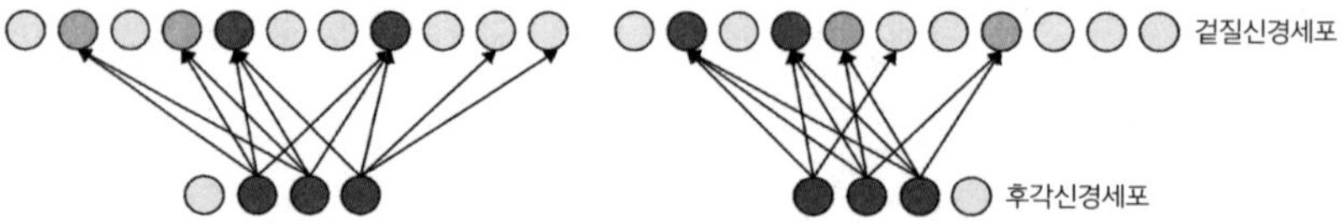

그림 7.6 확장성과 희소성이 식별 문제를 해결한다.

해서 주변에 있는 다른 피라미드 신경세포 수백, 수천 개와 시냅스를 이룬다. 이는 냄새 패턴이 피라미드 신경세포에 어떤 패턴을 활성화시키면, 그 세포 조합이 헵 가소성Hebbian plasticity을 통해 자동적으로 연결된다는 의미다.[5] 그러고 나서 한 패턴이 등장했을 때 그 패턴이 불완전하더라도 겉질에서 온전한 패턴을 다시 활성화할 수 있다. 이 기술을 겉질신경세포들이 연합하는 법을 자동으로 학습한다고 해서 '자동연합auto-association'이라고 한다.

자동연합은 척추동물의 기억과 컴퓨터의 기억에서 중요한 차이를 보여준다. 자동연합을 통해 척추동물의 뇌가 내용 주소화 기억장치content-addressable memory, CAM를 사용한다는 뜻이다. 이는 경험의 부분집합을 이용해 원래의 패턴을 다시 활성화함으로써 기억을 회상하는 방식을 말한다. 당신은 예전에 들어본 이야기의 도입부를 들으면 나머지 이야기를 떠올릴 수 있다. 자동차 그림의 절반을 보면 나머지를 그릴 수 있다. 반면 컴퓨터는 레지스터 주소화 기억장치register-addressable memory, REM를 사용한다. 이는 어떤 기억이 저장된 고유의 메모리 주소가 있어야만 회상할 수 있다. 주소를 잃어버리면 기억도 잃어버린다.

자동연합에 의한 기억은 메모리 주소를 잃어버릴 염려가 없지만 다른 유형의 요인 때문에 간섭을 겪을 수 있다. REM을 이용하는 컴퓨터는 정보가 저장된 장소를 분리해서 새로운 정보가 오래된 정보를 덮어쓰지 않게 한다. 이와는 반대로 CAM을 이용하는 척추동물의 자동연합 정보는 공유하는 신경세포 개체군에 저장되기 때문에 오래된 기억을 실수로 덮어쓸 위험이 있다. 뒤에서 보겠지만 인공신경망을 이용한 패턴인식에서 이것은 대단히 중요한 과제다.

파괴적 망각: 연속학습 문제 2부

1989년에 닐 코언Neal Cohen과 마이클 매클로스키Michael McCloskey는 인공신경망에게 수학을 가르치려 했다.[6] 복잡한 수학이 아니라 그냥 덧셈이었다. 두 사람은 모두 존스홉킨스대학교의 신경과학자였고 인공신경망이 기억을 저장하고 유지하는 방식에 관심이 있었다. 이때는 인공신경망이 주류로 편입되기 전이고, 쓸모가 많다는 사실이 증명되기 전이었다. 이때만 해도 인공신경망은 부족한 기능을 보완하고 보이지 않는 한계를 찾아내기 위해 조사해야 할 대상이었다.

코언과 매클로스키는 수를 신경의 패턴으로 전환한 다음 인공신경망에게 두 개의 수(예를 들어 1과 3)를 입력하면 올바른 수(이 경우에는 4)로 전환해 출력하는 덧셈을 수행하도록 가르쳤다. 이들은 처음에는 인공신경망에게 1을 더하는 법을(1+2, 1+3, 1+4 등) 잘할 때까지 가르쳤다. 그다음에는 2를 더하는 법을(2+1, 2+2, 2+3 등) 잘할 때까지 가르쳤다.

하지만 곧 문제가 생겼다. 인공신경망이 2 더하기를 배우고 나니 1을 더하는 법을 잊어버린 것이다. 코언과 매클로스키가 2를 더하는 법을 가르치기 위해 네트워크로 오류를 역전파해서 가중치를 업데이트하자, 인공신경망이 그냥 1을 더하는 법에 대한 기억을 없애버린 결과였다. 인공신경망은 새로운 과제를 성공적으로 학습하면 그 대가로 기존에 익힌 과제는 잊어버렸다.

코언과 매클로스키는 인공신경망의 이런 속성을 파괴적 망각 문제problem of catastrophic forgetting라고 불렀다. 이 문제는 특별한 경우가 아니라 인공신경망에서 보편적으로 발생하는 치명적인 한계였다. 인공신경망에게 새로운 패턴을 인식하는 법이나 새로운 과제를 수행하는 법을 훈련시키면 기존에 학습했던 패턴이나 과제 수행 방법과 간섭이 일어날 위험이 있는 것이다.

현대의 AI 시스템은 이런 문제를 어떻게 극복하고 있을까? 사실 아직 극복하지 못했다. 프로그래머들은 AI를 학습시킨 후에 그냥 동결시키는 방법으로 이 문제를 피하고 있다. 우리는 AI를 순차적으로 학습시키지 않는다. 모든 것을 한꺼번에 가르친 다음 학습을 중단한다.

얼굴을 인식하고 자동차를 운전하고 방사선 사진에서 암세포를 인식하는 인공신경망은 새로운 것을 경험하면서 연속적으로 학습하지 않는다. 이 책을 인쇄하는 시점을 기준으로 보면 오픈AIOpenAI에서 출시한 유명한 챗봇인 챗GPT조차 수백만 명과 대화하면서 연속적으로 학습하지 않으며 세상에 출시된 순간부터 학습을 중단한다. 이 시스템이 새로운 것을 학습하도록 허락하지 않는 이유는 예전에 학습한 것을 잊어버리거나 틀린 것을 학습할 위험이 있기 때문이다. 그래서 현대의 AI 시스템은 매개변수를 고정하고 시간 속에 동결한다. 이들을 업데이트하려면 사람이 수행성과를 꼼꼼히 감시하면서 모든 작업을 처음부터 새로 훈련시켜야 한다.

물론 우리가 만들고 싶어 하는 사람과 비슷한 AI는 이런 식으로 학습하지 않는다. 〈우주 가족 젯슨〉에 등장하는 자율 로봇 로지는 사람과 대화하면서 학습했다. 로지에게 게임하는 방법을 가르쳐주면 로지는 다른 게임을 하는 법을 잊어버리지 않고도 그 게임을 할 수 있다.

우리는 이제야 연속학습을 어떻게 구현할 수 있을지 탐구하기 시작했지만 동물의 뇌는 아주 오래전부터 그 일을 해왔다.

4장에서 초기의 좌우대칭동물도 연속적으로 학습했음을 살펴봤다. 이들은 매번 새로운 경험을 할 때마다 신경세포들 사이의 연결이 강화되거나 약화된다. 하지만 초기 좌우대칭동물은 파괴적 망각 문제와 마주할 일이 없었다. 애초에 패턴을 학습하지 않았기 때문이다. 오직 개별 감각신경세포를 통해서만 세상의 사물을 인식하면 감각신경세포와 운동신경세포의 연결은 서로를 간섭하지 않고도 강화되거나 약화될 수 있다. 인공신경망이나 척추동물의 겉질처럼 지식이 신경세포의 패턴을 통해 표상될 때만 새로 학습한 내용이 기존의 기억과 간섭을 일으킬 위험이 생긴다.

패턴인식이 진화하자마자 파괴적 망각 문제에 대한 해결책도 함께 진화했다. 사실 어류도 파괴적 망각 문제를 끝내주게 잘 피한다. 물고기에게 작은 탈출구를 통해 그물에서 빠져나가는 법을 훈련시키고 나서 1년 후에 다시 테스트해보자. 긴 시간 동안 물고기의 뇌는 끊임없이 패턴을 입력받으며 새로운 냄새, 장면, 소리를 알아보는 법을 학습했을 것이다. 그리고 꼬박 1년 후에 똑같은 그물에 다시 넣으면 이 물고기는 탈출 방법을 여전히 기억하고 있어서 1년 전과 거의 똑같이 빠르고 정확하게 빠져나갈 것이다.[7]

척추동물의 뇌가 어떻게 작동하는지 설명하는 몇 가지 이론이 있다. 한 이론에서는 패턴분리 능력을 통해 겉질이 파괴적 망각 문제를 피해간다고 주장한다. 겉질에 입력되는 패턴을 분리함으로써 패턴들이 서로 간섭을 일으킬 확률이 내재적으로 낮아진다는 것이다. 또 다른 이론에서는 겉질에서 이뤄지는 학습이 놀라는 순간에만 선별적으로 일어난다고 주장한다. 겉질이 새로

움의 역치를 넘어서는 패턴을 보았을 때만 시냅스의 가중치가 변한다는 것이다. 이렇게 하면 학습이 선별적으로만 일어나기 때문에 기존에 학습된 패턴이 오랫동안 안정적으로 유지될 수 있다. 겉질과 시상은 초기 척추동물의 뇌에서 함께 등장한 구조다. 이 겉질과 시상 사이의 회로가, 시상을 통해 입력되는 감각 데이터와 겉질에 표상된 패턴 사이에서 항상 새로움의 수준을 측정하고 있다는 증거가 있다. 데이터와 패턴이 일치하면 학습이 일어나지 않는다. 입력되는 잡음이 기존 학습 패턴과 간섭을 일으키지 않기 때문이다. 하지만 일치하지 않으면, 곧 입력되는 패턴이 충분히 새로운 경우에는 신경전달물질이 분비된다. 그러면 이것이 겉질 속 시냅스 연결을 변화시켜 새로운 패턴을 학습하게 된다.[8]

어류, 파충류, 양서류처럼 단순한 척추동물의 뇌가 어떻게 이 어려운 파괴적 망각 문제를 극복할 수 있는지 아직은 정확하게 이해하지 못하고 있다. 하지만 다음에 물고기를 만나면 연골로 이뤄진 그 작은 머릿속에 해답이 들어 있다는 사실을 명심하자.

불변성 문제

그림 7.7의 두 물체를 보자.

각 물체를 바라보고 있으면 눈 뒤쪽에서 신경세포의 특정 패턴에 불이 켜진다. 눈 뒤쪽에 자리 잡은 0.5밀리미터 두께의 얇은 망막retina에는 다섯 가지의 신경세포가 1억 개 넘게 있다. 망막 속 각각의 부위는 시야visual field의 서로 다른 위치에서 입력을 받아들이고, 각각의 신경세포는 서로 다른 색과 대

그림 7.7

조에 민감하게 반응한다. 당신이 각각의 사물을 바라보고 있으면 신경세포의 고유한 패턴이 조화롭게 스파이크를 일으킨다. 뭔가를 볼 수 있는 능력은 이런 시각적 패턴을 알아볼 수 있느냐에 달려 있다.

망막에서 활성화된 신경세포는 그 신호를 시상으로 보내고, 시상은 다시 이 신호를 겉질에서 시각 입력을 처리하는 부위(시각겉질visual cortex)로 보낸다. 시각겉질은 후각겉질olfactory cortex이 냄새 패턴을 해독하고 기억하는 것과 같은 방식으로 시각 패턴을 해독하고 기억한다. 하지만 시각과 후각의 유사성은 이것뿐이다.

다음 페이지의 그림 7.8을 보자. 앞에서 나왔던 도형과 같은지 알아보겠는가? 그림 7.8에 나와 있는 물체와 그림 7.7에 나온 물체가 당연히 같아 보이겠지만 사실 이것은 엄청나게 놀라운 일이다. 어디에 초점을 맞추느냐에 따라 망막에서 활성화되는 신경세포가 전혀 겹치지 않을 수도 있다. 단 하나의 신경세포도 공유되지 않는데 당신은 두 도형이 동일한 사물임을 알아볼 수 있는 것이다.

달걀 냄새로 활성화되는 후각신경세포의 패턴은 달걀이 놓인 방향, 거리, 위치와 상관없이 모두 동일하다. 동일한 분자가 공기를 타고 확산되어 동

그림 7.8

일한 후각신경세포를 활성화한다. 하지만 시각 같은 감각은 상황이 다르다. 동일한 시각적 대상이라도 시야 속 방향, 거리, 위치에 따라 활성화되는 패턴이 달라질 수 있다. 이것이 불변성 문제invariance problem를 만들어낸다. 입력 정보가 크게 바뀌어도 동일한 패턴으로 인식할 수 있는 능력이 필요해진다.

겉질에서 이뤄지는 자동연합에 관해 앞에서 살펴본 내용 가운데 뇌가 이런 문제를 전혀 어렵지 않게 해결할 수 있는 이유를 만족스럽게 설명할 수 있는 것은 없다. 앞에서 설명했던 자동연합 인공신경망의 경우 완전히 다른 각도에서 본 적이 없는 물체는 알아보지 못하고 다른 물체로 취급할 것이다. 입력 신경세포가 완전히 다르기 때문이다.

이는 시각만의 문제가 아니다. 같은 단어를 아이는 고음으로, 어른은 저음으로 말해도 당신은 그 둘을 같은 단어로 알아듣는다. 불변성 문제를 해결한 것이다. 소리의 높이가 완전히 다르기 때문에 속귀에서 활성화되는 신경세포가 완전히 다른데도 당신은 그 둘이 같은 단어임을 알 수 있다. 입력되는 감각 정보가 다르지만 당신의 뇌는 그 안에 들어 있는 공통 패턴을 용케 파악하는 것이다.

코언과 매클로스키가 파괴적 망각 문제를 발견하기 수십 년 전이었던 1958년, 마찬가지로 존스홉킨스대학교의 또 다른 신경과학자 연구진이 패턴인식의 다른 측면에 대해 탐구하고 있었다. 데이비드 허블David Hubel과 토르스텐 비셀Torsten Wiesel은 고양이의 겉질을 마취하고 전극을 연결한 다음 고양이에게 서로 다른 시각적 자극을 제시하며 신경세포의 활성을 기록했다.[9] 이들은 점, 선과 다양한 도형을 고양이의 시야에서 서로 다른 위치에 제시해 겉질이 시각 입력을 어떻게 부호화하는지 알고 싶었다.

고양이, 쥐, 원숭이, 사람 등 포유류의 뇌에서 눈으로부터 1차로 입력받는 겉질 부위를 V1(첫 번째 시야)이라고 부른다. 허블과 비셀은 V1에 있는 개별 신경세포들이 놀라울 만큼 선별적으로 반응한다는 것을 발견했다. 어떤 신경세포는 고양이의 시야 중 특정 위치에서 나타난 수직선에만 활성화됐다. 어떤 신경세포는 다른 위치에서 제시된 수평선에만 활성화됐다. 어떤 신경세포는 또 다른 위치에서 제시된 45도 각도의 선에만 활성화됐다. V1의 표면 전체가 고양이의 전체 시야를 지도로 구성하고, 개별 신경세포는 각각의 위치에서 특정 방향의 선에만 선별적으로 반응했다.

V1은 시각 입력의 복잡한 패턴을 선과 모서리 같은 단순한 특성으로 분해한다. 여기서부터 시각계는 위계구조를 만들어낸다. V1은 근처에 있는 V2라는 겉질 부위로 출력을 보낸다. 그러면 V2는 다시 V4라는 영역으로 정보를 보내고 V4는 다시 IT라는 영역으로 정보를 보낸다.

겉질의 위계구조에서 높은 수준으로 올라갈수록 신경세포들이 점점 더 시각 자극의 정교한 특성에 민감해진다. V1의 신경세포들은 주로 기본적인 모서리나 선에 활성화되는 데 반해, V2와 V4의 신경세포들은 더 복잡한 모양과 사물에 민감해지고 IT의 신경세포들은 특정 얼굴처럼 복잡한 사물 전체에 민감해진다. V1의 신경세포는 시야의 특정 영역에서 들어온 입력에만 반응하지만, IT의 신경세포는 눈의 전체 영역에서 사물을 감지할 수 있다. V1은

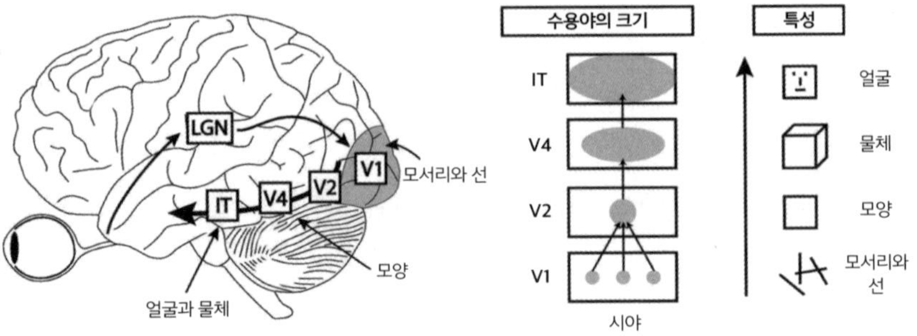

그림 7.9[10]

그림을 단순한 특성으로 분해하는 데 반해, 위계구조에서 위쪽으로 올라갈수록 시각정보가 다시 전체 사물로 조합된다.

허블과 비셀의 초기 연구가 이뤄진 뒤 20년이 넘게 지난 1970년대 말에 후쿠시마 구니히코福島邦彦라는 컴퓨터과학자가 그림 속 물체를 알아보는 컴퓨터를 만들려 애쓰고 있었다. 하지만 아무리 노력해도 이 장의 앞부분에서 설명한 것처럼 그런 일을 해내는 표준 인공신경망을 만들 수 없었다. 물체의 위치, 방향, 크기가 조금만 바뀌어도 완전히 다른 신경세포 군집이 활성화됐기 때문에 인공신경망은 동일한 물체의 서로 다른 패턴을 일반화하지 못하고 먹통이 되고 말았다. 여기 있던 정사각형을 저기로 옮겨 놓으면 인공신경망은 엉뚱하게도 완전히 다른 것으로 인식했다. 후쿠시마는 불변성 문제에 부딪힌 것이었다. 그리고 뇌는 어떻게든 이 문제를 해결했음을 알고 있었다.

후쿠시마는 앞선 4년 동안 몇몇 신경생리학자와 함께 일하면서 허블과 비셀의 연구에 대해 익히 알고 있었다. 허블과 비셀은 두 가지를 발견했다. 첫째, 포유류의 시각 처리는 위계구조를 갖추고 있어서 낮은 수준에서는 수용야receptive field*가 좁아지고 더 단순한 특성을, 높은 수준으로 갈수록 수용야가 넓어지고 더 복잡한 물체를 알아본다. 둘째, 위계구조에서 같은 수준에 속한 신경세포들은 서로 반응하는 위치만 다를 뿐 비슷한 특성에 반응한다. 예를 들어 V1의 한 영역은 한 위치에서 선을 찾고 다른 영역은 또 다른 위치에서 선을 찾지만, 이들이 찾는 것은 모두 선으로 동일하다.

후쿠시마는 이 두 가지 발견이 뇌가 불변성 문제를 어떻게 해결했는지 보여주는 단서일 것이라고 직감했다. 그는 허블과 비셀이 발견한 두 발견을 포착하기 위해 설계된 새로운 인공신경망 구조를 발명했다.[11] 그의 구조는 그림 하나를 완전히 연결된 인공신경망에 던져 넣는 표준 접근방식에서 벗어났다. 그의 구조는 V1에서 하는 것처럼 먼저 입력된 그림을 분해해서 여러 가지 특성의 지도를 만들었다. 각각의 특성 지도는 입력된 그림에 포함된 수직선, 수평선 등의 특성이 어디에 위치하는지 격자를 통해 표시했다. 이 과정을 합성곱convolution이라고 한다. 그래서 후쿠시마가 발명한 인공신경망에 '합성곱 신경망convolutional neural network'이라는 이름이 붙었다.[12]

지도를 통해 어떤 특성을 확인하고 나면 그 결과를 압축해서 또 다른 특성 지도의 집합으로 전달한다. 그러면 이 지도 집합은 선과 모서리를 융합해 더 복잡한 대상을 만들어내고 더 넓은 그림 영역에서 더 높은 수준의 특성들을 결합할 수 있다. 이 모든 것은 포유류 뇌의 겉질에서 이뤄지는 시각 처리 과정과 비슷하게 작동하도록 설계됐다. 그리고 놀랍게도 실제로 작동했다.

자율주행차부터 방사선 사진에서 암 세포를 인식하는 알고리즘까지 컴퓨터 시각을 이용하는 현대의 AI 시스템은 대부분 후쿠시마의 합성곱 신경망

* 하나의 감각신경세포가 자극에 반응할 수 있는 신체나 공간의 특정 영역을 말한다.-옮긴이

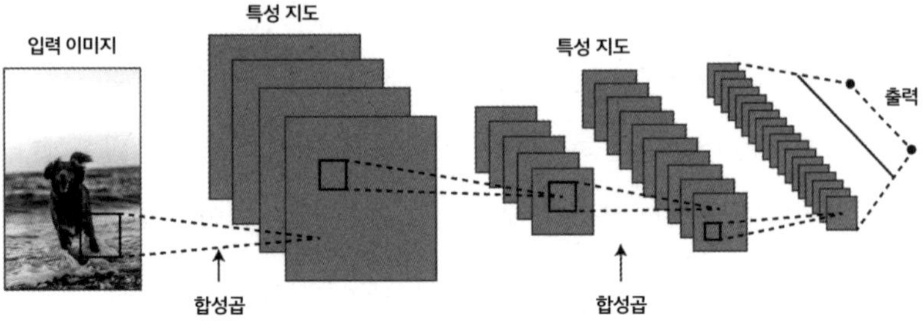

그림 7.10 합성곱 신경망

을 이용한다. AI가 이제 눈을 뜬 것이다. 이 재능을 갖게 된 과정을 추적해보면 그 출발점은 50년 전에 이뤄진 고양이 신경세포 연구다.

후쿠시마의 합성곱 신경망이 뛰어난 이유는 영리하게 '귀납적 편향inductive bias'을 도입했기 때문이다. 귀납적 편향이란 설계 방식을 통해 AI 시스템이 만들어내는 가정을 말한다. 합성곱 신경망은 한 장소에서 주어진 특성은 장소가 달라져도 동일한 특성으로 취급해야 한다는 이동 불변성translational invariance을 가정하고 설계됐다. 이는 우리의 시각적 세상에서 확고하게 일어나는 사실이다. 어떤 사물은 달라지지 않고도 장소를 달리해서 동일한 대상으로 존재할 수 있다. 임의의 인공신경망에게 이전 시각적 세상을 학습시키려면 너무 많은 시간과 데이터가 필요하기 때문에 후쿠시마는 이 규칙을 네트워크의 구조 속에 직접 부호화했다.

합성곱 신경망은 뇌에서 영감을 받았지만 뇌의 시각패턴 인식 방식을 모방했다고 하기에는 사실 빈약하다. 첫째, 시각 처리는 처음에 생각했던 것처럼 위계구조가 강하지 않아서 입력이 한 수준을 건너뛰고 여러 수준으로 동시에 가지치기를 하는 경우가 많다. 둘째, 합성곱 신경망은 이동translation의 제약이 있으며 본질적으로 3차원 물체의 회전을 이해하지 못한다. 그래서 회전된 물체를 알아보는 능력은 좋지 않다.[13] 셋째, 현대의 합성곱 신경망은 여전히 지도학습과 역전파를 바탕으로 여러 연결을 마법처럼 동시에 업데이트하는 방식을 사용한다. 하지만 겉질은 지도학습이나 역전파 없이도 사물을 잘 인식하는 것으로 보인다. 넷째, 결정적으로 합성곱 신경망은 어류의 단순한 시각겉질보다 훨씬 복잡한 포유류의 시각겉질에서 영감을 받았다. 하지만 포유류 겉질의 뚜렷한 위계구조나 다른 부가기능을 갖추지 못한 어류의 뇌도 불변성 문제를 거뜬히 해결한다.

2022년에 로체스터공과대학교의 비교심리학자 캐럴라인 들롱Caroline DeLong은 금붕어에게 사진을 건드리면 먹이를 얻을 수 있게 훈련시켰다.[14] 그녀는 금붕어에게 사진 두 장을 제시하고 그중에서 금붕어가 개구리 사진을 건드릴 때마다 먹이를 주었다. 금붕어는 사진이 제시될 때마다 개구리 사진으로 헤엄치는 법을 곧바로 배웠다. 여기서 들롱은 사진을 바꿨다. 같은 개구리지만 금붕어가 한 번도 본 적이 없는 다른 각도에서 촬영한 사진을 제시한 것이다. 금붕어가 똑같은 개구리를 각도만 달라져도 알아보지 못한다면 이것을 다른 사진으로 취급할 것이다. 그런데 놀랍게도 금붕어는 새로운 개구리 사진을 향해 곧장 헤엄쳐 갔다. 당신이 몇 페이지 앞에 나온 3차원 물체를 알아본 것처럼 금붕어도 새로운 각도로 촬영한 개구리를 바로 알아본 것이다.

어류의 뇌가 어떻게 이렇게 인식할 수 있는지는 아직 이해하지 못하고 있다. 자동연합이 겉질의 패턴인식 작동방식의 원리를 일부 설명해주지만 어류의 겉질도 그보다 훨씬 정교한 일을 하는 것이 분명하다. 어떤 사람은 척추동물의 뇌가 불변성 문제를 해결하는 능력은 포유류의 독특한 겉질 구조 덕분에 생기는 것이 아니라, 최초의 척추동물 이후로 계속 존재해온 겉질과 시상의 복잡한 상호작용에서 나오는 것이라고 주장한다. 어쩌면 뇌 중앙에 자리 잡은 공 모양 구조인 시상이 3차원 칠판처럼 작동하는지도 모른다. 그래서 겉질이 초기 감각 정보를 제공하면 시상이 똑똑하게 감각 정보를 겉질의 다른 영역들로 한 바퀴 돌리면서 2차원 입력 정보를 토대로 온전한 3차원 대상을 만들어내는지도 모른다. 이것이 회전한 물체와 이동한 물체를 유연하게 알아보는 원리일 수도 있다.[15]

어쩌면 합성곱 신경망에서 얻어야 할 교훈은 이동 불변성처럼 인공신경망에서 모방하려는 특정 가정의 성공 여부가 아니라 그 가정 자체가 성공했다는 사실인지도 모른다. 사실 합성곱 신경망은 뇌의 작동방식을 정확하게 담아낸다기보다는 좋은 귀납적 편향의 힘이 무엇인지 보여주는 것일 수도 있다. 패턴인식에서 학습을 신속하고 효율적이게 만든 것은 좋은 가정이다. 척추동물의 겉질에는 분명 이런 귀납적 편향이 있다. 다만 그것이 무엇인지 우리가 아직 모를 뿐이다.

어떤 면에서는 작은 물고기의 뇌가 우리가 갖고 있는 최고의 컴퓨터 시각 시스템을 능가한다. 합성곱 신경망이 회전과 3차원 물체의 변화를 이해하려면 막대한 양의 정보가 필요하지만, 물고기는 3차원 물체를 새로운 각도에서 보여줘도 단번에 알아보는 것 같다.

진화는 원래 특정 사물을 감지하는 새로운 감각신경세포를 만들어 동물을 무장시키는 방식으로 일을 했다. 하지만 캄브리아기 약육강식의 군비경쟁을 거치는 과정에서 무엇이든 알아볼 수 있는 범용 메커니즘으로 무장시키는 새로운 방식으로 전환했다. 이런 새로운 패턴인식 능력과 함께 척추동물 감각기관의 복잡성은 폭발적으로 증가했고, 신속하게 오늘날의 형태로 꽃을 피웠다. 화학물질을 감지하기 위해 코가 진화하고, 소리의 진동수를 감지하기 위해 속귀가 진화했으며, 빛을 감지하기 위해 눈이 진화했다. 우리에게 익숙한 감각기관과 익숙한 척추동물의 뇌가 공진화coevolution한 것이 과연 우연일까? 이들은 서로의 성장과 복잡성 증가를 촉진했다. 뇌의 패턴인식 능력이 점진적으로 개선될 때마다 더 세밀한 감각기관을 통해 얻는 이점이 늘어났다. 세밀한 감각기관이 점진적으로 개선될 때마다 더 정교한 패턴인식의 이점도 늘어났다.

그런 과정을 거쳐 뇌에서 만들어낸 결과물이 척추동물의 겉질이다. 어찌어찌해서 척추동물의 겉질은 지도학습 없이도 패턴을 인식하고 서로 겹치는 패턴을 정확하게 식별하며 패턴을 일반화해서 새로운 경험에 적용한다. 또한 파괴적 망각으로 고통받지 않으면서 연속적으로 학습을 하고 입력에 큰 변동성이 있을 때도 패턴을 인식한다.

패턴인식과 감각기관이 정교해지면서 강화학습 그 자체와 되먹임고리가 형성됐다. 패턴인식과 강화학습이 동시에 진화한 것 역시 우연이 아니다. 뇌가 세상의 사물에 반응해서 임의의 행동을 배우는 능력을 키우면 세상의 사물을 더 많이 인식해서 얻는 이점도 많아진다. 그리고 뇌가 인식하는 고유의 대상과 장소가 많아질수록 뇌가 학습하는 고유의 행동도 많아진다. 따라서 겉질, 바닥핵, 감각기관이 모두 강화학습이라는 동일한 메커니즘에서 등장해 함께 진화한 것이다.

8.
생명에게 왜 호기심이 생겼을까

TD-개먼이 성공하자 연구자들은 서튼의 시간차학습을 온갖 게임에 적용하기 시작했다. 기존에는 풀 수 없었던 게임들이 하나둘 이 알고리즘을 이용해 성공적으로 격파됐다. 시간차학습 알고리즘은 결국 핀볼Pinball, 스타거너Star Gunner, 로보탱크Robotank, 로드러너Road Runner, 퐁Pong, 스페이스 인베이더Space Invaders 같은 비디오게임에서 인간 수준의 성능을 뛰어넘었다. 하지만 당혹스럽게도 도저히 격파할 수 없는 아타리 게임이 하나 있었다. 몬테수마의 복수Montezuma's Revenge라는 게임이었다.

몬테수마의 복수[1]는 장애물로 가득 찬 방에서 시작한다. 각각의 방향에는 또 다른 방이 있고 그 방들에도 장애물이 있다. 어느 방향으로 가야 옳은지 알려주는 신호나 단서는 없다. 첫 번째 보상은 아주 멀리 떨어진 숨겨진 방에 있는 문에 이르렀을 때 받는다. 이 게임은 이런 점 때문에 강화학습 시스템이 처리하기에 특히나 어려웠다. 첫 번째 보상이 너무 늦게 나오기 때문에 어떤 행동을 강화하거나 처벌해야 하는지 초기에 이끌어줄 단서가 없었던 것이다. 당연히 인간은 이 게임을 무리 없이 한다.

2018년이 되어서야 마침내 몬테수마의 복수 1단계를 통과할 수 있는 알고리즘이 개발됐다. 구글의 딥마인드DeepMind에서 개발한 이 새로운 알고리즘은 서튼의 기존 시간차학습 알고리즘에는 없던 낯익은 요소를 추가해 임무를 완수했다. 바로 호기심curiosity이다.

서튼은 어떤 강화학습 시스템이든 활용–탐색 딜레마exploitation-exploration dilemma를 겪는다는 사실을 알고 있었다. 시행착오 학습이 작동하려면 그 주체가 학습의 재료가 되어줄 시행착오를 많이 겪어야 한다. 곧 보상으로 이어진다고 예측한 활용 행동만으로는 강화학습이 작동할 수 없다는 의미다. 반드시 새로운 행동도 탐색해야 한다.

바꿔 말하면 강화학습에는 서로 반대되는 두 가지 과정이 필요하다. 하나는 기존에 강화된 행동(활용)을 위한 과정이고, 또 하나는 새로운 행동(탐색)을 위한 과정이다. 이 두 선택은 정의상 서로 반대다. 활용은 알려진 보상을 향해 행동을 이끌고, 탐색은 알려지지 않은 보상을 향해 행동을 이끈다.

초기 시간차학습 알고리즘에서는 조잡한 방식으로 이 두 가지를 맞교환했다. AI 시스템은 자발적으로, 예를 들어 전체 행동 중 5퍼센트의 확률로 완전히 무작위 행동을 했다. 다음에 내다봐야 할 수가 제한된 게임에서는 이렇게 해도 문제가 없었다. 하지만 몬테수마의 복수 같은 게임에서는 선택할 수 있는 방향과 장소가 사실상 무한대라서 결과가 형편없었다.

활용–탐색 딜레마를 해결하는 대안이 있기는 하다. 끝내주게 단순하고 놀랍도록 친숙한 방식이다. 바로 AI 시스템에게 호기심을 부여해 새로운 장소를 탐색하거나 새로운 일을 하면 보상을 주고 놀라움 그 자체를 강화하는 방식이다. 새로움이 클수록 그것을 탐색하려는 충동도 강해진다. 몬테수마의 복수 게임을 하는 AI 시스템에게 새로운 것을 탐색하려는 내적 동기를 부여하자 시스템은 완전히 다르게 행동했다. 실제로 인간 플레이어와 비슷하게 행동한 것이다. 시스템은 영역을 탐색하고 새로운 방으로 들어가며 지도 전체로 행동반경을 확장해가려는 동기를 갖게 됐다. 하지만 무작위로 행동하는 것이 아니라 의도적으로 탐색했다. 시스템은 새로운 장소로 가서 새로운 행동을 하고 싶어 했다.

1단계에서 모든 방을 통과할 때까지 아무런 명시적 보상이 없었지만 AI 시스템은 탐색하는 데 어려움이 없었다. 스스로 동기를 부여했기 때문이다. 시스템에게는 그냥 새로운 방을 찾아나서는 것 자체로 가치가 있는 일이었다. 그러자 호기심으로 무장한 시스템은 과제를 해결하기 시작했고, 결국에는 1단계를 통과했다. 강화학습 알고리즘에서 호기심이 중요하게 작용한다는 것은 초기 척추동물의 뇌처럼 강화를 통해 학습하도록 설계된 뇌에 호기심도 함께 있어야 한다는 뜻이다.

실제로 처음 호기심을 갖게 된 존재는 초기 척추동물이었다는 증거가 있다. 어류부터 생쥐, 원숭이, 인간의 유아까지 모든 척추동물에게는 호기심이 있다.[2] 척추동물은 '실질적인' 보상이 없어도 놀라움 자체만으로 도파민 분비가 촉발된다.[3] 하지만 대부분의 무척추동물은 호기심을 보이지 않는다. 곤충이나 문어, 오징어 같은 두족류cephalopod 등 가장 발달한 무척추동물만이 호기심을 나타낸다.[4] 이들의 호기심은 독립적으로 진화한 속성으로, 초기 좌우대칭동물에게는 이런 속성이 없었다.[5]

도박을 호기심 메커니즘의 등장으로 설명할 수 있다. 도박은 척추동물의 행동에서 나타나는 비합리적이고 기이한 행동이다. 도박꾼은 손다이크가 정립한 효과의 법칙을 위반한다. 기대되는 보상이 마이너스일 때도 계속해서 도박으로 돈을 탕진하기 때문이다.

쥐가 도박을 한다는 사실을 처음으로 알아차린 사람은 스키너였다. 쥐로 하여금 먹이가 나오는 레버를 강박적으로 누르게 만드는 최고의 방법은, 누를 때마다 사료를 방출하지 않고 누를 때 무작위로 사료가 방출되게 하는 것이다. 이런 변동 비율 강화variable ratio reinforcement는 쥐를 미치게 만든다. 이들은 한 번만 더 누르면 사료가 나올지도 모른다는 집착에 사로잡힌 듯 끝도 없이 레버를 누른다. 심지어 방출되는 사료의 양이 전체적으로 동일해도 이런 변동 비율 강화는 고정 비율 강화fixed ratio reinforcement보다 훨씬 여러 번 레버를 누르게 만든다. 어류에서도 이런 효과가 나타난다.[6]

실제로 척추동물은 놀라운 일을 경험하면 추가적인 강화 효과를 나타낸다. 우리는 호기심을 유발하기 위해 놀랍고 새로운 것을 통해 강화되도록 진화했고, 이 때문에 새로운 것을 추구하고 탐색하게 된다. 곧 활동에 따른 보상이 부정적이어도 새로운 경험이면 어쨌거나 추구할 가치가 있다는 것이다.

도박은 이런 속성을 활용하기 위해 꼼꼼하게 설계되어 있다. 도박에서는 승리 확률이 0이면 안 된다. 그러면 게임에 참여하지 않을 것이다. 대신 승률을 48퍼센트 정도로 맞춘다. 이런 승률은 승리가 가능할 정도로 충분히 높고, 이겼을 때 놀라움을 느낄 만큼(도파민 분비를 촉진) 충분히 불확실하며 결국 장기적으로는 카지노가 당신의 돈을 모두 가져갈 정도로 충분히 낮다.

페이스북과 인스타그램의 피드도 이런 속성을 활용한다. 스크롤을 넘길 때마다 새로운 게시물이 등장하고, 몇 번 스크롤한 뒤에는 무작위로 흥미로운 뭔가가 등장한다. 도박꾼들이 도박을 끊으려 하고 마약중독자도 마약을 끊고 싶어 하는 것처럼, 당신도 인스타그램을 끊고 싶지만 이 행동은 무의식적으로 강화되기 때문에 멈추기가 점점 더 어려워진다. 도박과 SNS는 5억 년 동안 놀라움을 좋아하도록 진화한 우리의 속성을 해킹해서 적응하기 불리한 특이한 상황을 만들어냈다. 진화를 통해 이에 대응하려면 아직 더 많은 시간이 필요하다.

강화학습이 작동하려면 호기심이 필요하기 때문에 호기심과 강화학습은 함께 진화했다. 패턴을 인식하고 장소를 기억하고 과거의 보상과 처벌을 바탕으로 행동을 유연하게 변화시키는 능력을 발견하면서 최초의 척추동물에게 새로운 기회가 열렸다. 처음으로 학습이 그 자체로 지극히 가치 있는 활동이 된 것이다. 척추동물이 더 많은 패턴을 인식하고 많은 장소를 기억할수록 생존 가능성이 높아졌다. 그리고 더 많은 일을 시도할수록 자신의 행동과 그에 따르는 결과 사이의 올바른 연관성을 학습할 가능성도 높아졌다. 따라서 호기심은 5억 년 전 지금의 어류와 비슷한 조상의 작은 머릿속에서 처음으로 등장했다.

9.
세상을 인식하는 최초의 모델

어둠 속에서 집안을 탐색해본 적이 있는가? 일부러 그럴 일이야 없겠지만 정전이 되었거나 한밤중에 화장실을 찾아가본 적이 있다면 길 찾기가 쉽지 않다고 느꼈을 것이다. 침실에서 나와 복도 끝을 향해 걸어가다 보면 복도의 길이를 잘못 예측하거나 화장실 문의 위치를 착각하기 일쑤다. 발가락을 찧을 수도 있다.

하지만 아무것도 보이지 않는 캄캄한 어둠 속에서도 복도 끝이 어디쯤인지, 미로 같은 집 안에서 자기가 어디쯤 있는지 어느 정도 감을 잡을 수 있다. 한두 걸음 정도는 틀리겠지만 이런 감으로 길을 제법 잘 찾아낸다. 사실 정말로 놀라운 점은 이런 길 찾기가 힘들다는 것이 아니라 애초에 가능하다는 사실이다.

당신이 이렇게 할 수 있는 이유는 뇌가 당신 집의 공간지도를 구축해놓았기 때문이다. 당신의 뇌에는 집에 대한 내적 모델이 있다. 당신이 움직이면 뇌는 스스로 그 지도 안에서 당신의 위치를 업데이트한다. 바깥세상에 대한 내적 모델을 구축하는 이런 능력은 최초의 척추동물 뇌로부터 물려받은 것이다.

어류의 지도

'어둠 속에서 화장실 찾아가기' 같은 실험을 물고기에게 해볼 수 있다. 물론 진짜 화장실을 찾아가는 것은 아니지만 시각의 안내를 받지 않고 위치를 기억하는지 실험을 해보는 것이다. 어항 전체에 동일한 그릇 스물다섯 개를 격자처럼 배열하고 물고기를 한 마리 집어넣는다. 그러고 나서 그릇 중 하나에 먹이를 숨긴다. 물고기는 무작위로 각각의 그릇을 살펴보며 먹이를 우연히 발견할 때까지 어항을 탐색할 것이다. 이제 물고기를 어항에서 꺼내고, 똑같은 그릇에 먹이를 다시 갖다 놓은 다음 물고기를 다시 어항에 집어넣는다. 이렇게 몇 번 하다 보면 물고기는 먹이의 위치를 학습해서 먹이가 있는 그릇으로 바로 헤엄쳐 간다.[1]

처음에 어항의 어느 위치에 그릇을 갖다 놓아도 정확하게 찾아가는 것으로 보아 물고기가 '이 물체가 보이면 항상 좌회전하라'라는 식의 정해진 규칙을 학습하는 것은 아니다. 특정 이미지나 먹이 냄새를 향해 헤엄치라는 정해진 규칙을 학습하는 것도 아니다. 그릇에 먹이를 넣어두지 않아도 물고기는 정확하게 그 그릇으로 돌아간다. 다시 말해 어느 그릇에도 먹이를 넣지 않아 모든 그릇이 똑같다고 해도 물고기는 기존에 먹이가 있던 그릇이 어느 것인지 정확하게 찾아낸다.

기존에 어느 그릇에 먹이가 들어 있었는지 알려줄 단서는 어항의 벽밖에 없었다. 그 벽에는 특정 면을 표시하는 마크가 있었다. 따라서 물고기는 어항 벽에 있는 마크와 그릇의 상대적 위치만으로 올바른 그릇을 찾아낸 것이다. 물고기가 이렇게 할 수 있는 방법은 마음속에 공간지도, 곧 세상에 대한 내적 모델을 구축하는 것뿐이다.

공간지도를 학습하는 능력은 대부분의 척추동물에게 있다. 어류, 파충류, 생쥐, 원숭이, 인간 모두가 이 능력이 있다. 반면 선충 같은 단순한 좌우대칭동물은 공간지도를 학습하는 능력이 없다. 이들은 어떤 사물을 기준으로 다른 사물의 상대적 위치를 기억하지 못한다.[2]

심지어 꿀벌과 개미처럼 발달한 무척추동물에게도 공간 과제 해결 능력이 없다. 다음과 같은 개미 연구를 생각해보자. 개미들이 집에서 먹이로 가는 경로와 먹이에서 집으로 가는 또 다른 경로를 형성하고 있다. 이들은 모은 먹이를 갖고 집으로 돌아온 다음, 더 많은 먹이를 가져오기 위해 빈손으로 다시 집을 떠난다. 당신이 집으로 돌아가는 경로에 있던 개미 한 마리를 집어서 집을 떠나는 경로에 갖다 놓았다고 해보자. 이 개미는 분명 집으로 돌아가고 싶어 하지만, 지금은 둥지에서 멀어지는 경로를 탐색할 때만 와봤던 위치에 있다. 만약 개미에게 공간에 대한 내적 모델이 있었다면 그냥 뒤돌아서서 반대 방향으로 가야 가장 빨리 집으로 갈 수 있다는 사실을 알아챌 것이다. 물고기였다면 그렇게 했을 것이다. 하지만 개미는 'X 신호를 만나면 우회전하라. Y 신호를 만나면 좌회전하라' 같은 정해진 운동만 학습했기 때문에 그냥 성실하게 그 경로를 처음부터 다시 시작할 것이다. 실제로 개미는 경로 전체를 다시 반복한다.[3] 개미는 공간지도를 작성하지 않고 언제, 어디서 어느 쪽으로 방향을 바꾸라는 규칙만을 따라 탐색한다.

인간 내면의 나침반

당신이 직접 해볼 수 있는 실험이 또 하나 있다. 회전의자에 앉아서 눈을 감고 누군가에게 의자를 돌려달라고 하자. 그러고 나서 눈을 뜨기 전에 자기가 방 안 어느 쪽을 향하고 있는지 추측해보자. 놀라울 정도로 정확하게 맞출 것이다. 당신의 뇌는 어떻게 이런 일을 해내는 것일까?

속귀 안쪽 깊숙한 곳에는 액체로 채워진 작은 튜브인 반고리관semicircular canal이 있다. 이 관의 안쪽에는 액체에 떠 있으면서 운동을 감지할 때마다 활성화되는 감각기관이 자리 잡고 있다. 반고리관은 각각 앞쪽, 옆쪽, 위쪽을 향하는 세 개의 고리로 이루어져 있다. 각각의 관에 들어 있는 액체는 당신이 특정 차원에서 움직일 때만 움직인다. 따라서 활성화된 감각세포의 조합이 머리가 움직이는 방향을 신호로 전달한다. 이것이 안뜰감각vestibular sense(전정감각)이라는 고유의 감각을 만들어낸다. 당신이 의자에 앉아 계속 빙글빙글 돌면 어지러운 이유도 감각세포들이 과활성화되고, 도는 행위를 멈추었을 때도 여전히 활성화되어 있어서 돌지 않는데 돌고 있다는 잘못된 신호를 보내기 때문이다.

반고리관은 초기 척추동물에서 진화적으로 기원했고 강화학습, 공간지도 구축 능력과 동일한 시기에 등장했다. 오늘날의 어류도 머릿속에 있는 귀에 똑같은 구조물이 있어서 자기가 언제, 얼마나 많이 움직이는지 확인할 수 있다.

안뜰감각은 공간지도를 구축하는 데 필수 요소다. 동물은 뭔가가 자기를 향해 헤엄쳐 오는지 아니면 자기가 그 뭔가를 향해 헤엄쳐 가는지 구분해야 한다. 양쪽 모두 시각적 단서는 동일하지만(둘 다 물체가 자기와 가까워지는 것

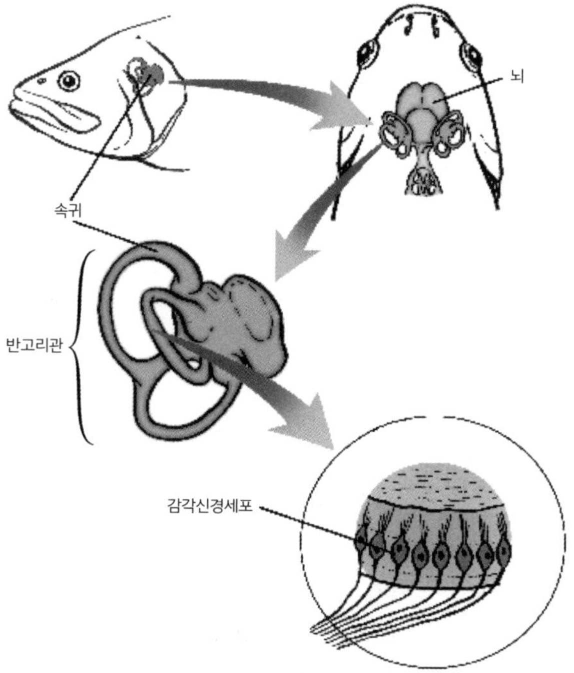

그림 9.1 어류의 안뜰감각은 척추동물 고유의 반고리관에서 나온다.[4]

으로만 보인다), 공간에서 이동한다는 측면에서 보면 두 가지 상황에는 아주 다른 의미가 있다. 안뜰계vestibular system(전정계)는 물고기가 이런 차이를 구분할 수 있게 도와준다. 물고기가 대상을 향해 헤엄치기 시작하면 안뜰계가 그 가속을 감지한다. 반면 대상이 물고기를 향해 다가오기 시작하면 그런 가속이 일어나지 않는다.

어류, 쥐 등 다양한 척추동물의 뒷뇌에는 '머리 방향 감지 신경세포head direction neuron'라는 것이 있다. 동물이 특정 방향을 향하고 있을 때만 발화하는 신경세포다.[5] 이 세포들은 시각 입력과 안뜰 입력을 통합해서 신경 나침반을 만들어낸다. 척추동물의 뇌는 처음 생겨날 때부터 3차원 공간의 모델을 만들고 탐색하도록 진화했다.

하지만 어류의 뒷뇌가 동물 자신의 방향에 대한 나침반을 만든다면 외부 공간의 모델은 어디에 구축되는 것일까? 척추동물의 뇌는 한 사물에 대한 다른 사물의 상대적 위치 정보를 어디에 저장할까?

공간지도를 저장하는 곳

초기 척추동물의 겉질[6]은 세 개의 하위영역, 곧 가쪽겉질lateral cortex, 배쪽겉질ventral cortex, 안쪽겉질medial cortex[7]로 이뤄져 있었다. 가쪽겉질은 초기 척추동물이 냄새를 인식하던 영역이며 나중에 초기 포유류에서 후각겉질로 진화한다. 배쪽겉질은 초기 척추동물이 시각과 소리의 패턴을 학습하던 영역이며 나중에 초기 포유류에서 편도체amygdala로 진화한다. 그리고 뇌의 중앙으로 접혀 들어간 세 번째 영역이 바로 안쪽겉질이다.

안쪽겉질은 나중에 포유류에서 해마hippocampus가 된 영역이다. 물고기가 주변을 탐색하는 동안 해마에 있는 신경세포들을 살펴보면 어떤 신경세포는 물고기가 공간 속 특정 위치에 있을 때만, 어떤 신경세포는 물고기가 어항 경계부에 있을 때만, 어떤 것은 물고기가 특정 방향을 향하고 있을 때만 활성화[8]되는 것을 확인할 수 있다. 시각 신호, 안뜰 신호, 머리 방향 신호가 전달되면 안쪽겉질에서 모두 한데 뒤섞여 공간지도로 전환된다.[9]

실제로 물고기는 해마가 손상되면 단서를 향해 헤엄치거나 단서에서 멀어지는 방향으로 헤엄치는 법은 배울 수 있지만, 장소를 기억하는 능력은 잃어버린다.[10] 이 물고기는 멀리 있는 지형지물을 이용해 미로에서 올바른 회

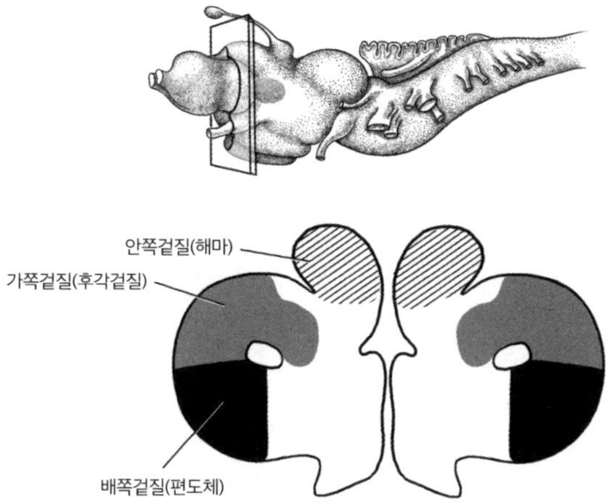

그림 9.2 초기 척추동물의 겉질

전 방향을 알아내는 데 실패하고,[11] 트인 공간에서 특정 장소를 탐색해 먹이를 구하는 데 실패하고,[12] 서로 다른 출발 지점에 놓았을 때 간단한 방에서 탈출하는 방법도 알아내지 못할 것이다.[13]

해마의 기능과 구조는 척추동물의 여러 계통을 거치면서 잘 보존되어왔다. 사람과 쥐의 해마에는 장소세포place cell가 있다. 이것은 동물이 열린 미로의 특정 위치에 도달했을 때 활성화되는 신경세포다. 이 때문에 도마뱀, 쥐, 사람의 해마가 손상되면 공간 탐색 능력과 관련된 장애가 생긴다.[14]

초기 척추동물의 3중 구조 겉질은 분명 단순한 자동연합 수준을 넘어서는 복잡한 계산을 수행했다. 그 덕분에 물체의 크기와 회전 방향이 크게 변화해도 물체를 알아볼 수 있었으며(불변성 문제 해결) 공간에 대한 내적 모델을 구축할 수 있었던 것으로 보인다. 겉질을 통해 회전 방향이 달라져도 사물을 알아보는 능력과 공간을 모델화하는 능력은 서로 연관되어 있다고 추측할 수 있다. 어쩌면 겉질은 대상이 사물이든 공간지도든 3차원을 모델화할 수 있게 조율되어 있는지도 모른다.

초기 척추동물의 뇌에서 공간지도가 진화하면서 수많은 '처음'이 기록됐다. 이것은 수십 억 년 생명의 역사에서 생명체가 자신의 위치를 처음으로 인식한 사건이었다. 이 덕분에 얼마나 많은 이익을 얻었을지 쉽게 예상이 될 것이다. 대부분의 무척추동물은 조종을 통해 주변을 돌아다니며 반사작용을 수행한 반면 초기 척추동물은 절지동물이 잘 숨어 있는 장소, 안전한 곳으로 돌아오는 법, 먹이가 가득한 구석진 장소까지도 기억할 수 있었다. 이는 또한 뇌가 처음으로 자신을 세상과 구분한 사건이었다. 공간지도에서 자신의 위치를 추적하려면 동물은 '나를 향해 헤엄치는 뭔가'와 '내가 뭔가를 향해 헤엄치는 것'의 차이를 구분할 수 있어야 했다.

가장 중요한 점은 뇌가 바깥세상을 표상하는 내적 모델을 처음으로 구축했다는 것이다. 이 모델은 처음에는 아마도 돌아다니기 위해 쓰였을 것이다. 이 모델 덕분에 뇌는 공간 속 임의의 장소를 알아볼 수 있었고, 어떤 출발 지점에서도 주어진 표적 장소로 가는 올바른 방향을 계산할 수 있었다. 그런데 이 내적 모델을 구축하면서 뇌 진화의 다음 혁신을 위한 토대가 마련되었다. 장소를 기억하는 비법으로 시작된 기술이 그보다 훨씬 대단한 것으로 발달하게 된다.

혁신 #2의 요약: 강화

약 5억 년 전 우리 조상들은 지렁이처럼 생긴 단순한 좌우대칭동물에서 물고기처럼 생긴 척추동물로 진화했다. 이 초기 척추동물의 뇌에서 여러 가지 새로운 구조와 능력이 등장했다. 그 대부분은 혁신 #2, 곧 강화학습을 가능하게 했고, 또 그로부터 비롯됐다. 이에 해당하는 능력들은 다음과 같다.

- 도파민이 시간차학습의 신호가 되어 시간적 신뢰 할당 문제를 해결하는 데 도움을 주고, 동물이 시행착오를 통해 학습할 수 있게 했다.
- 행위자-비평가 시스템으로 등장한 바닥핵 덕분에 동물이 미래의 보상을 예측해 도파민 신호를 만들어내고, 이 신호를 이용해서 행동을 강화하고 처벌할 수 있게 됐다.
- 강화학습을 작동시키는 데 필수 요소로 호기심이 등장했다(활용-탐색 딜레마 해결).
- 겉질이 자동연합 신경망으로 등장해 패턴인식을 가능하게 했다.
- 정확하게 타이밍을 지각하게 되면서 동물이 시행착오를 통해 무엇을, 언제 해야 하는지 학습할 수 있게 됐다.
- 해마와 다른 구조가 3차원 공간을 지각하게 되면서 동물이 자기가 어디에 있는지 인식하고 한 사물을 기준으로 다른 사물의 상대적 위치를 기억할 수 있게 됐다.

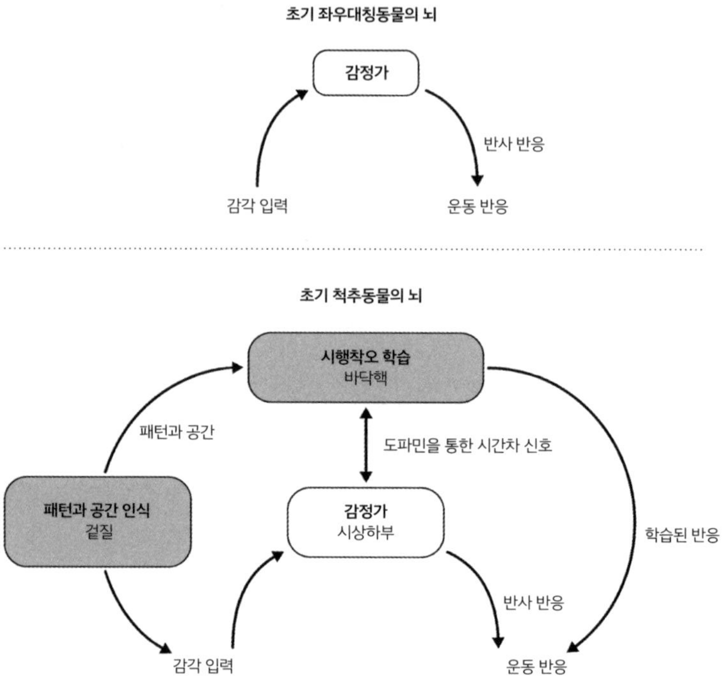

그림 9.3

초기 척추동물의 강화학습이 가능했던 것은 이미 초기 좌우대칭동물에서 진화한 감정가와 연합학습의 메커니즘이 있었기 때문이다. 강화학습은 좋고 나쁨의 단순한 감정가 신호를 바탕으로 부트스트래핑되었다. 척추동물의 뇌는 그보다 앞선 고대 좌우대칭동물의 조종 시스템 위에 구축되었다고 할 수 있다. 조종이 없었다면 무엇을 강화하고 약화할지 판단하는 기준이 될 시행착오의 출발점이 존재하지 않았을 것이다.

조종 능력을 갖춘 좌우대칭동물 덕분에 나중에 등장한 척추동물이 시행착오를 통해 학습하는 것이 가능했다. 더 나아가 척추동물의 시행착오는 그에 뒤따라올 훨씬 더 당혹스럽고 기념비적인 혁신을 가능하게 했다. 초기 포유류는 색다른 시행착오 학습법을 알아냈다. 바로 실행이 아닌 상상imagination을 통해 학습하는 것이다.

혁신 #3

시뮬레이션과 최초의 포유류

2억 년 전 당신의 뇌

10.
신경의 암흑기

4억 2,000만 년 전에서 3억 7,500만 년 전 사이에 바다는 온갖 형태와 크기의 포식성 어류로 점점 더 채워졌다. 오늘날의 상어, 가오리와 닮은 어류도 흔히 보였다. 먹이사슬의 꼭대기는 갑옷처럼 단단한 머리판과 두꺼운 뼈도 으스러뜨리는 이빨이 있는 6미터짜리 어류인 판피류placoderms가 차지했다.

절지동물과 다른 무척추동물은 다양한 생태적 지위로 밀려났다. 일부는 크기가 더 작아졌다. 일부는 두꺼운 껍질을 진화시켰다. 심지어 일부는 초기 척추동물로부터 얻은 단서를 이용해 더 똑똑해지는 방식으로 살아남았다. 오징어와 문어의 선조인 두족류가 바로 이 시기에 등장했다. 두족류는 어류의 대량 사냥에서 살아남아야 한다는 크나큰 압박 속에 우리의 뇌와는 작동방식이 아주 다른 뇌를 가진 독자적인 계통을 따라 놀라울 정도로 똑똑해졌다.

무척추동물의 가장 급진적인 생존 전략은 아예 바다에서 탈출한 것이었다. 가차 없는 포식 활동 때문에 고향에서 쫓겨난 절지동물은 바다에서 나와 육지에 정착한 최초의 동물이 되었다. 이들은 해안가를 따라 듬성듬성 싹을 틔운 이파리 없는 작은 육상식물들 사이에서 숨을 돌렸다.

4억 2,000만 년 전에서 3억 7,500만 년 전 사이를 데본기Devonian period라고 부른다. 바로 이 시기에 육상식물이 햇빛을 더 잘 흡수하기 위해 이파리를, 더 널리 후손을 퍼뜨리기 위해 씨앗을 처음으로 진화시켰다. 이 두 가지 진화 덕분에 식물은 기존에는 살 수 없었던 지역으로 퍼질 수 있었다.[1] 오늘날의 나무와 닮은 식물들이 진화해 처음으로 굵은 뿌리를 내리면서 근처의 절지동물들이 살 수 있는 안정적인 토양이 만들어졌다. 데본기 초기에는 육상식물의 키가 30센티미터를 넘지 못했지만 데본기가 끝날 즈음에는 30미터까지 자랐다.[2] 이때가 돼서야 육상식물이 지구의 지표면 전체로 퍼져나가면서 상공에서 지구가 초록색으로 보이기 시작했다.

절지동물의 삶은 바다에서는 끔찍했지만 육상에서는 천국 같았다. 절지동물은 육지 생활에 필요한 조건들을 충족시킬 새로운 기술을 개발하면서 오늘날의 거미, 곤충과 비슷한 동물로 다양해졌다. 하지만 지금 겪고 있는 기후변화 문제에서 보듯 지구의 생물권은 결코 지속할 수 없는 방식으로 급속히 번성하는 생명체를 용서하지 않는다. 절지동물의 피난처 역할을 하는 작은 오아시스로 시작했던 식물 생명체들이 도를 넘어 번성하면서 전 지구적 멸종을 촉발했고, 결국 절반에 가까운 생명체들이 뿌리째 뽑히고 말았다.

두 번의 대멸종

역사는 반복된다.

약 15억 년 전에는 남세균이 폭발적으로 증가하면서 이산화탄소를 빨아들여 지구를 질식시키고 산소로 오염시켰다. 그로부터 10억 년 후에는 육상 식물이 폭발적으로 증가하면서 그와 비슷한 범죄를 다시 저질렀던 것으로 추측된다.

식물이 내륙으로 진출하는 속도가 너무 빠른 나머지 그만큼 진화를 통해 이산화탄소를 생산하는 동물을 더 많이 만들어내서 이산화탄소의 균형을 다시 맞출 수가 없었다. 결국 이산화탄소 수치는 곤두박질쳤고 그 결과 빙하기가 도래하면서 바닷물이 얼어붙어 점점 생명체가 살 수 없는 환경이 되었다. 이것이 이 시기에 일어난 대멸종인 데본기 말기 멸종Late Devonian Extinction[3]이다. 이 멸종을 일으킨 원인이 무엇인지에 대해서는 논쟁이 벌어지고 있다. 식물의 과도한 번식이 아니라 다른 자연재해가 원인이었다는 주장도 있다. 어쨌든 이 비극이 낳은 얼음 무덤 속에서 우리 조상이 바다로부터 등장했다.

멸종 사건은 생태적 지위가 낮은 생물이 지배적 지위로 발돋움할 기회를 만들어낸다. 데본기 말기 멸종 이전에 우리 조상은 이미 그런 생태적 지위를 찾아냈다. 대부분의 어류는 썰물 때 육지에 갇혀 죽는 위험을 피하려고 해안에서 멀리 떨어진 바다에 머물렀다. 하지만 해안 근처에는 육지에 갇힐 위험이 도사리고 있긴 해도 영양이 풍부한 먹잇감이 있었다. 따뜻한 흙탕물 웅덩이에 작은 곤충과 식물이 가득 차 있었기 때문이다.

우리 조상은 물 밖에서 살아남는 능력을 진화시킨 최초의 어류였다. 이들은 아가미를 확장한 한 쌍의 폐를 진화시켜 물과 공기 모두로부터 산소를 추출할 수 있었다. 그래서 우리 조상은 지느러미를 물속에서는 헤엄치는 용도로, 육지에서는 짧은 거리를 기어다니는 용도로 사용하며 이 웅덩이에서 저 웅덩이로 먹잇감을 찾아다녔다.

데본기 말기 멸종 시기에 바다가 얼기 시작하자 공기로 숨을 쉬며 육지를 걸어 다니던 우리 조상은 살아남은 몇 안 되는 온수성 어류 중 하나가 됐다. 따뜻한 바다에서 먹이 공급이 끊기기 시작하자 우리 조상은 내륙의 물웅덩이에서 보내는 시간이 길어졌다. 이들은 결국 아가미를 잃고(따라서 물속에서 호흡하는 능력도 사라졌다), 물갈퀴 지느러미는 손가락과 발가락이 달린 손과 발로 바뀌었다. 이들은 최초의 '네발동물tetrapod'이 됐으며 그 모습은 도롱뇽 같은 현대의 양서류와 가장 흡사했다.

운이 좋아 지구에서 아직 따뜻한 물웅덩이가 있는 지역에 살며 진화한 네발동물의 한 계통은 이런 생활방식을 수억 년 동안 유지해서 오늘날의 양서류가 됐다. 또 다른 계통은 사라져가는 해안을 떠나서 먹이를 찾아 더 깊숙한 내륙으로 들어갔다. 바로 양막류amniote 계통이다. 이들은 물 밖에서도 살아남을 수 있도록 가죽 같은 껍질이 있는 알을 낳는 능력을 진화시켰다.

최초의 양막류는 아마 오늘날의 도마뱀과 가장 많이 닮았을 것이다. 양막류는 먹이가 풍부한 내륙 생태계를 발견했다. 그곳에는 실컷 먹을 수 있는 곤충과 식물이 사방에 널려 있었다. 데본기 빙하기가 차츰 막을 내리면서 양막류는 지구 구석구석으로 퍼져나가며 다양하게 진화했다. 3억 5,000만 년 전에서 2억 5,000만 년 전까지 지속된 석탄기Carboniferous period와 페름기Permian period에는 육상에서 양막류가 폭발적으로 늘어났다.

육상에서 살아가면서 양막류는 물고기 친척들이 전혀 겪지 못했던 문제에 부딪쳤다. 그중 하나가 요동치는 온도였다. 하루와 계절이 바뀔 때도 바다 깊은 곳에서는 온도의 변화가 적다. 반면 지표면에서는 온도가 급격하게 변하기도 한다. 양막류는 어류와 마찬가지로 냉혈성cold-bloodness이기 때문에 체온을 조절하는 전략은 딱 하나, 더 따뜻한 곳을 찾아 물리적으로 이동하는 방

그림 10.1 최초의 수궁류

법밖에 없었다.

양막류의 계통 중 하나가 파충류다. 파충류는 이후 공룡, 도마뱀, 뱀, 거북이 등으로 다양해진다. 파충류들은 대부분 밤에는 꼼짝하지 않는 것으로 급격한 온도 변화에 대처했다. 온도가 너무 낮아서 근육과 대사가 제대로 기능할 수 없으니 그냥 활동을 멈춰버리는 것이다. 파충류가 삶의 3분의 1을 활동 중단 상태로 보낸다는 사실이 밤에 사냥할 수 있는 생명체에게는 좋은 기회였다. 밤이면 꼼짝하지 못하는 도마뱀들을 마음껏 잡아먹을 수 있었기 때문이다.

양막류의 또 다른 계통이 바로 우리의 조상인 수궁류therapsids다. 수궁류는 당시 파충류와 다른 중요한 한 가지 특성이 있었다. 이들은 온혈성warm-bloodness을 진화시켰다. 수궁류는 에너지를 이용해서 자체적으로 체내에서 열을 발생시키는 능력이 진화한 최초의 척추동물이었다.[4] 이것은 도박이었다. 체온을 유지하려면 생존하기 위해 더 많은 먹이가 필요했다. 하지만 그 대가로 이들은 파충류 사촌들이 꼼짝하지 못하는 추운 밤을 비롯해서 언제라도 사냥을 할 수 있게 됐다. 페름기에 파충류들은 수궁류에게 손쉬운 먹잇감이 되었다.

육지에 먹을 수 있는 파충류와 절지동물이 가득했던 페름기에는 이런 도

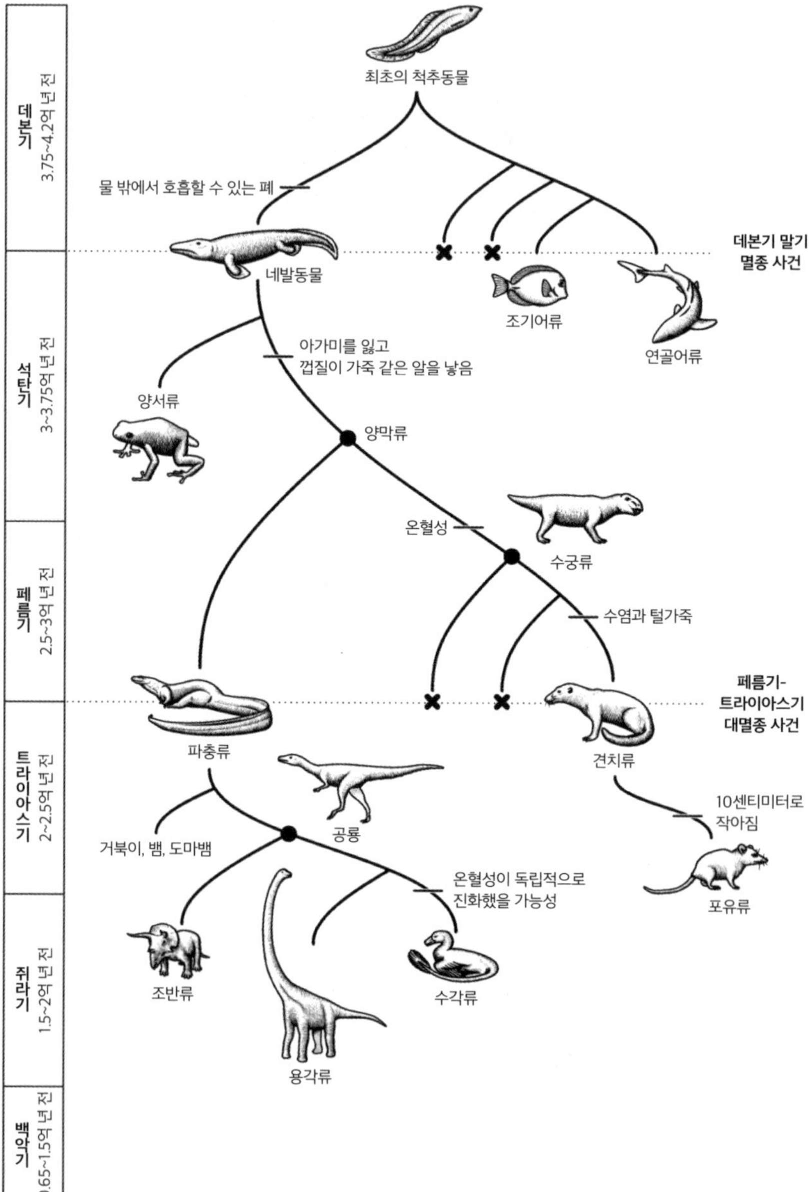

그림 10.2 최초의 척추동물에서 최초의 포유류까지 진화계통수

박이 성공했다. 3억 년 전부터 2억 5,000만 년 전 사이에 수궁류는 가장 성공적으로 진화한 육상동물이 됐다. 이들은 현대의 호랑이만 한 크기로 성장했고, 체온을 유지하기 위해 털이 자라기 시작했다. 당시 수궁류는 아마도 털이 난 거대한 도마뱀처럼 생겼을 것이다.

이제 지구에서 이루어진 생명의 진화 역사에서 등장하는 추세를 알아챘을 것이다. 그렇다, 모든 왕조는 결국 종말을 맞이한다. 지구에 군림하던 수궁류 왕조도 다르지 않았다. 약 2억 5,000만 년 전에 일어난 페름기-트라이아스기 대멸종Permian-Triassic Mass Extinction은 지구 역사상 가장 치명적인 사건이었으며, 이 시기에 일어난 두 번째 대멸종이었다. 이 멸종 사건은 지구상의 생명체에게 가장 큰 피해를 입혔으며 수수께끼 같은 사건이었다. 500만 년에서 1,000만 년 동안 모든 해양 생명체의 96퍼센트, 모든 육상 생명체의 70퍼센트가 죽었다. 그 원인에 대해서는 아직도 논란이 많다. 소행성 충돌, 화산 폭발, 메탄을 생성하는 미생물들의 등장을 원인으로 지목하는 주장도 있다. 한 가지 이유가 아니라 여러 가지 불행한 사건이 겹치며 최악의 상황이 벌어졌다는 주장도 있다. 그 원인이 무엇이었든 이 사건이 초래한 결과는 잘 알려져 있다.

대형 수궁류는 거의 완전히 멸종했다. 수궁류가 생태계에서 높은 지위를 차지할 수 있게 해준 온혈성 진화라는 도박이 몰락의 원인이 됐다. 먹이를 확보하기 어려운 시기가 찾아오자 많은 열량이 필요한 수궁류들이 가장 먼저 죽어나갔다. 오히려 상대적으로 먹는 양이 적은 파충류가 이 힘든 시기를 견디기에는 더 적합했다.

약 500만 년 동안 생명체는 아주 좁은 지역에서만 군데군데 살아남았다. 이때 살아남은 수궁류로는 땅굴을 파는 견치류cynodont처럼 식물을 먹는 작은 종밖에 없었다. 원래 견치류는 세상을 지배하던 대형 포식성 수궁류를 피해 땅굴을 파고 사는 생태적 지위에 맞춰 진화했다. 하지만 먹이 공급이 줄어들고 대형 동물들이 죽어가자 이 작은 견치류가 페름기-트라이아스기 대멸종이 지날 때까지 살아남은 몇 안 되는 수궁류 중 하나가 됐다.

작은 견치류 덕분에 수궁류의 계통은 간신히 보존되었지만 이들이 마주하게 된 세상은 완전히 달라져 있었다. 멸종 사건으로 육상 생명체의 70퍼센트가 사라지면서 거대하고 다양한 파충류가 많이 등장했다. 대형 수궁류가 사라지면서 동물의 왕국은 비늘 덮인 파충류 사촌의 손에 넘어갔다. 멸종 사건이 끝나고 1억 5,000만 년 동안은 파충류가 세상을 지배했다.

페름기의 작은 도마뱀들이 거대한 이빨과 발톱이 있는 6미터짜리 포식성 지배파충류archosaurs로 진화했다. 이들은 작은 티라노사우루스*Tyrannosaurus*와 닮았다. 척추동물이 하늘로 날아오른 것도 이 시기였다. 하늘을 나는 지배파충류인 익룡Pterosaur이 처음으로 날개를 키워 하늘에서 사냥을 했다.

포식성 공룡, 익룡 등 거대한 파충류 야수들이 돌아다니는 이 험난한 시대에서 살아남기 위해 견치류는 점점 몸집을 줄이다가 결국 10센티미터 정도로 작아졌다. 온혈성과 소형화로 무장한 이들은 낮에는 땅굴 속에 숨어 있다가 지배파충류가 앞을 제대로 못 보고 꼼짝도 하지 않는 추운 밤을 틈타서 땅 위로 나왔다. 이들은 땅을 파서 만든 미로 같은 굴이나 두꺼운 나무껍질 속을 집으로 삼고 어스름한 숲 바닥과 나뭇가지를 조용히 돌아다니며 곤충을 사냥했다. 이들이 최초의 포유류가 됐다.

1억 년에 걸친 공룡의 지배 기간 중 어느 시점에서 세상의 구석에 처박혀 살아남았던 작은 포유류는 한 가지 생존 비법을 터득했다. 새로운 인지기능을 진화시킨 것이다. 이것은 캄브리아기에 어류가 등장한 이후로 가장 큰 신경계의 혁신이었다.

시뮬레이션을 통한 생존

오늘날의 쥐나 다람쥐와 비슷했을 10센티미터짜리 초기 포유류는 공룡이나 새보다 힘이 세지 않았고, 포식자의 공격에 맞서 싸울 수도 없었을 것이다. 그리고 움직이는 속도도 지배파충류나 하늘에서 덮치는 익룡보다 느렸거나, 적어도 더 빠르지는 않았다. 하지만 땅굴을 파거나 나무에서 사는 생활방식에는 한 가지 이점이 있었다. 바로 선수를 칠 기회다. 초기 포유류는 땅굴이나 나뭇가지 뒤에 숨어서 멀리 떨어져 있는 무서운 새와 맛있는 곤충을 동시에 발견하고 그 곤충을 덮칠지 말지 결정할 수 있었다. 이렇게 선수 칠 기회는 있었지만 이 능력을 수억 년 동안 제대로 활용하지 못하고 있었다. 그러다 마침내 이 능력을 활용할 신경계의 혁신이 일어났다. 아직 밝혀지지 않은 사건들을 통해 겉질 중 한 부위가 새겉질이라는 새로운 부위로 바뀐 것이다.

새겉질은 작은 생쥐에게 초능력을 부여했다. 실제로 행동하기 전에 미리 시뮬레이션해보는 능력이었다. 이 동물은 자신이 있는 구멍에서 맛있는 곤충이 있는 곳까지 그물처럼 뻗어 있는 나뭇가지들을 볼 수 있었다. 그리고 멀리 떨어져 있는 맹금류의 눈도 볼 수 있었다. 생쥐는 여러 경로를 시뮬레이션했다. 자신을 쫓아오는 새와 뛰어서 달아나는 곤충의 모습을 여러 각도에서 시뮬레이션한 다음, 그중에서 자기가 살아남아 곤충으로 배를 불릴 수 있는 최적의 경로를 선택하는 것이다. 초기 척추동물의 강화학습이 행동을 통해 학습하는 힘을 부여했다면, 초기 포유류는 행동하기 전에 상상을 통해 학습하는 훨씬 놀라운 힘을 얻었다.

모래 속에 숨은 게나 산호초 사이를 헤엄치던 작은 물고기 등 먹이 사냥에서 선수 칠 기회가 있었던 생명체는 그전에도 많았다. 그렇다면 어째서 포유류에서만 이런 시뮬레이션 능력이 등장한 것일까?

시뮬레이션 능력이 진화하려면 두 가지 조건이 필요한 것으로 추측된다. 첫 번째 조건은 멀리 내다볼 수 있는 시력이다. 먹이까지 가는 경로를 시뮬레이션하는 재주가 효과를 보려면 주변을 멀리 내다볼 수 있어야 한다. 육지에서는 밤에도 물속에 있을 때보다 100배나 멀리 내다볼 수 있다.[5] 반면에 어류는 시뮬레이션으로 자신의 동작을 미리 계획하기보다는 뭔가가 자기에게 다가올 때마다 신속하게 반응하는 쪽을 선택했다(그래서 중간뇌와 뒷뇌는 크고 겉질은 상대적으로 작다).

두 번째 조건은 온혈성이다. 앞으로 살펴볼 몇 가지 이유로 인해 행동 시뮬레이션은 겉질-바닥핵 시스템의 강화학습 메커니즘보다 계산하는 데 천문학적으로 많은 비용과 시간이 든다. 신경세포의 전기신호는 온도에 매우 민감하다. 온도가 낮을 때는 높을 때보다 신경세포가 훨씬 느리게 발화한다. 온혈성의 부작용 덕분에 오히려 포유류의 뇌가 어류나 파충류의 뇌보다 작동 속도가 훨씬 빨라질 수 있었다는 의미다. 이 덕분에 훨씬 복잡한 계산을 수행할 수 있다. 파충류가 육지에서 먼 거리를 내다볼 시력을 갖추고도 시뮬레이션 능력을 키우지 못한 이유가 이것이다. 비포유류 중 행동을 시뮬레이션하고 계획하는 능력의 증거를 보여주는 것은 조류뿐이다.[6] 그리고 오늘날 살아 있는 비포유류 중에 온혈성을 독립적으로 진화시킨 동물 역시 조류밖에 없다.

최초 포유류의 뇌 안쪽 들여다보기

어류가 육지에 등장해서 공룡으로 진화하기까지 수억 년 동안 동물의 모양, 크기, 기관은 엄청나게 다양해졌다. 하지만 뇌는 놀라울 정도로 변화하지 않았다.

초기 척추동물에서 최초의 네발동물을 거쳐 파충류, 수궁류에 이르기까지 뇌는 대체로 신경의 암흑기에 갇혀 있었다. 진화는 강화학습 능력이 있는 초기 척추동물의 뇌에 만족하거나 그 상태에서 멈춰버렸고 턱, 방어 수단, 폐, 더욱 생체공학적인 몸, 온혈성, 비늘, 털가죽, 그 밖의 형태적 변형 등 생물학적 구조를 변경하는 데 초점을 맞췄다. 진화적으로 수억 년이나 분리되어 있는 현대 어류의 뇌와 파충류의 뇌가 놀랍도록 비슷한 이유가 바로 여기에 있다.[7]

초기 포유류에 이르러서야 영원할 것 같던 신경의 암흑기에 한 줄기 혁신의 빛이 드리웠다. 어류의 겉질이 초기 포유류에 이르러 네 개의 구조로 분리되었다. 그중 세 개는 사실상 그전에 존재했던 하위영역과 동일했고, 오직 새겉질만이 진정 새로운 구조라 할 만했다. 초기 척추동물의 배쪽겉질은 포유류에 이르러 연합 기능을 수행하는 편도체가 되었으며 회로도 비슷하고 그 용도도 대체로 비슷했다. 바로 다양한 감각 양식, 특히 감정가 결과를 예측할 수 있는 감각 양식(예를 들어 A 소리는 좋은 결과로 이어지고, B 소리는 나쁜 결과로 이어진다는 사실을 예측하는 경우) 전반에 걸쳐 패턴인식 방법을 학습했다. 초기 척추동물에서 가쪽겉질의 후각패턴 감각 부위는 포유류에서 후각겉질이 되었다. 이는 전과 동일하게 자동연합 신경망을 통해 냄새 패턴을 감지하는 일을 담당했다. 공간지도학습을 담당했던 초기 척추동물의 안쪽겉질은 포유류에 이르러 해마가 되었으며 비슷한 회로로 비슷한 기능을 수행했다. 겉질의

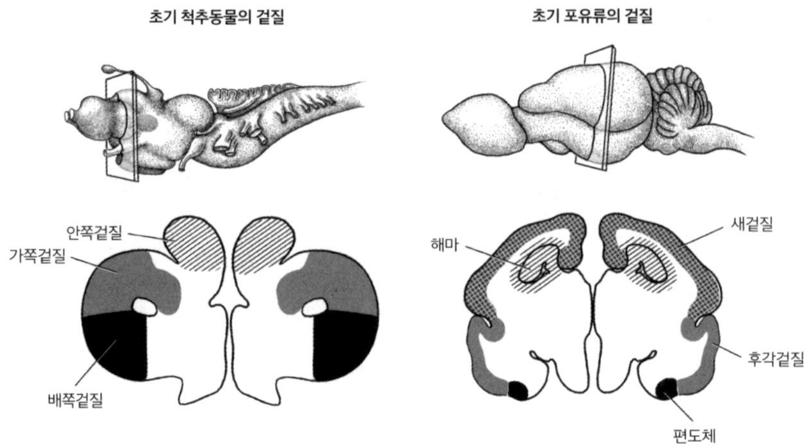

그림 10.3 초기 척추동물에서 초기 포유류로 전환되는 과정에서 생긴 겉질의 변화[8]

네 번째 부위는 좀 더 의미 있게 변화했다. 완전히 다른 회로를 포함하는 새겉질로 바뀐 것이다.

초기 포유류의 뇌는 새겉질이 등장한 것 말고는 대체로 초기 척추동물의 뇌와 동일했다. 바닥핵은 이제 후각겉질, 해마, 편도체에 더해 새겉질로부터 세상에 대해 입력받은 정보를 통합해서 도파민 분비를 극대화하도록 행동하는 법을 학습했다. 시상하부는 여전히 직접적인 감정가 반응을 촉발했고, 도파민 같은 신경전달물질을 분비해서 다른 구조들을 조절했으며, 중간뇌와 뒷뇌의 구조들은 여전히 반사적 행동 패턴을 구현하고 있었다. 다만 전에는 헤엄치기에 특화되어 있던 것이 이제는 걷기에 특화되었다는 점만 달랐다.

초기 포유류의 새겉질은 크기가 작아 뇌에서 극히 일부만을 차지했다. 뇌의 부피 대부분은 후각겉질에 할당되어 있었다(초기 포유류는 현대의 많은 포유류와 마찬가지로 후각이 탁월했다). 하지만 초기 포유류의 새겉질은 크기는 작아도 인간의 지능이 등장하게 될 핵심 구조였다. 인간은 새겉질이 뇌 전체 부피의

70퍼센트를 차지한다. 영리한 재주를 부리는 작은 구조일 뿐이었던 이 영역은 그 후로 이어진 혁신을 통해 점차 확장되어 지능의 진원지로 거듭난다.

11.
새겉질이 안겨준 선물

사람의 뇌를 볼 때 눈에 들어오는 것은 거의 다 새겉질이다. 새겉질은 두께가 2~4밀리미터 정도인 판 한 장으로 이루어져 있다. 새겉질이 커지면서 표면적이 넓어졌고, 커진 새겉질을 작은 머리뼈 안에 넣기 위해 여행용 가방에 수건을 둘둘 말아 집어넣듯이 접으면서 주름이 생겼다. 사람의 뇌에 접혀 있는 새겉질을 한 장의 판으로 펼쳐놓으면 작은 책상만 한 크기가 된다.

초기 실험을 통해 새겉질이 한 가지 기능을 수행하는 것이 아니라 서로 다른 다양한 기능을 수행한다는 결론에 도달했다. 예를 들어 새겉질의 뒷부분은 시각 입력을 처리해서 시각겉질이라 부른다.[1] 시각겉질을 제거하면 앞을 볼 수 없게 될 것이다. 시각겉질에 있는 신경세포의 활성을 살펴보면 특정한 위치에서 특정한 시각적 특성(예를 들어 색이나 선의 방향)에 반응한다. 그리고 시각겉질 안에 있는 신경세포를 자극하면 사람들은 빛이 번쩍이는 것을 보았다고 답한다.

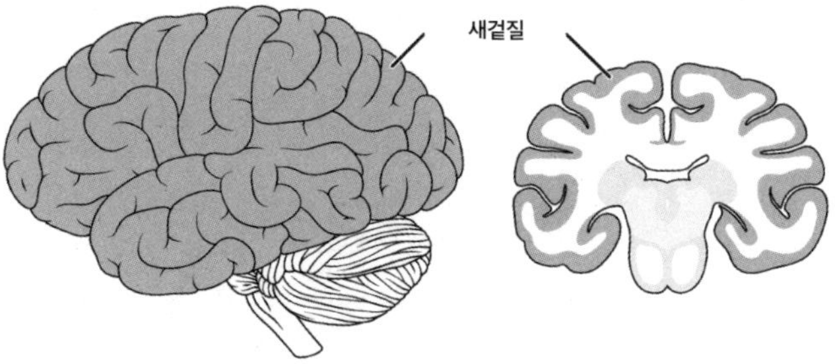

그림 11.1 사람의 새겉질

그 곁에 있는 청각겉질auditory cortex에서도 소리를 지각하는 과정과 같은 일이 일어난다. 청각겉질이 손상되면 소리를 지각하고 이해하는 능력에 문제가 생긴다. 청각겉질에 있는 신경세포의 활성을 기록하면 신경세포가 특정 주파수의 소리에 반응하는 것을 알 수 있다. 청각겉질의 신경세포를 자극하면 사람들은 잡음이 들린다고 답할 것이다.

촉각, 통각, 미각을 담당하는 새겉질 부위들도 있다. 이질적인 기능을 담당하는 새겉질 영역도 있다. 운동, 언어, 음악을 담당하는 영역들이다. 언뜻 보면 말이 안 된다. 어떻게 하나의 구조가 이렇게 다양한 기능을 담당할 수 있다는 말인가?

마운트캐슬의 미친 아이디어

20세기 중반에 버넌 마운트캐슬Vernon Mountcastle이라는 신경과학자가 당시로서는 새로운 연구 패러다임을 개척하고 있었다. 각성하는 동물의 새겉질에 있는 개별 신경세포의 활성을 기록하는 것이었다. 이 접근방식은 동물이 각성하는

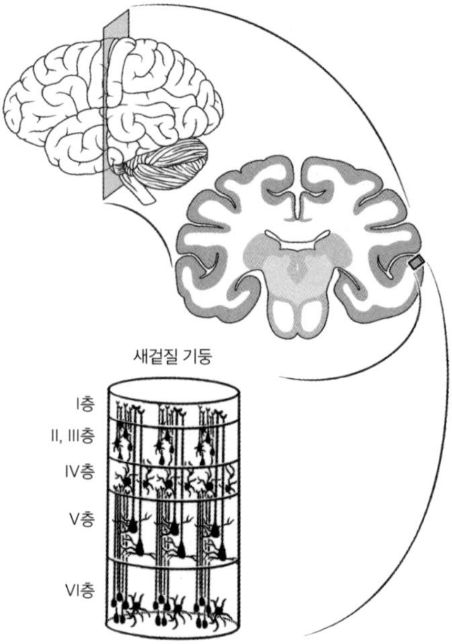

그림 11.2 새겉질 기둥

동안 뇌가 작동하는 방식에 대해 새로운 관점을 제공했다. 그는 전극을 이용해서 원숭이 몸감각겉질somatosensory cortex(촉각 입력을 처리하는 새겉질 영역)에 있는 신경세포를 기록하며 어떤 촉각이 어떤 반응을 유발하는지 지켜봤다.[2]

마운트캐슬이 처음으로 관찰한 것은 새겉질 판에 있는 약 500마이크로미터의 수직 기둥 하나에 분포한 신경세포들은 감각자극에 모두 비슷하게 반응하는 것으로 보이는 반면, 거기서 수평으로 떨어져 있는 기둥에 분포한 신경세포들은 그렇지 않다는 사실이었다. 예를 들어 시각겉질 속 개별 기둥에 들어 있는 신경세포는 모두 시야의 특정 위치에서 특정 방향에 있는 빛 막대기에 비슷하게 반응한다. 하지만 그 근처 기둥에 있는 신경세포들은 다른 방향이나 다른 위치의 빛 막대기에만 반응한다. 다른 감각 양식에서도 동일한 내용이 관찰됐다. 쥐에게는 특정 수염을 건드렸을 때만 반응하는 새겉질 기둥이 있는데, 근처에 있는 다른 각각의 기둥은 완전히 다른 수염에만 반응한다. 청각겉질에도 특정 주파수의 소리에만 선별적으로 반응하는 개별 기둥이 있다.

마운트캐슬이 두 번째로 관찰한 것은 한 기둥 안에 수직적인 연결은 많지만 기둥과 기둥 간의 연결은 그에 비해 적다는 사실이었다.

세 번째로 관찰한 것은 새겉질의 어느 부위든 현미경으로는 대체로 동일하게 보인다는 점이었다. 청각겉질, 몸감각겉질, 시각겉질 모두 같은 방식으로 조직되어 있는 동일한 유형의 신경세포를 담고 있었다. 그리고 이런 관찰 결과는 포유류 종 전반에 걸쳐 동일했다. 쥐, 원숭이, 사람의 새겉질 모두 현미경으로는 대략 비슷하게 보인다.

수직적 활성, 수직적 연결, 새겉질의 모든 영역에서 관찰된 유사성, 이 세 가지 사실을 바탕으로 마운트캐슬은 놀라운 결론을 이끌어냈다. 그가 새겉질 기둥neocortical column이라 부르는 미세회로의 반복과 복제로 새겉질이 이루어졌다는 것이다. 그는 겉질 판은 그냥 새겉질 기둥이 빽빽하게 모여 있는 것이라고 주장했다.

이 주장은 어떻게 단일 구조가 그렇게 다양한 기능을 담당할 수 있는가라는 질문에 대한 놀라운 해답이었다. 마운트캐슬에 따르면 새겉질이 다양한 기능을 하는 것은 아니다. 각각의 새겉질 기둥은 완전히 똑같은 일을 한다. 새겉질 부위들 간에는 어디서 입력을 받아 어디로 출력을 보내냐는 차이밖에 없다. 새겉질 자체에서 수행하는 실제 계산은 동일하다. 시각겉질과 청각겉질의 유일한 차이점은, 시각겉질이 망막으로부터 입력을 받고 청각겉질이 귀로부터 입력을 받는다는 것이다.

마운트캐슬이 처음 자신의 이론을 발표하고 수십 년이 지난 2000년에 매사추세츠공과대학교의 신경과학자 세 명이 마운트캐슬의 가설을 검증하기 위해 기발한 실험을 진행했다.[3] 만약 새겉질의 기능이 어디서나 똑같다면, 다시 말해 시각겉질에는 시각 고유의 속성이 없고 청각겉질에도 청각 고유의 속성이 없다면 이 영역들은 서로 대체할 수 있지 않을까? 이 과학자들은 어린 페럿의 귀에서 오는 입력을 차단한 다음 망막에서 오는 입력을 시각겉질이 아닌 청각겉질에 새로 배선했다. 만약 마운트캐슬의 가설이 틀렸다면 페럿은 앞을 보지 못하고 시각장애를 겪을 것이다. 청각겉질이 눈에서 들어오는 입력을 올바르게 처리할 수 없을 테니까. 반대로 새겉질의 기능이 정말 어디서나 동일하다면 시각 입력을 받은 청각겉질이 시각겉질과 동일한 방식으로 작동할 것이다.

놀랍게도 페럿은 문제없이 앞을 봤다. 그리고 일반적으로 청각을 담당하지만 지금은 눈으로부터 입력을 받는 새겉질 영역이 시각겉질처럼 시각적 자극에 반응하는 것으로 나타났다. 청각겉질과 시각겉질이 서로 대체할 수 있었던 것이다.

뇌가 망막에서 보내는 신호를 한 번도 받아보지 못한 선천적 시각장애인 환자에 대한 연구는 이 사실을 더 공고히 확인해줬다. 이런 환자의 시각겉질은 눈에서 한 번도 입력을 받아본 적이 없다. 하지만 선천적 시각장애인의 시각겉질 속 신경세포의 활성을 살펴보면 기능적으로 쓸모가 있다는 것을 확인할 수 있다. 이 영역은 소리와 촉각 같은 다양한 감각 입력에 반응한다. 이는 앞을 못 보는 사람의 청각이 훨씬 예민하다는 주장에 힘을 실어준다. 시각겉질이 청각을 보조하도록 용도가 변경되는 것이다. 이번에도 새겉질의 영역들은 서로 대체할 수 있어 보인다.

뇌졸중 환자를 생각해보자. 새겉질의 특정 영역이 손상된 환자는 그 영역에 해당하는 기능을 즉각 상실한다. 운동겉질motor cortex이 손상되면 마비가 일어나고, 시각겉질이 손상되면 부분적으로 시각장애가 생긴다. 하지만 시간이 지나면 사라졌던 기능이 회복될 수 있다. 이는 보통 손상된 새겉질이 회복되어 나타나는 결과가 아니다. 그 새겉질 영역은 영원히 죽은 상태로 있고 주변의 새겉질 영역들이 손상된 새겉질 영역의 기능을 대신하는 것이다. 이런 사실 역시 새겉질의 영역들이 서로 대체할 수 있음을 암시한다.

AI 분야에 몸을 담고 있는 사람들에게 마운트캐슬의 가설은 그 무엇과도 비교할 수 없는 과학적 선물이다. 사람의 새겉질은 100억 개가 넘는 신경세포와 수조 개의 연결로 이루어져 있다. 이렇게 천문학적으로 거대한 신경세포 덩어리가 수행하는 알고리즘과 계산을 해독하기란 불가능하다. 그래서 새겉질의 작동방식을 해독하려는 시도는 실패할 수밖에 없고 무의미하다고 생각하는 신경과학자가 많다. 하지만 마운트캐슬의 이론은 좀 더 희망적인 연구 과제를 제시한다. 사람의 새겉질 전체를 이해할 필요 없이 100만 번 정도 반복되는 미세회로의 기능만 이해하면 될지도 모른다. 다시 말해 새겉질 전체에 들어 있는 수조 개의 연결을 모두 이해할 필요 없이 새겉질 기둥에 있는 100만 개 정도의 연결만 이해하면 될지도 모른다. 더 나아가 마운트캐슬의 이론이 옳다면 이는 새겉질 기둥이 운동, 언어, 지각 등 모든 감각 양식의 다양한 기능에 적용할 수 있는 아주 일반적이고 보편적인 알고리즘을 구현하고 있다는 뜻이다.

미세회로의 기본 구성은 현미경으로 관찰할 수 있다. 새겉질의 신경세포는 초기 척추동물의 겉질에서 보이던 3층 구조가 아니라 6층 구조를 이룬다. 이 6층 구조는 복잡하면서도 아름다울 정도로 일관되게 연결되어 있다. 5층

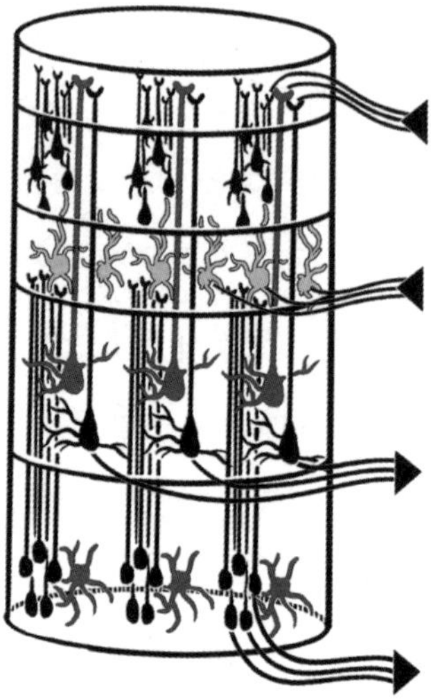

그림 11.3 새겉질 기둥의 미세회로

에 있는 특정 유형의 신경세포는 항상 바닥핵, 시상, 운동영역으로 출력을 내보낸다. 4층에는 항상 시상으로부터 직접 입력을 받는 신경세포가 있다. 6층에는 항상 시상으로 출력을 보내는 신경세포가 있다. 미세회로는 그냥 무작위로 연결된 신경세포들이 아니며, 특정 계산을 수행할 수 있도록 특정 방식으로 배선되어 있다.

그렇다면 당연히 이런 궁금증이 생긴다. 대체 무슨 계산인데?

지각의 특이한 속성

19세기에 들어서면서 인간의 지각에 대한 과학 연구가 본격적으로 시작됐

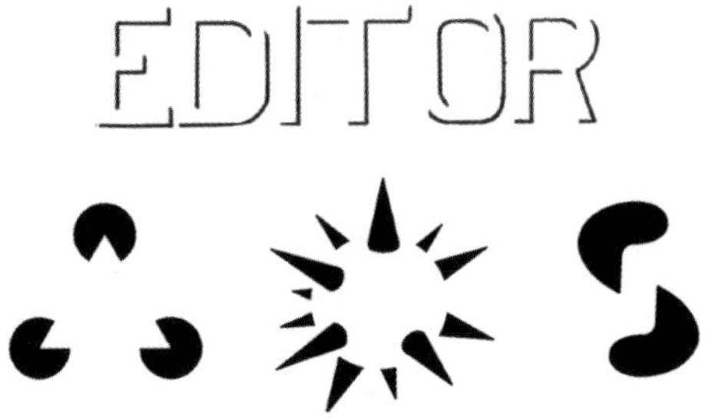

그림 11.4 지각의 '채워 넣기' 속성[4]

다. 시각은 어떻게 작동할까? 청각은 어떻게 작동할까? 지각에 대한 탐구는 착시를 이용해서 시작됐다. 인간의 시각 지각을 조작함으로써 과학자들은 지각의 세 가지 특성을 밝혀냈다. 적어도 인간의 경우 상당 부분이 새겉질에서 일어나는 지각의 속성을 통해 새겉질의 작동방식에 대해 알아낼 수 있다.

속성 #1: 채워 넣기

19세기 과학자들이 가장 먼저 밝혀낸 지각의 속성은 인간의 정신이 무의식적으로 비어 있는 부분을 자동으로 채워 넣는다는 것이었다. 그림 11.4를 보면 'EDITOR(편집자)'라는 단어를 곧바로 지각할 수 있다. 하지만 이것은 실제로 눈에 보이는 것과 다르다. 글자를 이루는 선 대부분이 없다. 다른 이미지를 보아도 당신의 정신은 삼각형, 구체, 막대기를 감싸고 있는 뭔가 등 실제로는 없는 형태를 지각한다.

이런 채워 넣기 속성은 시각에만 국한되지 않고 인간의 감각 양식 대부분에서 관찰된다. 누군가가 전화로 하는 말을 연결 상태가 고르지 않아도 이해하고, 눈을 감고 촉각으로 무슨 물체인지 알아내는 것도 모두 그 덕분이다.

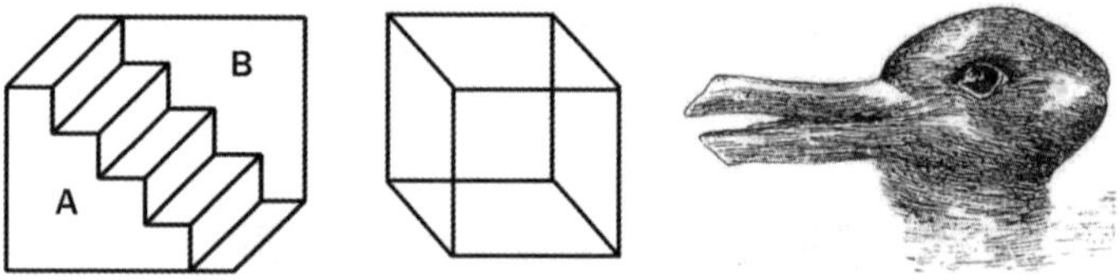

그림 11.5 지각의 '한 번에 하나만' 속성[5]

속성 #2: 한 번에 하나만

정신이 감각적 증거를 바탕으로 자기가 생각하는 대상을 채워 넣을 수 있다면, 눈에 보이는 것을 채워 넣을 방법이 여러 가지일 때는 어떤 일이 일어날까? 그림 11.5의 세 그림은 모두 1800년대에 이 질문의 답을 찾기 위해 고안된 착시 현상의 사례다. 이 그림은 모두 두 가지 방식으로 해석할 수 있다. 그림 11.5의 왼쪽 그림을 보면 계단을 위에서 바라본 모습으로 보일 수 있지만 계단을 밑에서 바라보는 모습이라 생각할 수도 있다(이 모습이 보이지 않으면 시선을 계단에 고정한 다음 책을 180도 돌려 보자). 가운데 그림을 보면 정육면체는 오른쪽 아래에 있는 정사각형이 앞면인 정육면체로 보일 수 있고, 왼쪽 위 정사각형이 앞면인 정육면체로 보일 수도 있다. 오른쪽 그림은 토끼로 보일 수 있고 오리로 보일 수도 있다.

이 모호한 그림 모두에서 한 가지 흥미로운 현상이 나타난다. 뇌가 한 번에 한 가지 해석만 볼 수 있다는 것이다. 감각적 증거에 따르면 오리와 토끼가 함께 있지만 당신은 오리와 토끼를 동시에 볼 수 없다. 어떤 이유 때문인지 뇌에서 일어나는 지각 메커니즘에 따라 한 번에 하나만을 골라야 한다.

이것은 청각에도 적용된다. '칵테일파티 효과cocktail party effect'*를 생각해

* 여러 정보를 모두 받아들이지 않고 특정한 정보에 무의식적으로 주의를 기울이거나 그 정보만을

그림 11.6 지각의 '되돌리기 불가' 속성[6]

보자. 시끄러운 파티에서도 당신은 앞사람과의 대화 또는 옆에 있는 사람들의 대화에 선택적으로 귀를 기울일 수 있다. 하지만 동시에 양쪽 대화를 모두 들을 수는 없다. 어느 쪽 대화에 귀를 기울이든 귀로 들어오는 청각 입력은 동일하다. 딱 한 가지 차이점이라면 그 입력으로부터 당신의 뇌가 추론하는 내용이다. 당신은 한 번에 한쪽의 대화만 지각할 수 있다.

속성 #3: 되돌리기 불가

감각적 증거가 모호할 때는 어떻게 될까? 이 감각적 증거가 의미가 있기는 한 걸까? 해석이 불분명한 경우에는 어떨까? 그림 11.6을 보자. 이 그림을 전에 본 적이 없다면 아무것도 아닌 그냥 얼룩으로 보일 것이다. 그런데 내가 이 얼룩무늬를 그럴듯하게 해석하면 갑자기 이 그림에 대한 당신의 지각이 달라진다.

의식하는 현상-옮긴이

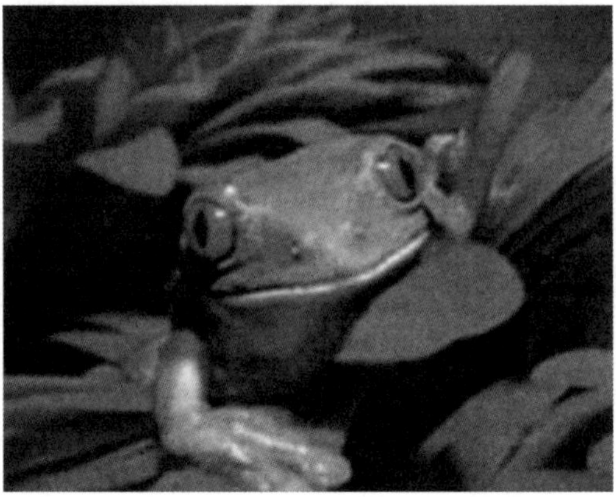

그림 11.6은 개구리로 해석할 수 있다(개구리가 보이지 않으면 위의 사진을 참고하자). 일단 당신이 이 해석을 지각하고 나면 다음부터는 절대 되돌릴 수 없다. 이를 지각의 '되돌리기 불가' 속성이라 부를 수 있다. 당신의 정신은 감각 입력을 설명할 해석을 원한다. 일단 내가 적절한 설명을 제시하면 당신의 정신은 그 해석에 매달릴 것이다. 그래서 이제 당신도 개구리를 지각하게 된다.

19세기에 독일의 물리학자이자 의사였던 헤르만 폰 헬름홀츠Hermann von Helmholtz는 지각의 속성을 설명하는 새로운 이론을 제시했다. 그는 사람이 경험한 것을 지각하는 것이 아니라 뇌가 존재한다고 생각하는 것을 지각한다고 주장했다. 헬름홀츠는 이 과정을 추론inference이라고 불렀다. 달리 표현하자면 실제로 보이는 것을 지각하는 것이 아니라 보이는 것을 바탕으로 시뮬레이션한 현실을 지각한다는 것이다.

이 이론으로 지각의 세 가지 특성을 모두 설명할 수 있다. 당신의 뇌가 사물에서 비어 있는 부분을 채워 넣는 이유는 시각이 암시하는 진실을 해독하려 하기 때문이다("저기에 진짜로 둥근 물체가 있는 건가?"). 한 번에 한 가지만 볼 수 있는 이유는 뇌가 시뮬레이션할 단 하나의 실재를 반드시 골라야 하기 때문이다. 현실에서 토끼이면서 동시에 오리인 동물은 없다. 그리고 한 이미지를 가장 잘 설명하는 것이 개구리임을 한번 알고 나면 당신의 뇌는 그 이미지를 볼 때마다 그 현실을 유지하려 한다.

많은 심리학자가 대체로 헬름홀츠의 이론에 동의하게 됐지만[7] 헬름홀츠가 주장한 추론을 통한 지각이 실제로 어떻게 작동하는지 설명하는 사람은 한 세기가 지나고 난 다음에야 등장했다.

생성모델: 시뮬레이션을 통한 인식

1990년대에 힌턴과 몇몇 학생들(도파민 반응이 시간차학습 신호임을 밝히는 데 도움을 준 피터 다얀도 포함되어 있었다)은 헬름홀츠가 제안한 방식으로 학습하는 AI 시스템을 구축하려는 목표를 세웠다.

7장에서 현대의 인공신경망은 대부분 지도를 받아 학습한다는 사실을 살펴보았다. 인공신경망에게 사진을 보여주고(예를 들어 개의 사진) 정답을 함께 준다("이것은 개다"). 이어서 인공신경망이 정답을 맞추도록 연결을 올바른 방향으로 조정한다. 뇌가 이런 식으로 지도받아 대상과 패턴을 인식할 가능성은 낮다. 뇌는 누군가 정답을 말해주지 않아도 세상의 여러 측면을 어떻게든 인식할 수 있다. 지도해주는 선생 없이 스스로 학습하는 것이다.

초기 척추동물의 겉질에서 등장했을 것이라 추측했던 자동연합 신경망이 이런 비지도학습 방식의 한 부류다. 이 신경망이 입력 패턴에서 나타나는 상관관계를 바탕으로 입력의 공통 패턴을 신경세포의 조합으로 군집화함으로써, 겹치는 패턴을 별개의 패턴으로 인식하고 잡음이 섞이거나 교란된 패턴을 완성할 방법을 알려준다.

그런데 헬름홀츠는 인간의 지각이 이런 수준을 뛰어넘는 일을 한다고 주장했다. 그는 인간의 지각이 들어오는 입력 패턴을 단순히 상관관계를 바탕으로 군집화하는 것이 아니라 내적으로 시뮬레이션한 현실을 통해 현재 들어오는 외부의 감각 입력을 예측하고 정확도를 최적화하는 것인지도 모른다고 주장했다.

1995년에 힌턴과 다얀은 헬름홀츠의 개념을 증명할 수단을 고안하고 이것에 헬름홀츠 기계Helmholtz machine라는 이름을 붙였다.[8] 헬름홀츠 기계는 다른 인공신경망과 대체로 비슷하게 한쪽 끝에서 반대쪽 끝으로 흐르는 입력을 받아들인다. 하지만 다른 인공신경망과 달리 이 기계는 끝에서 시작으로 흐르는 반대 방향으로도 연결되어 있다.

힌턴은 0에서 9 사이의 숫자를 손으로 쓴 이미지로 인공신경망을 테스트했다. 인공신경망의 하단에 손으로 쓴 숫자 이미지를 제시하면(픽셀마다 신경세포 하나씩), 이것이 위쪽으로 흘러가서 상단에 이르러 무작위로 신경세포 그룹을 활성화한다. 이렇게 활성화된 상단 신경세포들이 다시 아래로 흘러 내려가서 하단에 닿으면 신경세포 그룹을 활성화해 자체적으로 그림을 만들어낸다. 신경망을 타고 올라간 입력이 다시 아래로 내려왔을 때 정확하게 다시 만들어지는 상태로 인공신경망이 안정화되도록 학습이 설계됐다.

처음에는 흘러 들어오는 이미지와 흘러 나가는 결과에서 나타나는 신경세포 수치가 크게 불일치할 것이다. 힌턴은 인공신경망이 별개의 두 모드로 학습하게 설계했다. 인식모드recognition mode와 생성모드generative mode다. 인식모드일 때는 정보가 네트워크를 따라 위로 올라가고(입력된 '7'의 이미지에서 시작

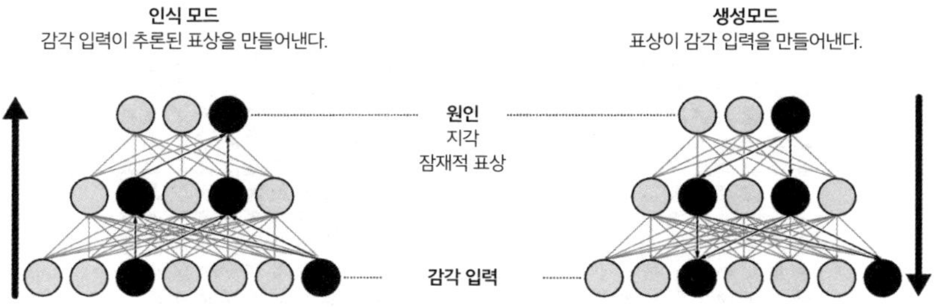

그림 11.7 헬름홀츠 기계

해서 상단에 있는 일부 신경세포로), 다음에는 상단에서 활성화된 신경세포가 입력된 감각 데이터를 잘 재현할 수 있게(잘 시뮬레이션된 '7'을 만들도록) 역방향 가중치를 조정한다. 반면 생성모드일 때는 정보가 인공신경망을 따라 아래로 내려간다('7'의 이미지를 상상해서 만들어낸다는 목표에서 시작). 그리고 인공신경망의 하단에서 활성화된 신경세포가 상단에서 올바르게 인식될 수 있도록("내가 방금 만들어낸 것을 '7'로 인식했다") 순방향 가중치를 조정한다.

인공신경망이 학습하는 과정 어디서도 정답을 알려주지 않는다. '2'를 구성하는 속성이 무엇인지, 어느 그림이 '2' '7' 등 어떤 숫자인지도 절대 알려주지 않는다. 인공신경망이 학습해야 할 데이터는 숫자의 이미지밖에 없다. 물론 이것이 제대로 작동할 것인지가 문제였다. 인식모드와 생성모드를 이렇게 왔다 갔다 하면 정답을 알려주지 않아도 인공신경망이 손으로 쓴 숫자를 인식하고 스스로 손 글씨 숫자 이미지를 생성할 수 있을까?

놀랍게도 그랬다. 스스로 학습한 것이다.[9] 이 두 과정을 오가며 학습하면서 인공신경망이 마법처럼 안정화됐다. 숫자 '7'의 이미지를 제시하면 이 기계는 대부분의 경우 '7'과 비슷한 이미지를 만들어냈다. '8'의 이미지를 제시하면 '8'의 입력 이미지를 다시 생성했다.

그림 11.8[10]

이 결과가 별로 대단해 보이지 않을 수도 있다. 인공신경망에게 숫자 이미지를 하나 제시했더니 같은 숫자의 이미지를 만든 게 뭐 대수라고? 하지만 이 인공신경망에는 세 가지 혁신적인 속성이 있다. 첫째, 인공신경망의 상단은 이제 아무런 지도를 받지 않아도 불완전한 손 글씨를 안정적으로 '인식'한다. 둘째, 일반화를 대단히 잘한다. 인공신경망은 다른 글씨체로 쓴 '7'의 이미지를 모두 '7'로 알아볼 수 있다. 곧 서로 다른 '7'의 이미지를 봐도 인공신경망 상단에서 비슷한 신경세포 그룹을 활성화한다. 세 번째가 가장 중요하다. 인공신경망은 이제 새로운 손 글씨 숫자 이미지를 생성할 수 있다. 인공신경망 상단의 신경세포들을 조작함으로써 손 글씨 '7' 또는 손 글씨 '4' 등 인공신경망이 학습한 어떤 숫자라도 다양한 이미지로 만들어낼 수 있다. 인공신경망은 자체 데이터를 생성해 인식하는 법을 학습한 것이다.

헬름홀츠 기계는 생성모델generative model이라는 훨씬 넓은 모델 분류의 초기 개념을 증명한 것이었다. 현대의 생성모델은 대부분 헬름홀츠 기계보다 복잡하지만 자체적으로 데이터를 생성하며, 그 데이터를 실제 데이터와 비교해서 세상의 사물을 인식하는 법을 학습한다는 본질적 속성을 공유한다.

픽셀로 나타낸 작은 손 글씨 숫자를 생성하는 것으로는 만족할 수 없다면 이런 생성모델이 1995년 이후 어디까지 발전했는지 확인해보자. 이 책이 인쇄에 들어간 시점을 기준으로 thispersondoesnotexist.com[11]이라는 웹사이트가 열려 있다. 페이지를 새로고침할 때마다 다른 사람의 사진이 나타난다. 그런데 충격적인 사실이 있다. 페이지를 새로 고침할 때마다 생성모델이 전에는 한 번도 본 적이 없는 완전히 새로운 얼굴을 만들어낸다는 것이다. 당신이 보고 있는 것은 세상에 존재하지 않는 사람의 얼굴이다(그림 11.9).

놀랍게도 이런 생성모델은 아무런 지도를 받지 않아도 자기에게 주어진 입력의 본질적 특성을 포착하는 법을 학습한다. 진짜 같은 새로운 얼굴을 생성하려면 얼굴을 구성하는 본질이 무엇인지, 어떻게 하면 그것을 다양하게 변화시킬 수 있는지를 그 모델이 이해하고 있어야 한다. 헬름홀츠 기계의 상단에 있는 다양한 신경세포를 활성화하면 서로 다른 글씨로 된 숫자의 이미지를 생성할 수 있는 것처럼, 이 얼굴 생성모델의 상단에 있는 다양한 신경세포를 활성화하면 어떤 유형의 얼굴을 생성할지 조절할 수 있다. 한 신경세포 그룹의 값을 바꾸면 인공신경망이 같은 얼굴을 회전시켜서 내놓는다. 다른 신경세포 그룹의 값을 바꾸면 얼굴에 수염을 추가하거나 나이를 바꾸거나 머리카락의 색을 바꾼다(그림 11.10).

2000년대 초반에 이뤄진 AI의 발전은 대부분 지도학습 모델을 적용한 것이었지만 최근에는 생성모델을 적용해서 발전한 것이 많다. 딥페이크Deepfakes, AI 생성 예술AI-generated art, 언어모델인 GTP-3 등은 모두 생성모델

그림 11.9 thispersondoesnotexist.com에서 나온 StyleGAN2

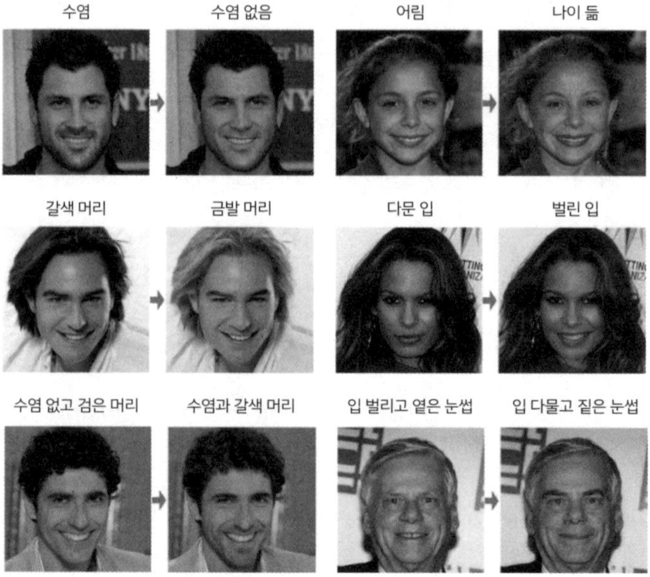

그림 11.10 생성모델에서 잠재적 표상을 바꿔 이미지 생성하기[12]

을 적용한 실제 사례다.

헬름홀츠는 인간의 지각이 대부분 생성모델을 이용해 세상에 대한 내적 시뮬레이션을 제시된 감각적 증거와 맞춰보는 추론의 과정이라고 주장했다. 현대 생성모델의 성공은 그의 주장에 힘을 실어주고 있다. 이런 모델은 이와 비슷한 과정이 적어도 이론적으로는 작동할 수 있음을 보여준다. 사실 새겉질의 미세회로가 이런 생성모델을 구현하고 있다는 증거는 충분하다.

증거는 '채워 넣기' '한 번에 하나만' '되돌리기 불가' 같은 착시나 새겉질의 회로 배선 자체에서도 찾을 수 있다. 새겉질의 배선에는 생성모델과 일치하는 속성이 많은 것으로 밝혀졌다.[13] 그리고 지각과 상상 사이에 존재하는 놀라운 대칭성, 곧 절대적 불가분성에서도 확인할 수 있다. 이것은 생성모델과 새겉질 모두에서 발견된다. 사실 새겉질을 생성모델이라고 가정하면 착시현상뿐 아니라 인간이 환각에 빠지는 이유, 우리가 잠을 자고 꿈을 꾸는 이유, 심지어 상상 그 자체의 내부 작동원리 등 수많은 것을 설명할 수 있다.

환각, 꿈, 상상: 생성모델로서 새겉질

시신경의 손상 때문이든 망막의 손상 때문이든 눈에서 새겉질로 더 이상 신호가 가지 않는 사람에게는 샤를보네증후군Charles Bonnet syndrome이 생긴다. 사람의 눈과 뇌의 연결이 차단되면 더 이상 아무것도 보이지 않을 거라 생각하기 쉽다. 하지만 그 반대의 일이 일어난다. 시력을 상실하고 몇 달 동안에는 오히려 많은 것이 보이기 시작한다. 환각이 시작되는 것이다. 이 현상은 생성모델과 잘 부합한다. 새겉질로 가는 감각 입력이 차단되면 새겉질이 불안정해진다. 그래서 실제 감각 입력의 통제를 받지 않고 시각적 장면이 시뮬레이션되는 생성 과정에 갇혀 표류하며 환각을 경험하게 된다.

일부 신경과학자들은 제대로 기능하는 지각조차도 '제한된 환각constrained hallucination'[14]이라 부른다. 감각 입력이 사라지면 이 환각이 제한을 받지 않는다. 헬름홀츠 기계의 사례에서 보면 이는 실제 감각 입력에 근거하지 않고 인공신경망 상단의 신경세포들이 무작위로 활성화되어 숫자 이미지 환각을 만들어내는 것과 비슷하다.

지각을 제한된 환각이라 생각하는 개념은 헬름홀츠가 말한 추론의 의미, 생성모델이 실제로 하는 일과 정확히 맞아떨어진다. 우리는 현실에 대한 내적 환상을 눈으로 보이는 감각 데이터와 맞춘다. 시각 데이터에서 그림 속에 삼각형이 있다고 암시하면(실제로는 삼각형이 없어도) 우리는 환각으로 삼각형을 보게 된다. 그래서 '채워 넣기' 효과가 나타난다.

우리가 잠을 자고 꿈을 꿔야 하는 이유도 생성모델로 설명할 수 있다. 대부분의 동물은 잠을 자고, 잠을 자면 에너지를 절약하는 등 수많은 이점을 얻을 수 있다. 하지만 렘수면rapid eye movement sleep, REM sleep의 존재를 통해[15] 꿈을 꾼다는 증거가 명백하게 확인된 동물은 포유류와 조류밖에 없다. 그리고 잠이 부족하면 환각과 지각장애를 보이는 것도 포유류와 조류뿐이다. 사실 조류는 새겉질과 비슷한 구조를 독립적으로 진화시킨 것으로 보인다.

새겉질(그리고 조류에서 그에 해당하는 구조)은 인식과 생성 사이의 불안정한 균형 상태에 있다. 사람은 깨어 있는 동안 균형이 깨질 정도로 많은 시간을 인식에 사용하고, 상대적으로 적은 시간을 생성에 사용한다. 어쩌면 꿈은 이 불균형을 상쇄하는 방법일지도 모른다. 강제적인 생성 과정을 통해 생성모델을 안정화하는 것이다.[16] 수면을 박탈당하면 인식은 너무 많고 생성은 부족한 불균형이 너무 심해져서 겉질의 생성모델이 불안정해진다. 그래서 포유류에서 환각이 시작되고 인식이 왜곡되며 생성과 인식의 차이가 모호해진다. 힌턴은 자신의 헬름홀츠 기계를 훈련시키는 학습 알고리즘에 '각성-수면 알고리즘wake-sleep algorithm'이라는 이름을 붙였다. 인식 단계는 모델이 '각성'했을 때고 생성 단계는 모델이 '수면'에 들어갔을 때다.

포유류의 상상에서 나타나는 많은 속성이 생성모델에서 예상되는 속성과 일치한다. 사람이 자기가 현재 경험하고 있지 않은 상황을 상상하는 것은 쉬운 일이고, 심지어 자연스럽기까지 하다. 당신은 어제저녁에 먹은 음식을 떠올리거나 오늘 저녁에 먹을 메뉴를 상상할 수 있다. 뭔가를 상상할 때는 어떤 일이 일어나는 것일까? 그냥 당신의 새겉질이 생성모드에 들어가 새겉질에서 시뮬레이션한 현실을 불러내는 것이다.

단 사물을 인식하면서 동시에 뭔가를 상상할 수는 없다. 책 속 문장을 읽으면서 자신이 아침 식사를 하는 모습을 상상할 수는 없다. 상상이라는 과정 자체가 본질적으로 실제 감각 데이터를 경험하는 과정과 상충된다. 사실 사람의 동공을 보면 그 사람이 상상에 빠져 있는지 여부를 짐작할 수 있다. 사람이 뭔가를 상상할 때는 뇌가 실제 시각 데이터의 처리를 멈추면서 동공이 확대된다.[17] 시각장애인과 비슷한 상태가 되는 것이다. 생성모델과 마찬가지로 생성과 인식은 동시에 수행할 수 없다.

더 나아가 인식하는 동안에 활성화되는 새겉질신경세포(얼굴이나 집에 반응하는 신경세포)를 기록해보면 같은 것을 그냥 상상만 해도 정확히 동일한 신경세포들이 활성화된다.[18] 당신이 신체 부위 중 한 곳을 움직이는 상상을 하면 마치 당신이 실제로 그 신체 부위를 움직이는 것처럼 동일한 영역이 활성화된다.[19] 당신이 어떤 모양을 상상하면 당신이 실제로 그 모양을 보고 있을 때와 동일한 시각겉질 영역이 활성화된다. 이런 현상은 매우 일관되게 일어나기 때문에 신경과학자들은 새겉질의 활성만 기록해도 그 사람이 무슨 상상을 하는지 해독할 수 있다(그리고 과학자들은 사람의 뇌를 기록해서 그 사람의 꿈을 정확히 해독할 수도 있다.[20] 이는 꿈과 상상의 생성 과정이 같다는 증거다). 새겉질이 손상되어 특정 감각 데이터에 문제가 생긴 사람은(예를 들어 시야의 왼쪽에 있는 물체를 알아볼 수 없는 경우) 동일한 감각 데이터에 대한 특성을 그냥 상상만 하는 데도 문제가 생긴다(시야 왼쪽에 있는 사물을 상상하기도 어려워한다[21]).

이런 결과 중 어느 것도 당연하지 않다. 상상을 인식과는 별개의 시스템에서 수행할 수도 있었다. 하지만 새겉질에서는 그렇지 않다. 이들은 정확히 동일한 영역에서 수행된다. 이는 생성모델에서 예상할 수 있는 과정과 정확히 일치한다. 지각과 상상은 별개의 시스템이 아니라 동전 하나의 양면인 것이다.

모든 것을 예측하기

새겉질에서 일어나는 생성모델에 대해 이렇게 생각할 수도 있다. 생성모델이 미리 당신의 상황에 대한 시뮬레이션을 만들어 사건이 발생하기 전에 예측할 수 있게 해준다고 말이다. 새겉질은 실제로 입력되는 감각 데이터와 시뮬레이션으로 예측하는 데이터를 끊임없이 비교한다. 그래서 주변에서 놀랄 일이 생기면 바로 알아차릴 수 있는 것이다.

길에서 걷는 동안 당신은 발바닥의 느낌에 관심을 갖지 않는다. 하지만 새겉질은 당신이 움직일 때마다 예상되는 감각적 결과를 수동적으로 예측하고 있다. 당신이 왼발을 내디뎠는데 땅이 느껴지지 않으면 구덩이로 떨어지는 것은 아닌지 확인하려고 바로 바닥을 쳐다볼 것이다. 당신의 새겉질은 당신의 걸음을 시뮬레이션하고 있다. 이 시뮬레이션이 감각 데이터와 일치하면 아무것도 알아채지 못하지만 예측과 다르면 알아챈다.

뇌는 초기 좌우대칭동물이었을 때부터 예측을 해왔지만 진화를 거치면서 더욱 정교한 예측을 할 수 있게 되었다. 초기 좌우대칭동물은 한 신경세포가 활성화되기 전에 또 다른 신경세포가 먼저 활성화되는 경향이 있으며, 처음 활성화되는 신경세포를 이용해 다음에 활성화될 신경세포에 대해 예측할 수 있음을 학습했다. 이것은 가장 단순한 형태의 예측이었다. 초기 척추동물은 세상의 패턴을 이용해 미래에 받게 될 보상을 예측할 수 있었다. 더욱 정교한 형태의 예측이었다. 새겉질을 얻은 초기 포유류는 반사작용의 활성화나 미래에 받게 될 보상 이상의 것을 예측하는 방법을 학습했다. '모든 것'을 예측하는 방법을 학습한 것이다.

예측의 진화

초기 좌우대칭동물의 예측	초기 척추동물의 예측	초기 포유류의 예측
반사 활성화 예측	미래의 보상 예측	모든 감각 데이터 예측
반사회로	겉질과 바닥핵	새겉질

새겉질은 지속적으로 자신의 모든 감각 데이터를 예측하는 것으로 보인다. 반사회로가 반사-예측 기계이고 바닥핵의 비평가는 보상-예측 기계라면, 새겉질은 동물 주변의 3차원 세상을 전체적으로 재구성해서 동물이나 주변 세상의 사물들이 움직이면 다음에 어떤 일이 벌어질지 정확하게 예측하는

세상-예측 기계라 할 수 있다.

새겉질 미세회로는 아주 폭넓은 범용 시스템을 구현하기 때문에 여러 유형의 입력에 대해 시뮬레이션할 수 있다. 시각 입력을 제시하면 세상의 시각적 측면에 대한 시뮬레이션을 학습할 것이고, 청각 입력을 제시하면 세상의 청각적 측면에 대한 시뮬레이션을 학습할 것이다. 모든 새겉질 부위가 똑같아 보이는 이유가 이 때문이다. 새겉질의 서로 다른 하위영역들은 자기가 받는 입력을 바탕으로 바깥세상의 서로 다른 측면을 시뮬레이션한다. 이 새겉질 기둥을 모두 한데 모으면 보고 만지고 들을 수 있는 사물로 가득한 풍부하고 조화로운 3차원 세계의 시뮬레이션이 만들어진다.

새겉질이 어떻게 이런 일을 할 수 있는지는 여전히 수수께끼다. 한 가지 가능성은 새겉질이 현명한 가정을 할 수 있도록 미리 배선되어 있다는 것이다. 현대의 AI 모델은 좁은 AI narrow AI로 여겨지는 경우가 많다. 특별히 훈련을 받은 한정된 상황에서만 작동할 수 있다는 의미다. 사람의 뇌는 범용으로 보인다. 다양한 상황에서 작동할 수 있다. 그래서 지금까지 연구의 초점은 인공일반지능 artificial general intelligence, AGI을 만드는 데 있었다. 하지만 거꾸로 연구해온 것인지도 모른다. 새겉질이 자신의 일을 그렇게 잘할 수 있는 이유는 어떤 면에서는 현재의 인공신경망보다 훨씬 범용성이 낮기 때문일 수 있다. 새겉질은 세상에 대해 매우 좁은 범위를 가정하고 있는지도 모른다. 그리고 새겉질이 그렇게 범용일 수 있는 것이 바로 이런 좁은 가정 때문인지도 모른다.

예를 들어 새겉질에는 입력되는 감각 데이터가 시각이든 청각이든 몸감각이든 상관없이, 모두 우리 자신과는 별개로 존재하면서 자체적으로 움직일 수 있는 3차원 대상을 표상한다고 가정하도록 미리 회로가 배선되어 있는지도 모른다. 그러면 시간, 공간, 나와 다른 존재의 차이 같은 것을 학습할 필요가 없어진다. 새겉질은 자기에게 입력되는 모든 감각 정보가 시간의 흐름 속에서 펼쳐지는 3차원 세상에서 유래한 것이 분명하다고 가정한 상태에서 모든 것을 설명하려 한다.[22]

그렇다면 헬름홀츠가 말했던 추론의 의미를 어느 정도 직관적으로 이해할 수 있다. 새겉질 속의 생성모델은 입력받은 감각의 원인을 '추론'하려 시도하는 것이다. '원인'은 새겉질이 자기에게 주어진 감각 입력과 가장 잘 일치한다고 믿는 3차원 세상의 내적 시뮬레이션에 불과하다. 생성모델이 자신이 받은 입력을 '설명'하려 한다고 말하는 이유도 이 때문이다. 새겉질은 눈에 보이는 그림을 만들어낼 수 있는 세상이 어떤 상태인지 제시하려 한다(그림이 개구리로 보인다면 새겉질은 그 얼룩들이 그런 식으로 보이는 이유를 '설명'하려 한다).

왜 이렇게 할까? 바깥세상에 대한 내적 시뮬레이션을 제시해서 뭘 하려는 것일까? 새겉질은 이 고대의 포유류에게 어떤 가치를 제공했을까?

현대의 AI 시스템에서 빠진 것이 무엇인지, AI 시스템이 인간 수준의 지능을 갖게 하려면 무엇이 필요한지에 대해 여러 가지 논란이 이어지고 있다. 빠진 핵심 조각이 바로 언어와 논리라 생각하는 사람도 있다. 하지만 메타의 AI 책임자인 얀 르쿤 같은 사람들은 다른 뭔가, 좀 더 원초적이고 훨씬 오래전에 진화한 뭔가가 있다고 믿는다. 얀 르쿤의 말을 들어보자.

우리 인간은 지능의 기질로서 언어와 기호의 중요성을 지나치게 강조합니다. 영장류, 개, 고양이, 까마귀, 앵무새, 문어 등 많은 동물은 인간과 비슷한 언어가 없지만 최고의 AI 시스템을 뛰어넘는 지능적 행동을 보여줍니다. 그들에게는 강력한 '세계 모델world model'을 학습할 능력이 있습니다. 자신의 행동이 낳을 결과를 예측하고, 목적 달성에 필요한 행동을 탐색하고 계획할 수 있게 해

주는 모델이죠. 세계 모델을 학습하는 능력이야말로 오늘날의 AI 시스템에서 빠진 부분입니다.[23]

포유류의 새겉질(어쩌면 조류, 심지어 문어의 비슷한 구조)에서 구현되는 시뮬레이션이 바로 그 '세계 모델'이다. 새겉질이 그 정도로 강력한 이유는 내적 시뮬레이션을 감각 증거와 맞춰볼 뿐 아니라(헬름홀츠의 추론을 통한 지각), 중요하게는 그 시뮬레이션을 독립적으로 탐색할 수 있기 때문이다. 바깥세상에 대한 내적 모델이 풍부하다면, 머릿속에서 그 세상을 탐색해 자기가 해보지 않은 행동의 결과를 예측할 수 있다. 그렇다. 새겉질은 눈을 뜨고 자기 앞에 있는 의자를 인식하게도 해주지만, 눈을 감고도 머릿속으로 그 의자를 보게 해준다. 머릿속에서 의자를 돌려도 보고 고쳐도 보고 색깔도 바꿔 보고 재료도 바꿔 볼 수 있다. 새겉질에서 일어나는 시뮬레이션은 실제 주변 세상과 분리되었을 때, 곧 세상에 존재하지 않는 것을 상상할 때 진가를 발휘한다.

이것이 새겉질이 초기 포유류에게 안겨준 선물이었다. 인간 지능의 진화에서 세 번째 혁신은 미래의 가능성을 제시하고 과거의 사건을 떠올릴 수 있는 상상력이었다. 이로부터 지능의 익숙한 속성이 대거 등장했다. 그중에는 AI 시스템을 통해 재현되거나 원래 속성을 능가한 것도 있고, 아직 우리가 이해할 수 없는 것도 있다. 하지만 이 모든 것이 최초 포유류의 작은 뇌에서 진화했다는 것은 분명하다.

앞으로 이어질 장에서는 새겉질이 어떻게 초기 포유류에게 계획수립, 일화기억, 원인 추론 같은 과제 수행 능력을 부여했는지 살펴볼 것이다. 그리고 이런 기술의 용도를 변경해서 동물이 어떻게 미세운동 능력fine motor skill을 갖게 되었는지, 새겉질이 어떻게 주의attention, 작업기억working memory, 자기통제self-control를 구현했는지도 살펴보겠다. 나아가 초기 포유류의 새겉질에서 인간과 비슷한 지능에 관한 많은 비밀, 우리가 만든 가장 똑똑한 AI 시스템에도 빠져 있는 그 비밀들을 찾게 되리라는 점도 확인해보겠다.

12.
상상극장 속의 생쥐

새겉질의 등장은 인간 지능의 진화 역사에서 하나의 분수령이었다. 새겉질의 원래 기능은 지금처럼 폭넓지 않았을 것이다. 존재의 본질에 대해 고민하고 앞으로 먹고살 일을 계획하고 시를 쓰는 용도는 분명 아니었을 것이다. 그 대신 최초의 새겉질은 초기 포유류에게 더 근본적인 능력을 안겨줬다. 지금의 모습과 다른 세상을 상상하는 능력이다.

새겉질에 대한 연구는 대부분 사물을 인식하는 놀라운 능력에 초점을 맞춰왔다. 얼굴이 담긴 사진 한 장을 축소하거나 확대하고 위치를 바꾸고 회전해도 알아보는 능력 말이다. 초기 생성모델이라는 맥락에서는 시뮬레이션 과정인 생성모드를 인식이라는 이득을 얻기 위한 수단으로 보는 경우가 많다. 바꿔 말하면 인식은 유용하지만 상상력은 부산물일 뿐이라는 입장이다. 하지만 새겉질보다 앞서 등장한 겉질도 사물을 아주 잘 인식할 수 있었다. 심지어 어류도 회전·축소·확대·교란된 사물을 알아볼 수 있다.[1]

이는 새겉질에서 진화한 원래 기능은 세상을 인식하는 것이 아니었음을 암시한다. 다시 말해 새겉질에서 핵심으로 진화한 기능은 그 반대였는지도 모른다. 인식은 그보다 오래된 척추동물의 겉질에 이미 있었던 것으로, 시뮬레이션의 적응 과정에서 얻게 될 이점을 잠금 해제하는 수단이었을 수 있다. 새겉질의 핵심 기능은 기존의 겉질에는 없었던, 세상을 상상하고 시뮬레이션하는 능력이었다.

새겉질의 시뮬레이션 덕분에 초기 포유류가 갖게 된 세 가지 새로운 능력이 있었다. 이 세 가지 모두 1억 5,000만 년 동안 공룡의 날카로운 이빨을 피해 살아남는 데 필수 요소였다.

새로운 능력1: 대리 시행착오

1930년대에 캘리포니아대학교 버클리캠퍼스에 있던 심리학자 에드워드 톨먼Edward Tolman이 쥐를 미로에 넣고 이들이 어떤 식으로 학습하는지 관찰했다. 이 연구는 당시에 일반적으로 시행되고 있었으며 연구자들은 손다이크의 뒤를 이은 세대였다. 손다이크가 동물은 기분 좋은 결과로 이어졌던 행동을 반복한다는 '효과의 법칙'을 정립한 뒤 이를 중심으로 한 연구 패러다임이 본격화된 시절이었다.

그런데 톨먼은 뭔가 이상한 점을 알아챘다. 쥐가 미로에서 왼쪽으로 가야 할지 오른쪽으로 가야 할지 확실치 않은 갈림길에 이르면 방향을 선택하기 전에 몇 초 정도 가던 길을 멈추고 앞뒤를 살펴봤던 것이다.[2] 모든 학습이 시행착오를 통해 일어난다는 손다이크식 관점에서는 이해할 수 없는 행동이었다. 가던 길을 멈추고 고개를 앞뒤로 돌리는 행동이 강화된 이유가 무엇이란 말인가?

톨먼은 쥐가 방향을 선택하기 전에 선택지 각각을 머릿속으로 '시연play out'해본다고 추측했다. 톨먼은 이를 '대리 시행착오vicarious trial and error'라고 불렀다.

쥐는 뭔가를 결정하기 어려울 때만 머리를 돌렸다. 쥐의 결정을 어렵게 만드는 한 가지 방법은 선택에 따르는 비용과 이익을 비슷하게 하는 것이다. 쥐를 여러 개의 문과 연결된 터널에 넣는다고 가정해보자. 각 문을 지나면 먹이가 있다. 쥐가 문 앞을 지나갈 때는 특정 소리가 울린다. 이 소리는 쥐가 문을 지나 안으로 들어가기로 결정했을 때 얼마나 오래 기다려야 먹이를 얻을 수 있는지 알려주는 신호다. 어떤 소리는 쥐에게 1~2초만 기다리면 된다고 알려준다. 어떤 소리는 30초를 기다려야 한다고 알려준다. 쥐가 이 작동방식을 모두 학습하면 대기시간이 짧은 문에서도 머리를 돌리지 않고(쥐들은 곧장 문 안으로 들어가 먹이를 구했다. 아마도 '여기는 분명 기다릴 만한 가치가 있어'라고 생각할 것이다), 대기시간이 긴 문 앞에서도 돌리지 않는다(이런 문은 곧바로 지나친다. '이곳은 기다릴 가치가 없으니 바로 다음 문을 확인해보는 것이 좋겠어'라고 생각할 것이다). 하지만 대기시간이 중간인 문 앞에서는 머리를 돌리는 행동이 나타난다('기다리는 게 나을까 아니면 다음 문으로 바로 넘어가는 게 나을까?'라고 생각할 것이다[3]).

결정을 어렵게 만드는 또 다른 방법은 규칙을 바꾸는 것이다. 쥐가 생각했던 장소에 먹이가 없는 경우, 그다음에 쥐를 미로에 넣으면 쥐는 훨씬 더 많이 머리를 돌린다. 이는 대안 경로를 고민하는 모습으로 보인다.[4] 그와 유사하게 쥐를 두 가지 먹이가 들어 있는 미로에 넣었는데, 얼마 전에 그 쥐가 한 가지 먹이는 많이 먹었다고(그래서 그 먹이는 더 이상 원하지 않는다고) 해보자. 이때도 머리 돌리기 행동이 나타난다('오른쪽으로 가서 Y를 먹는 대신 왼쪽으로 가서 X를 먹는 것이 나을까?'라고 생각할 것이다[5]).

물론 가던 길을 멈추고 머리를 앞뒤로 돌린다고 해서 쥐가 다른 경로를 따라 가보는 상상을 한다는 증거가 될 수 없다. 이런 증거 부족 때문에 대리 시행착오라는 개념은 톨먼의 관찰 이후로 수십 년 동안 사람들의 머릿속에서 지워졌다. 그러다 2000년대가 되어서야 쥐가 환경을 탐색하는 동안 실시간으로 뇌 신경세포의 조합을 기록할 기술이 개발되었다. 처음으로 신경과학자들은 쥐가 가던 길을 멈추고 머리를 돌릴 때 쥐의 뇌에서 무슨 일이 벌어지는지 글자 그대로 들여다볼 수 있게 됐다.

쥐가 선택을 고민하는 동안 뇌에서 무슨 일이 벌어지는지 처음으로 조사한 사람은 미네소타대학교의 신경과학자 데이비드 레디시David Redish와 그의 제자 애덤 존슨Adam Johnson이었다. 당시에는 쥐가 미로를 탐색하는 동안 해마의 특정 장소세포들이 활성화된다는 사실이 잘 알려져 있었다. 이는 해마의 특정 신경세포들이 특정 장소를 부호화하는 어류의 공간지도와 비슷했다. 어류에서는 물고기가 물리적으로 부호화된 그 장소에 존재할 때만 이런 신경세포들이 활성화됐다. 하지만 레디시와 존슨이 쥐에서 활성화되는 신경세포를 기록했더니 다른 결과가 나왔다. 쥐가 결정을 해야 할 지점에 멈춰서 머리를 돌릴 때, 쥐의 해마는 실제 위치를 부호화하던 것을 멈추고 선택 지점에서 가능성이 있는 두 가지 미래 경로를 구성하는 일련의 장소 부호를 빠르게 시연했다.

이 연구 결과는 매우 혁신적이었다. 신경과학자가 쥐의 뇌를 직접 들여다보면서 쥐가 선택할 수 있는 대안들에 대해 생각하는 모습을 두 눈으로 관찰한 것이다. 톨먼이 옳았다. 그가 관찰한 머리를 돌리는 행동은 실제로 쥐가 미래의 행동을 계획하는 모습이었다. 반면 최초의 척추동물은 미리 행동을 계획하지 않았다. 이들의 냉혈동물 후손인 현대의 어류와 파충류를 보면 이 점을 확인할 수 있다. 이들에게서는 대리 시행착오를 통한 학습의 증거가 보이지 않는다.

우회 과제detour task를 생각해보자. 물고기 한 마리를 어항에 넣는다. 이 어항 중간에는 투명한 장벽이 있다. 장벽 한쪽 구석에 작은 구멍을 뚫어서 물고기가 반대쪽으로 넘어갈 수 있게 해준다. 그러고 어항을 탐험하게 놔두면 물고기는 그 구멍을 찾아서 이쪽저쪽을 오가며 시간을 보낸다. 며칠 후에는 새로운 시도를 해본다. 물고기를 어항 한쪽에 넣고 투명한 장벽 건너편에 맛있는 먹이를 놓는다. 그러면 무슨 일이 일어날까?

먹이를 먹으려면 먹이를 향해 바로 돌진하지 않고 오히려 먹이에서 멀어져 장벽 구석에 있는 구멍을 먼저 통과한 다음 먹이가 있는 쪽으로 방향을 트는 편이 현명하다. 하지만 물고기는 이렇게 행동하지 않고 곧장 먹이를 향해 투명한 장벽에 덤벼든다. 물고기는 그렇게 여러 번 벽에 부딪히다가 포기하고 주변을 계속 돌아다닌다. 그러다가 마침내 우연히 구멍을 통과하지만 이제 자기가 먹이에 접근할 수 있게 되었다는 사실을 곧바로 깨닫지는 못하는 것 같다. 물고기는 먹이를 향해 방향을 바꾸지 않고, 어항 반대편을 계속 돌아다닐 뿐이다. 그러다 우연히 방향을 틀어 먹이가 다시 눈에 들어온 후에야 신이 나서 먹이에 달려든다. 실제로 장벽 양쪽을 여러 번 오간 경험이 있는 물고기와 장벽을 넘어간 경험이 전혀 없는 물고기 모두 먹이를 찾는 데 걸리는 시간이 같았다.[6]

왜 그럴까? 물고기는 이전에 구멍을 통해 어항 반대편으로 가본 적이 있지만, 구멍을 통과하는 그 경로가 도파민을 제공한다는 사실을 전혀 학습하지 못한 것이다. 물고기의 바닥핵은 투명한 장벽 너머로 먹이가 보일 때는 구멍을 통과해서 먹이에 접근해야 한다는 사실을 시행착오 학습을 통해 익히지 못했다.

이는 행동을 통해서만 학습할 때 생기는 결정적인 문제다. 물고기는 구멍을 통과하는 경로는 학습했지만, 이때 그 경로를 통과해 먹이를 얻은 적은 한 번도 없었다. 쥐는 훨씬 영리하다. 이런 우회 과제에서 쥐는 물고기보다 훨씬 뛰어난 성적을 보여준다. 쥐와 물고기 모두 처음에는 먹이를 향해 곧장 투명한 장벽으로 달려간다. 하지만 쥐는 장벽을 돌아가는 방법을 알아내는 데 훨씬 뛰어나다.[7] 그리고 지도를 잘 탐험한 쥐, 곧 투명한 장벽 반대편으로 넘어가는 법을 잘 아는 쥐는 정작 자신이 그런 행동을 통해 보상을 받아본 적이 전혀 없어도 장벽을 넘어본 적이 없는 쥐보다 훨씬 빨리 반대편으로 넘어간다. 이는 대리 시행착오의 장점 중 하나다. 쥐는 자신의 환경에 대한 세계 모델을 확보하고 나면 머릿속에서 그 모델을 신속하게 탐험함으로써 장애물을 우회해 원하는 것을 얻는 방법을 찾아낸다.

행동을 통해 학습하는 오래된 전략에는 또 다른 문제가 있다. 바로 동물의 내적상태가 변화하면 과거의 보상을 통해 현재의 보상을 예측할 수 없는 경우가 있다는 것이다. 하지만 영리한 쥐는 다르게 행동한다. 한쪽에는 지나치게 짠 먹이를 놓고 반대쪽에서는 정상적인 먹이를 놓은 미로에 쥐를 투입해보자. 쥐가 미로를 정상적으로 탐색하면서 지나치게 짠 먹이(쥐는 이것을 싫어해서 피한다)와 정상적인 먹이(쥐가 좋아한다)를 맛볼 수 있게 한다. 이제 쥐를 다시 같은 상황에 투입하되 약간 조건을 바꿔보자. 몸에 염분이 심하게 부족한 상태로 만든 뒤 쥐를 투입하는 것이다. 그러면 쥐는 어떻게 할까?

쥐는 곧장 짠 먹이를 향해 달려간다.[8] 놀라운 결과다. 기존에 부정적으로 강화되어 있는 먹이의 위치를 찾아 달려가는 것이기 때문이다. 이런 행동이 가능한 이유는 딱 하나, 쥐가 각각의 경로를 시뮬레이션하고 대리 시행착오를 통해 이제 지나치게 짠 먹이가 큰 보상이 될 수 있음을 깨달았기 때문이다. 다시 말해 쥐가 행동을 하기도 전에 짠 먹이로 이어지는 경로가 대리 강화된 것이다. 물고기나 파충류가 이런 과제를 수행할 수 있음을 보여준 연구는 내가 아는 한 없다.

새로운 능력2: 반사실적 학습

인간은 과거의 일에 대해 후회하고 고통스러워하는 시간이 많다. 일반적인 대화에서 이런 질문을 흔히 들어볼 수 있다. "라미네즈가 이곳의 생활을 정리하고 칠레로 가서 자기네 농장에서 일하자고 했어. 그때 그러자고 했으면 내 인생이 어떻게 달라졌을까?" "이 따분한 사무직 대신 꿈을 좇아 야구를 했으면 어떻게 됐을까?" "오늘 회사에서 왜 그렇게 멍청한 소리를 했을까? 더 똑똑하게 말했다면 어떻게 됐을까?"

불교와 심리학에서는 모두 '만약에 내가 그랬다면'이라면서 과거를 되새기는 후회가 인간을 불행하게 만드는 원천임을 깨달았다. 이제 와서 바꿀 수도 없는 과거 때문에 왜 자신을 괴롭힌단 말인가? 이런 특성의 진화적 뿌리는 초기 포유류로 거슬러 올라간다. 고대부터 그 뒤로 한동안은 그런 되새김이 유용했다. 똑같은 상황이 자주 벌어졌으며 이런 되새김을 통해 더 나은 선택을 할 수 있었기 때문이다.

초기 척추동물에서 보았던 강화학습 유형에는 한 가지 문제가 있었다. 실제로 했던 특정 행동만을 강화하는 것이다. 실제로 선택한 경로는 가능한 모든 경로 중 작은 부분집합에 지나지 않는다. 하지만 동물이 첫 번째 시도에서 최고의 경로를 선택할 확률이 얼마나 되겠는가?

물고기가 무척추동물을 사냥하려고 모래톱으로 헤엄쳐 가서 한 마리를 잡아 돌아왔는데, 주변의 다른 물고기가 다른 경로로 헤엄쳐서 네 마리를 잡아 왔을 경우 첫 번째 물고기는 자신의 실수로부터 학습하지 못한다. 물고기는 그냥 평범한 보상을 안겨준 경로를 강화하는 데서 멈출 것이다. 물고기는 반사실counterfact로부터 학습하는 능력이 없다. 반사실이란 과거에 다른 선택을 했다면 달라졌을 지금의 상황을 말한다.

쥐가 미래의 대안을 상상할 수 있음을 발견한 데이비드 레디시는 쥐가 과거에 했던 선택의 대안도 상상할 수 있을지 확인하고 싶었다. 레디시와 그의 제자인 애덤 스타이너Adam Steiner는 쥐를 '식당 줄restaurant row'이라는 원형 미로에 투입했다.[9] 쥐는 이 미로를 반시계방향으로 돌며 동일한 복도 입구 네 개를 계속 지나쳤다. 각 복도 끝에는 서로 다른 맛의 먹이가 있다(초콜릿, 체리, 바나나, 맛을 내지 않은 사료). 쥐가 각 복도를 지나칠 때마다 다음 복도로 넘어가지 않고 기다리면 먹이가 나올 때까지 걸리는 대기 시간을 알려주는 신호음을 무작위로 들려줬다. 신호음 A는 지금의 복도에서 기다리면 45초 후에 먹이를 얻게 된다는 뜻이었고, 신호음 B는 5초 후에 먹이를 얻게 된다는 식이었다. 쥐가 기다리지 않고 다음 복도로 가겠다고 결정하면 되돌아갈 수 없었다. 이렇게 쥐에게 연속해서 되돌릴 수 없는 선택 기회가 주어졌고 쥐가 한 시간 동안 자기가 좋아하는 먹이를 최대한 많이 먹을 수 있게 했다.

주어진 복도에서 쥐에게 제시된 선택지를 생각해보자. 방금 5초 후에 먹

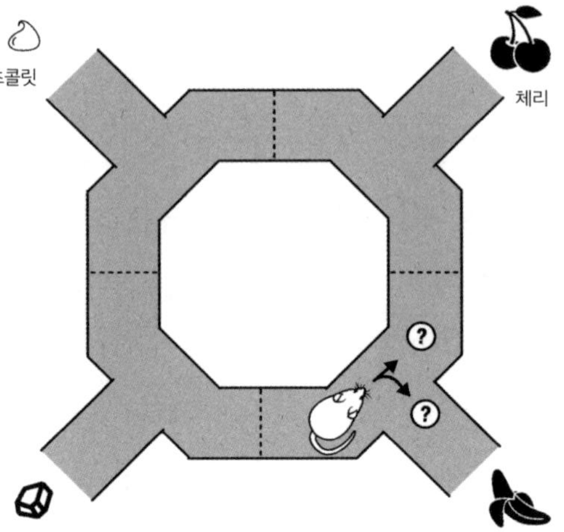

그림 12.1 쥐의 후회를 실험하는 레디시의 식당 줄 미로

이가 방출될 거라는 신호가 나온 바나나를 여기서 기다릴까, 자신이 좋아하는 체리가 있는 다음 복도로 가서 그것도 빨리 방출될 거라고 도박을 해볼까? 빨리 얻을 수 있는 바나나를 포기하고, 다음 문에서 체리를 먹으려다가 45초를 기다려야 한다는 신호가 나오면 쥐들은 선택을 후회하는 기색을 나타냈다. 쥐들은 멈춰 서서 방금 지나쳐 되돌아갈 수 없는 복도를 돌아봤다. 그리고 새겉질 미각영역에 있는 신경세포들이 바나나의 표상을 다시 활성화했다. 이는 말 그대로 쥐가 다른 선택을 했을 때 바나나를 먹는 세상을 상상하고 있음을 보여줬다.

지나온 복도를 돌아보며 자신이 포기한 선택에 대한 표상을 재활성화했던 쥐는 결국 미래의 선택도 바꿨다. 다음에는 기다려서라도 다른 사료를 급하게 먹고 미로를 한 바퀴 돌아 다시 체리를 먹으러 왔다.

영장류는 반사실에 대해서 추론도 한다. 원숭이에게 가위바위보를 가르치는 실험을 생각해보자.[10] 원숭이는 질 때마다 항상 그다음 손은 그 전 게임에서 이겼을 손을 내는 편향을 보인다. 상대방이 가위를 냈는데 원숭이가 보자기를 내서 지면 다음에는 바위(가위를 이겼을 손)를 낼 가능성이 높다. 이런 행동은 초기 척추동물의 시간차학습으로는 설명할 수 없다. 여기서 제시하는 진화적 프레임에 따르면, 만약 물고기가 가위바위보를 할 수 있다고 해도 이런 효과는 나타나지 않았을 것이다. 물고기가 가위를 상대로 보자기를 내서 졌다면 그다음에 보자기를 낼 가능성은 낮아지겠지만(게임에 져서 처벌을 받은 행동) 그다음에 바위나 가위를 낼 확률은 비슷할 것이다(양쪽 행동 모두 처벌을 받지도 강화되지도 않았다). 이와 대조적으로 원숭이는 보자기를 내서 진 다음 그 게임을 머릿속에 재생해볼 수 있기 때문에, 자기가 바위를 냈다면 이겼으리라는 사실을 깨닫게 된다. 따라서 원숭이는 반사실적 학습counterfactual learning을 바탕으로 자신의 행동을 변화시킨다.

인과관계에 대한 지각은 반사실적 학습과 복잡하게 얽혀 있을지도 모른다. "X가 Y를 일으켰다"라는 말은 X가 일어나지 않은 반사실적 상황에서는 Y도 일어나지 않았으리라는 뜻이다.[11] 이것이 우리가 상관관계와 인과관계를 구분하는 방법이다. 건조한 숲에 번개가 치는 것을 보았는데 바로 불이 나기 시작했다면 번개 때문에 불이 났다고 말하지, 불이 번개를 일으켰다고는 하지 않는다. 이렇게 말할 수 있는 이유는 번개가 치지 않은 반사실적 상황을 상상해보면 불이 나지 않았을 것이기 때문이다. 반사실이 없으면 인과관계와 상관관계를 구분할 수 없다. 무엇이 무엇을 일으켰는지 알 길이 없다. 그저 "X는 항상 Y보다 앞서서 일어난다" "X가 일어날 때마다 Y가 일어난다" "X가 일어나지 않으면 Y는 절대 일어나지 않는다" 등으로만 알 수 있다.

반사실적 학습 덕분에 조상들의 뇌가 신뢰 할당 문제를 해결하는 데 중요한 발전을 이뤘다. 다시 한 번 정리하면 신뢰 할당 문제는 다음과 같다. 미리 결과를 예측하고 싶은 중요한 사건이 일어났을 때, 그전에 일어났던 행동이나 사건 중에서 어떤 것이 그 사건의 결과를 예측하는 데 도움이 될 거라는 신뢰를 할당할 수 있을까? 간단히 말해 여러 가지 일들이 일어나는 상황에(새가 지저귀고, 한바탕 바람이 불고, 나뭇잎이 움직이고, 번개가 내리쳤다) 이어서 불이 났다면 어떤 사건을 불의 예측 변수로 신뢰할 수 있을까? 초기 좌우대칭동물에서는 차폐, 잠재적 억제, 가리기 등이 간단한 논리를 주도하면서 예측이나 연합이 형성됐다. 초기 척추동물에서는 시간차학습이 진화한 덕분에 바닥핵이 미래에 받을 거라고 예측되는 보상의 변화를 이용해서 신뢰를 할당했다. 비평가가 상황이 방금 좋아졌거나 나빠졌다고 생각하는 시점에 그 단서나 행동에 신뢰가 할당된다. 하지만 과거 선택의 대안을 시뮬레이션하는 능력이 생긴 초기 포유류는 반사실에도 신뢰를 할당했다. 포유류는 "내가 이 수를 두지 않았다면 게임에서 졌을까?"라고 질문함으로써 어떤 한 수가 정말로 게임에서 승리로 이끌어준 한 수라고 신뢰할 수 있는지 판단했다.

신뢰 할당의 진화

초기 좌우대칭동물의 신뢰 할당	초기 척추동물의 신뢰 할당	초기 포유류의 신뢰 할당
차폐, 잠재적 억제, 가리기 등의 기본 규칙을 바탕으로 신뢰를 할당한다.	비평가가 미래 보상의 변화를 예상하는 시점을 바탕으로 신뢰를 할당한다.	반사실을 바탕으로 신뢰를 할당한다. 곧 앞서 일어났던 사건이나 행동이 일어나지 않았다면 그 후에 일어난 사건도 일어나지 않았을지(그 사건을 실제로 일으킨 것이 무엇인지) 판단한다.

인과관계 자체는 물리학보다 심리학의 영역에 더 가까울지도 모르겠다. 인과관계의 존재를 100퍼센트 확실하게 증명할 수 있는 실험은 존재하지 않

는다. 완전히 측정할 수 없기 때문이다. 통제된 실험을 통해 인과관계를 짐작할 수는 있지만 그것이 확실한 증거가 될 수는 없다. 완벽하게 통제된 실험은 이뤄질 수 없기 때문이다. 인과관계가 실제로 존재한다고 해도 그것을 경험적으로 증명하기는 원칙적으로 불가능하다. 사실 현대 양자역학 분야에서 이뤄지는 실험들에서는 인과관계가 아예 존재하지 않을지도 모른다는 것을 암시하고 있다. 적어도 어디서나 존재하는 것은 아니라고 말이다. 실재하는 특성들이 어떻게 한 단계에서 다음 단계로 진행하는지 설명하는 물리법칙에는 아무런 실질적 인과관계가 없을 수도 있다. 인과관계가 실제로 존재하는지 여부를 떠나, 궁극적으로 우리가 직관적으로 인과관계를 지각하게 된 것은 그것이 실제로 존재하기 때문이 아니라 그렇게 지각하는 것이 유용했기 때문이다. 인과관계는 과거에 했던 선택의 대안을 통해 학습할 수 있도록 우리 뇌가 만들어낸 구성물이다.

이런 반사실적 학습과 인과 추론은 많은 포유류, 심지어 쥐에서도 관찰된다. 하지만 어류나 파충류가 반사실로부터 학습할 수 있다거나 인과관계에 대해 추론할 수 있다는 설득력 있는 증거는 나오지 않았다(조류는 이런 추론이 가능하다는 증거가 있다[12]). 이는 적어도 우리 계통에서는 이런 능력이 포유류 조상에서 처음 등장했음을 시사한다.

새로운 능력3: 일화기억

1953년에 헨리 몰레이슨Henry Molaison이라는 스물일곱 살의 남성이 심각한 발작의 원인이었던 해마를 완전히 제거하는 실험적인 수술을 받았다. 수술은 어떤 의미에서는 성공적이었다. 발작 강도가 현저하게 약해졌고 성격과 지능은 그대로 유지됐다. 하지만 곧 그의 담당 의사들은 이 수술이 환자로부터 아주 소중한 것을 앗아갔음을 발견했다. 수술에서 깨어난 몰레이슨은 새로운 것을 기억하는 능력을 완전히 잃어버렸다. 1~2분 정도는 대화를 이어갈 수 있었지만 방금 무슨 일이 일어났는지를 모두 잊어버렸다. 40년이 지난 후에도 그는 1953년 전에 있었던 사실로는 십자말풀이의 빈칸을 채울 수 있었지만 그 후로 있었던 사실로는 할 수 없었다. 몰레이슨은 1953년에 갇혀버렸다.

우리가 과거를 되돌아보는 이유는 과거에 했던 선택의 대안을 고려하기 위해서뿐 아니라 과거의 삶을 기억하기 위해서이기도 하다. 사람들은 5분 전에 자기가 무슨 일을 했는지, 대학교에서 무엇을 전공했는지, 결혼 축사에서 어떤 재미있는 농담이 나왔는지 쉽게 기억해낸다. 살면서 과거에 있었던 특정 일화를 떠올리는 기억을 '일화기억'이라고 한다. 말하기, 타이핑하기, 야구공 던지기 등 다양한 동작의 수행 방법을 기억하는 절차기억procedural memory과는 구별된다.

그런데 이상한 점이 있다. 우리는 실제로 일화적 사건을 기억하는 것이 아니다. 일화기억은 과거를 비슷하게 재창조하는 시뮬레이션 과정이다. 미래의 사건을 상상할 때는 미래의 현실을 시뮬레이션한다. 과거의 사건을 기억할 때는 과거의 현실을 시뮬레이션한다. 두 경우 모두 시뮬레이션이다.

두 가지 증거를 바탕으로 이런 사실을 알아냈다. 첫째, 과거의 사건을 기억할 때와 미래의 사건을 상상하는 것은 완전히 똑같지는 않지만 비슷한 신경회로를 사용한다. 미래를 상상할 때나 과거를 회상할 때나 동일한 네트워크가 활성화된다.[13] 얼굴이나 집 같은 특정 대상을 기억하면 그 대상을 실제로 지각할 때와 동일한 감각겉질의 신경세포들이 재활성화된다. 앞에서 살펴

봤듯이 이는 그 대상을 상상할 때도 마찬가지다.[14]

일화기억이 시뮬레이션에 불과하다는 두 번째 증거는 일화기억과 연관된 현상에서 발견된다. 예를 들어보자. 사물을 볼 때 우리가 눈에 보이지 않는 시각적 형태를 채워 넣는 것과 비슷하게, 사람의 일화기억 역시 기억을 되살리는 과정에서 그 내용을 채워 넣는 것으로 밝혀졌다. 일화기억이 아주 실감나게 느껴지면서도 생각처럼 정확하지 않은 것은 이 때문이다. 일화기억의 단점을 가장 분명하게 보여주는 사례는 목격자 증언이다. 용의자들을 한 줄로 세워 놓고 보여주면 목격자는 그중 누가 범죄를 저질렀는지 안다고 100퍼센트 확신하는 경우가 많다. 하지만 우리가 인식하는 기억의 정확성과 달리 목격자 증언의 신뢰성은 끔찍하게 낮은 것으로 밝혀졌다. 잘못된 유죄 판결을 받았다가 이노센스프로젝트Innocence Project*를 통해 무죄가 밝혀진 사람 중 77퍼센트는 잘못된 목격자 증언[15] 때문에 유죄 판결을 받았다. 새걷질에서는 상상으로 꾸며낸 장면과 실제로 있었던 일화기억의 구분이 모호하다. 실제로 일어나지 않았던 과거의 한 사건을 반복적으로 상상하면 엉뚱하게도 그 사건이 실제로 일어났다고 강하게 확신한다는 것이 연구를 통해 밝혀졌다.[16]

동물에게 최근의 사건에 대해 예상치 못한 문제를 냄으로써 일화기억이 있는지 여부를 확인할 수 있다. 예를 들어 쥐는 방사형 미로에서 특정한 과제를 제시했을 때 지난 몇 분 동안 먹이를 발견한 경험이 있어야만 그 경로를 따라가 먹이를 찾고, 먹이를 발견하지 못하면 다른 경로를 따라가야 먹이를 찾을 수 있음을 학습한다. 이 문제는 무작위로 내기 때문에(쥐에게 이 미로를 무

* 억울하게 유죄 판결을 받은 사람들이 증거채취 및 감식기술 등 과학 기술을 동원해 무죄를 입증하도록 도와주는 미국의 인권단체-옮긴이

작위로 제시함으로써) 최초의 척추동물이 갖고 있는 시간차학습 능력 덕분에 이런 우발적 상황을 학습했다고 보기는 어렵다. 미로가 각 방향으로 동일하게 뻗어나가기 때문이다. 쥐는 미로 안에서 최근에 먹이를 찾은 적이 있는지 여부를 기억해서 먹이를 얻을 수 있는 올바른 경로를 선택하는 법을 쉽게 학습하는 것이다.[17] 비포유류 중에서 이런 일화기억을 갖고 있는 것으로 밝혀진 것은 조류와 두족류밖에 없다. 이 두 집단은 시뮬레이션을 위한 뇌 구조를 독자적으로 진화시킨 것으로 보인다.[18]

몰레이슨은 수술을 받은 이후 역사적으로 가장 많이 연구된 신경계질환 환자가 됐다. 새로운 일화기억을 만들 때는 해마가 있어야 하는데, 예전의 기억을 떠올릴 때는 없어도 되는 이유가 무엇일까? 이것은 진화가 오래된 구조를 새로운 용도로 변경해서 사용한 사례에 해당한다. 포유류의 뇌에서는 일화기억이 오래된 해마와 새겉질 사이의 협력을 통해 떠오른다. 해마는 패턴을 신속하게 학습할 수 있지만 세상을 시뮬레이션할 수는 없다. 새겉질은 세상의 구체적인 측면들을 시뮬레이션할 수 있지만 새로운 패턴을 신속하게 학습할 수 없다. 일화기억은 반드시 신속하게 저장되어야 한다. 그래서 원래 장소의 패턴을 신속하게 인식하기 위해 설계된 해마의 용도가 변경되어 일화기억의 신속한 부호화를 보조하게 됐다. 감각과 연관된 새겉질의 분산된 신경 활성화(시뮬레이션)는 해마에서 이와 대응하는 패턴을 재활성화함으로써 '인출retrive'할 수 있다. 쥐는 해마에 있는 장소 신경세포들을 활성화하듯이 다른 경로를 따라가는 상황을 시뮬레이션하기 위해 해마에 있는 '기억부호memory code'를 재활성화해서 최근의 사건을 시뮬레이션한다.

이런 역학은 인공신경망이 새로운 패턴을 학습할 때 오래된 패턴을 잊어버리는 파괴적 망각 문제에 대한 새로운 해결책을 제시했다. 최근의 기억을 오래전 기억과 나란히 인출하고 재생함으로써, 해마는 새겉질이 오래된 기억을 파괴하지 않고도 새로운 기억을 통합할 수 있게 도와준다. AI에서는 이런 과정을 '생성재생generative replay' 또는 '경험재생experience replay'이라고 부른다. 이 과정이 파괴적 망각에 대한 효과적인 해결책임은 입증됐다. 새로운 기억을 형성할 때는 해마가 필요하지만 오래된 기억을 인출할 때는 해마가 필요 없는 것도 이 때문이다. 새겉질은 어떤 기억을 충분히 재생한 후에는 자체적으로 그 기억을 인출할 수 있다.

미래와 과거에 대한 모든 시뮬레이션은 기계학습과 비슷한 점이 많다. 혁신 #2에서 살펴봤던 유형의 강화학습, 곧 시간차학습은 일종의 모델 없는 강화학습model free reinforcement learning이다. 이런 강화학습에서는 AI 시스템이 자극, 행동, 보상 사이에 직접적인 연합을 형성해 학습한다. 이런 시스템을 '모델 없는'이라고 부르는 이유는 판단이나 결정을 하기 전에 미래에 실행할 수 있는 행동을 시뮬레이션할 모델이 필요 없기 때문이다. 이것은 시간차학습을 효율적으로 만들어주는 동시에 유연성이 떨어지게도 만든다.

모델 기반 강화학습model based reinforcement learning이라는 또 다른 강화학습 범주가 있다. 이 시스템은 좀 더 복잡한 것을 학습한다. 자신의 행동이 세상에 어떻게 영향을 끼치는지에 관한 모델인 것이다. 일단 이런 모델을 구축하고 나면 시스템은 선택을 내리기 전에 실행할 수 있는 일련의 행동을 시뮬레이션한다. 이런 시스템은 유연성이 더 높지만 판단할 때 내적 세계 모델을 구축하고 탐험해야 하는 부담을 안는다.

현대의 기술에서 채택하는 강화학습 모델은 대부분 모델 없는 강화학습의 형태다.[19] 다양한 아타리 게임을 마스터한 유명한 알고리즘과 여러 자율주행차 알고리즘은 모델이 없는 형태다. 이런 시스템은 하던 일을 멈추고 자신의 선택이 맞을지 고민하지 않으며, 주어진 감각 데이터에 반응해서 즉각적으로 행동한다.

모델 없는 강화학습	모델 기반 강화학습
현재의 상태와 최적의 행동[20] 사이의 직접적인 연합을 형성해 학습한다.	행동이 세상에 어떻게 영향을 끼치는지에 관한 모델을 학습하고, 이를 이용해 선택하기 전에 서로 다른 행동을 시뮬레이션한다.
더 신속하게 판단하지만 유연성이 떨어진다.	판단은 느리지만 더 유연하다.
최초의 척추동물에서 등장	최초의 포유류에서 등장
새겉질이 필요 없다.	새겉질이 필요하다.
예: 각각의 단서(신호등, 지형지물)가 등장할 때마다 습관적으로 반응하면서 출근한다.	예: 머릿속으로 여러 출근길을 고려해서 그중 가장 빠른 길을 선택한다.

모델 기반 강화학습은 두 가지 이유로 구현하기 어렵다고 밝혀졌다.

첫째, 세상을 모델로 구축하기가 어렵다. 세상은 복잡하고 세상에 대한 정보는 잡음이 많이 섞여 있으며 불완전하기 때문이다. 이것이 르쿤의 말처럼 새겉질은 만들어내지만 AI 시스템에서는 빠진 세계 모델이다. 세계 모델이 없으면 행동을 시뮬레이션하고 그 결과를 예측할 수 없다.

모델 기반 강화학습을 구현하기 어려운 두 번째 이유는 무엇을 시뮬레이션할지 선택하기가 어렵기 때문이다. AI의 장애물로 시간적 신뢰 할당 문제를 지적한 논문에서 마빈 민스키는 '검색 문제search problem'라는 것도 확인했다. 대부분의 실제 상황에서 가능한 모든 선택지를 검색하기란 불가능하다. 체스를 생각해보자. 현실세계와 비교하면 체스의 세계 모델을 구축하기는 상대적으로 쉽다. 규칙 자체가 결정론적이고 모든 말과 모든 움직임, 체스판의 모든 칸에 대해 알고 있기 때문이다. 하지만 이런 체스조차 앞으로 둘 수 있는 모든 수를 검색하기는 불가능하다. 체스에서 가지치기해서 나오는 모든 경우의 수는 우주에 있는 모든 원자 수보다도 많다. 따라서 바깥세상에 대한 내적 모델을 구축하는 것도 문제지만, 그것을 어떻게 검색할 것인지 알아내는 것도 문제다.

하지만 초기 포유류의 뇌는 어떻게든 이 검색 문제를 해결했다. 과연 어떻게 했는지 살펴보자.

13.
미래의 가능성을 시뮬레이션하기

TD-개먼이 성공한 이후 사람들은 서튼의 시간차학습(모델 없는 강화학습)을 체스처럼 복잡한 보드게임에 적용했다. 하지만 결과는 실망스러웠다.

백개먼 같은 일부 비디오게임에서는 시간차학습 같은 모델 없는 접근방식이 잘 작동했지만 체스처럼 복잡한 게임에서는 성적이 좋지 않았다.[1] 계획수립도 하지 않고 가능한 미래를 시뮬레이션해보지도 않는 모델 없는 학습의 경우 복잡한 상황에서 당장은 안 좋아 보여도 나중에는 도움이 될 수를 찾는 능력이 떨어진다는 것이 문제였다.

2017년에 구글의 딥마인드에서는 알파제로AlphZero라는 AI 시스템을 출시했다. 알파제로의 능력은 바둑계 세계챔피언 이세돌과의 대국에서 승리를 거두는 등 체스뿐 아니라 바둑에서도 인간을 뛰어넘었다.[2] 바둑은 고대 중국의 보드게임으로 체스보다 훨씬 복잡하다. 바둑에서 나올 수 있는 경우의 수는 체스보다 수조 배의 수조 배나 많다.[3]

그림 13.1 바둑[4]

알파제로의 성능은 바둑과 체스에서 어떻게 사람을 뛰어넘었을까? 시간차학습이 성공하지 못한 분야에서 알파제로는 어떻게 성공할 수 있었을까? 그 주요한 차이는 알파제로가 '미래의 가능성'을 시뮬레이션했다는 점이다. TD-개먼과 마찬가지로 알파제로도 강화학습 시스템이었다. 이 시스템이 갖춘 전략은 전문적인 기술을 프로그래밍해서 입력한 것이 아니라 시행착오를 통해 학습하는 것이었다. 하지만 TD-개먼과 달리 알파제로는 모델 기반 강화학습 알고리즘이었다. 알파제로는 다음 수는 어디에 둘지 결정하기 전에 둘 수 있는 수들을 검색했다.

상대방이 수를 둔 후에 알파제로는 잠시 멈추고 고려해볼 수들을 고른 다음, 고른 수를 대상으로 전체적인 게임이 앞으로 어떻게 펼쳐질지 수천 번을 시뮬레이션한다. 알파제로는 시뮬레이션한 후에 A라는 수를 두었을 때는 40번의 가상 게임에서 35번 승리하고, B라는 수를 두었을 때는 40번의 가상 게임에서 39번 승리한다는 것을 파악한다. 이런 식으로 다음에 둘 수 있는 여러 가지 수의 승률을 각각 계산한다. 그리고 그중에서 승률이 가장 높은 수를 고른다.

물론 이렇게 하려면 검색 문제가 따라온다. 구글의 슈퍼컴퓨터로 무장한 알파제로라도 임의의 바둑판 구성에서[5] 모든 경우의 수를 시뮬레이션하려면 100만 년이 넘게 걸릴 것이다. 하지만 알파제로는 이 시뮬레이션을 0.5초 이내에 끝낼 수 있다. 이런 일이 어떻게 가능할까? 수조 가지 가능한 미래를 일일이 시뮬레이션하지 않고 수천 가지 경우만 시뮬레이션하기 때문이다. 다시 말해 우선순위를 정한다.

거대한 가능성의 나무에서 어느 가지를 검색할지 우선순위를 정하는 알고리즘에는 여러 가지가 있다. 구글맵스Google Maps에서는 A 지점에서 B 지점으로 가는 최적 경로를 검색할 때 이런 알고리즘을 사용한다. 하지만 알파제로에서 사용한 검색 전략은 그와 달랐고, 실제 뇌의 작동방식과 관련해 독특한 통찰을 제공했다.

시간차학습에서 행위자가 보드에 있는 말들의 현재 위치를 바탕으로 다음에 둘 최고의 수를 예측하는 법을 어떻게 배우는지에 대해서는 이미 앞에서 살펴보았다. 알파제로는 이 구조를 확장했다. 행위자가 가장 좋다고 생각하는 다음 수 한 가지만 선택하지 않고 최고라 생각하는 수 여러 개를 고르는 것이다. 알파제로는 막연하게 행위자가 옳겠거니 가정하지 않고(행위자가 항상 옳지는 않을 테니까) 검색을 이용해서 행위자의 직감을 검증했다. 알파제로는 사실상 행위자에게 이렇게 말하는 셈이었다. "좋아. 네가 A야말로 가장 좋은 수라고 생각한다면 실제로 A를 뒀을 때 게임이 어떻게 펼쳐질지 한번 보자고." 이어서 알파제로는 행위자가 두 번째 좋은 수, 세 번째 좋은 수라며 제안하는 다른 수들도 검색한다("좋아, 만약 A를 두지 않는다면 너의 직감에 그다음으로 좋은 수는 뭔데? 어쩌면 B라는 수가 네 생각보다 좋은 수일 수도 있어.").

알파제로가 우아한 해결책인 이유는 어떤 면에서 서튼의 시간차학습을 재발명한 것이 아니라 영리하게 가다듬었기 때문이다. 알파제로는 미래의 모든 가능성을 논리적으로 고려하기 위해 검색을 이용한 것이 아니다(대부분의 상황에서 불가능하다). 행위자-비평가 시스템이 만들어내는 직감을 검증하고 그를 바탕으로 선택의 폭을 확장하는 데 이용했을 뿐이다. 뒤에서 보겠지만 이런 접근방식은 포유류가 검색 문제를 해결하는 방식과 유사하다.

바둑은 가장 복잡한 보드게임 중 하나지만, 현실세계에서 돌아다니면서 미래를 시뮬레이션하는 것에 비하면 훨씬 단순하다. 첫째, 바둑에서 일어나는 행동은 불연속적이다. 따라서 바둑판에 돌이 놓였을 때 다음에 둘 수 있는 경우의 수는 200가지 정도밖에 안 된다.[6] 반면 실제 세계에서 일어나는 행동은 연속적이어서 선택할 수 있는 사물과 검색 경로의 수가 무한하다.[7] 둘째, 바둑이라는 세계에서는 정보가 결정론적이고 완전하다. 반면 현실세계에서는 정보에 잡음이 많이 섞이고 불완전하다. 셋째, 바둑에서 얻는 보상은 이기느냐 지느냐로 단순하다. 하지만 현실세계의 동물에게는 시간에 따라 변화하는 여러 가지 요구가 서로 경쟁한다. 따라서 알파제로가 크게 도약하긴 했지만 AI 시스템이 연속적인 행동 공간, 세상에 대한 불완전한 정보, 복잡한 보상이라는 환경 안에서 계획을 수립하는 경지에 도달하려면 갈 길이 멀다.

무엇보다 계획을 수립할 때 포유류의 뇌가 알파제로 같은 현대의 AI 시스템보다 결정적으로 유리한 부분은 연속적 행동 공간, 불완전한 정보, 복잡한 보상 안에서 계획을 수립하는 능력이 아니다. 상황에 따라 계획에 대한 접근방식을 유연하게 바꾸는 능력이다. 알파제로는 보드게임에서 수를 둘 때마다 동일한 검색 전략을 사용한다. 하지만 현실세계에서는 상황에 따라 다른 전략을 써야 한다. 포유류 뇌의 시뮬레이션 능력이 뛰어난 이유가 아직 발견되지 않은 특별한 검색 알고리즘 덕분일 가능성은 낮다. 그보다는 서로 다른 전략을 고를 수 있는 뇌의 유연성 덕분일 가능성이 높다. 우리는 서로 다른 선택지를 시뮬레이션하기도 하지만, 시뮬레이션 같은 것은 아예 건너뛰고 그냥 본능적으로 행동하기도 한다(어떤 식으로든 뇌는 각각의 행동을 언제 해야 할지 똑똑하게 판단할 수 있다). 우리는 잠시 멈추고 미래의 가능성을 고려하기도 하지만, 잠시 멈추고 과거의 사건이나 과거에 한 선택의 대안들을 시뮬레이션하기도 한다(어떤 식으로든 뇌는 각각의 시뮬레이션을 언제 해야 할지 판단할 수 있다). 우리는 계획을 세세하게 상상하며 구체적인 하위 과제까지 모두 시뮬레이션하기도 하지만, 계획의 큰 틀만 구상하기도 한다(어떤 식으로든 뇌는 시뮬레이션의 세분화 수준을 적절하게 선택할 수 있다). 우리 뇌는 어떻게 이런 일을 해내는 것일까?

이마엽앞겉질과 내적 시뮬레이션의 통제

1980년대에 안토니오 다마지오Antonio Damasio라는 신경과학자가 자기 환자를 찾아갔다. 'L'로 불리는 뇌졸중 환자였다. L은 눈을 뜨고 무표정한 얼굴로 침대에 누워 있었다. 움직이지도 않았고 말도 하지 않았지만 몸이 마비된 것은 아니었다. 가끔 담요를 끌어당겨 덮을 정도로 운동 능력을 보여줬고 움직이는 물체로 시선을 돌리기도 했으며 누군가 이름을 부르면 분명 알아들었다. 하지만 L은 아무런 행동도 말도 하지 않았다. 그녀의 눈을 들여다본 사람들은 "그녀가 그곳에 있으면서도 없는 것 같다"라고 말했다.

시각겉질, 몸감각겉질, 청각겉질이 손상된 뇌졸중 환자는 시각장애나 청각장애 같은 지각장애를 겪는다. 하지만 L은 그런 증상을 전혀 보이지 않았다. 그녀의 뇌졸중은 이마엽앞새겉질prefrontal neocortex의 특정 영역에서 일어났다. L에게는 무동무언증akinetic mutism이 생겼다. 이것은 이마엽앞새겉질의 어떤 영역이 손상되어 생기는 비극적이고 기이한 질병으로, 이 증상이 생기면 움직이고 대상을 이해하는 데는 문제가 없지만 어떤 행동도 말도 하지 않고 모든 것에 무관심해진다.[8]

6개월이 지나자 많은 뇌졸중 환자와 마찬가지로 L도 새겉질의 다른 영역들이 손상된 영역을 보완하기 위해 재구성되면서 회복하기 시작했다. L이 천천히 다시 말을 하기 시작하자 다마지오가 그녀에게 지난 6개월간의 경험에 대해 물어봤다. L은 그 기간에 대한 기억이 거의 없었지만 말을 시작하기 전 며칠 동안은 기억했다. 그녀는 그 경험을 두고 말할 것이 없어서 말하지 않았던 것이라 설명했다. 자기의 마음이 완전히 텅 비어 있었고 입밖으로 꺼낼 만큼 중요한 것이 하나도 없었다고 했다. 주변에서 나누는 대화를 온전히 이해할 수 있었지만 대꾸할 의지를 전혀 느끼지 않았다고도 했다.[9] L은 모든 의도intention를 잃었던 것으로 보인다.

모든 포유류의 새겉질은 두 부분으로 나뉜다. 뒤쪽 절반은 시각영역, 청각영역, 몸감각영역을 포함하는 감각새겉질sensory neocortex이다. 11장에서 새겉질에 대해 살펴본 내용은 감각새겉질에 관한 것이었다. 이곳은 입력되는 감각 데이터에 맞춰 상황을 시뮬레이션하거나(추론을 통한 지각), 대안적 현실을 상상해서 바깥세상에 대해 시뮬레이션하는 영역이다. 하지만 감각새겉질은 새겉질의 작동방식을 구성하는 퍼즐 중 절반에 지나지 않는다. 최초 포유류의 새겉질에는 현대의 쥐, 인간과 마찬가지로 앞쪽 절반에서 발견되는 또 다른 요소가 있었다. 바로 이마엽새겉질frontal neocortex이다.

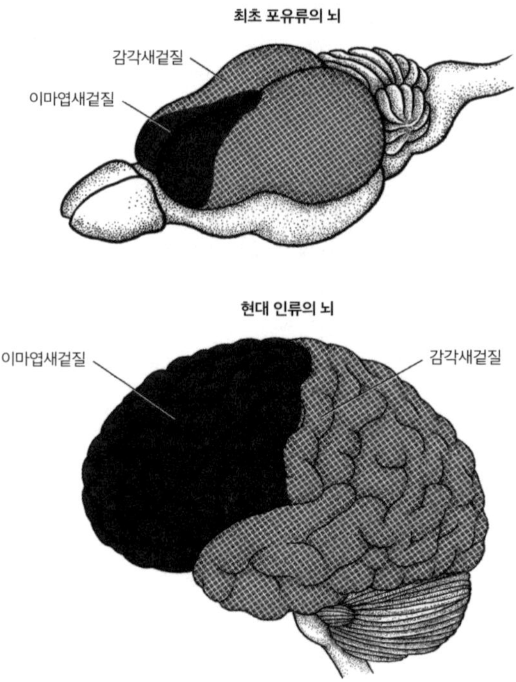

그림 13.2

사람 뇌의 이마엽새겉질에는 세 개의 주요 하위영역이 포함되어 있다. 바로 운동겉질, 과립이마엽앞겉질granular prefrontal cortex, gPFC, 무과립이마엽앞겉질agranular prefrontal cortex, aPFC이다. 이마엽앞겉질prefrontal cortex의 영역은 과립세포granule cell의 유무를 바탕으로 '과립'과 '무과립'으로 구분한다. 과립세포는 새겉질 기둥의 4번 층에서 발견되는 세포다. gPFC에서는 새겉질에 정상적으로 6층 구조의 신경세포가 있다. aPFC에서는 이상하게도 과립세포가 발견되는 새겉질의 4번 층이 빠져 있다(운동겉질에도 4번 층이 빠져 있지만 운동겉질은 이마엽앞겉질로 간주하지 않는다). 그래서 이마엽앞겉질에서 4번 층이 빠진 영역을 aPFC라 부르고, 4번 층을 포함하고 있는 이마엽앞겉질 영역은 gPFC라 부른다. 이마엽새겉질의 일부 영역에서 한 층이 모두 빠져 있는 정확한 이유는 아직 밝혀지지 않았지만, 앞으로 이어지는 장에서 그 이유를 살펴볼 것이다.

gPFC는 훨씬 늦은 시기에 초기 영장류에서 진화했다. 이에 대한 모든 내용은 혁신 #4에서 다루겠다. 운동겉질은 최초의 포유류 이후, 최초의 영장류 이전에 진화했다(운동겉질에 대해서는 다음 장에서 설명할 것이다). aPFC는 가장 오래된 이마엽 영역이며 최초의 포유류에서 진화했다. 다마지오의 환자 L의 손상된 영역은 aPFC였다. 이 영역은 굉장히 오래되기도 했고 새겉질이 제대로 기능하는 데 필수다. 따라서 이곳이 손상됐을 때 L은 인간으로 존재한다는 의미, 구체적으로는 포유류로 존재한다는 의미에서 핵심 요소를 박탈당하고 말았다.[10]

최초의 포유류는 이마엽새겉질 전체가 aPFC였다. 현대의 모든 포유류에게는 최초의 포유류로부터 물려받은 aPFC가 있다. L의 무동무언증을 이해하고, 무엇을 언제 시뮬레이션할지에 대해 포유류의 뇌가 어떻게 판단하는지 이해하려면 먼저 진화의 시계를 거꾸로 돌려 최초의 포유류 뇌에서 aPFC가 어떤 기능을 했는지 탐구해야 한다.

초기 포유류에서는 시뮬레이션이 감각새겉질에서 일어나고 이마엽새겉질은 시뮬레이션을 통제하는 영역이었던 것으로 보인다. 언제 무엇을 상상할지 판단하는 것은 이마엽새겉질이다. 이마엽새겉질이 손상된 쥐는 시뮬레이션을 촉발하는 능력을 상실한다. 그래서 대리 시행착오, 일화기억 회상, 반사실적 학습 등을 더 이상 시행하지 않는다.[11] 그러면 쥐는 여러 면에서 장애를 일으킨다. 예를 들어 미로 안에서 완전히 새로운 출발점에 투입하는 경우처럼 사전에 계획수립이 필요한 공간 탐색 도전과제를 해결하는 능력이 떨어진다. 선택을 할 때도 게을러져서 보상이 훨씬 적어도 더 쉬운 경로를 선택하는

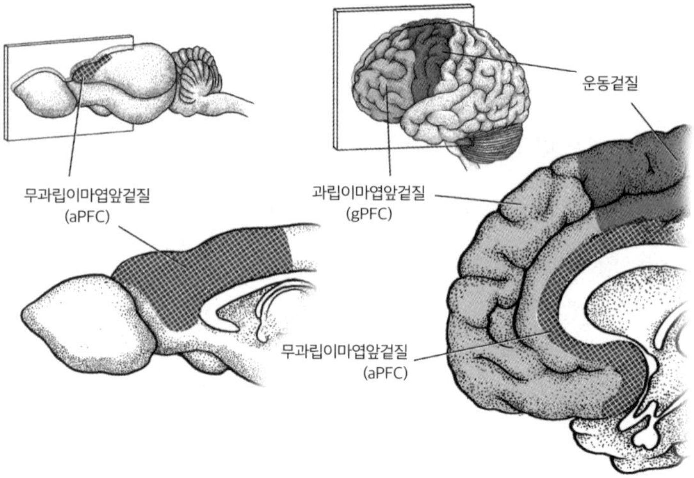

그림 13.3 최초의 포유류와 현대 인류의 이마엽 부위

경우가 많아진다. 마치 가던 길을 멈추고 선택지 각각을 시뮬레이션해보면서 애쓸 만한 가치가 있는지 깨닫는 능력이 없어진 것처럼 보인다.[12] 또한 일화 기억이 사라져서 위험한 단서에 대한 기억을 내부적으로 떠올리지 못해 과거의 실수를 반복할 가능성이 높아진다.[13]

이마엽 영역이 부분적으로만 손상되어 시뮬레이션을 촉발하는 능력이 일부 보존된 쥐라도 시뮬레이션한 계획이 실행되는 동안 그것을 감시하는 데 어려움을 겪는다. aPFC가 손상된 쥐는 진행 중인 계획에서 자기가 어디까지 왔는지 기억하지 못하고, 순서에 맞지 않는 행동을 하며, 이미 완료된 행위를 불필요하게 반복한다.[14] 또한 충동적으로 변해 참을성 있게 기다려야 먹이를 구할 수 있는 과제에서 조급하게 반응한다.[15]

이마엽새겉질과 감각새겉질은 서로 다른 기능을 하는 것으로 보이지만 (이마엽새겉질은 시뮬레이션을 촉발하고, 감각새겉질은 시뮬레이션을 시행한다), 이 둘

은 모두 같은 새겉질에 속한 서로 다른 영역이기 때문에 수행하는 계산 과정은 근본적으로 동일할 것이다. 여기서 수수께끼가 생긴다. 어떻게 그저 새겉질의 한 영역에 불과한 이마엽새겉질이 감각새겉질과는 근본적으로 달라 보이는 기능을 할 수 있을까? 어째서 aPFC가 손상된 현대 인류는 의도가 사라지는 것일까? aPFC는 어떻게 감각새겉질에서 시뮬레이션을 촉발할까? 언제 시뮬레이션할지 또 무엇을 시뮬레이션할지는 어떻게 판단하는 것일까?

자신을 예측하기

감각새겉질의 기둥에서는 눈, 귀, 피부 같은 외부 감각기관에서 입력이 주로 들어온다. 하지만 aPFC는 주로 해마, 시상하부, 편도체에서 입력을 받는다. 이것은 감각새겉질이 감각 정보를 처리하는 것과 같은 방식으로 aPFC가 장소, 감정가 활성화, 내적 정동상태 등을 처리한다는 사실을 암시한다. 그렇다면 감각새겉질이 외부 감각 정보의 흐름을 설명하고 예측하려는 것과 동일한 방식으로 aPFC 역시 동물 자신의 행동을 설명하고 예측하려 시도하는 것이 아닐까?

어쩌면 aPFC는 쥐의 바닥핵이 주도하는 선택을 항상 감시하면서 이렇게 묻는지도 모른다. "바닥핵이 왜 이것을 선택했을까?" 이렇게 함으로써 쥐의 aPFC는, 예를 들어 쥐가 깨어나 시상하부가 특정 방식으로 활성화되어 있을 때는 항상 강물로 내려가서 물을 마신다는 사실을 학습할 것이다. 그러면 aPFC는 그런 행동을 하는 이유가 '물을 먹기 위해서'라는 것을 학습할 것이다. 그렇다면 비슷한 상황에서 aPFC는 바닥핵이 어떤 행동을 촉발하기 전에 동물이 무슨 행동을 할지 예측할 수 있을 것이다. 목이 마를 때는 동물이 근처 물가로 달려가리라는 것을 예측할 수 있다는 뜻이다. 다시 말해 aPFC는 동물 자신을 모델화하는 법을 배워서, 자기가 관찰한 행동의 의도를 추론하고 그 의도를 통해 동물이 다음에 무슨 행동을 할지 예측한다.

의도라는 것이 철학적으로 모호한 소리로 들릴 수도 있지만 감각새겉질이 감각 정보에 대한 설명을 구성하는 방식과 이론적으로 다르지 않다. 삼각형이 없어도 삼각형을 암시하는 시각적 착시가 눈에 보이는 것은 당신의 감각새겉질이 그에 대한 설명을 구성하기 때문이다. 그 설명이 당신이 지각하는 것, 곧 삼각형이다. 다시 말해 설명, 곧 삼각형은 실제로 존재하지 않고 구성된 것이다. 삼각형에 대한 설명 덕분에 당신의 감각새겉질은 손을 뻗어 그것을 잡았을 때나 불을 켰을 때, 다른 각도에서 바라봤을 때 어떤 일이 일어날지 예측할 수 있다.

최초 포유류의 이마엽새겉질과 감각새겉질

이마엽새겉질	감각새겉질
자기 모델	세계 모델
해마, 시상하부, 편도체에서 입력	감각기관에서 입력
"내가 이 행동을 한 이유는 물을 마시고 싶기 때문이야."	"내가 이것을 보는 이유는 거기에 삼각형이 있기 때문이야."
동물이 다음에 무엇을 할지 예측하려 한다.	외부의 사물이 다음에 무엇을 할지 예측하려 한다.

aPFC가 동물의 목표에 대한 모델을 만들어낸다는 주장을 입증하는 연구도 있다. 쥐의 aPFC 기록을 살펴보면 쥐가 수행하고 있는 과제를 부호화하는 활성 패턴이 보인다. 특정 신경세포 그룹이 복잡한 일련의 과제 안에서 특정

위치에서만 선택적으로 발화하며 상상한 목표를 향한 진행 상황을 안정적으로 추적한다.[16]

이마엽새겉질에서 이렇게 자기에 대한 모델을 만드는 것이 진화적으로 무슨 쓸모가 있을까? 어째서 '의도'를 구성함으로써 자신의 행동을 '설명'하려는 것일까? 어쩌면 이것이 포유류가 언제 무엇을 시뮬레이션할지 선택하는 방식인지도 모르겠다. 자신의 행동을 설명하면 검색 문제가 해결될지도 모른다. 이어서 살펴보자.

포유류는 어떻게 선택을 하는가?

미로를 탐색하는 쥐가 갈림길에서 어느 방향으로 갈지 선택하는 경우를 예로 들어보자. 왼쪽으로 가면 물이 있고 오른쪽으로 가면 먹이가 있다. 이 상황에서 대리 시행착오가 일어나며 그 과정은 3단계를 거친다.

1단계: 시뮬레이션의 촉발

aPFC의 기둥들은 항상 다음의 세 가지 상태 중 하나에 있다. 첫째, 침묵 상태다. 이때 자신이 관찰하는 행동에서 특정한 의도가 인식되지 않는다(시각겉질의 기둥이 이미지 속에서 의미 있는 것을 전혀 인식하지 못할 때). 둘째, 이마엽새겉질의 기둥 중 다수 또는 전체가 어떤 의도를 인식하고 동일하게 다음 행동을 예측하는 상태다("와! 우리가 여기서 왼쪽으로 가려나 봐"). 셋째, 이마엽새겉질의 여러 기둥에서 의도를 인식하지만 서로 다르고 일관성 없는 행동을 예측하는 상태다(일부 기둥은 "나는 여기서 왼쪽으로 내려가서 물을 마실 거야!", 일부 기둥은 "나는 오른쪽으로 가서 먹이를 먹을 거야!"라고 예측할 때). aPFC 기둥들의 예측이 서로 엇갈리는 마지막 상태야말로 aPFC가 가장 유용한 상황인지도 모른다. 실제로 포유류의 aPFC는 과제를 수행하다가 뭔가 잘못되거나 예상치 못한 일이 발생했을 때 가장 흥분한다.[17]

예측이 일치하지 않는 정도가 불확실성을 측정하는 척도다. 여러 가지 최첨단 기계학습 모델에서 이 방식으로 불확실성을 측정한다. 서로 다른 모델로 구성된 조합을 예측했을 때 그 예측 결과가 서로 많이 다를수록 보고되는 불확실성도 높아진다.[18]

시뮬레이션을 촉발하는 것이 이런 불확실성일 수도 있다. aPFC는 바닥핵의 특정 부위와 직접 연결되어 전체적으로 일시 정지 신호를 촉발할 수 있다.[19] 그리고 aPFC의 활성화는 불확실성의 정도와 상관관계가 있는 것으로 밝혀졌다.[20] 앞 장에서 살펴봤듯이 동물이 가던 길을 멈추고 대리 시행착오를 확인하는 것은 바로 상황이 변하거나 어려울 때, 곧 불확실해졌을 때다. 불확실성은 바닥핵에서 측정되는 것일 수도 있다. 어쩌면 병존하는 행위자-비평가 시스템이 있어서 각각 다음에 할 최적의 행동을 독립적으로 예측한 후에 그 예측 결과에 차이가 있으면 일시 정지를 유발하는 것일 수도 있다.

어느 쪽이든 포유류의 뇌가 언제 수고스럽게 시뮬레이션을 시작할지에 대해 어떻게 판단하는지는 추측할 수 있다. 만약 기대했던 대로 사건이 진행된다면 선택지들을 시뮬레이션하면서 시간과 에너지를 낭비할 이유가 없다. 그냥 바닥핵이 결정을 주도하게 놔두는 편이 쉽다(모델 없는 학습). 하지만 불확실성이 등장한 경우에는(새로운 것이 등장하거나 우발적 사고가 터지거나 행동에 따르는 비용이 이득과 비슷할 때) 시뮬레이션이 촉발된다.

2단계: 선택지 시뮬레이션하기

좋다. 그렇게 해서 쥐가 가던 길을 잠시 멈추고 시뮬레이션을 이용해 불확실성을 해소하기로 했다. 그러면 이제 뭘 해야 할까? 이 질문은 다시 검색 문제로 이어진다. 미로 속의 쥐가 취할 수 있는 행동은 수십 억 가지가 넘는다. 이 중 무슨 행동을 시뮬레이션할지 어떻게 결정할까?

앞에서 알파제로가 이 문제를 어떻게 해결했는지 살펴봤다. 알파제로는 이미 자기가 최고의 수라고 예측한 수들을 시연했다. 이는 새겉질 기둥과 바닥핵에 대해 알려진 내용과도 잘 들어맞는다. aPFC는 가능한 모든 행동을 꼼꼼히 뒤지는 대신 이미 그 동물이 취할 것으로 예상한 특정 경로를 탐험한다. 바꿔 말하면 aPFC는 서로 다른 기둥들이 예측한 특정 선택지들을 검색한다. 일부 기둥들은 왼쪽으로 방향을 틀어서 물까지 쭉 갈 것이라 예측했고, 또 다른 기둥들은 오른쪽으로 가서 먹이를 구할 것으로 예측했다. 그러면 시뮬레이션할 상황이 두 가지밖에 없다.

동물이 일시적으로 멈춘 후에는 aPFC의 서로 다른 기둥들이 동물이 그 다음에 하리라 생각하는 행동들을 차례로 시연한다. 한 기둥은 왼쪽으로 방향을 틀어서 물이 있는 곳까지 경로를 쭉 따라가본다. 다른 기둥은 오른쪽으로 방향을 틀어서 먹이가 있는 곳까지 경로를 쭉 따라가본다.

aPFC와 감각새겉질의 연결을 보면 흥미로운 사실이 드러난다. aPFC는 감각새겉질의 분산된 영역으로 광범위하게 투사되어 있으며, 감각새겉질의 활성을 극적으로 조절하는 것으로 밝혀졌다.[21] 쥐가 대리 시행착오 행동을 시작할 때 aPFC와 감각새겉질의 활성이 독특하게 동기화된다.[22] 이런 사실을 통해 aPFC가 감각새겉질에게 세상에 대한 특정 시뮬레이션을 만들도록 촉발한다고 추측하기도 한다. aPFC가 먼저 이렇게 묻는다. "우리가 왼쪽으로 가면 어떻게 되지?" 그러면 감각새겉질이 왼쪽으로 방향을 바꾸는 시뮬레이션을 만들어서 다시 aPFC에게 보내준다. 그러자 aPFC는 이렇게 말한다. "좋아, 그럼 이어서 계속 가면 어떻게 되지?" 이제 감각새겉질이 다시 시뮬레이션을 만든다. aPFC에서 모델화한 상상의 목표에 도달할 때까지 계속 같은 방식을 반복한다.

이렇게 시뮬레이션하는 동안에 어떻게 행동할지 결정하는 것이 바닥핵일 수도 있다. 이렇게 하면 알파제로의 작동방식과 훨씬 비슷해진다. 알파제로는 모델 없는 행위자가 가장 좋은 수라고 예측한 행동을 바탕으로 시뮬레이션할 행동을 선택한다. 이 경우 다양한 예측 중 어느 것을 시뮬레이션할지 선별하는 것은 aPFC겠지만, 감각새겉질이 만들어낸 상상의 세계에서 선택하고 싶은 행동이 무엇인지는 바닥핵이 계속 결정할 것이다.

3단계: 선택지 정하기

새겉질이 행동들을 시뮬레이션한다고 하지만 쥐가 실제로 어느 방향으로 갈지 최종 결정은 누가 하는 것일까? 쥐는 어떻게 선택할까? 한 가지 설명을 추측해볼 수 있다. 바닥핵에는 이미 결정하는 시스템이 있다. 고대의 척추동물도 서로 충돌하는 자극이 제시되었을 때는 선택을 해야 했다. 바닥핵은 서로 충돌하는 선택지에 대해 투표한다. 그러면 충돌하는 각각의 행동을 대표하는 서로 다른 신경세포 군집들 사이에서 흥분이 고조되다가 선택의 역치를 통과하는 시점에 한 가지 행동을 선택한다.[23]

따라서 대리 시행착오 과정이 진행되는 동안 바닥핵에서는 행동을 대리 재생해서 나온 각각의 결과에 대해 투표한다. 대리 시행착오가 아닌 실제 시행착오일 때와 같은 방식이다. 바닥핵이 먹이를 먹는 상상보다 물을 마시는

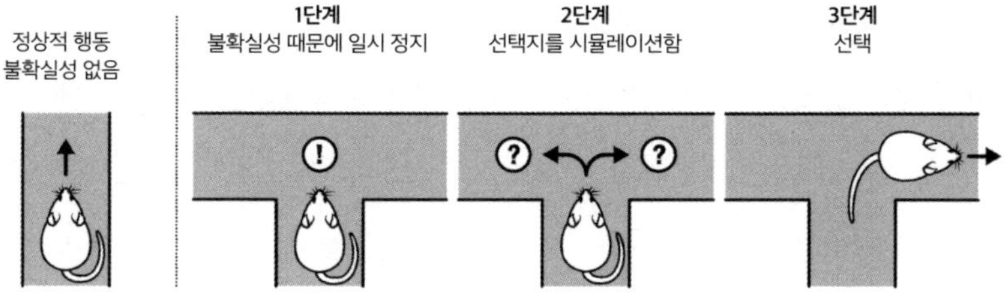

그림 13.4 포유류가 신중하게 선택하는 방식에 대한 추측

상상에 점점 더 흥분한다면(분비되는 도파민의 양으로 측정) 물 마시는 상상의 득표수가 빠르게 선택의 역치를 넘어선다. 그러면 바닥핵이 행위를 장악하고 쥐는 물을 마시러 간다.

이 모든 과정을 통해서 aPFC가 바닥핵에게 왼쪽이 더 나은 선택지라고 대리로 훈련시키는 효과가 등장한다. 바닥핵은 감각새겉질이 실제 세상을 시뮬레이션하는지, 상상의 세계를 시뮬레이션하는지 알지 못한다. 바닥핵이 아는 것이라고는 왼쪽으로 방향을 틀면 강화된다는 사실뿐이다. 이런 이유로 감각새겉질이 미로의 출발점에서 현재 세상을 시뮬레이션하는 상태로 되돌아가면 바닥핵은 자신이 방금 대리로 강화한 행동을 바로 반복하려 든다. 짜잔! 그렇게 동물은 왼쪽으로 물을 먹으러 간다.

포유류의 내적 이중성

1980년대 초반에 토니 디킨슨Tony Dickinson이라는 케임브리지대학교의 한 심리학자가 당시 인기를 끌던 실험을 진행하고 있었다. 동물에게 레버를 눌러서 보상을 받도록 훈련시키는 실험이었다. 디킨슨은 특별할 것 없어 보이는 질문을 하고 있었다. 동물이 행동을 학습한 후에 그 행동에 따라 나오는 보상의 가치를 없애면 어떤 일이 벌어질까? 쥐에게 레버를 누르면 그 기계에서 사료가 방출되는 것을 가르쳤다고 해보자. 그러면 그 쥐는 레버를 누르는 행동과 기계에서 먹이를 먹는 행동을 신속하게 반복할 것이다. 어느 날 레버가 있는 기계와는 완전히 다른 상황에서 쥐에게 동일한 사료를 제공하되, 그 사료에 쥐에게 구역질을 유발하는 화학물질을 섞어놓았다고 해보자. 이제 행동이 어떻게 변화할까?

첫 번째 결과는 예상대로였다. 쥐는 한바탕 짧게 구역질을 하고 회복된 지 오랜 시간이 지난 후에도 더 이상 그 사료에 예전만큼 식욕을 느끼지 않았다. 사료를 한 무더기 쌓아두어도 쥐가 먹는 양은 훨씬 줄어들었다. 하지만 흥미로운 질문은 이것이었다. 다음에 쥐에게 레버를 보여주면 어떤 일이 벌어질까? 단순히 손다이크가 정립한 효과의 법칙만 따른다면 쥐는 당장 레버로 달려가 예전처럼 다급하게 누를 것이다. 레버는 여러 차례 강화학습이 되었고, 아직까지는 레버를 누르는 행위에 대한 강화 해제 학습이 전혀 이뤄지지 않았기 때문이다. 반면 쥐가 실제로 레버를 눌렀을 때를 시뮬레이션해서 나오는 결과물이 이제는 좋아하지 않는 사료임을 깨닫는다면 레버를 누르고 싶은 욕구가 예전과 같지는 않을 것이다. 디킨슨은 실제로 이런 과정을 거친 뒤에 사료와 구역질을 짝 지은 쥐가 그렇지 않은 쥐보다 거의 50퍼센트 정도 레버를 덜 누르는 것을 확인했다.[24]

이 결과는 쥐처럼 단순한 포유류에서도 새겉질이 미래의 선택을 대리로 시뮬레이션해서 상상한 결과를 바탕으로 행동을 변화시킬 수 있다는 주장과 일맥상통한다. 하지만 디킨슨은 실험을 계속 이어가면서 이상한 점을 눈치챘다. 사료를 구역질과 짝 지은 이후에도 일부 쥐는 예전처럼 열심히 레버를 계속 누른 것이다. 일부 쥐는 그의 표현을 빌면 가치저하devaluation에 둔감해 보였다. 그는 그저 쥐가 보상을 얻기 위해 레버를 누른 횟수가 얼마나 많았느냐에 따른 차이임을 알아냈다. 레버 누르기 과제를 100번 한 쥐는 똑똑하게 선택했다. 일단 사료의 가치가 사라진 후로는 레버를 더 이상 누르려고 하지 않았다.[25] 하지만 레버 누르기 과제를 500번 한 쥐는 사료의 가치가 사라져도 레버로 달려가 미친 듯이 누르기 시작했다. 이 모든 실험에서 사료는 전혀 제공하지 않았다. 가치저하에 둔감해진 집단은 보상을 받지 않아도 그저 계속 레버를 눌러댄 것이다.

디킨슨이 발견한 것은 바로 습관habit이다. 레버를 500번 누름으로써 쥐의 행동은 감각 단서로 촉발될 뿐 행동의 고차원적 목표와는 완전히 분리되어 자동화된 운동 반응을 발달시켰다. aPFC가 잠시 멈춰 이런 행동이 어떤 미래를 만들어낼지 생각하는 과정이 일어나지 않고 바닥핵이 그냥 행동을 장악해버린 것이다. 같은 행동을 워낙 여러 번 반복하다 보니 aPFC와 바닥핵은 어떤 불확실성도 감지하지 못했다. 그러자 동물은 더 이상 그 행동의 결과를 고려하기 위해 일시 정지하지 않았다.

익숙한 경험일 것이다. 사람들은 잠에서 깨면 스마트폰을 들여다봐야 할 이유가 있는지 생각해보지도 않고 바로 스마트폰을 집어든다. 만약 누군가 계속 그렇게 스크롤을 하고 싶냐고 물어본다면 아니라고 대답할 거면서도 계속 스크롤하며 인스타그램을 뒤진다. 물론 습관이 모두 나쁜 것은 아니다. 어떻게 걸어야 하는지 생각하지 않아도 우리는 완벽하게 걷는다. 타이핑 방법을 생각하지 않아도 당신의 생각은 머리에서 손가락 끝으로 힘들이지 않고 매끄럽게 전달된다. 말하는 법을 생각하지 않아도 당신의 생각은 마법처럼 혀, 입, 목의 움직임으로 자연스럽게 전환된다.

습관은 자극으로 인해 직접 촉발되는 자동화된 행동이다(모델이 없다). 이것은 바닥핵이 직접 통제하는 행동이다. 이런 방식을 통해 포유류의 뇌는 불필요하게 시뮬레이션하고 계획을 세우지 않으며 시간과 에너지를 아낄 수 있다. 이런 자동화가 적절한 때에 일어나면 복잡한 행동을 쉽게 완료할 수 있다. 하지만 엉뚱한 때에 일어나면 나쁜 선택을 하게 된다.

모델 기반 의사결정 방식과 모델 없는 의사결정 방식 사이의 이중성은 여러 분야에서 다양한 형태로 등장한다. AI에서는 '모델 기반'과 '모델 없는' 이라는 용어를 사용한다. 동물심리학에서는 이와 동일한 이중성을 '목표 중심 행동goal-driven behavior'과 '습관적 행동habitual behavior'으로 표현한다. 대니얼 카너먼Daniel Kahneman의 유명한 책 《생각에 관한 생각Thinking, Fast and Slow》처럼 행동경제학에서는 이와 동일한 이중성을 '시스템 2(느리게 생각하기)'와 '시스템 1(빠르게 생각하기)'로 표현한다. 이 모든 경우에서 이중성은 동일하게 나타난다. 사람을 포함한 모든 포유류는(독립적으로 시뮬레이션을 진화시킨 다른 일부 동물도) 멈춰 서서 자신의 선택지를 시뮬레이션할 때도 있고(모델 기반, 목표 중심, 시스템 2), 자동적으로 행동할 때도 있다(모델 없는, 습관적, 시스템 1). 어느 한쪽이 더 좋다고 할 수는 없다. 각각 장점과 단점이 있기 때문이다. 뇌는 각 행동을 언제 선택할지 지능적으로 판단하려 하지만, 뇌가 항상 올바르게 선택하는 것은 아니다. 이것이 우리가 여러 가지 비합리적 행동을 하게 되는 원인이다.

동물심리학에서 사용하는 용어를 봐도 흥미로운 사실이 드러난다. 한 가지 유형의 행동은 목표 중심적이고 다른 유형의 행동은 그렇지 않다. 그런데 사실 목표goal 자체는 초기 포유류 이전에 진화하지 않았을지도 모른다.

최초의 목표

감각 정보에 대한 설명이 실재가 아니듯(보이는 것을 지각하는 것이 아니다) 의도 역시 실재가 아니다. 이는 동물이 다음에 어떤 행동을 하려는지 추측하는 계산상의 요령이다.

이 점이 중요하다. 바닥핵에는 어떤 의도도 목표도 없다. 바닥핵 같은 모델 없는 강화학습 시스템에는 의도가 없으며 단순히 기존에 강화된 행동을 반복하도록 학습하는 시스템일 뿐이다. 그렇다고 이런 모델 없는 시스템이 멍청하다거나 그 시스템에 동기가 결여되어 있다는 의미는 아니다. 이들은 믿기 어려울 정도로 지능적이고 영리하며 보상의 양을 극대화하는 쪽으로 행동하는 방법을 신속하게 배운다. 하지만 이런 모델 없는 시스템에는 특정 결과를 추구하지 않는다는 점에서 목표가 없다. 모델 없는 강화학습 시스템을 해석하기가 골치 아픈 이유가 이 때문이다. "AI 시스템이 왜 그랬을까?"라는 질문에는 사실 답할 수 없다. 답이 있더라도 매번 똑같은 소리다. 단지 예측되는 보상이 가장 많은 선택이라고 AI가 생각했기 때문이다.

반면 aPFC에는 명시적인 목표가 있다. 딸기를 먹으려고 냉장고 문을 열거나 물을 마시려고 샘물을 찾아간다. 원하는 결과로 끝이 나는 미래를 시뮬레이션함으로써 aPFC는 자기가 도달하고자 하는 최종 상태(목표)를 갖게 된다. 적어도 사람이 aPFC가 주도하는(목표 중심, 모델 기반, 시스템 2) 선택을 하는 상황에서는 사람에게 그런 행동을 하는 이유가 무엇이냐고 물어볼 수 있다.

감각새겉질에서 외부 사물의 모델을 구성하는 것과 동일한 새겉질 미세회로가 이마엽새겉질에서는 용도를 바꿔 목표를 구성하고, 이런 목표를 추구하는 행동을 변화시킬 수 있다는 점이 조금은 마법처럼 느껴진다. 새겉질이 생성모델을 구현한다는 이론을 개척한 연구자 중 한 명인 유니버시티칼리지런던의 칼 프리스턴Karl Friston은 이를 '능동추론active inference'이라고 부른다.[26] 감각새겉질은 그저 감각 입력을 설명하고 예측하는 수동추론passive inference을 시행한다. 반면 aPFC는 자신의 행동을 설명한 다음에 자신의 예측을 이용해 그 행동을 능동적으로 변화시키는 능동추론을 시행한다. 잠시 멈춰 일어나리라 예측하는 내용을 시뮬레이션하고 그에 따라 바닥핵을 대리로 훈련시킴으로써 예측을 담당하는 새겉질 생성모델의 용도를 변경해서 자유의지를 만들어낸다.

당신이 잠시 하던 일을 멈추고 서로 다른 저녁식사 선택지를 시뮬레이션한 다음 파스타를 먹기로 하고 파스타 식당에 가기 위한 기나긴 행동 과정을 시작한다면 이는 '자유의지'로 선택한 것이다. 이때 당신은 왜 차에 탔느냐는 질문에 대답할 수 있다. 자신이 추구하고 있는 최종 상태가 무엇인지 알기 때문이다. 반면 습관적으로 행동할 때는 그 일을 대체 왜 했느냐는 질문에 딱히 할 말이 없다.

칼 프리스턴은 이마엽새겉질의 일부에서 새겉질 기둥의 4번 층이 빠져 있다는 당혹스러운 사실도 설명한다.[27] 4번 층은 대체 어떤 일을 할까? 감각새겉질에서는 입력되는 감각 데이터와 가장 잘 맞아떨어지는 시뮬레이션을 만들도록 새겉질 기둥의 나머지 부분을 압박하는 것으로 추정된다(추론을 통한 지각). 새겉질 기둥이 시뮬레이션에 참여할 때는 활발한 감각 입력이 억제되면서 4번 층의 활성이 낮아진다는 증거가 있다. 이런 방식으로 새겉질이 현재 경험하고 있지 않은 뭔가를 시뮬레이션할 수 있다(예를 들어 하늘을 보며 자동차를 상상하기[28]). 이것이 하나의 단서다. 능동추론은 aPFC가 의도를 구성한 다음 그 의도와 일치하는 행동을 예측하려 한다는 사실을 암시한다. 동물이 aPFC가 구성한 의도와 일치하지 않는 행동을 하면 aPFC는 자신이 의도한 모델을 행동에 맞추는 것이 아니라 행동을 의도 모델에 맞게 조정하려 한다. 예를 들어 당신이 지금 목이 마른데 바닥핵이 물이 없는 방향으로 가겠다고 결정했다고 생각해보자. 그러면 aPFC는 당신의 의도 모델을 조정해서 목이 마르지 않다고 가정하는 것이 아니라, 바닥핵의 실수를 중단시키고 설득해서 방향을 바꿔 물을 찾으러 가게 만들려고 한다. 곧 추론된 의도를 눈에 보이는 행동과 일치시키는 데 시간을 쏟지 않는다. 따라서 4번 층이 별로 필요하지 않은 것이다.

물론 aPFC가 동물의 목표를 이해하도록 진화적으로 프로그래밍된 것은 아니다. 그보다는 원래 바닥핵의 통제를 받는 행동을 먼저 모델화함으로써 이런 목표를 학습한다. aPFC는 원래 목표가 전혀 없었던 행동을 관찰함으로써 목표를 구성하고, 목표를 한번 학습하고 나면 자신의 행동을 통제하기 시작한다. 처음에는 바닥핵이 aPFC를 가르치는 선생이었지만, 포유류가 진화하면서 이런 관계가 역전되어 aPFC가 바닥핵의 선생이 됐다. 실제로 뇌의 발달 과정을 보면 이마엽새겉질의 aPFC가 처음에는 4번 층과 함께 발달하기 시작했다. 하지만 이후의 과정에서 4번 층이 천천히 위축되고 사라졌다. 어쩌면 이것이 자기 모델self model을 구성하는 과정에서 발달 프로그램의 일부인지도 모른다. 자신의 내적 모델을 관찰 내용에 맞추는 것으로 시작했다가(4번 층과 함께 발달하기 시작한다), 그다음에는 자신의 내적 모델에 행동을 맞추도록 압박하는 상황으로 옮겨가는 것이다(4번 층이 더 이상 필요 없다). 여기서 다시 진화의 아름다운 부트스트래핑 사례를 볼 수 있다.

이를 통해 다마지오의 환자 L의 머리가 텅 비어 있던 이유를 다음과 같이 설명할 수 있다. 그녀는 내적 시뮬레이션을 만들 수 없었다. 그녀에게는 생각이 없었다. 그녀는 무엇에도 반응할 의지가 없었다. 의도를 설정할 내적 모델이 사라져버렸고, 그것이 없으니 그녀는 아주 단순한 목표조차도 설정할 수 없었다. 목표가 사라지자 비극적이게도 세상에서 중요한 것이 모두 사라졌다.

포유류가 스스로를 통제하는 법

일반적으로 신경과학 교과서에서는 이마엽새겉질의 기능이 주의, 작업기억, 실행통제executive control, 앞에서 살펴본 계획수립이라는 네 가지라고 설명한다. 이 기능들을 하나로 이어주는 주제가 무엇인지는 늘 불분명했다. 한 가지 구조가 서로 별개인 듯한 이 모든 역할을 담당한다는 것이 이상해 보인다. 하지만 진화의 렌즈를 통해 들여다보면 이런 기능이 모두 긴밀하게 연관되어 있음을 이해할 수 있다. 이는 모두 새겉질 시뮬레이션의 통제를 서로 다르게 적용한 것이다.

오리로도 보이고 토끼로도 보였던 모호한 그림을 기억하는가?[29] 오리로 보였다 토끼로 보였다 할 때 당신의 시각겉질이 각각의 해석을 바꾸게 만드는 것은 aPFC다. aPFC는 눈을 감고 있을 때 오리의 내적 시뮬레이션을 촉발할 수 있다. 당신이 눈을 뜨고 오리일 수도 토끼일 수도 있는 그림을 보고 있는 동안에도 aPFC는 동일한 메커니즘을 이용해 오리의 내적 시뮬레이션을 촉발할 수 있다. 눈을 뜨든 감든 aPFC는 시뮬레이션을 적용하려 애쓴다. 단지 눈을 감았을 때는 시뮬레이션이 제약 없이 이루어지고, 눈을 떴을 때는 당신의 눈에 보이는 것과 일치하도록 제약을 받는다는 점만 다르다. aPFC가 시뮬레이션을 촉발할 때 현재 들어오는 감각 입력이 제한되지 않으면 '상상'이라 부르고, 현재 들어오는 감각 입력이 제한되면 '주의'라고 부른다. 두 경우 모두 aPFC는 원론적으로 같은 일을 한다.

주의는 왜 있는 것일까? 생쥐가 시뮬레이션을 상상한 후에 행동의 순서를 선택할 때는 경로를 따라 달리는 동안 그 계획을 반드시 고수해야 한다. 그런데 이것이 말처럼 쉽지가 않다. 상상한 시뮬레이션이 완벽하지 않기 때문이다. 생쥐는 실제 환경에서 예측하지 못했던 풍경, 냄새, 윤곽 등을 접하게 될 것이다. 다시 말해 바닥핵이 경험했던 대리 학습과 계획이 실행되는 동안에 접하는 실제 상황이 서로 다를 것이고, 따라서 바닥핵이 의도했던 행동을 올바르게 완수할 수 없을지도 모른다.

aPFC가 이 문제를 해결할 한 가지 방법은 주의를 이용하는 것이다. 생쥐의 바닥핵이 시행착오를 통해서 오리를 보면 달아나고 토끼를 보면 그것을 향해 달려가도록 학습했다고 해보자. 이 경우 바닥핵은 오리나 토끼를 봤을 때 새겉질이 어떤 패턴을 보내느냐에 따라 정반대로 반응할 것이다. 만약 aPFC가 이전에 토끼를 보고 그것을 향해 달려가는 상상을 했다면, 주의를 이용해서 쥐가 이 모호한 그림을 볼 때 오리가 아니라 토끼가 보이도록 만들어 바닥핵의 선택을 통제할 수 있다.

진행하고 있는 행동을 통제하려면 작업기억이 필요한 경우가 많다. 작업기억이란 아무런 감각 단서가 없는 상황에서도 표상을 유지하는 것을 말한다. 상상한 경로와 과제에는 기다림이 수반되는 경우가 많다. 예를 들어 설치류가 나무들 사이에서 견과류를 찾을 때는 자기가 이미 살펴본 나무가 어느 것인지 기억할 수 있어야 하는데 이때 aPFC가 필요한 것으로 밝혀졌다. 또한 그런 과제를 하는 동안 aPFC는 외부의 단서가 전혀 없는 상황에서도 계속 활성화된 상태를 유지하는 '지연 활동delay activity'을 나타낸다. 만약 이렇게 지연된 동안 설치류의 aPFC 활성을 억제하면 설치류는 기억을 통해 그런 과제를 수행하는 능력을 상실한다. 이런 과제를 수행하는 데 aPFC가 필요한 이유는 작업기억이 주의, 계획수립과 동일한 방식으로 기능하기 때문이다. 이것은 내적 시뮬레이션을 끌어들이는 작업이다. 뭔가를 머릿속에 붙잡아두는 작업기억은 한마디로 aPFC가 더 이상 필요 없을 때까지 내적 시뮬레이션을 계속 이끌어내려 노력하는 것이다.

계획수립, 주의, 작업기억에 더해서 aPFC는 진행 중인 행동을 좀 더 직접적으로 통제할 수 있다. 편도체를 억제할 수도 있다. aPFC에서 편도체를 둘러싼 억제성 신경세포로 투사되는 신경이 있다. 상상한 계획을 충족하는 동안에 aPFC는 편도체가 자체적으로 접근해서 회피 반응을 촉발하지 못하게 막으려고 할 수 있다. 이를 통해 심리학자들이 말하는 행동억제behavioral inhibition, 의지력willpower, 자기통제의 진화가 시작되었다. 순간순간 느끼는 갈망(편도체와 바닥핵이 통제)과 우리가 더 나은 선택임을 알고 있는 것(aPFC가 통제) 사이에는 긴장 상태가 지속된다. 의지력이 발휘되는 순간에는 편도체가 주도하는 갈망을 억제할 수 있다. 하지만 의지력이 약해지는 순간에는 편도체가 승리한다. 이것이 사람들이 지치거나 스트레스를 받았을 때 충동적으로 행동하는 이유다. aPFC를 운용하는 데는 에너지가 많이 소비된다. 그래서 지치거나 스트레스를 받으면 aPFC가 편도체를 효과적으로 통제하지 못한다.

요약해보자. 계획수립, 주의, 작업기억은 모두 aPFC가 통제한다. 이 세 가지 모두 원론적으로는 동일한 기능으로 어떤 시뮬레이션을 만들지 선택하려고 애쓰는 뇌의 노력이 다른 모습으로 발현된 것이다. aPFC는 어떻게 행동을 '통제'할까? 행동 그 자체를 통제하는 것이 아니라, 바닥핵에게 어느 선택이 더 나은지 대리로 보여주고 바닥핵에 전달되는 정보를 걸러내 바닥핵이 올바른 선택을 하도록 설득한다. aPFC는 명령이 아니라 시연을 통해 행동을 통제한다.

이런 과정을 통해 얻게 되는 이점은 반사반응을 억제해서 '더 영리한' 선택을 해야 하는 과제를 대상으로 포유류와 도마뱀 등 여러 척추동물의 수행 성과를 비교해보면 알 수 있다. 도마뱀을 미로에 넣어 맛있는 먹이가 나오는 빨간색 불을 향해 가고 맛없는 먹이가 나오는 초록색 불을 피하도록 훈련시키려면 이런 단순한 과제를 학습하는 데도 수백 번 시행착오를 겪어야 한다.[30] 도마뱀은 선천적으로 초록색을 좋아하기 때문에 그것을 극복하는 데 오랜 시간이 걸린다. 도마뱀에게는 잠시 멈춰서 여러 가지 선택지를 대리해서 고려하는 새겉질이 없기 때문에 시행착오를 수없이 반복해 겪으며 과제를 학습할 수밖에 없다. 반면 쥐는 자신의 선천적인 반응을 억제하는 법을 훨씬 빨리 배운다. 쥐의 aPFC를 손상시키면 이런 장점은 사라진다.[31]

초기 포유류에게는 내부에서 만든 세계 모델을 대리로 탐험하고 상상한 결과를 바탕으로 선택하며 일단 선택한 후에는 상상한 계획을 고수할 수 있는 능력이 있었다. 이들은 언제 미래를 시뮬레이션하고 언제 습관을 이용할지 유연하게 결정할 수 있었고, 무엇을 시뮬레이션할지도 똑똑하게 선택해서 검색 문제를 극복할 수 있었다. 이들은 목표가 있는 최초의 조상이었다.

14.
식기세척 로봇이 나오지 못한 이유

다음과 같은 상황을 상상해보자. 당신이 책을 들고 있는데 오른손에 쥐가 나기 시작한다. 힘을 들이지 않아도 책이 손에서 완벽하게 균형이 잡히도록 각각의 손가락 위치를 정해놓았는데 오른팔 근육을 통제하지 못하면서 손에 힘이 빠지기 시작한다. 당신은 이제 더 이상 각각의 손가락을 개별적으로 통제할 수 없음을 깨닫는다. 모든 손가락을 동시에 움직여서 손을 쥐었다 폈다 하는 동작만 할 수 있다. 재주 많은 도구였던 당신의 손이 어설프게 움직이는 집게발로 변한 것이다. 몇 분이 지나자 이제는 오른손으로 아예 책을 움켜잡을 수도, 팔 전체에 힘이 빠져서 팔을 들 수도 없다. 이것이 운동겉질에서 뇌졸중이 일어났을 때 느껴지는 증상이다. 뇌졸중은 뇌의 어떤 영역에서 혈류가 상실되는 현상을 말한다. 이런 현상이 일어나면 환자는 미세운동 능력을 상실하고 심지어 마비가 올 수도 있다.

운동겉질은 이마엽새겉질 가장자리에 있는 얇은 띠를 말한다. 운동겉질

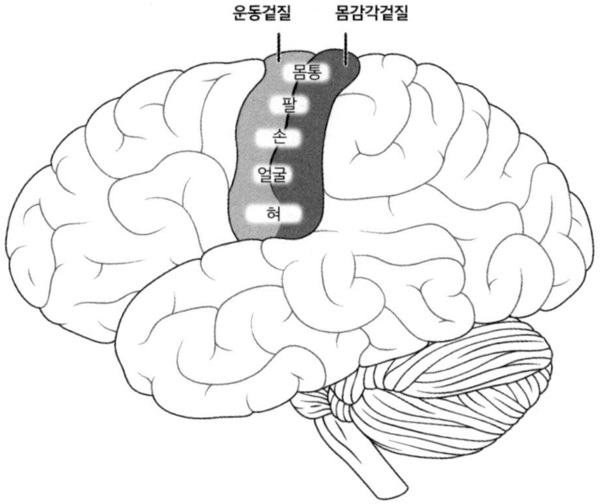

그림 14.1 사람의 운동겉질

은 몸 전체의 지도를 구성하며 각 영역이 특정 근육의 운동을 통제한다. 운동겉질 전체가 몸의 모든 부위를 관장하지만 각 신체 부위에 동일한 영역을 할당하는 것은 아니다. 동물이 운동을 능숙하게 통제할 수 있는 신체 부위에는 더 많은 영역이 할당되어 있고(영장류에서는 입과 손) 잘 통제할 수 없는 부위에는 적은 영역이 할당되어 있다(발 같은 부위). 운동겉질에 있는 이 지도는 인접한 몸감각겉질에 거울처럼 그대로 반영된다. 몸감각겉질은 새겉질에서 몸감각 정보(예를 들어 피부의 촉각 신호나 근육에서 오는 고유수용감각proprioception* 신호 등)를 처리하는 영역이다.

사람에게는 운동겉질이 운동을 통제하는 주요 시스템이다. 운동겉질의

* 몸의 위치나 움직임, 활동 등을 느끼는 감각. 이 덕분에 우리는 눈을 감은 상태에서도 자신의 손이 어디에 있는지 알 수 있다.–옮긴이

특정 영역을 자극하면 이에 대응하는 신체 부위가 움직이고 운동겉질의 한 영역이 손상되면 이에 대응하는 신체 부위에 마비가 생긴다. 뇌졸중 환자에서 운동 결손은 거의 항상 운동겉질 영역의 손상이 원인이다. 침팬지, 마카크원숭이, 여우원숭이에서도 운동겉질 손상이 이런 영향을 끼친다.[1] 영장류에서는 운동겉질의 신경세포가 등골로 직접 신경을 투사해 운동을 통제한다. 이런 경우 때문에 운동겉질이 운동 명령을 내리는 영역이라고 결론 내렸다. 운동겉질이 운동의 통제자라고 말이다.

하지만 여기에는 세 가지 문제가 있다. 첫째, 운동겉질에 있는 새겉질 기둥에는 새겉질의 다른 영역들과 동일한 미세회로가 있다.[2] 만약 새겉질이 들어오는 입력을 설명하고 이 설명을 이용해 예측하는 생성모델을 구현하는 것이라고 주장한다면, 어떻게 이것의 용도를 변경해서 운동 명령을 만들어낼 수 있는지 반드시 설명해야 한다.

둘째, 일부 포유류는 운동겉질이 없지만 분명 정상적으로 잘 돌아다닌다. 앞 장에서 논의했듯이 대다수 진화신경과학자는 최초의 포유류에 존재했던 이마엽새겉질 부위가 aPFC밖에 없다고 생각한다. 운동겉질이 없었던 것이다. 운동겉질은 최초의 포유류가 등장하고 수천만 년 후에야 오직 유태반류Placentalia* 계통에서만 등장했다. 이 포유류가 오늘날의 설치류, 영장류, 개, 말, 박쥐, 코끼리, 고양이 등이 됐다.[3]

'운동겉질이 곧 운동 명령이다'라는 주장의 세 번째 문제는 운동겉질 손상으로 인한 마비가 영장류에서만 일어난다는 점이다. 운동겉질이 있는 포유류 대부분은 운동겉질 손상으로 인한 마비를 겪지 않는다.[4] 쥐와 고양이는 운

* 포유류 중에서도 자궁에서 새끼를 키워 출산하는 동물-옮긴이

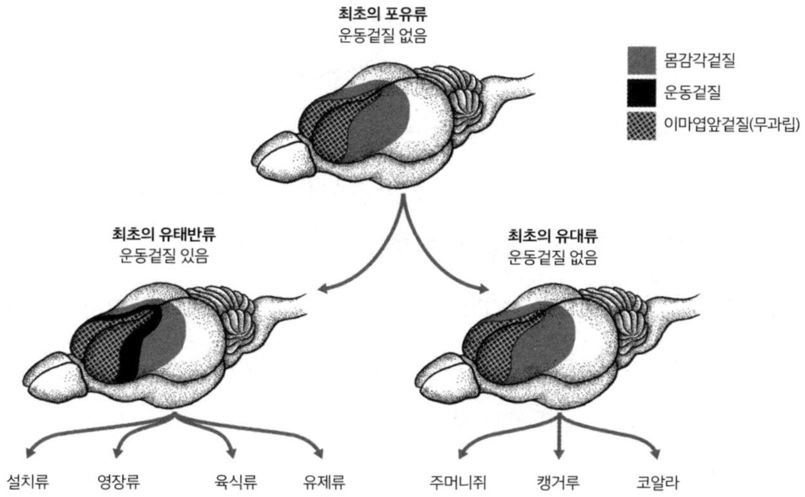

그림 14.2 운동겉질의 진화를 설명하는 주요 이론[5]

동겉질이 손상되어도 잘 걷고 잘 사냥하고 잘 먹고 잘 돌아다닌다. 운동겉질의 경우 초기 포유류에서는 운동 명령을 내리는 영역은 분명 아니었고, 나중에 영장류에서만 운동에 반드시 필요해진 것이다. 그렇다면 운동겉질은 왜 진화했을까? 그것의 원래 기능은 무엇이었을까? 영장류에게는 대체 어떤 변화가 있었을까?

명령이 아니라 예측

능동추론 이론의 개척자인 칼 프리스턴은 운동겉질을 다른 방식으로 해석했다. 이전에는 운동겉질이 운동 명령을 생성해서 근육에게 정확히 무슨 일을 하라고 알려준다는 견해가 우세했다. 하지만 프리스턴은 그 주장을 거꾸로 뒤집어서 운동겉질은 운동 명령을 생성하는 것이 아니라 운동을 예측하는 것인지도 모른다고 주장했다. 어쩌면 운동겉질은 주변 몸감각겉질에서 일어나는 몸의 운동을 지속적으로 관찰하는 상태일지도 모른다(그래서 운동겉질과 몸감각겉질이 거울처럼 서로를 그대로 반영하는 것이다). 그리고 그 행동을 설명하고 이 설명을 이용해 동물이 다음에 할 행동을 예측하는 것이다. 어쩌면 운동겉질의 예측이 등골로 흘러들어가 운동을 통제할 수 있도록 배선이 살짝 조정되어 있는지도 모른다. 달리 말하자면 운동겉질의 회로는 자신의 예측을 실현할 수 있도록 배선되어 있는 것이다.

이런 설명에 따르면 운동겉질은 aPFC와 똑같은 방식으로 작동한다. 차이라면 aPFC는 검색 경로에서 운동 예측을 학습하는 반면 운동겉질은 특정 신체 부위의 운동 예측을 학습한다는 것이다. 곧 aPFC가 동물이 왼쪽으로 방향을 튼다고 예측한다면, 운동겉질은 동물이 왼발을 정확히 어느 발판에 딛는다고 예측한다. 운동겉질과 몸감각겉질 같은 새겉질 부위에 동물의 몸 전체에 대한 모델이 있어서 시간의 흐름에 따라 이 모델을 시뮬레이션하며 조작하고 조종할 수 있다. 이것이 '체화embodiment'의 일반적 개념이다. 프리스턴의 개념은 새겉질 미세회로의 용도가 변경되면서 특정한 몸동작을 만들어내는 원리를 설명해준다.

하지만 포유류 대부분이 운동겉질 없이도 정상적으로 움직일 수 있다면 운동겉질의 원래 기능은 무엇이었을까? aPFC가 검색 경로에 대한 계획을 수립할 수 있게 했다면, 운동겉질은 어떤 역할을 했을까? 설치류, 고양이과 등 영장류를 제외한 포유류에서 운동겉질이 손상되면 두 가지 영향이 나타난다. 첫째, 동물이 가느다란 나뭇가지 위에서 조심스럽게 발을 내딛고, 작은 구멍으로 발을 뻗어 먹이를 잡거나, 시야에서 벗어난 장애물을 넘어가고, 평평하

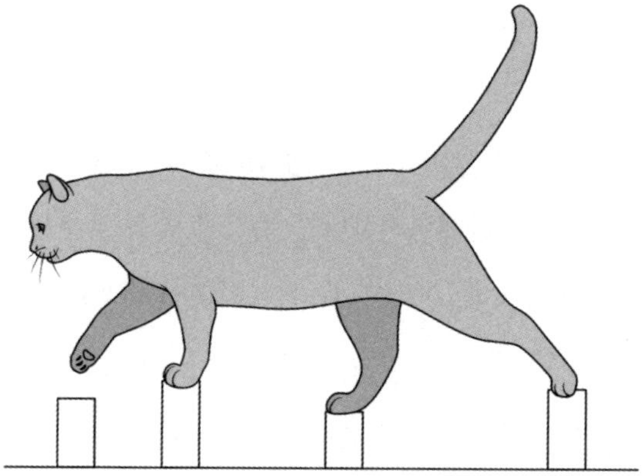

그림 14.3 운동겉질이 손상된 고양이는 계획한 동작을 수행하기 어렵다.[6]

지 않게 놓인 작은 발판 위에 발을 딛는 등의 숙련된 동작을 수행하는 데 장애가 생긴다.[7] 둘째, 영장류를 제외한 포유류는 그 전에 한 번도 해보지 않은 새로운 동작의 순서를 학습하는 데 장애가 생긴다. 예를 들어 특별하게 조율된 운동 과정을 수행하도록 훈련받은 쥐는 그 과제를 이미 학습한 '후에' 운동겉질이 손상된 경우에만 이 운동 과정을 수행할 수 있다. 이 과제를 학습하기 '전에' 운동겉질이 손상되면 레버를 누르는 데 필요한 운동 순서를 학습할 수 없게 된다.[8]

이를 통해 운동겉질이 원래 운동 명령을 만드는 장소가 아니라 운동을 계획하는 장소임을 추측할 수 있다. 작은 발판 위에 발을 딛거나, 보였다가 지금은 안 보이는 장애물을 넘어가야 하는 등 동물이 조심스러운 동작을 수행해야 할 때는 미리 자신의 몸동작을 머릿속에서 계획하고 시뮬레이션해야 한다. 새롭고 복잡한 동작을 학습할 때는 운동겉질이 필요하지만 이미 잘 학습된 동작을 수행할 때는 필요 없는 이유도 이렇게 설명할 수 있다. 동물이 새로운 운동을 학습할 때는 운동겉질 시뮬레이션이 대리로 바닥핵을 훈련시킨다. 이렇게 일단 동작을 잘 학습하고 나면 운동겉질은 더 이상 필요 없다.

운동겉질의 활성 기록도 이를 뒷받침해준다. 영장류를 제외한 포유류의 운동겉질은 일반적인 운동보다는 계획이 필요한 운동에서 가장 많이 활성화된다.[9] 동물이 운동을 시뮬레이션한다는 주장과 발을 맞추듯, 운동겉질과 몸감각겉질은 곧 하게 될 정밀한 운동보다 미리 활성화된다. 장애물이 보이지는 않지만 있다는 사실을 그냥 알고만 있는 경우에도 그렇다.[10] 이 활성화는 동물이 계획했던 움직임을 완수할 때까지 유지된다.[11]

사람의 경우 운동앞겉질premotor cortex과 운동겉질이 운동을 실제로 할 때와 상상할 때 모두 활성화된다는 증거는 충분하다. 예를 들어 누군가에게 걷는 것을 생각하라고 하면 운동겉질에서 다리에 해당하는 부위가 활성화된다.[12] 상상한 운동과 실제 운동의 신경학적 구조가 맞물려 있다는 사실은 뇌 기록뿐 아니라 신체검사 실험을 통해서도 관찰된다. 사람을 의자에 앉혀놓고 몸을 꼿꼿이 세운 자세만 유지하라고 한 다음 녹음한 임의의 문장을 들려준다. 이때 동작과 관련 없는 문장을 들을 때는 그렇지 않지만, "나는 일어나서 슬리퍼를 신고 욕실로 간다"라는 문장을 들으면 자세가 흐트러진다.[13] 그런 문장을 듣는 것만으로도 자세를 고치는 내적 시뮬레이션이 활성화되어 실제 자세에 영향을 준 것이다. 물론 이런 내적 시뮬레이션에는 이점도 있다(그냥 자세만 흐트러지는 것이 아니다). 운동기술을 머릿속에서 리허설하면 연설, 골프 스윙, 심지어 외과 수술에 이르기까지 다양한 분야에서 수행 능력이 크게 향상된다.[14]

운동겉질의 감각운동 계획수립 능력 덕분에 초기 포유류는 정교한 움직임을 학습하고 실행할 수 있었다. 포유류와 파충류의 운동 능력을 비교해보면, 포유류의 미세운동 능력이 탁월하다는 사실이 분명하게 드러난다. 생쥐는 씨앗을 집어 들고 솜씨 좋게 까먹는다. 생쥐, 다람쥐, 고양이는 놀라울 정도로 나무를 잘 타며 떨어지지 않도록 아주 수월하게 정확한 위치에 발을 딛는다. 다람쥐와 고양이는 발판에서 발판으로 놀라울 정도로 정확하고 정교한 점프를 계획하고 실행한다. 반려동물로 도마뱀이나 거북이를 키워본 사람이면 파충류 대부분은 이런 동작을 하기 어렵다는 것을 알 것이다. 사실 장애물 위로 뛰어가는 도마뱀들을 조사한 연구를 보면 이들의 동작이 놀라울 정도로 어설프다는 것을 알 수 있다.[15] 도마뱀은 장애물을 예상하지도, 발판을 딛기 위해 앞발 위치를 수정하며 움직이지도 못한다.[16] 미리 운동 계획을 수립할 능력이 없기 때문에 나무 위에 사는 파충류는 거의 없고, 나무 위에 산다고 해도 움직이는 속도가 당연히 느리다. 반면 나무 위에 사는 포유류는 빠르고 능숙하게 나뭇가지에서 달리고 뜀박질을 한다.

목표의 위계 설정

이 모든 것이 어떻게 함께 작동하는 것일까? 초기 유태반류의 이마엽새겉질은 위계에 따라 조직되었다. 이 위계의 꼭대기에는 aPFC가 있었다. 이곳에서 편도체와 시상하부의 활성화를 바탕으로 상위목표를 구성했다. 반면에 '물을 마셔야겠다' '먹이를 먹어야겠다' 같은 의도를 생성한 다음에는 근처 이마엽 영역(운동앞겉질)으로 전달한다. 운동앞겉질에서는 하위목표를 구성 운동겉질에 도달할 때까지 전달한다. 운동겉질에서는 이 목표를 바탕으로 하위-하위목표를 구성한다. 운동겉질에 모델화되는 의도는 하위-하위목표다. 이 목표는 '집게손가락은 여기에 두고 엄지손가락은 저기에 둬' 같은 간단한 행동

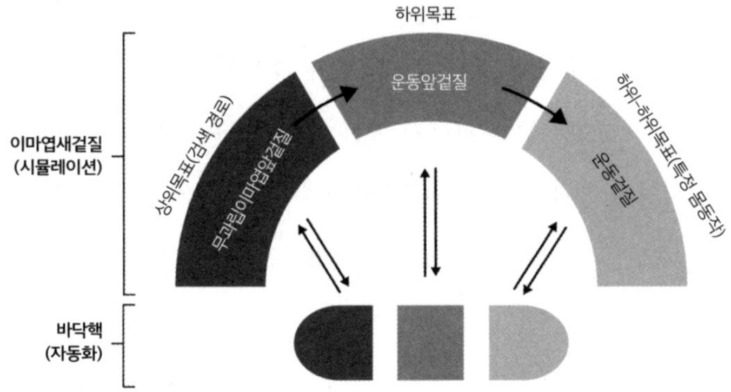

그림 14.4 초기 유태반류에서의 운동 위계

일 수 있다.

이런 위계를 활용하면 서로 다른 새겉질 기둥에 작업을 분산해서 훨씬 효율적으로 처리할 수 있다. aPFC는 자신의 목표를 달성하는 데 필요한 특정 몸동작을 어떻게 할지 신경 쓸 필요가 없다. 높은 수준의 검색 경로에 대해서만 신경 쓰면 된다. 마찬가지로 운동겉질은 높은 수준의 행동을 요구하는 목표에 대해서는 신경 쓸 필요가 없으며 낮은 수준의 특정 몸동작을 완수하는 일에만 신경 쓰면 된다(컵을 들거나 특정 코드를 연주하는 등).

바닥핵은 이마엽새겉질과 순환고리를 이룬다. aPFC는 바닥핵의 앞쪽 영역과 연결되고(바닥핵은 다시 시상을 통해 aPFC와 연결된다), 운동겉질은 바닥핵의 뒤쪽 영역과 연결된다(이 부분은 시상의 다른 영역을 통해 다시 운동겉질과 연결된다). 이 고리들이 워낙 멋있고 특별하게 배선되어 있어서 이들의 작동원리를 역설계하고 싶은 유혹을 뿌리치기가 힘들다.

이들이 운동 위계의 서로 다른 수준을 관리하도록 설계된 시스템이라는 것이 신경과학자들의 주된 견해다. 바닥핵의 앞쪽 영역은 자동으로 자극을 상위목표와 연결해준다. 이것이 갈망을 만들어낸다. 당신이 집에 왔는데 맛있는 파스타 냄새가 나면 갑자기 파스타를 먹고 싶다고 느끼는 욕구 말이다. 약물 중독자들은 약물에 대한 갈망을 일으키는 자극을 보면 바닥핵의 앞쪽 영역이 극단적으로 활성화된다. 하지만 aPFC는 당신이 잠시 멈춰서 자기가 실제로 이런 갈망을 추구하기를 원하는지 생각하게 만든다('다이어트 중이잖아. 어쩌려고?'). 바닥핵의 뒤쪽 영역은 자극을 특정 몸동작 같은 하위목표와 자동으로 연결한다. 이를 통해 자동화된 능숙한 동작을 만들어낸다. 반면 운동겉질은 당신이 잠시 멈춰서 미리 정확한 동작을 계획하게 만들어준다.

높은 수준이든 낮은 수준이든 모든 목표는 이마엽새겉질에 자기 모델을, 바닥핵에 모델 없는 시스템을 모두 갖고 있다. 새겉질은 느리지만 유연한 훈련 시스템을 제공하고, 바닥핵은 빠르지만 덜 유연한 형태의 잘 훈련된 경로와 운동을 제공한다.

이런 운동 위계가 존재한다는 증거는 충분하다. 몇몇 실험 기록을 통해서도 aPFC의 신경세포들은 상위목표에 민감한 반면 운동앞겉질과 운동겉질은 하위목표로 갈수록 점점 더 민감해진다는 것이 밝혀졌다.[17] 새로운 행동을 학습하면 처음에는 모든 수준의 운동 위계가 활성화되지만, 행동이 자동화되면 위계에서 낮은 수준만 활성화된다.[18] 쥐의 운동 위계에서 높은 수준 영역(aPFC나 바닥핵의 앞부분)을 손상시키면 상위목표에 덜 민감해진다(쥐는 먹이를 더 이상 원하지 않는데도 계속해서 레버를 누른다). 반면 운동 위계에서 낮은 수준 영역을 손상시키면 쥐는 상위목표에는 더 민감해지고, 운동 습관을 만드는 데는 어려움을 겪는다(시행착오를 아무리 많이 거쳐도 쥐는 레버 누르는 습관을 익히지 못한다[19]).

aPFC가 손상되면 환자 L에서 살펴봤던 것처럼 동물에게서 의도가 사라진다. 반면 운동앞겉질 부위가 손상되면 의도가 상위목표에서 특정 동작으로 적절히 연결되지 못하고 차단되는 것으로 보인다. 이것이 외계인손증후군alien hand syndrome을 일으킬 수 있다. 이 증후군이 생긴 환자는 몸의 어떤 부분이 자신의 통제를 벗어나 맘대로 움직인다고 주장한다.[20] 이런 이질적인 움직임의 신호는 운동앞겉질이 손상된 설치류에서도 관찰된다.[21] 이런 손상이 '(자동적) 사용행동utilization behavior' 또는 '장의존성 행동field-dependent behavior'을 일으킬 수도 있다. 이 경우 환자는 명확한 목적이 전혀 없어도 어떤 동작들을 수행하게 된다. 예를 들어 빈 잔을 들고 마시거나 어디 나갈 일도 없는데 다른 사람의 재킷을 걸치기도 하고 연필로 낙서를 하기도 하는 등 해당 영역이 자극을 받은 것으로 보이는[22] 행동을 한다. 이런 현상은 모두 위계가 깨지면서 생기는 결과다. 운동겉질의 영역들이 운동앞겉질을 통해 흘러들어오는 aPFC의 하향식 의도에 제약을 받지 않기 때문에 독립적으로 하위목표를 설정해서 운동하는 것이다.

이마엽새겉질은 시뮬레이션이 일어나는 영역인 반면 바닥핵은 자동화의 영역이라는 주장을 뒷받침하는 증거도 충분하다. 동물의 운동겉질이 손상되면 운동 계획수립 능력과 새로운 운동을 학습하는 능력에 문제가 생기지만 숙련된 운동을 시행하는 데는 문제가 생기지 않는다(바닥핵의 뒤쪽 영역이 이미 그 운동을 배웠기 때문이다). 그와 유사하게 동물의 aPFC가 손상되면 경로 계획수립 능력과 새로운 경로 학습 능력에는 문제가 생기지만, 숙련된 경로에서 수행하는 능력에는 문제가 생기지 않는다.

이에 더해 바닥핵 앞쪽 영역은 추구할 단서를 자동으로 선택하는 온갖 조짐을 보여준다(자동화된 높은 수준 행동). 갈망을 만들어내는 단서를 받았을 때 가장 활성화되는 뇌 부위가 바로 바닥핵 앞쪽 영역이다. 갈망을 억누르려는 사람은 aPFC 같은 이마엽 영역들이 추가로 활성화된다(부정적인 결과를 시뮬레이션한 후에 바닥핵이 더 어려운 선택을 할 수 있게 훈련시키는 것). 사실 바닥핵 앞부분을 손상시키는 것은 약물 중독에 효과적인 치료법이다(물론 대단히 논란이 많고 윤리적으로도 문제가 있는 방법이다). 헤로인 중독의 재발률은 터무니없을 정도로 높다. 무려 90퍼센트 정도로 추정하기도 한다. 중국의 한 실험에서 가장 심각한 헤로인 중독자들을 데려다가 바닥핵 앞쪽 영역을 손상시키자 재발률이 42퍼센트로 떨어졌다.[23] 사람들이 단서를 추구하고 갈망을 만들어내는 자동 행동을 상실한 것이다(물론 이런 수술에 따른 부작용도 많이 나타난다).

	상위목표	하위목표
시뮬레이션	**무과립이마엽앞겉질(aPFC)** 검색 경로를 시뮬레이션한다. 파스타를 먹고 싶은지, 그냥 다이어트를 할 건지 물어본다. 손상되면 검색 경로 계획수립에 장애가 생긴다.	**운동겉질** 몸동작을 시뮬레이션한다. 방금 배운 C 코드를 기타로 연주하려면 손가락을 어떻게 잡아야 하는지 물어본다. 손상되면 새로운 운동에 대한 학습 능력과 운동 계획수립 능력에 장애가 생긴다.
자동화	**바닥핵 앞쪽 영역** 자극에 반응해서 상위목표를 자동으로 추구하고 습관적 갈망을 만들어낸다. 손상시키면 약물 중독을 치료할 수 있다.[24]	**바닥핵 뒤쪽 영역** 자극에 반응해서 운동 능력을 자동 실행하고 습관적인 운동 반응을 만들어낸다. 손상되면 학습한 운동기술의 수행과 운동 습관 형성에 장애가 생긴다.

운동 위계가 온전하게 잘 기능하던 초기 유태반류는 놀라울 정도로 유연하게 행동했을 것이다. aPFC에서는 상위목표를 설정할 수 있었고, 운동 위계가 낮은 수준의 영역에서는 어떤 장애물이 나타나더라도 유연하게 반응할 수 있었을 것이다. 예를 들어 초기 유태반류가 먼 곳까지 물을 마시러 간다고 하면 공통의 목표를 수행하기 위해 갑자기 장애물이 생겨도 운동앞겉질이 새로운 운동 과정을 선택해서 반응하고 운동겉질이 팔다리의 미묘하기 그지없는

동작까지 조정하는 등 하위목표를 끊임없이 업데이트했을 것이다.

식기세척 로봇의 비밀은 포유류의 운동겉질과 그보다 광범위한 운동 시스템 속 어딘가에 숨어 있을 것이다. 하지만 새겉질의 미세회로가 어떻게 감각 입력을 정확하게 시뮬레이션하는지 아직 밝혀내지 못한 것처럼, 어떻게 운동겉질이 그토록 유연하고도 정확하게 미세운동을 시뮬레이션하고 그 계획을 수립할 수 있는지, 활동하면서 어떻게 끊임없이 학습할 수 있는지도 아직 밝혀내지 못하고 있다.

하지만 지난 수십 년 동안 이뤄진 연구를 지침으로 삼는다면 로봇공학자와 AI 연구자들이 가까운 미래에 그 방법을 알아낼 수도 있을 것이다. 사실 로봇공학은 아주 빠른 속도로 발전하고 있다. 20년 전에는 네발로봇이 균형을 잡고 일어서게 만드는 것도 어려웠지만, 지금은 공중제비를 도는 휴머노이드로봇도 개발됐다.

포유류와 유사한 운동 시스템을 갖춘 로봇을 만드는 데 성공한다면 여러 가지 바람직한 속성도 함께 따라올 것이다. 이런 로봇은 새로운 복잡한 기술을 이용해서 스스로 자동 학습하고, 세상에서 발생하는 변화에 대응하기 위해 실시간으로 운동을 조정할 것이다. 우리가 상위목표를 제시하면 로봇들은 그것을 달성하는 데 필요한 모든 하위목표를 생각해낼 것이다. 이들이 처음 새로운 과제를 학습할 때는 각각의 동작을 행동하기 전에 시뮬레이션하느라 속도가 느리고 조심스럽겠지만 점점 나아지면서 행동이 자동화될 것이다. 로봇은 기존에 학습했던 낮은 수준의 기술을 새롭게 경험한 상위목표에 재적용하기 때문에 새로운 기술을 학습하는 속도가 점점 빨라질 것이다. 이들의 뇌가 실제로 포유류의 뇌처럼 작동한다면 이런 과제를 완수하는 데 거대한 슈퍼컴퓨터가 없어도 될 것이다. 실제로 인간의 뇌 전체가 작동하는 데는 전구

하나에 들어가는 에너지 정도면 충분하다.

물론 그러지 않을 수도 있다. 어쩌면 로봇공학자들이 포유류와는 아주 다른 방식으로 이 모든 것을 수행하게 만들 수도 있다. 어쩌면 로봇공학자들이 사람의 뇌를 역설계하지 않고도 모든 방법을 생각해낼지도 모른다. 어쨌든 새의 날개가 인간이 갈구하는 목표였던 비행이 가능함을 보여주는 증거였듯이, 포유류의 운동 능력은 우리가 언젠가 기계를 통해 구현하기를 바라는 운동 능력이 가능함을 보여주는 증거다. 그리고 운동겉질과 그것을 둘러싼 운동 위계는 그 모든 것의 작동법을 보여주는 자연의 단서다.

혁신 #3의 요약: 시뮬레이션

초기 포유류에서 새롭게 등장한 주요 뇌 구조는 새겉질이었다. 새겉질이 등장하면서 우리 진화 이야기의 세 번째 혁신인 시뮬레이션이라는 선물이 탄생했다. 이것이 어떻게 일어났고 사용되었는지 요약해보자.

- 감각새겉질이 진화해서 바깥세상에 대한 시뮬레이션을 만들었다(세계 모델).
- aPFC가 진화했다. 이 영역은 이마엽새겉질에서 가장 먼저 등장했다. aPFC는 동물 자신의 운동과 내적상태(자기 모델)에 대한 시뮬레이션을 만들고, 자신의 행동을 설명할 '의도'를 구성했다.
- aPFC와 감각새겉질이 함께 작용한 덕분에 초기 포유류가 잠시 멈춰 경험하지 못한 세상의 측면들을 시뮬레이션할 수 있게 됐다. 이것이 모델 기반 강화학습이다.
- aPFC는 어떤 경로를 시뮬레이션할지 영리하게 고르고, 그것을 언제 시뮬레이션하는지 판단함으로써 검색 문제를 해결했다.
- 시뮬레이션 덕분에 초기 포유류는 대리 시행착오가 가능해졌다. 이는 미래의 행동을 시뮬레이션해서 상상한 결과를 바탕으로 어느 경로를 선택할지 결정하는 것이다.
- 시뮬레이션 덕분에 초기 포유류는 반사실적 학습이 가능해졌고, 신뢰 할당 문제에 더 발전한 해법을 적용할 수 있었다. 그래서 포유류는 인과관계를 바탕으로

신뢰를 할당할 수 있게 됐다.

- 시뮬레이션 덕분에 초기 포유류는 일화기억이 가능해졌다. 일화기억을 통해 포유류는 과거의 사건과 행동을 떠올릴 수 있었고, 이를 바탕으로 자신의 행동을 조정할 수 있었다.
- 나중에 등장한 포유류에서는 운동겉질이 진화하면서 특정 몸동작의 계획을 세우고 시뮬레이션할 수 있었다.

1억 년 전 우리 포유류의 조상은 생존을 위해 상상극장을 무기화했다. 이들은 대리 시행착오, 반사실적 학습, 일화기억 등을 통해 공룡을 따돌리는 계획을 수립했다. 그리고 현대의 고양이처럼 생긴 우리의 포유류 조상은 나뭇가지를 보면서 발을 어디에 디딜지 계획할 수 있었다. 이런 능력들이 함께한 덕분에 고대의 포유류는 자신의 척추동물 조상보다 더 유연하게 행동하고 신속하게 학습하며 영리하게 운동 기능을 수행했다. 당시 대부분의 척추동물은 현대의 도마뱀, 어류와 비슷하게 빨리 움직이고, 패턴을 기억하고, 시간의 흐름을 추적하고, 모델 없는 강화학습을 통해 지능적으로 학습할 수 있었다. 하지만 이들의 운동은 계획 없이 이루어졌다.

그래서 생각 그 자체는 프로메테우스가 신성한 작업장에서 찰흙을 빚어 만들어낸 창조물에서 탄생한 것이 아니라, 1억 년에 걸친 공룡의 포식 활동과 멸종을 피하려던 우리 조상들의 필사적인 노력과 쥐라기 지구의 작은 땅굴과 울퉁불퉁한 나무에서 탄생했다. 이것이 우리의 새겉질과 세상에 대한 내적 시뮬레이션이 세상에 나오게 된 진짜 이야기다. 뒤에서 보겠지만 이 어렵게 얻은 능력을 바탕으로 결국 다음 혁신이 등장하게 된다.

다음 혁신은 어떤 면에서 보면 현대의 AI 시스템에 역설계해 입력하기 어려운 것이다. 이 혁신은 우리가 보통 '지능'과 연관 지어 생각하지 않지만, 사실 우리 뇌의 가장 눈부신 업적 중 하나다.

혁신 #4

정신화와 최초의 영장류

1,500만 년 전 당신의 뇌

15.
정치적 수완을 위한 군비경쟁

사건은 약 6,600만 년 전 어느 날 일어났다. 다른 날과 별다를 것 없는 평범한 날이었다. 오늘날의 아프리카 지역 정글 너머로 태양이 떠올라 잠들어 있던 공룡을 깨우고, 다람쥐와 비슷하게 생긴 우리의 조상들을 낮 동안 숨어 있을 자리로 몰아넣었다. 진흙탕 해변을 따라 고대의 양서류로 가득한 얕은 웅덩이에 빗방울이 떨어졌다. 썰물이 빠져나가면서 많은 어류와 다른 고대의 생명체를 바다 깊은 곳으로 데려갔다. 하늘은 익룡과 고대의 새들로 가득 찼다. 절지동물과 다른 무척추동물들은 흙과 나무에 굴을 파고 들어갔다. 지구의 생태계는 아름다운 평형을 찾았다. 공룡은 1억 5,000만 년이 넘는 시간 동안 먹이사슬의 꼭대기를 차지하고 살았고, 어류는 그보다 더 긴 시간 동안 바다를 지배했으며, 포유류와 다른 동물들도 각각 작지만 그래도 살 만한 생태적 지위를 찾아냈다. 이날이 이전과 다른 날이 되리라는 조짐은 전혀 보이지 않았다. 그러나 이날 모든 것이 바뀌었다. 세상이 종말을 맞이할 뻔한 것이다.

물론 동물이 겪은 이날의 이야기를 오늘날 우리가 구체적으로 알 수는 없다. 하지만 추측할 수는 있다. 다람쥐와 비슷하게 생긴 우리의 포유류 조상 중 한 마리가 아마도 땅굴에서 나와 곤충을 잡아먹으면서 밤을 맞이하고 있었을 것이다. 해가 저물면서 평소처럼 하늘은 보라색 노을로 물들었을 것이다. 그런데 그 순간 지평선에서 검은 뭔가가 등장했다. 우리 조상이 봤던 그 어떤 폭풍 구름보다도 두껍고 짙은 구름이 빠른 속도로 하늘을 뒤덮었다. 우리의 조상은 처음 보는 광경을 놀라움 속에 바라봤을 수도 있고 완전히 무시했을 수도 있다. 새로 갖춘 새겉질 덕분에 아무리 똑똑해졌다 한들, 대체 무슨 일이 벌어지는지 전혀 이해할 수 없었을 것이다.

폭풍 구름은 지평선 너머에서 몰아치는 폭풍우가 아니었다. 이것은 우주 먼지였다. 겨우 몇 분 전에 지구 반대편에서 지름이 몇 킬로미터인 소행성이 지구를 강타했다. 그 과정에서 막대한 양의 흙먼지가 솟아올라 하늘을 어둡게 채웠다. 이 어둠이 2년 넘게 태양을 가리면서 육상 생명체의 70퍼센트가 죽게 된다.[1] 이것이 바로 백악기-팔레오기 대멸종 사건이다.

역사에서 발생했던 다른 멸종 사건 중에는 지구의 생명체가 초래한 것이 많았다. 산소대폭발 사건은 남세균이 일으켰고, 데본기 말기 멸종은 아마도 육상식물이 지나치게 번성하면서 일어났을 것이다. 하지만 이번에는 생명의 잘못이 아니라 두 얼굴을 가진 우주의 우연 때문에 생긴 일이었다.

2년간의 어둠 끝에 마침내 시커먼 구름도 걷히기 시작했다. 태양이 다시 얼굴을 드러내면서 식물들이 잃어버린 영토를 회복하고 메마른 죽음의 땅을 다시 채웠다. 하지만 이제는 완전히 새로운 세상이었다. 조류를 제외하면 공룡은 거의 모두 멸종했다. 다람쥐 비슷하게 생긴 우리 조상은 알지도 못했고 살아서 볼 수도 없었을 자손들이 새로운 지구를 물려받았다. 지구가 치유되면서 작은 포유류들은 완전히 새로운 생태계를 맞이했다. 자기를 잡아먹을 포식자 공룡이 사라진 덕분에 이들은 자유롭게 새로운 생태적 지위를 탐험하면서, 새로운 형태와 크기로 다양화되고 새로운 영토를 정복하며 먹이사슬 안에서 자신의 지위를 다질 새로운 발판을 마련할 수 있었다.

이후에 찾아온 시대를 포유류의 시대Era of Mammals라고 부른다. 이 초기 포유류의 후손이 결국 현대의 말, 코끼리, 호랑이, 생쥐로 진화한다. 일부는 다시 바다로 돌아가 오늘날의 고래, 돌고래, 물개가 됐다. 일부는 하늘로 날아올라 오늘날의 박쥐가 됐다.

우리의 직계 조상은 아프리카의 키 큰 나무를 피난처로 삼은 동물들이었다. 바로 최초의 영장류다. 이들은 야행성 동물에서 주행성 동물로 바뀌었다. 몸집이 커지면서 나뭇가지를 움켜잡아 무거운 체중을 버틸 수 있도록 맞닿는 엄지손가락opposable thumb*을 발달시켰다. 커진 몸집을 유지하기 위해 주식이 곤충에서 과일로 바뀌었다. 이들은 집단을 이뤄 살았고, 집단의 규모가 커지면서 포식과 먹이경쟁으로부터 상대적으로 자유로워졌다. 가장 주목할 부분은 뇌가 원래의 크기보다 100배 넘게 폭발적으로 커졌다는 점이다.

포유류 계통 중 대다수는 비율로 따졌을 때 초기 포유류에 비해 뇌가 별로 커지지 않았다. 코끼리, 돌고래, 영장류 등 일부 계통에서만 뇌가 극적으로 커졌다. 이 책은 사람에 관한 이야기이기 때문에 영장류의 뇌가 커지는 과정에 초점을 맞추겠다. 실제로 영장류가 왜 이렇게 큰 뇌, 구체적으로는 이렇게 큰 새겉질을 가졌는지는 다윈 시대 이후로 과학자들을 당혹스럽게 만든 질문

* 엄지손가락이 나머지 네 개의 손가락과 맞닿는 특징을 말한다. 이 덕분에 나뭇가지를 움켜쥐는 등의 손기술이 발전했다.-옮긴이

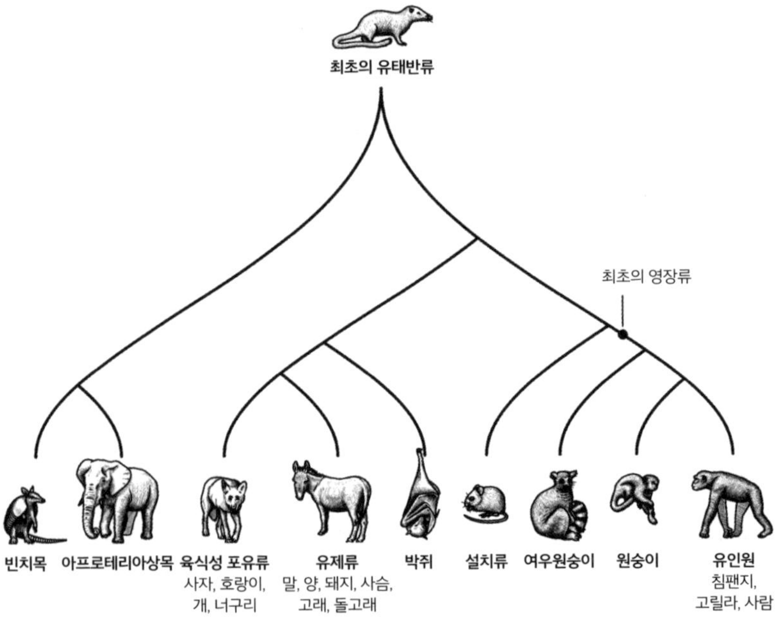

그림 15.1 포유류의 계통수

이었다. 초기 영장류의 생활방식이 어땠길래 이렇게 큰 뇌가 필요했을까?

사회적 뇌 가설

1980년대와 1990년대에 니컬러스 험프리Nicholas Humphrey, 프란스 드 발Frans de Waal, 로빈 던바Robin Dunbar 등 수많은 영장류학자와 진화심리학자가, 영장류의 뇌가 커진 이유를 1,000만 년에서 3,000만 년 전에 아프리카 정글에서 원숭이로 살아가는 데 필요한 생태적 요구가 아니라 독특한 사회적 요구 때문이었다고 추측했다. 또한 영장류들이 안정적인 작은 사회를 이루고 오랜 기간

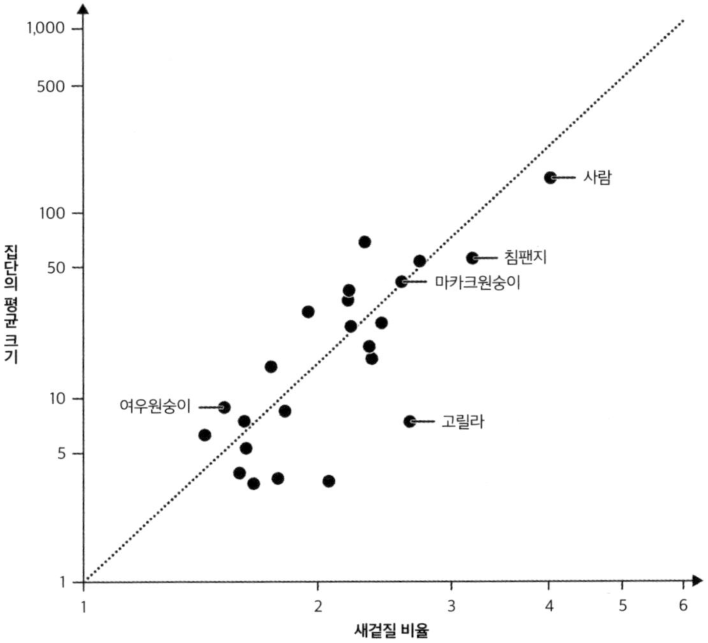

그림 15.2[2]

함께 모여 살았다고 주장했다. 과학자들은 이렇게 독특할 정도로 큰 사회집단을 유지하려면 개체들에게 독특한 인지기능이 필요했을 것이라는 가설을 세우고, 이런 상황이 뇌의 크기를 키우는 압력을 만들어냈다고 주장했다(사회적 뇌 가설social brain hypothesis).

이 이론이 옳다고 확신할 수 있는 간단한 실험이 진행됐다. 전 세계 원숭이와 유인원을 살펴보면서, 나머지 뇌 부위 대비 새겉질의 상대적 크기가 이들의 사회집단 규모와 상관관계가 있는지 확인하는 실험이었다. 상관관계는 여러 영장류에서 확인됐다. 영장류의 새겉질이 클수록 이들이 이루는 사회집단의 규모도 크다.[3] 이것을 확인한 사람이 바로 로빈 던바였다. 그리고 그가 발견한 사실이 이 분야를 뒤흔들었다.

흥미롭게도 이런 상관관계가 다른 대부분의 동물에게는 적용되지 않는다.[4] 원숭이와 영장류가 아니어도 포유류나 다른 동물 중에는 집단을 이루고 사는 동물이 많다. 하지만 1,000마리가 무리를 이뤄 사는 버팔로의 뇌는 단독생활을 하는 말코손바닥사슴의 뇌보다 의미 있게 크지 않다. 뇌가 커야 했던 이유는 전반적인 집단의 규모 때문이 아니라 초기 영장류들이 이루고 살았던 집단의 구체적인 유형 때문이었던 것으로 보인다. 다른 포유류 집단과 비교했을 때 영장류 집단에는 독특한 특징이 있었다. 이를 이해하려면 집단 형성 자체의 일반적인 동력을 이해해야 한다.

집단과 개인 간의 진화적 긴장

초기 포유류는 그전에 있었던 양막류(도마뱀 비슷한 조상)보다 사회성이 더욱 발달했을 가능성이 높다. 초기 포유류는 특이하게도 무력한 새끼를 낳았다. 이런 역학은 어미가 자신의 새끼를 돌보고 양육하며 물리적으로 보호하려는 강력한 유대감을 구축하게 만들었을 것이다. 게다가 포유류는 다른 척추동물에 비해 놀이에 훨씬 많이 참여한다. 쥐처럼 단순한 포유류의 새끼들도 서로 올라타기나 싸움놀이 등을 많이 한다. 이런 초기의 놀이 행동은 어린 포유류의 운동겉질을 훈련하고 개선해서 위험한 상황에 처했을 때 따로 배우지 않아도 자연스럽게 그런 동작들을 할 수 있도록 익히는 과정이었을 것이다. 초기 포유류는 어미와 새끼의 이런 협력 기간이 상대적으로 짧았다. 어린 시절의 발육 기간이 끝나고 나면 유대감이 약해지면서 새끼와 어미는 각자 갈 길을 간다. 호랑이나 곰처럼 생의 대부분을 혼자 사는 포유류는 보통 이런 식으로 살아간다.

모든 동물이 성체가 되었을 때 이렇게 떨어져 살지는 않는다. 사실 가장 단순하고 폭넓게 이뤄진 동물 최초의 집단행동은 집단생활이었을 것이다. 같은 종의 동물들이 함께 모여 있는 것이다. 어류는 서로 가까이 헤엄쳐 다니면서 서로의 행동을 반사적으로 따라한다. 초식 공룡 중에는 무리를 지어 사는 종이 많았다. 이런 방식은 포유류에서도 보인다. 버팔로와 영양은 무리를 이루고 산다. 집단생활의 핵심 장점은 포식자를 피하는 데 도움이 된다는 것이다. 무리에서 단 한 마리의 영양만 주변에 사자가 있다는 낌새를 알아채고 달아나기 시작해도 무리의 다른 모든 개체가 그 뒤를 따른다. 혼자 있는 영양은 잡기 쉬운 먹잇감이지만 무리를 지어 있으면 아무리 사자라도 위험할 수 있다.

하지만 집단생활을 통해 얻는 생존상의 장점은 공짜가 아니라 많은 비용이 따른다. 먹이가 부족하거나 짝짓기 대상이 제한된 경우 무리 내에서 위험한 경쟁이 벌어질 수 있다. 이런 경쟁이 내분이나 폭력으로 이어진다면 그 집단은 결국 서로 경쟁하고 싸우는 데 소중한 에너지를 낭비하게 된다. 이런 상황이라면 무리를 짓지 않고 각자 따로 흩어져 사는 것이 더 낫다.

그래서 집단생활이라는 전략을 선택한 동물들은 분쟁에 필요한 에너지 비용을 최소화하면서 분쟁을 해소할 도구를 진화시켰다. 이렇게 해서 실제로 물리적 싸움을 벌일 필요 없이 자신의 힘과 복종을 알릴 메커니즘이 발달했다. 사슴과 영양은 먹이와 짝을 두고 경쟁할 때 뿔을 맞대고 싸운다. 이는 실제 싸움보다 훨씬 에너지 비용이 저렴한 형태의 경쟁이다. 곰, 원숭이, 개는 이빨을 드러내고 으르렁거리면서 공격성을 표현한다.

이런 동물은 복종 신호를 보내서 패배를 인정하며 상대방에게 자기를 해치는 데 에너지를 낭비할 필요가 없다고 알리는 메커니즘도 진화시켰다. 개는 몸을 낮추거나 등을 대고 구른다. 곰은 앉아서 시선을 돌린다.[5] 사슴은 머리를 낮추고 귀를 납작하게 눕힌다.[6] 이런 행위는 모두 긴장을 완화하고 내분에 투입되는 에너지를 줄이는 메커니즘을 만든다. 이렇게 많은 동물이 힘과 복종의 신호를 드러낼 수 있게 된 덕분에 집단생활이 가능해졌다.

포유류 계통 대부분의 생활방식은 단독생활, 짝 결합, 하렘harem 집단, 다중수컷 집단 등 네 가지 사회시스템 중 하나에 해당한다.[7] 말코손바닥사슴 같은 단독생활 포유류는 성체가 된 후 많은 시간을 혼자서 보내고 주로 짝짓기를 위해서, 암컷인 경우 새끼를 키우기 위해서만 다른 성체와 만난다. 붉은여우, 프레리도그처럼 짝 결합을 하는 포유류는 암수가 함께 살면서 새끼도 함께 키운다. 낙타 같은 포유류는 하렘을 이뤄 산다. 하렘은 우두머리 수컷 한 마리가 여러 마리의 암컷을 거느리고 무리를 이루고 사는 사회집단이다. 수컷 여러 마리와 암컷 여러 마리가 함께 사는 다중수컷 집단을 이루고 사는 포유류도 있다.

단독생활을 하는 포유류와 짝 결합을 하는 포유류는 대규모 사회집단을 이뤘을 때 겪을 불리한 점을 피할 수 있지만, 그에 따르는 이득 또한 놓치게 된다. 반면 하렘 집단과 다중수컷 집단은 대규모 집단의 이득을 누릴 수 있지만 집단 내에서 경쟁이라는 비용이 발생한다. 그렇기 때문에 공격성과 복종을 표현하는 것 외에도 하렘 집단과 다중수컷 집단이 경쟁을 최소화할 수 있는 또 다른 방법을 진화시켜야 했다. 바로 엄격한 위계다. 하렘 집단의 경우에는 집단 안에 수컷이 한 마리밖에 없다 우두머리 수컷 한 마리가 집단 안에서 모든 짝짓기를 독차지한다. 이 집단에서 살 수 있는 다른 수컷은 그 수컷의 새끼들밖에 없다.[8] 다중수컷 집단 역시 엄격한 위계를 통해 유지된다. 암컷과 수컷 모두에 엄격한 위계가 있다. 지위가 낮은 수컷도 집단에 소속될 수는 있지만 짝짓기 기회가 거의 없고 먹이도 가장 나중에 먹어야 한다. 지위가 높은 수컷은 가장 먼저 먹이를 먹고 짝짓기를 대부분 독차지한다.

포유류에서 흔히 나타나는 네 가지 사회구조[9]

단독생활	짝 결합	하렘 집단	다중수컷 집단
독립	수컷 한 마리, 암컷 한 마리	수컷 한 마리, 암컷 여러 마리	수컷 여러 마리, 암컷 여러 마리
성체가 되면 대부분 독립적으로 생활한다.	수컷 한 마리와 암컷 한 마리가 함께 살면서 새끼를 기른다.	우두머리 수컷 한 마리가 암컷 집단과 함께 생활한다. 암컷 집단에도 자체적인 위계가 있다.	수컷과 암컷의 위계가 분리되어 있다.
호랑이, 재규어, 말코손바닥사슴	붉은여우, 프레리도그, 왕수달, 피그미마모셋	몽골, 낙타, 물개, 고릴라	사자, 하마, 여우원숭이, 침팬지, 개코원숭이, 마카크원숭이

이런 사회집단에서 위계는 어떻게 결정될까? 간단하다. 가장 힘이 세고 몸집이 크며 거친 개체가 우두머리가 된다. 뿔을 맞대고 이빨을 드러내는 것 모두 싸움 자체는 피하면서 싸우면 누가 이길지 보여주기 위해 설계된 행동이다.

초기 영장류는 이와 같은 진화적 맞교환을 이루었다. 이들은 큰 집단을 이뤄 포식자를 피할 수 있는 이점을 얻기 위해 공격성의 위험을 받아들이고 집단을 이루고 살도록 진화했다.[10] 영장류가 경험하는 포식 위험이 클수록 그에 대응해서 만드는 사회집단의 규모도 커졌다.[11] 현대의 여러 영장류처럼 초기의 영장류도 아마 암컷과 수컷에 위계가 있는 다중수컷 집단을 이뤄 살았을 것이다. 위계에서 지위가 낮은 개체는 가장 나쁜 먹이를 먹으며 짝짓기를 거의 못하고, 지위가 높은 개체는 가장 좋은 것만 골라서 누렸다. 이들은 공격성을 과시하기 위해 이빨을 드러냈는데, 화석을 비롯해 오늘날의 원숭이와 유인원 사회에서 나타나는 행동 관찰을 통해 알 수 있다. 침팬지, 보노보, 마카크원숭이 모두 이런 식으로 산다. 초기 영장류 집단은 다른 포유류에서 나타나는 다중수컷 집단과 다르지 않아 보였을 것이다. 하지만 연구자들이 원숭이와 유인원의 행동을 꼼꼼히 관찰해보니 사회성이라는 측면에서 영장류가 포유류 사촌 대부분과 다르다는 것이 분명하게 드러났다. 초기 영장류에게는 그보다 앞선 초기 포유류에서 진화한 사회성과는 다른 어떤 일이 일어났다(개, 코끼리, 돌고래 등 사회성이 복잡한 다른 포유류 계통에서도 독립적으로 비슷한 일이 일어났을 수 있다).

권모술수에 능한 유인원

1970년대, 영장류학자 에밀 멘젤Emil Menzel은 1에이커(약 4,000제곱미터) 정도되는 숲에서 살아가는 침팬지 집단을 대상으로 실험을 진행하고 있었다.[12] 쥐의 심상지도mental map에 대한 톨먼의 실험에 영감을 받은 멘젤은 침팬지의 심상지도에 대해 실험하고 있었다. 그의 주된 관심사는 침팬지가 숨겨놓은 먹이의 위치를 기억할 수 있는지였다.

멘젤은 실험 구역 내에서 바위 밑이나 수풀 속 등 무작위로 먹이를 숨기고 침팬지 한 마리에게 그 위치를 보여줬다. 그러고 나서 반복적으로 이 위치에 먹이를 갖다 놓았다. 침팬지는 쥐와 마찬가지로 탁월하고 정확하게 위치를 기억했고, 멘젤이 숨겨놓은 먹이를 찾으려고 이런 특정 장소를 자주 확인하는 법을 학습했다. 하지만 멘젤은 침팬지에게서 쥐와 아주 다른 행동을 발견했다. 그가 원래 조사하지도 않았고 발견하리라 기대하지도 않은 행동이었다. 사실 멘젤은 처음에 침팬지의 공간 기억 능력을 조사하려고 했다. 그러다가 침팬지가 마키아벨리즘 성향을 보이며 수단과 방법을 가리지 않고 행동하는 모습을 발견했다.

멘젤이 지위가 낮은 침팬지 중 하나인 벨에게 숨겨놓은 먹이의 위치를 처음 보여줬을 때, 벨은 기꺼이 나머지 집단에게 먹이의 위치를 알리고 먹이를 나눠 먹었다. 하지만 락이라는 우두머리 수컷이 먹이를 독차지해버렸다. 락이 여러 번 이렇게 행동하자 벨은 나눠 먹기를 멈추고 숨겨진 먹이의 정보를 들키지 않으려 훨씬 정교한 전략을 구사하기 시작했다.

처음에 벨은 락에게 정보를 숨기기 위해 먹이를 숨긴 장소 위에 그냥 앉아 있다가 락이 멀어지고 난 후에야 먹이를 꺼내놓고 먹었다. 하지만 벨이 먹이를 숨기고 있음을 알게 된 락은 벨을 밀어내고 먹이를 차지하기 시작했다. 이에 대응해서 벨은 새로운 전략을 사용했다. 일단 벨은 새로 음식을 숨겨놓은 장소를 알게 되면 그곳으로 바로 가지 않았다. 락이 다른 데로 시선을 돌릴 때까지 기다렸다가 먹이로 달려갔다. 이 새로운 전략에 대응해서 락은 벨을 속이려 들었다. 시선을 딴 데 두고 관심 없는 척 딴청을 부리다가 벨이 먹이로 다가가면 뒤쫓아 달려간 것이다. 그러자 벨은 락을 엉뚱한 방향으로 유도하려 했다. 결국 락은 이런 속임수를 알아차리고 벨이 자기를 유도하는 장소와 반대쪽으로 달려가서 먹이를 찾기 시작했다.

이렇게 속임수와 그에 대응하는 또 다른 속임수가 이어지는 과정을 보면 락과 벨이 모두 상대방의 의도를 이해할 수 있다는 점을 알 수 있다('벨이 나를 먹이가 있는 곳에서 떨어트려 놓으려고 하는구나' '락이 딴 데 보는 척하면서 나를 속이려고 하는구나'). 또한 상대방의 믿음을 조작하는 것이 가능함을 이해하고 있다는 사실도 드러난다('관심 없는 척해서 벨이 내가 보고 있지 않다고 생각하게 만들어야겠다' '락을 저쪽으로 유도하면 먹이가 엉뚱한 위치에 있다고 생각하게 만들 수 있어').

이후 다른 실험들을 통해 유인원이 실제로 상대방의 의도를 이해할 수 있다는 발견이 이어졌다. 유인원을 대상으로 '우연한' 행동과 '의도적' 행동을 구분하는 능력을 실험한 다음의 연구를 살펴보자.[13] 침팬지나 오랑우탄에게 상자 세 개를 보여준다. 그중 한 상자에는 먹이가 들어 있다. 먹이가 들어 있는 상자는 그 위에 펜으로 진하게 표시해뒀기 때문에 다른 상자와 구분된다. 이것을 몇 번 반복하면 유인원들은 항상 표시가 있는 상자 안에 먹이가 들어 있음을 학습하게 된다. 그다음에는 실험자가 상자 세 개를 들고 들어와 그중 하나로 몸을 기울여 의도적으로 표시하는 것을 보여준다. 또 다른 상자 하나는 위로 마커를 떨어트려서 표시가 남게 한다. 그러고 나서 유인원들에게 먹이가 들어 있는 상자를 찾게 하면 어느 쪽으로 갈까? 유인원들은 실험자가 '의도적으로' 표시한 상자로 곧장 달려가고, '우연히' 표시된 상자는 무시했다. 유인원이 실험자의 의도를 추론해낸 것이다.

또 다른 연구를 살펴보자. 침팬지 한 마리를 두 실험자 건너편에 앉힌다. 실험자들의 주변에는 침팬지의 먹이가 놓여 있다. 한 실험자는 다양한 이유로 침팬지에게 먹이를 줄 수 없다(실험자가 먹이를 보지 못할 때도 있고, 먹이에 손이 닿지 않을 때도 있으며, 실험자가 먹이를 잃어버리는 모습을 보여줄 때도 있다). 또 다른 실험자는 그냥 먹이를 주려는 의지가 없다(먹이가 있어도 주지 않는다). 양쪽 실험자 모두 먹이를 주지 않았지만 침팬지는 이 두 경우를 다르게 취급한다. 두 실험자 중 어느 한 명을 선택할 수 있는 기회를 주면 침팬지는 항상 도울 만한 상황이 아닌 사람을 선택하고 도울 의지가 없어 보이는 사람은 피한다.[14] 침팬지는 다른 사람의 상황을 보여주는 단서를 이용해서('저 사람이 먹이를 볼 수 있나?' '먹이를 잃어버렸나?' '먹이에 손이 닿지가 않는 건가?') 그 사람의 의도를 추론한다. 따라서 그 사람이 미래에 자기에게 먹이를 줄 가능성을 예측할 수 있는 것으로 보인다.

상대방의 마음을 이해하려면 상대방의 의도만이 아니라 상대방이 무엇을 알고 있는지, 곧 지식knowledge도 파악해야 한다. 벨이 락으로부터 먹이를 숨기려고 그 위에 앉아 있었던 것은 락의 지식을 조작하려는 벨의 시도였다. 또 다른 실험에서는 침팬지에게 두 가지 고글을 갖고 놀 기회를 줬다. 하나는 투명해서 앞이 잘 보이는 고글이었고, 또 하나는 불투명해서 잘 안 보이는 고글이었다. 이 침팬지들에게 그와 동일한 고글을 착용하고 있는 인간 실험자에게 먹이를 요청할 기회를 줬더니, 침팬지들은 투명한 고글을 착용한 사람에게 가야 한다는 것을 알고 있었다. 불투명한 고글을 착용한 사람에게는 자신들이 보이지 않으리라는 점을 파악한 것이다.[15]

동물이 상대방의 의도와 지식을 어느 수준까지 추론할 수 있느냐에 대해서는 동물심리학 분야에서 계속 논란이 되고 있다. 많은 영장류, 특히 유인원에게 이런 능력이 있다는 증거는 확인되었지만 다른 동물에서는 불분명하다. 일부 조류와 돌고래,[16] 개처럼 다른 똑똑한 동물에게도 이런 능력이 있을 가능성이 있다. 내가 주장하고 싶은 점은 이런 능력이 영장류에게만 있다는 것이 아니라, 이런 능력이 초기 포유류에게는 없었고 인간 계통에서는 초기 영장류(아니면 적어도 초기 유인원)에서 등장했다는 것이다. 개는 사회성이 뛰어나고 사람에게 관심이 많은 동물이지만 사람들이 가진 지식이 저마다 다를 수 있음을 이해하지 못한다. 개에게 자기 조련사가 한 장소에 간식을 넣어두는 것을 보여준 다음 다른 누군가가 다른 장소에 간식을 넣어두는 모습을 보여준다. 이때 조련사는 그 자리에 없어서 다른 장소에도 간식이 있는지 알지 못한다. 이런 상황에서 조련사가 돌아와 명령한다. "간식 먹어!" 그럼 개는 동일한 확률로 양쪽 장소로 달려간다. 조련사가 알고 있는 장소에 대한 지식을 바탕으로 어느 장소를 가리키고 있는지 구분하지 못하는 것이다.[17]

상대방의 의도와 지식을 추론하는 이런 행위를 '마음이론theory of mind'이라고 한다. 다른 사람의 마음에 대한 이론이 있어야 상대방의 의도나 지식을 추론할 수 있기 때문에 이런 이름이 붙었다. 이 인지기능이 초기 영장류에게서 등장했다는 증거가 있다. 앞으로 살펴보겠지만 영장류의 뇌가 그렇게 크고, 뇌의 크기와 집단의 크기에 상관관계가 있는 이유를 마음이론으로 설명할 수 있다.

영장류 정치학

인간을 제외한 영장류에서 가장 눈에 띄는 사회적 행동은 털 손질이다. 한 쌍의 원숭이가 번갈아가며 손이 닿지 않는 등에 붙어 있는 먼지를 털어주거나 진드기를 잡아준다. 20세기 전반부에는 주로 위생을 위해 이런 행동을 한다고 믿었다. 하지만 지금은 이런 털 손질 행동이 위생의 목적보다는 사회적 목적이 더 크다는 것이 확실해졌다. 먼저 털 손질에 드는 시간과 체격 사이에 상관관계가 없다(털 손질의 기능이 몸을 청소하는 것이라면 상관관계가 있었을 것이다). 반면 털 손질에 드는 시간과 집단의 규모 사이에는 강력한 상관관계가 있다.[18] 게다가 다른 개체에게 털 손질을 별로 받지 못하는 개체가 스스로 털 손질을 더 많이 하지도 않는다.[19] 그리고 각 원숭이는 특정 털 손질 파트너와 아주 오랜 기간 관계를 유지한다. 평생 이어지는 경우도 있다.

영장류 집단은 무작위로 뒤섞여 상호작용하는 사회적 구성물이 아니다. 15마리에서 50마리로 이뤄진 작은 영장류 사회는 역동적이고 특정한 관계로 이뤄진 하위 네트워크들로 구성된다. 원숭이는 자기네 집단에 속한 개체 각각을 기억하고 파악하며, 겉모습이나 목소리를 통해 식별한다.[20] 이들은 개체만 파악하는 것이 아니라 개체 간의 특별한 관계도 파악한다. 멀리서 새끼가 보내는 구조 요청 소리를 들으면 같은 집단의 개체는 모두 소리가 나는 방향이 아니라 어미가 있는 쪽을 바라본다. '이런, 앨리스가 자기 딸을 어떻게 도울까?' '저 아이를 믿을 수 있나? 엄마가 어떻게 하는지 한번 지켜보자.'[21]

개체 사이에는 가족 관계뿐 아니라 위계 관계도 있다. 버빗원숭이에게는 지배와 복종을 표현하는 접근-후퇴 의례approach-retreat routine가 있다. 지위가 높은 개체가 지위가 낮은 개체를 향해 걸어가면 지위가 낮은 개체는 뒤로 물러선다. 이런 지배 관계는 여러 맥락에서 일관되게 나타난다. A 원숭이가 어떤 상황에서 B 원숭이에게 복종을 표현했다면, 다른 상황에서도 A는 B에게 거의 항상 복종한다. 이런 지배 관계는 다른 개체에게 전이된다. A가 B에게 복종하고, B가 C에게 복종하는 것을 봤다면 A가 C에게 복종할 것이 거의 확실하다.[22] 이런 지배와 복종의 신호는 일회성 표현이 아니라 분명한 사회적 위계를 나타내며 위계 관계는 여러 해, 심지어 여러 세대에 걸쳐 이어질 때가 많다.[23]

영장류는 사회적 위계를 위반하는 상호작용에 극도로 민감하다. 2003년에 이뤄진 한 실험에서 개코원숭이 집단의 서로 다른 개체로부터 지배와 복종의 소리를 녹음했다. 그러고 나서 개코원숭이들 주변에 스피커를 설치해서 녹음한 소리를 들려줬다.[24] 먼저 지위가 높은 개코원숭이가 내는 지배의 소리를 들려준 다음, 지위가 낮은 개코원숭이가 내는 복종의 소리를 들려줬을 때는 스피커 쪽으로 돌아보는 개체가 하나도 없었다. 어떤 개체가 지위 낮은 개체를 상대로 지배력을 과시하는 것은 전혀 새롭지 않았기 때문이다. 하지만 지위가 낮은 개코원숭이가 내는 지배의 소리를 들려준 다음 그보다 지위가 높은 개코원숭이가 내는 복종의 소리를 들려줬더니 개코원숭이들이 깜짝 놀라서 대체 무슨 일인가 하고 스피커로 시선을 돌렸다. 위계를 위반하는 상황이었기 때문이다. 개코원숭이들은 매일 괴롭힘을 당하던 학생이 일진의 뺨을 후려갈기는 모습을 보기라도 한 것처럼 얼빠진 듯이 바라봤다. 진짜 이런 일이 일어났다고?

원숭이 사회가 독특한 이유는 사회적 위계가 있기 때문이 아니다. 사회적 위계를 보이는 동물집단은 많다. 원숭이 집단에서는 위계의 구성방식이 독특하다. 여러 원숭이 집단의 사회적 위계를 조사해보면 가장 강하고 몸집이 크고 공격적인 개체가 반드시 우두머리가 되는 것은 아닌 경우가 꽤 많다. 다른 대부분의 사회적 동물과 달리 영장류에서는 사회적 지위를 결정하는 데 물리적 힘뿐 아니라 정치적 힘도 작용한다.

여러 초기 인류 문명에서 그랬고, 안타깝지만 아직도 많은 원숭이 사회에서 출신 가문이 그 개체의 집단 내 지위를 결정하는 한 가지 요인으로 작용한다. 영장류의 사회집단에는 가문의 위계가 존재하는 경향이 있다. 암컷의 위계에서 흔히 등장하는 구조는 다음과 같다. 위계의 꼭대기에는 가장 지위가 높은 가문의 최고령 암컷이 있고, 그다음에는 그 자식들, 그다음에는 두 번째로 지위가 높은 가문의 최고 연장자와 그 자식들이 있는 식이다.[25] 그리고 딸은 엄마가 죽으면 그 지위를 물려받는 경향[26]이 있다.

영장류가 아닌 동물에서는 물리적 힘에 따라 지위가 결정되는 모습이 보편적이지만 영장류에서는 지위가 높은 가문의 힘도 없고 연약한 어린 개체가 자기보다 지위가 낮은 가문의 몸집도 크고 힘도 센 성체를 손쉽게 겁줄 수 있다. 사실 어린 개체도 자기가 사회구조 안에서 어느 지위에 있는지 분명하게 인식한다. 어린 개체라도 툭 하면 지위가 낮은 가문의 성체들을 도발하지만, 지위가 높은 가문 출신의 성체는 도발하지 않는다.[27]

가문들이 부흥과 몰락을 반복하며 왕권을 차지하기 위해 끝없이 권력투쟁을 벌이는 인간사회와 마찬가지로 원숭이의 왕조도 흥망성쇠를 거듭한다. 가문은 자신의 사회적 지위를 끌어올려야 한다는 크나큰 압박에 직면한다. 지위가 높은 원숭이는 먹이, 털 손질 파트너, 짝, 쉼터 등을 마음껏 누릴 수 있기 때문이다. 한 개체의 진화적 적합성은 사회적 지위에 따라 높아진다. 지위가 높은 원숭이는 새끼도 더 많이 낳고 질병으로 죽을 가능성도 낮아진다.[28] 지위가 높은 가문이라도 개체수가 줄어들면 지위가 낮은 가문의 조직적 반란에 직면한다. 이렇게 지위가 낮은 가문이 지속적으로 반란을 일으켜 결국 지위가 높은 가문이 굴복하면 새로운 위계 서열이 확립된다.[29]

이런 반란이 반드시 일어나는 것은 아니다. 개체수가 적고 지위가 높은 가문이 자기 가문이 아닌 개체와 동맹을 맺어 자신의 지위를 공고히 다지기도 한다. 실제로 공격적 과시가 발생한 경우 중 20퍼센트 정도는 주변에 있던 다른 원숭이가 공격자나 방어자 쪽에 힘을 합쳐서 대응한다. 대부분의 경우는 가족 구성원이 돕지만 그중 3분의 1 정도는 가족이 아닌 개체가[30] 돕는다. 이런 동맹관계를 맺을 수 있는 능력이 개체의 지위를 결정하는 주요 요인 중 하나로 보인다. 지위가 높은 원숭이는 친척 관계가 아닌 개체와 동맹을 맺는 데 뛰어나고, 동맹을 맺는 데 실패했을 때 지위를 빼앗기는 경우가 많다.[31]

원숭이의 정치는 동맹관계의 역학 속에서 이뤄진다. 동맹관계는 고정된 가족 관계를 통해 생기는 것이 아니라 서로의 털을 손질해주고, 싸움에 휘말린 다른 개체를 돕는 과정에서 생겨난다. 동맹관계와 털 손질 협력관계는 우정이라 부를 수 있는 공통의 관계에 해당한다. 원숭이들은 보통 기존에 털 손질 협력관계가 구축된 개체를 구하러 갈 때가 많다.[32] 또한 아직 친구가 아닌 개체에게도 친절하게 행동함으로써 호혜관계를 맺는다. A 원숭이가 B 원숭이의 털을 손질해주면 다음에 A가 도움을 요청하는 소리를 냈을 때 B가 A를 도우러 올 가능성이 현저히 높아진다.[33] 싸움에 휘말린 다른 개체를 돕기 위해 일부러 나서는 경우도 마찬가지다. 원숭이는 자기를 지키러 달려온 적이 있는 개체를 지켜주겠다고 달려가는 경향이 있다.[34] 이런 동맹관계에는 신뢰가 있다. 침팬지에게 A 실험자가 맛없는 간식을 자기에게 직접 전달하는 경우와 B 실험자가 자기와 나눠 먹을 것 같은 또 다른 침팬지에게 아주 맛있는 간식을 전달하는 경우 중 한쪽을 선택하게 하면, 침팬지는 그 침팬지가 자기와 털 손질을 하는 침팬지인 경우에만 B를 택한다. 그게 아니면 맛없는 간식이라도 자기가 직접 받아먹는 쪽을 택한다.[35]

동맹관계는 원숭이의 정치적 지위와 삶의 질에 큰 영향을 끼친다. 권력이 있는 개체는 지위가 낮은 개체와 충분히 많은 동맹을 맺음으로써 이득을 얻는다. 지위가 낮은 원숭이는 적절히 지위가 높은 가문과 우정을 구축함으로써 삶을 크게 개선할 수 있다. 지위가 높은 털 손질 파트너와 동맹인 지위가 낮은 개체는 지위가 높은 동맹이 눈앞에 바로 보이지 않는 상황이라도 괴롭힘을 훨씬 덜 받는다. 집단에 속한 모든 개체가 '제임스와 얽히고 싶지 않으면 맥스는 건들지 말아라'라는 암묵적 규칙을 알고 있기 때문이다.[36] 높은 지위의 원숭이는 동맹관계를 구축한 낮은 지위의 개체를 더욱 관대하게 대하

며 먹이에도 더 많이 접근할 수 있게 해준다.[37]

원숭이의 사회적 행동 중 대다수에는 놀라운 수준의 정치적 고려가 녹아 있다. 원숭이는 자기보다 지위가 높은 개체와 관계를 맺는 쪽을 선호한다.[38] 집단에서 자기보다 지위가 높은 구성원과의 짝짓기를 선호하고,[39] 지위가 높은 개체와 털 손질을 하려고 경쟁한다.[40] 분쟁이 발생할 경우 원숭이는 지위가 높은 개체의 편을 드는 경향이 있다.[41] 새끼들 사이에서도 지위가 높은 어미를 둔 새끼가 놀이 친구로 가장 인기가 많다.[42]

지위가 높은 원숭이는 지위가 낮은 구성원 중 누구를 친구로 삼을지도 영리하게 선택한다. 한 연구에서 지위가 낮은 여러 원숭이에게 먹이를 얻기 위한 특정 과제의 수행방법을 훈련시켰더니 지위가 높은 원숭이는 특화된 기술을 갖고 있는 개체와 재빨리 친구가 됐다. 그리고 당장 먹이를 얻을 수 있으리라는 기대가 사라진 후에도 털 손질 협력관계를 지속했다. '네가 쓸만한 녀석인 것을 알겠으니 내가 데리고 있어야겠다'[43]라는 식이다.

원숭이는 갈등의 여파 속에서도 정치적 영리함을 보여주는데, 이를테면 공격적으로 상호작용한 이후에도 화해하려고 애를 쓴다. 특히 가족 관계가 아닌 구성원에게 공을 들인다.[44] 싸웠던 개체를 안아주고 털을 손질해주며 그 개체의 가족과 화해하는 데도 신경을 써서, 최근에 싸웠던 개체의 가족 구성원과 함께 보내는 시간이 평소보다 두 배나 길어지는 경우도 있다.[45]

여유 속에서 피어난 사회적 본능

초기 영장류의 진화 궤적은 어떤 이유인지 현대의 다양한 영장류 종에서 보이는 놀라울 정도로 복잡한 사회적 행동의 발달로 이어졌다. 이런 행동에서 인간의 상호작용 방식이 발달하게 된 행동학적 토대를 엿볼 수 있다. 영장류가 이런 본능을 진화시킨 이유는 분명치 않지만 어쩌면 백악기-팔레오기 대멸종 사건의 여파 속에서 초기 영장류가 차지한 독특한 생태적 지위와 연관이 있을지도 모른다.

초기 영장류는 나무 꼭대기에서 직접 과일을 따 먹는 독특한 식생활을 한 것으로 보인다. 이들은 과일을 주로 먹는 동물이었다. 과일이 익으면 땅바닥으로 떨어지기 전에 바로 따 먹었다. 이런 방식 덕분에 영장류는 다른 종과 치열하게 경쟁하지 않고도 먹이에 쉽게 접근할 수 있었다. 초기 영장류가 이런 독특한 생태적 지위를 통해 얻은 두 가지 선물이 특이할 정도로 큰 뇌와 복잡한 사회집단으로 이어지는 문을 열어줬는지도 모른다. 첫째, 과일에 쉽게 접근하면서 초기 영장류는 풍부한 열량을 얻었고, 그 덕에 더 큰 뇌에 에너지를 소비할 수 있는 진화적 선택권이 생겼다. 둘째, 초기 영장류에게 시간적 여유가 많이 생겼다. 어쩌면 이것이 더 중요한 부분이다.

동물의 세계에서 자유시간은 지극히 드물다. 대부분의 동물은 하루하루 매순간을 먹기, 쉬기, 짝짓기로 채워야 했다.[46] 하지만 초기 영장류는 먹이를 구하는 데 다른 동물들만큼 많은 시간을 들일 필요가 없었기 때문에 사회적 위계에서 더 높은 자리를 차지하고 싶을 때 구사할 수 있는 새로운 진화적 선택지가 생겼다. 더 강한 근육을 진화시켜 싸움을 통해 꼭대기 자리를 차지하는 대신 더 큰 뇌를 진화시켜 정치공작을 통해 꼭대기에 이르는 방법을 모색한 것이다.

그래서 영장류는 자신의 남는 시간에 정치공작을 채워 넣었던 것 같다. 오늘날의 영장류는 하루 중 최대 20퍼센트를 사교 활동에 투자한다. 다른 대부분의 포유류보다 훨씬 많은 시간이다.[47] 그리고 이런 사교 시간은 영장류가 갖는 자유시간과 인과관계로 얽혀 있음이 밝혀졌다. 먹이를 구하기 쉬워져 자유시간이 많아질수록 영장류가 사교 활동으로 보내는 시간도 많아진다.[48]

이것이 완전히 새로운 진화의 군비경쟁을 낳았다. 정치적 수완을 획득하기 위한 전쟁이다. 다른 개체의 환심을 사고 동맹을 맺는 재주를 갖고 태어난 영장류는 생존 가능성이 높아지고 더 많은 새끼를 낳았을 것이다. 이로 인해 다른 영장류도 정치공작을 벌일 더 영리한 메커니즘이 진화하도록 압박을 받았다. 사실 영장류의 새겉질 크기는 사회집단의 크기뿐 아니라 사회적 수완과도 상관관계가 있다.[49] 이런 군비경쟁의 결과물로 좋고(우정, 호혜, 화해, 신뢰, 나눔 등) 나쁜(부족 중심주의, 족벌주의, 기만 등) 인간의 여러 가지 사회적 본능이 꽃을 피운 것으로 보인다. 이런 행동 변화의 여러 측면을 발달시키기 위해 특별히 더 똑똑한 뇌 시스템이 필요하지는 않았지만, 정치 공작의 이면에는 마음이론이라는 지적 성취가 자리 잡고 있었다.

적어도 기본적이고 원초적인 수준의 마음이론 없이는 영장류가 어떻게 정치적 수완을 발휘할 수 있었을지 생각하기 어렵다. 이 능력이 있어야만 다른 개체가 무엇을 원하는지 추론하고 그 결과에 따라 누구와 어떻게 친해질지 파악할 수 있다. 마음이론이 있어야만 영장류 개체는 지위가 높은 친구를 둔 지위가 낮은 개체는 건드리지 말아야 한다는 것을 알 수 있다. 지위가 높은 개체의 의도와 그 개체가 미래의 상황에서 어떤 행동을 할지 이해해야 하기 때문이다. 인간 역시 마음이론이 있어야만 미래에 권력을 거머쥘 사람이 누구인지, 누구와 친구가 되어야 하는지, 누구를 배신해야 하는지 알 수 있다.

이것이 영장류가 뇌를 키우기 시작하고 뇌의 크기가 사회집단의 규모와 상관관계를 나타내며 다른 개체의 마음을 추론할 능력을 진화시키게 된 이유인지도 모른다. 그렇다면 당연히 이런 의문이 생긴다. 영장류의 뇌는 어떻게 이런 일을 할 수 있을까?

16.
다른 사람의 마음을 이해하기

7,000만 년 전에 포유류 조상의 뇌 무게는 0.5그램도 되지 않았다. 하지만 1,000만 년 전에 우리의 유인원 조상이 등장할 무렵에는 350그램 정도로 커져 있었다.[1] 뇌 크기가 거의 1,000배 가까이 증가한 것이다. 이런 대규모 발달 때문에 시간의 흐름에 따른 뇌 크기 변화(초기 포유류에서 초기 영장류까지)와, 한 시점에서 종에 따른 뇌 크기의 다양성(오늘날 생쥐의 뇌와 침팬지의 뇌)에 대해 설명하기가 만만치 않다. 어느 뇌 영역이 진짜 새로 생긴 영역이고 어느 영역이 그저 동일한 영역이 발달한 것에 지나지 않는가?

몸집이 변화하면 뇌의 일부 구조는 기능이 의미 있게 변화하지 않고도 자연스럽게 크기가 달라진다. 예를 들어 몸집이 커지면 촉각신경과 통각신경도 더 많아지고 이에 따라 감각 신호를 처리하기 위한 새겉질 공간도 함께 커진다. 초기 유인원의 몸감각겉질은 초기 포유류의 것과 기능은 동일했지만 표면적은 훨씬 넓었다. 눈, 근육, 들고나는 신경이 필요한 다른 모든 기관 역시 이렇게 크기에 따라 변화한다.

나아가 한 구조에 많은 신경세포가 추가되면 기능이 근본적으로 변화하지 않고 성능만 개선될 수도 있다. 예를 들어 바닥핵이 100배 커진다면 여러 행동과 보상 사이의 연합이 가능해지겠지만, 여전히 시간차학습 알고리즘의 구현이라는 근본적으로 동일한 기능을 수행할 것이다. 마찬가지로 영장류의 시각겉질은 뇌의 상대적 크기를 감안하더라도 설치류에 비해 매우 커서 당연히 영장류의 시각 처리 능력이 여러 측면에서 설치류보다 뛰어나다. 하지만 영장류의 시각영역이 독특한 기능을 수행하는 것은 아니다. 영장류는 뇌의 크기에 비례해 단순히 동일한 기능에 많은 공간을 할당해서 수행 능력이 더 뛰어난 것뿐이다.

다음으로는 모호한 영역들이 있다. 이 영역들은 그전과 기능이 아주 비슷하지만 살짝만 바뀌어 새로움과 낡음의 경계에 걸쳐 있다. 그 예로 새겉질에 있는 감각 처리의 새로운 계층구조를 들 수 있다. 영장류의 시각겉질에는 여러 계층 부위가 있어서 한 부위에서 다음 부위로 뛰어넘어가며 시각 정보를 처리한다. 이런 영역 모두 시각 입력을 처리하지만, 새로운 계층구조가 추가되면서 질적 차이가 생겨난다. 어떤 영역은 단순한 형태에 반응하고 어떤 영역은 얼굴에 반응하는 식이다. 물론 완전히 새로운 영역, 곧 새로운 기능을 수행하는 아주 독특한 연결성을 가진 구조물도 있다.

이제 이런 의문이 생긴다. 초기 영장류의 뇌에서 비율을 따랐든 따르지 않았든 그냥 크기만 커진 부분은 얼마나 되고 또 새로운 부분은 얼마나 될까? 대부분의 증거에 따르면 크기가 극적으로 커져도 우리 영장류 조상과 오늘날 영장류의 뇌는 초기 포유류의 뇌와 대체로 동일했다. 뒷뇌, 바닥핵, 새겉질이 커지기는 했지만 똑같은 부위가 모두 근본적으로 동일한 방식으로 연결되어

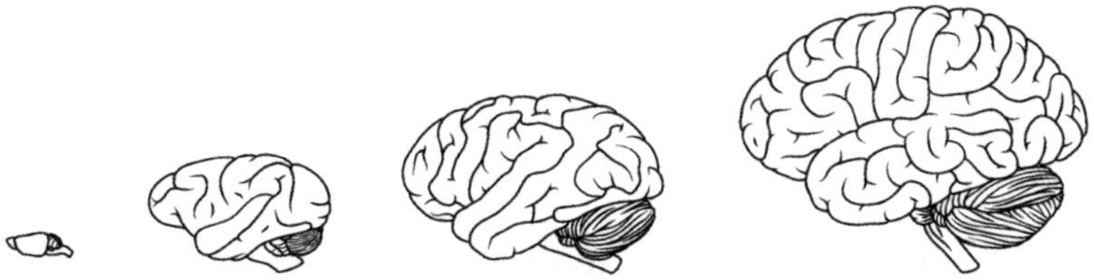

그림 16.1

있었다.[2] 초기 영장류는 시각, 촉각 같은 일부 기능에 비율적으로 더 많은 새겉질을 할당하기는 했지만 기능과 연결성은 대체로 동일했다. 새로운 계층구조가 추가되어 감각 정보가 새겉질의 한 층에서 또 다른 층으로 뛰어넘어가는 식으로 처리되면서 점점 더 추상적으로 표상하는 것이 가능해졌지만 대부분 그저 성능이 향상되었을 뿐이다.

그렇다면 마음이론, 정치공작, 기만 등 영장류의 놀라운 영리함은 뇌가 커지면서 나온 결과물에 불과한 것일까?

초기 영장류의 새로운 새겉질 영역

초기 영장류의 뇌에서 영역 대부분은 포유류의 뇌에서 크기만 커졌지만 새겉질의 일부 영역은 정말로 새로 생겨났다. 영장류 계통에서 등장한 이 새로운 새겉질 영역을 두 집단으로 분류할 수 있다. 첫 번째는 이마엽새겉질에 새롭게 추가된 gPFC로,[3] 그보다 훨씬 오래된 aPFC를 둘러싸고 있다. 새겉질의 새로운 두 번째 영역은 영장류에서 등장한 몇몇 새로운 감각새겉질 영역들을 합친 것으로[새로운 주요 영역은 위관자고랑superior temporal sulcus(상측두구)과 관자마루

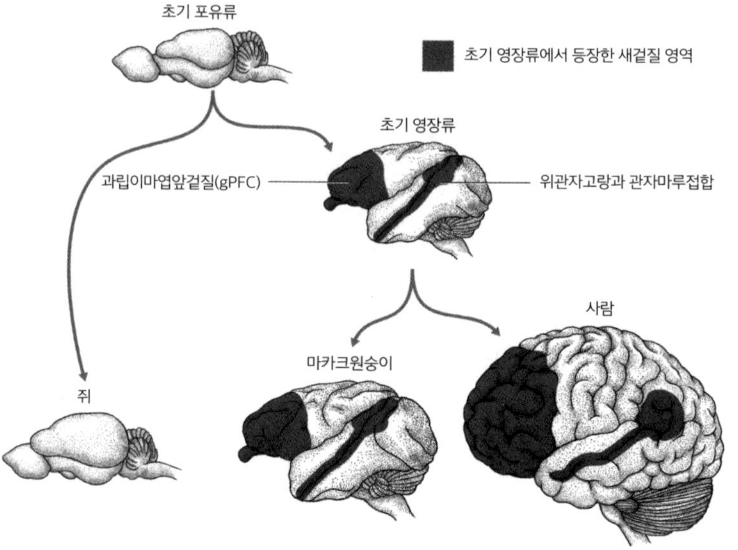

그림 16.2 포유류 전반에서 공유하는 새겉질 부위와 영장류의 새로운 부위

접합temporoparietal junction(측두두정접합)이다], 나는 이것을 1차감각겉질primary sensory cortex, PSC이라고 부르겠다. gPFC와 PSC는 긴밀하게 연결되어 있어서 자체적으로 이마엽새겉질 부위와 감각새겉질 부위의 새로운 네트워크를 이루고 있다.[4]

이 영역들은 어떤 점에서 새로운 것일까? 미세회로는 아니다. 어쨌든 모두 새겉질이고, 포유류에서 전체적으로 보이는 다른 새겉질 영역과 동일한 기둥형 미세회로 구조를 갖고 있다. 새로운 지점은 바로 입력과 출력 연결성이다. 그 결과 이 영역들에서 새로운 인지기능을 생성하는 생성모델이 만들어졌다.

혁신 #3에서 보았듯이 aPFC가 손상된 사람은 아무런 말도 하지 않고, 아무런 의도도 보이지 않는 무동무언증처럼 겉보기에도 심각한 증상을 겪게 된다. 하지만 그 주변을 둘러싸는 gPFC가 손상되면 거의 아무런 증상이 없을 때가 많다. 사실 이 영역이 손상되었을 때 생기는 장애가 워낙 미미하다 보니 1940년대의 많은 신경과학자는 gPFC가 과연 기능적으로 중요하기나 한지 의문을 품었다.[5] 당시에 보고된 한 유명한 임상연구에서는 K.M.이라는 발작 환자를 치료하기 위해 이마엽새겉질 3분의 1 정도를 제거했다. 그 수술 이후에도 K.M.은 지능이나 지각 등에서 아무런 결함이 없는 듯 보였다.[6] 이마엽새겉질 3분의 1을 제거한 후에도 K.M.의 지능지수는 오히려 높아지면 높아졌지 낮아지지는 않았다. 당시 신경과학자들의 말을 빌면 gPFC의 기능은 '수수께끼'였다.[7]

자신의 마음을 모델화하기

2001년에 이뤄진 한 연구를 살펴보자. 실험 참가자들을 기능적자기공명영상 functional Magnetic Resonance Imaging, fMRI 기계에 들여보낸 다음 사진들을 보여줬다. 각각의 그림을 보여줄 때마다 참가자들에게 "이 사진을 보고 어떤 기분이 듭니까?"라고 질문했다. 또는 사진의 내용에 관한 일상적인 질문, 예를 들어 "이 사진은 실내에서 촬영했을까요, 실외에서 촬영했을까요?" 등을 물어봤다. 양쪽 과제 모두 aPFC를 활성화시켰다. 말이 되는 이야기다. 양쪽 모두 실내 사진인지 실외 사진인지 판단하려면 사진 속 세상에 관한 시뮬레이션이든 자신의 생각이나 감각에 대한 시뮬레이션이든 내적 시뮬레이션을 만들어야 하기 때문이다. 하지만 gPFC는 사진에 대한 느낌을 물었을 때만 활성화됐다.[8]

지금은 이를 입증해주는 실험 결과가 많다. gPFC는 자신의 성격을 평가할 때나 자기와 관련된 마음방랑mind wandering*을 할 때, 자신의 느낌에 대해 생각할 때, 자신의 의도에 대해 생각할 때, 전반적으로 자기 자신에 대해 생각할 때 등 자기참조self-reference**가 필요한 과제를 하는 동안에만 활성화된다.[9] gPFC가 독특하게 자기참조를 통해서만 활성화된다면, 우리는 gPFC 손상으로 인해 발생한 미묘하면서도 중요한 장애를 놓치고 넘어간 것이 아닐까?

2015년에 과학자들은 다음과 같은 연구를 진행했다. 참가자들에게 새, 식당 같은 중립적인 단어를 제시한 다음, 그와 관련된 자기 자신의 다양한 이야기를 들려달라고 했다. 건강한 참가자도 있었지만 일부는 gPFC 영역이, 일부는 해마가 손상되었다.

사람들의 이야기는 어떻게 달랐을까? gPFC가 손상되어도 aPFC와 해마가 온전한 사람은 복잡한 장면을 풍부하고 구체적으로 상상할 수 있었지만, 그런 장면 속에 자신이 들어가 있는 모습을 상상하는 데는 어려움이 있었다. 이들은 이야기에서 자신을 완전히 빠뜨리기도 했다. 해마가 손상된 경우는 정반대 효과를 보였다. 이 경우에는 과거나 미래의 상황에서 자신의 모습을 상상하는 데는 문제가 없었지만 세상의 외적 특성을 구성하는 데 애를 먹었다. 이들은 주변의 요소를 자세히 묘사할 수 없었다.[10]

이는 gPFC가 과거에 관한 것이든 상상한 미래에 관한 것이든 자신이 만들어낸 시뮬레이션에 의도, 느낌, 생각, 성격, 지식 등 자신을 투사하는 능력에서 중요한 역할을 하고 있음을 암시한다. gPFC는 없고 aPFC와 해마만 있는 쥐의 뇌에서 시뮬레이션하는 것을 보면, 바깥세상이 시뮬레이션되고 있다

* 정처 없이 잡념에 떠밀려 다니는 상황-옮긴이
** 어떤 정보를 자신과 관련짓는 과정-옮긴이

는 증거는 보이지만 그 시뮬레이션에 자기 자신에 대한 의미 있는 모델을 실제로 투사한다는 증거는 보이지 않는다.

gPFC 손상은 정신적 시뮬레이션에서 자기 모델에 영향을 끼치는 것뿐 아니라 현실에서도 영향을 끼친다. gPFC가 손상된 사람에게는 거울에 비친 자신의 모습을 알아보지 못하는[11] 거울착각증후군mirror-sign syndrome이 생긴다. 이런 환자들은 거울에 비친 사람이 자기가 아니라고 고집을 부린다. 이에 따르면 실제 모델화한 당신과 상상 속에 투사하는 당신은 서로 긴밀하게 연관되어 있는 것으로 보인다.

영장류 뇌의 새로운 영역들이 자기 모델화에 참여한다는 생각은 입출력이 이뤄지는 연결을 따라가면 이해할 수 있다. 포유류의 aPFC는 편도체와 해마로부터 직접 입력을 받는 반면,[12] 영장류의 gPFC는 편도체나 해마의 입력도, 직접적인 감각 입력도 거의 받지 않는다. 영장류의 gPFC는 입력 대부분을 aPFC로부터 받는다.[13]

이에 대한 한 가지 해석은 영장류 뇌의 새로운 영역이 포유류의 오래된 aPFC와 감각새겉질 그 자체에 대한 생성모델을 구축한다는 것이다. aPFC가 편도체와 해마의 활성에 대해 설명해주는 것처럼('의도'를 발명), gPFC도 aPFC의 의도 모델을 설명해주는 것인지도 모른다. 어쩌면 이를 통해 마음이라 할 수 있는 것을 발명하는 것인지도 모른다. gPFC와 PSC는 감각새겉질의 지식이 주어졌을 때 aPFC의 의도를 설명하기 위해 자체적인 내적 시뮬레이션 모델을 구축하고 있는지도 모른다.

이것이 무슨 이야기인지 직관적으로 파악할 수 있도록 사고실험을 해보겠다. 영장류 조상을 미로에 집어넣었다고 상상해보자. 그 동물이 갈림길에 도착하자 왼쪽으로 방향을 틀었다. 만약 그 동물의 서로 다른 뇌 영역에게 왜 왼쪽으로 방향을 틀었냐고 물을 수 있다고 가정해보자. 그러면 추상의 단계별로 아주 다른 대답을 들을 것이다. 반사작용은 이렇게 답할 것이다. "내게는 먹이 냄새가 풍기는 왼쪽으로 틀도록 진화가 새겨놓은 규칙이 있으니까." 척추동물의 뇌 구조는 이렇게 답할 것이다. "왼쪽으로 가면 예측되는 미래 보상이 극대화되니까." 포유류의 뇌 구조는 이렇게 답할 것이다. "왼쪽이 먹이로 이어지니까." 하지만 영장류의 뇌 구조는 이렇게 말할 것이다. "나는 배가 고프고, 배가 고플 때 먹으면 기분이 좋아지고, 내가 아는 한 왼쪽 경로가 먹이로 이어지니까." 다시 말해 gPFC는 동물이 무엇을 원하고 알고 생각하는지에 관한 시뮬레이션 그 자체를 설명한다. 심리학자와 철학자들은 이것을 메타인지metacognition, 곧 생각에 대해 생각할 수 있는 능력이라 부른다.

포유류가 바깥세상에 대한 내적 시뮬레이션에서 발견하는 내용은 어떤 면에서 바깥세상에 대한 지식과 같은 것이다. 포유류가 한 경로를 따라 이어지는 시뮬레이션을 해서 감각새겉질이 경로 끝에 물이 있는 시뮬레이션을 만들어내는 경우, 이는 경로 끝에 물이 있다는 사실을 '아는 것'과 같다. 감각새겉질의 오래된 영역은 지식을 포함하고 있는 바깥세상에 대한 시뮬레이션을 만들어낸다. 반면 영장류의 새로운 새겉질 영역(PSC)은 이 지식 자체에 대한 모델을 만들어내는 것으로 보인다(PSC는 감각새겉질의 다양한 영역으로부터 입력을 받는다). 영장류 뇌의 새로운 영역은 감각새겉질이 그곳에 먹이가 있다고 믿는 이유, 바깥세상에 대한 동물의 내적 시뮬레이션 결과가 그렇게 나온 이유를 설명하려 한다. 대답은 다음과 같을 것이다. "지난번에 내가 그곳에 갔을 때 물을 봤어. 그래서 그곳으로 돌아가는 시뮬레이션을 해보니 상상 속에서 물이 보여." 이것을 살짝 다르게 표현하면 다음과 같다. "지난번에 내가 그곳에서 물을 봤기 때문에, 예전에는 몰랐지만 지금은 그곳에 물이 있다는

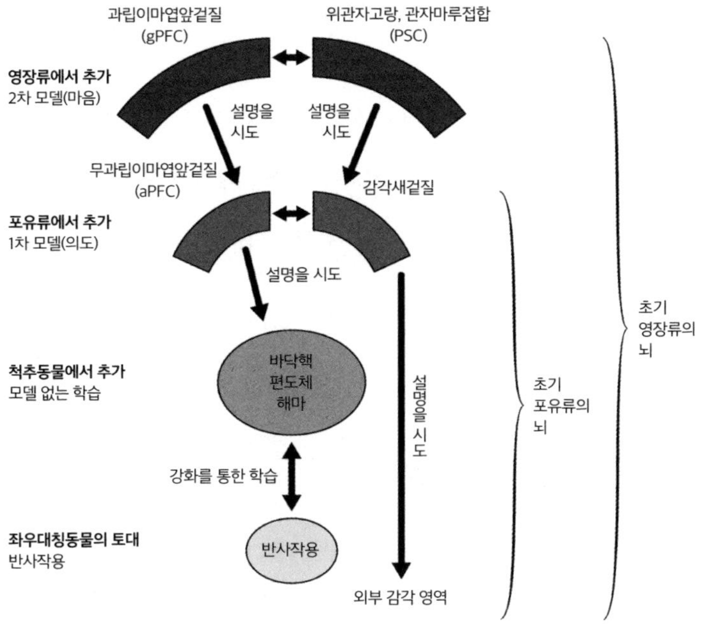

그림 16.3

것을 알고 있어."

이런 시스템은 모두 전에 얻은 지식을 바탕으로 부트스트래핑된 것이다. 반사작용은 어떤 학습도 필요 없는 감정가 반응을 유도해서, 진화적으로 뇌에 새겨진 규칙을 바탕으로 선택하게 만든다. 척추동물의 바닥핵과 편도체는 반사작용을 통해 지금까지 강화된 내용을 바탕으로 새로운 행동을 학습함으로써 보상을 극대화하는 쪽을 선택하게 만든다. 포유류의 aPFC는 모델 없는 행동의 생성모델을 학습해서 상상한 목표(예를 들어 물 마시기)를 이루기 위해 선택하게 만든다. 이를 1차 모델이라 생각할 수 있다. 영장류의 gPFC는 aPFC가 주도하는 행동에 대한 추상적인 생성모델(2차 모델)을 학습해 마음의 상태나 지식을 바탕으로 선택하게 만든다("나는 목이 말라. 목이 마를 때 물을 마시면 기분이 좋아져. 내가 이 길을 따라 시뮬레이션을 해보니 그곳에서 물을 찾았어. 그래서 나는 이쪽으로 가고 싶어").

포유류의 1차 모델에는 분명한 진화적 이점이 있다. 동물이 실제 행동을 하기 전에 대리 시연을 해볼 수 있기 때문이다. 하지만 굳이 2차 모델을 개발하는 수고를 들여 얻는 진화적 이점은 무엇일까? 왜 자신의 의도와 지식을 모델화하는 것일까?

다른 사람의 마음을 모델화하기

2000년에 에리크 브루네구에Eric Brunet-Gouet가 고안한 네 컷 만화 과제를 생각해보자. 참가자들에게 세 컷 만화 몇 편을 보여주고 마지막 네 번째 컷의 내용이 무엇일지 추측하게 했다. 만화에는 두 가지 종류가 있었다. 결말을 정확하게 추측하려면 등장인물의 의도를 추론해야만 하는 것과 물리적 인과관계만 이해할 수 있으면 되는 것이었다.

브루네구에는 참가자들이 과제를 수행하는 동안 그들의 뇌를 양전자단층촬영positron emission tomography, PET했다. 그랬더니 만화의 유형에 따라 흥분되는 뇌 부위에서 흥미로운 차이가 발견됐다. 등장인물의 의도를 이해해야 하는 만화에 대해 물었을 때는 gPFC처럼 영장류 고유의 새겉질 영역이 활성화되어 불이 들어왔지만, 다른 유형의 만화에 대해 물었을 때는 그렇지 않았다.[14]

영장류의 뇌 영역들은 다른 사람의 의도를 추론하는 과제뿐 아니라 다른 사람의 지식을 추론해야 하는 과제에도 활성화됐다. 이를 확인하는 실험으로는 샐리-앤 테스트Sally-Ann test가 유명하다. 이 실험에서는 참가자들에게 샐리

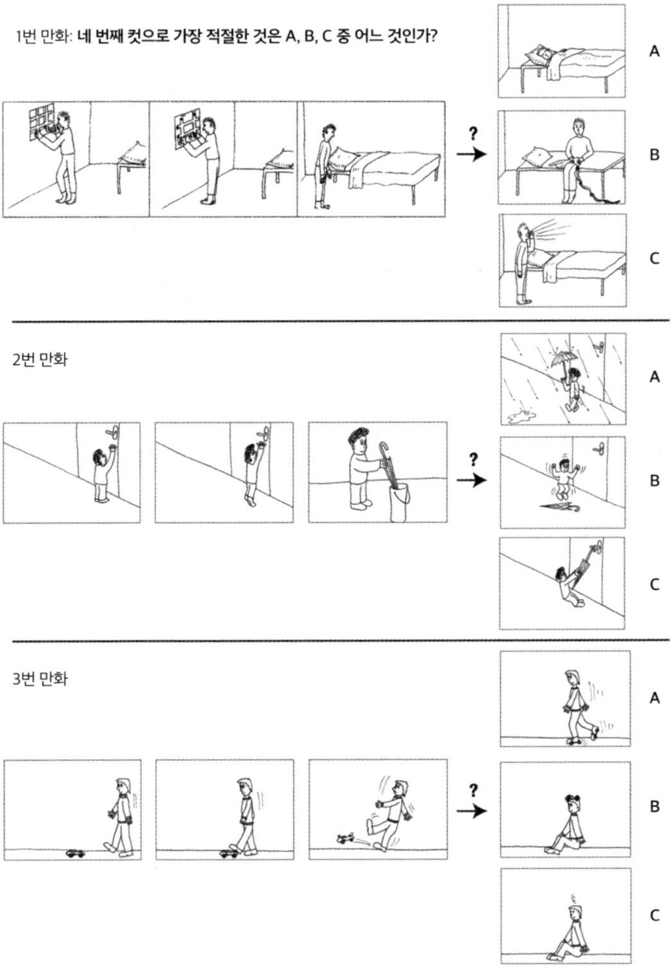

그림 16.4 네 컷 만화 과제의 사례: 1번과 2번 만화는 등장인물의 의도를 이해해야 하는 반면 3번 만화는 의도를 이해할 필요가 없다. 1번 만화의 정답은 B다(그는 창문을 통해 탈출하려고 한다). 2번 만화의 정답은 C다(그는 문을 열고 싶어 한다). 3번 만화의 정답은 C다(그는 엉덩방아를 찧을 것이다).[15]

와 앤이라는 두 인물 사이에 일어나는 사건을 보여준다. 샐리가 바구니에 구슬을 집어넣는다. 샐리가 자리를 뜬다. 샐리가 보지 않을 때 앤이 바구니에 든 구슬을 옆에 있는 상자로 옮긴다. 샐리가 돌아온다. 이제 참가자에게 묻는

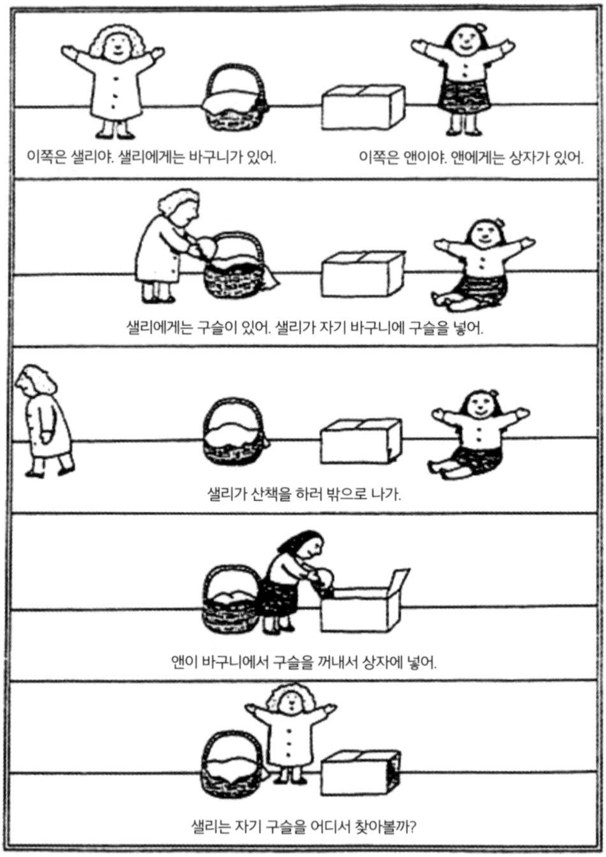

그림 16.5 샐리-앤 마음이론 테스트[16]

다. 샐리가 자기 구슬을 갖고 놀고 싶으면 어디를 찾아볼까?

이 질문에 정확하게 대답하려면 샐리가 당신과 다른 지식을 갖고 있음을 깨달아야 한다. 당신은 앤이 구슬을 상자에 담는 것을 보았지만 샐리는 보지 못했다. 따라서 '구슬은 바구니에 없지만 그래도 샐리는 바구니를 찾아볼 것이다'가 정답이다. 샐리-앤 테스트에는 여러 형태가 있고, 그 형태들을 아울러 '틀린 믿음 테스트false-belief test'라고 부른다. 사람은 만 4세 즈음이면 이런 틀린 믿음 테스트를 통과할 수 있다.[17] 사람을 fMRI 기계에 들여보내고 틀린 믿음 테스트를 해보면 gPFC와 PSC에 불이 들어오고 그의 수행 능력은 활성화 정도와 상관관계를 보인다.[18] 실제로 수없이 많은 연구에서 영장류 고유의 새겉질 영역이 틀린 믿음 테스트 과제에 반응해 활성화된다는 것이 입증됐다.[19]

앞에서 만났던 수수께끼의 gPFC 손상 환자들을 다시 찾아가 마음이론 과제를 진행해보면, 겉보기에는 이질적이고 미묘하고 기이한 증상들에서 공통 분모가 보이기 시작한다. 이런 환자들은 샐리-앤 테스트 같은 틀린 믿음 테스트를 제대로 풀지 못한다.[20] 이들은 다른 사람의 감정을 잘 알아차리지 못하고, 다른 사람의 감정에 교감하지도 못하고, 농담과 거짓말을 구분하거나, 사람의 기분을 상하게 만드는 무례한 행동을 알아차리거나, 다른 사람의 시점에서 바라보거나, 다른 사람을 속이는 일에도 어려움을 겪는다.[21, 22, 23, 24, 25, 26]

앞에서 살펴본 연구는 모두 사람의 뇌와 관련된 것이지만(비록 영장류 조상으로부터 물려받은 뇌 영역일지라도), 실험 결과 사람을 제외한 영장류에서도 동일한 효과가 확인됐다.[27] 다른 개체의 의도나 지식을 추론해야 과제를 해결할 수 있는 상황에서 원숭이를 실험하면 사람처럼 gPFC에 불이 들어온다.[28] gPFC가 손상된 원숭이 역시 사람과 마찬가지로 이런 과제에서 수행 능력이 떨어진다.

영장류에서는 gPFC 크기가 사회관계망 크기와 상관관계가 있다.[29] 영장류의 gPFC가 클수록 사회적 위계에서 지위가 높은 경향이 있다. 동일한 상관관계가 사람에게서도 나타난다. 사람의 gPFC가 두꺼울수록 그 사람의 사회관계망도 크고 마음이론 과제도 잘 수행한다.[30]

영장류의 새로 등장한 새겉질 영역에서 자기 마음에 대한 모델과 다른 사람의 마음을 모델화할 수 있는 능력 모두가 생겨나는 것으로 보인다.[31] 겉보기에는 별개인 두 기능의 신경기질neural substrate이 완전히 동일하지 않아도 겹치는 부분이 많다는 사실은 새로운 영장류 구조물의 진화적 목적과 메커니즘에 대한 분명한 단서가 된다.

다른 사람의 마음을 모델화하기 위해 내 마음을 모델화한다

일찍이 플라톤 시대부터 한 사람이 다른 사람의 마음을 어떻게 이해할 수 있는지에 대한 가설이 있었다. 먼저 자신의 마음을 이해한 다음 그 이해를 바탕으로 다른 사람의 마음을 이해한다는 이론이다. 이 오래된 이론을 현대에 들어서는 '시뮬레이션 이론simulation theory' 또는 '사회적 투사 이론social projection theory'이라고 부른다.[32] 다른 누군가가 과거에 어떤 행동을 한 이유를 이해하고 싶을 때, 우리는 그 사람이 아는 지식과 지나온 과거를 바탕으로 자기가 그 사람과 같은 상황에 놓여 있다고 상상한다. "그녀가 내게 소리를 지른 이유는 내일 보는 시험 때문에 스트레스를 받아서 그런 걸 거야. 나도 스트레스를 받으면 소리 지르는 일이 많아지거든." 다른 사람이 앞으로 어떻게 행동하는지 이해하고 싶을 때 우리는 그 사람과 같은 것을 알고 있고, 같은 길을 지나왔다면 그런 상황에서 자기는 어떻게 행동했을지 상상한다. "제임스는 더 이상 조지와 자기 음식을 나눠 먹지 않을 거야. 조지가 음식을 훔치는 것을 제임스가 본 것 같아. 친구가 내 음식을 훔치는 것을 봤다면 나는 더 이상 그 친구와 음식을 나눠 먹지 않을 거야." 우리는 다른 사람의 입장이 되어봄으로써 그 사람을 이해한다.

사회적 투사 이론을 가장 잘 뒷받침하는 증거는 자신을 이해해야 하는 과제와 다른 사람을 이해해야 하는 과제 모두 영장류 고유의 동일한 신경구조를 활성화하고 또 필요로 한다는 사실이다. 뇌에서는 자신의 마음에 대한 추론과 다른 사람의 마음에 대한 추론이 동일한 과정이다.[33]

사회적 투사 이론의 증거는 아동의 자기감sense of self 발달 방식에서도 찾을 수 있다. 아동의 자기감 발달은 어린 시절의 마음이론 발달과 긴밀하게 연관되어 있다.[34] 아이의 자기감을 확인하는 한 가지 방법은 거울 속 자기 알아보기 테스트다. 아이의 얼굴에 뭔가를 묻힌 다음 거울을 보여주고, 아이가 얼굴에서 그 부분을 만지는지 확인해본다. 만진다면 아이가 거울 속 모습이 자신임을 깨닫고 있는 것이다. 아이들은 만 2세 정도가 돼야 이 테스트를 통과할 수 있다.[35] 아이가 마음의 상태를 원초적으로 이해하고 '원하다' '바라다' '~라고 상상하다' 같은 단어를 사용하는 것도 이 즈음부터다.[36] 만 3세 정도가 되어 자신의 믿음이 틀렸을 수도 있음을 이해하면 이렇게 말할 수 있다. "나는 그게 악어인 줄 알았어요. 지금은 그게 도마뱀이란 걸 알아요."[37] 이 시기가 지나 만으로 4~5세 정도가 되어야 아이는 다른 사람과 관련된 샐리-앤 테스트 같은 틀린 믿음 테스트를 통과할 수 있다.[38]

다른 연구들을 통해 아동이 자신의 마음 상태에 대해 보고하는 능력과 다른 사람의 마음 상태에 대해 보고하는 능력에 강한 상관관계가 있다는 사실이 밝혀졌다. 아동은 한쪽 능력이 좋아지면 다른 쪽 능력도 동시에 좋아지는 경향이 있다.[39] 또한 한 가지 능력의 발달에 장애가 생기면 다른 능력에도 장애가 생긴다. 사회적으로 고립된 상태에서 자란 침팬지는 거울에 비친 자기 모습을 알아보지 못한다.[40] 자신에 대한 모델화와 다른 사람에 대한 모델화는 서로 얽혀 있다.

자기 자신에 대한 이해가 다른 사람에 대한 이해와 혼선을 일으키는 경우도 많다. 이는 우리가 하나의 공통 시스템을 각각의 경우에 맞춰 용도 변경해서 사용한다는 생각과 일맥상통한다. 예를 들어 행복이나 슬픔 같은 특정 감정에 빠져 있을 때는 다른 사람도 그런 상태일 거라고 착각하기 쉽다.[41] 자기가 목이 마르면 다른 사람들도 실제보다 목이 마를 거라 잘못 생각하는 경향이 있다.[42] 사람은 자신의 성격적 특성을 다른 사람에게 투사하는 경향이 있다.[43] 자신과 다른 사람을 구분하는 데 혼선을 일으키는 것이다. 이는 우리가 자신을 다른 사람의 상황에 투사해봄으로써 다른 사람을 이해하는 경우에 예상할 수 있는 효과다.

원래의 질문으로 돌아가보자. 마음이론은 어떻게 작동할까? 적어도 이론적으로는 한 가지 가능성이 있다. 영장류 고유의 새겉질 영역이 처음에는 자신의 내적 시뮬레이션(바꿔 말하면 '마음')에 대한 생성모델을 구축하고, 이 모델을 이용해서 다른 사람의 마음을 시뮬레이션해본다는 것이다.[44]

우리는 지금 추상의 영역에 들어와 있다. 이것이 마음이론으로 무장한 AI 시스템을 구축하기 위한 구체적인 알고리즘의 청사진이 되기는 힘들다. 하지만 자신의 내적 시뮬레이션을 먼저 모델화함으로써 마음이론을 부트스트래핑하고, 자신을 모델화해서 다른 사람을 모델화한다는 개념은 흥미로운 경유지 역할을 한다. 요즘에는 AI 시스템에게 사람의 행동을 담은 동영상을 보여주고 다음에 어떤 행동을 할지 예측하게 만들 수 있다. 우리는 AI 시스템에게 사람이 어떤 행동을 하는 동영상을 수도 없이 보여주며 무슨 행동을 하고 있는 것인지 정답을 알려준다("이건 악수야" "이건 점프야"[45]). 광고 플랫폼에서는 사람의 행동을 통해 다음에 어떤 물건을 구입할지 예측할 수 있다. 얼굴에 나타난 감정을 파악하는 AI도 있다(감정별로 분류한 얼굴 사진을 수없이 보여주며 시스템을 훈련시켰다[46]). 하지만 이런 것 모두 사람과 다른 영장류의 뇌에서 보이는 복잡한 마음이론과는 거리가 한참 멀다. AI 시스템과 로봇이 우리와 함께 살면서 우리가 하는 말로 우리의 의도를 추론하고, 우리가 말하기 전에 우리에게 필요하고 우리가 원하는 것이 무엇인지 예측하며, 온갖 규칙과 에티켓이 숨겨져 있는 인간 집단에서 사회적 관계를 탐색할 수 있기를 바란다면, 다시 말해 사람과 비슷한 AI 시스템을 원한다면 그 시스템은 반드시 마음이론을 갖춰야 한다.

초지능 AI 시스템superintelligence AI system이 함께하는 성공적인 미래를 그리기 위한 필수 요소가 마음이론인지도 모른다. 초지능 AI 시스템이 우리 말을 듣고 실제로 의미하는 내용을 추론할 수 없다면, AI가 우리의 요청을 잘못 해석해서 재앙을 일으키는 암울한 미래가 펼쳐질 것이다. AI에게 무언가를 요청할 때 마음이론이 얼마나 중요한지에 대해서는 혁신 #5에서 더 자세히 다루겠다.

영장류 조상 무리의 사회적 위계 꼭대기에서는 더 많은 먹이와 짝에 접근할 수 있었고, 밑바닥에서는 먹다 남긴 먹이만 간신히 먹고 짝짓기는 엄두도 낼 수 없었다. 마음이론은 각각의 영장류가 이 사회계층의 사다리를 오르게 해줬다. 마음이론을 통해 그들은 자신의 명성을 관리하고 자신의 부도덕함을 감출 수 있었다. 마음이론이 있어 그들은 동맹을 맺고, 새로 부상하는 스타에게 친한 척 행동하고, 막강한 가문에게 충성을 맹세하고, 연합체를 구축하거나 반란을 일으킬 수도 있었다. 또한 끓어오르는 내분을 잠재우고, 싸우고 난 후에도 관계를 회복할 수 있었다. 이전의 혁신에서 등장했던 지적 능력과 달리, 마음이론은 배고픈 포식자나 접근하기 어려운 먹잇감 때문에 생기는 위험이 아니라 정치라는 더욱 미묘하고 매서운 위험에서 살아남기 위해 탄생한 것이다.

정치는 혁신 #4의 기원이 되지만 이야기의 전부는 아니다. 이어질 두 장에서 살펴보겠지만 초기 영장류의 마음이론은 용도 변경을 통해 다른 두 가지 새로운 능력으로 거듭났다.

17.
원숭이 망치와 자율주행차

제인 구달Jane Goodal은 두 눈을 믿을 수가 없었다.

1960년 11월이었다. 그녀는 여러 달 동안 탄자니아 곰베에서 한 침팬지 부족을 따라다녔다. 침팬지가 그녀의 존재를 받아들이고 자연 서식지에서 그녀가 그들 가까이 머물며 관찰하게 허락해준 지 얼마 지나지 않은 때였다. 그 전에 몇 년 동안 그녀는 케냐의 고생물학자 루이스 리키Louis Leakey와 친분을 쌓았고, 그는 구달에게 자연 서식지에서 침팬지의 사회생활을 연구하게 해주겠다고 제안했다. 하지만 구달이 처음 발견한 내용은 침팬지의 사회생활에 관한 것이 아니었다.

침팬지들과 살짝 거리를 두고 조용히 앉아 관찰하던 구달은 그녀가 데이비드 그레이비어드와 골리앗이라고 이름 붙인 침팬지 두 마리가 나뭇가지를 집더니 이파리를 떼내고 흰개미탑에 찔러 넣었다가 빼내는 것을 보았다. 빼낸 나뭇가지는 맛있는 흰개미로 뒤덮여 있었다. 침팬지들은 흰개미를 맛있게 먹어치웠다. 이는 침팬지가 도구를 사용한 낚시 행위였다.

오랫동안 도구 사용은 인간 고유의 특성이라 생각했지만 지금은 여러 영장류에서 도구를 사용하는 모습이 관찰된다. 원숭이와 유인원은 막대기를 이용해 흰개미 낚시를 할 뿐 아니라 바위를 이용해서 견과류 껍질을 깨고 풀잎으로 이를 쑤시며 이끼를 스펀지로 사용하고 몽둥이로 벌집을 박살내며 잔가지로 귀를 청소하기도 한다.[1]

구달이 침팬지들을 연구한 후로 동물계 전반에서 도구를 사용하는 모습이 발견됐다. 코끼리는 긴 코로 나뭇가지를 집어 들고 파리를 쫓거나 가려운 곳을 긁는다.[2] 몽구스는 모루에 견과류를 깨 먹는다.[3] 까마귀는 막대기로 유충을 찔러서 잡아먹는다. 문어는 커다란 조개껍질로 방패를 만든다. 놀래기는 조개를 돌로 깨뜨려 열고 그 안에 들어 있는 먹이를 꺼낸다.[4]

영장류는 다른 동물보다 더 정교하게 도구를 사용한다. 놀래기, 몽구스, 해달은 도구를 사용하는 것으로 밝혀졌지만 보통 한 가지 재주만 갖고 있다. 반면 침팬지 무리는 보통 스무 가지가 넘는 도구 사용 행동을 보여준다.[5] 더군다나 조류와 코끼리를 제외하면 능동적으로 도구를 만드는 것은 영장류밖에 없다. 침팬지는 나뭇가지로 흰개미 낚시를 하기 전에 가지를 짧게 자르고 날카롭게 다듬으며 이파리를 제거한다.

영장류의 도구 사용은 사회집단마다 놀라운 수준의 다양성을 보여준다. 놀래기들은 종류가 다르고 서로 아무런 접촉이 없어도 모두 동일한 방식으로 돌을 이용한다. 하지만 영장류는 같은 종이라도 무리에 따라 독특한 도구 사용 행동을 보여준다. 콩고공화국 구알루고의 침팬지들은 곰베의 침팬지들과 다른 방식으로 흰개미 낚싯대를 만든다.[6] 어떤 침팬지 무리는 일상적으로 돌을 이용해 견과류를 깨 먹지만 어떤 무리는 그러지 않는다. 어떤 무리는 몽둥이를 이용해서 벌집을 박살내지만 어떤 무리는 그러지 않는다. 어떤 무리는 이파리가 많이 달린 잔가지로 파리를 쫓지만 어떤 무리는 그러지 않는다.

초기 영장류에서 뇌 진화의 원동력이 정치공작의 군비경쟁이었다면 영장류가 유별나게 도구를 잘 사용하게 된 이유는 무엇일까? 영장류의 새로운 뇌 영역들이 마음이론을 가능케 하기 위해 '설계'된 것이라면 영장류의 독특한 도구 사용 기술은 대체 어디서 왔을까?

원숭이 거울

1990년에 주세페 디 펠레그리노Giuseppe di Pellegrino, 레오나르도 포가시Leonardo Fogassi, 비토리오 갈레세Bittorio Gallese, 루치아노 파디가Luciano Fadiga가 실험실에서 점심을 먹고 있었다. 이들은 파르마대학교에 있는 신경생리학자 자코모 리졸라티Giacomo Rizzolatti의 연구실 소속 연구원들이었다. 이들의 과제는 영장류 미세운동 능력의 신경 메커니즘을 연구하는 것이었다. 이들의 식탁에서 몇 미터 떨어진 곳에 연구 대상인 마카크원숭이 한 마리가 앉아 있었다. 연구원들은 원숭이가 특정한 손동작을 할 때 어느 뇌 영역이 반응하는지 조사하기 위해 원숭이의 뇌 이곳저곳에 전극을 붙여두었다. 이들은 원숭이가 특정 손동작을 할 때 운동앞겉질에서 활성화되는 특정 영역들을 찾아냈다. 어떤 영역은 움켜잡기 동작에, 어떤 영역은 쥐고 있기 동작에, 어떤 영역은 찢기 동작에 활성화됐다.[7] 그런데 뜻밖의 행운 덕분에 이들은 훨씬 놀라운 것을 발견했다. 연구원 중 한 명이 샌드위치를 움켜잡고 한입 베어 무는 순간 근처 스피커에서 탁탁거리는 큰 소리가 났다. 화재경보기에 연결된 스피커나 레코드플레이어에서 나오는 소음이 아니었다. 원숭이의 뇌와 연결된 스피커에서 나는 소리였다.

연구원들은 뭔가 중요한 일이 막 일어났음을 순간적으로 직감했다.[8] 이들은 전극을 새겉질의 운동영역에만 연결해놓았다. 이는 원숭이가 직접 특정한 손동작을 수행할 때만 활성화되리라 예상한 영역이었다. 하지만 점심시간에 연구원 한 명이 음식을 손으로 움켜잡는 바로 그 순간, 원숭이가 전혀 움직이지 않았는데도 손의 움켜잡기를 담당하는 것과 동일한 원숭이 뇌 영역에 불이 들어왔다.

샌드위치 지켜보기만으로 일어난 유령 같은 활성화 현상을 재현한 리졸라티연구소의 연구진은 이 현상이 보편적인 것임을 곧바로 깨달았다. 사람이 손가락 두 개로 땅콩을 집어 들거나 손 전체로 사과를 움켜잡거나 입으로 간식을 물거나 사람이 운동을 수행하는 것을 지켜본 원숭이에게 같은 운동을 수행하는 운동신경세포가 활성화되는 경우가 많았다. 다시 말해 원숭이 새겉질의 운동앞겉질과 운동겉질에 있는 신경세포, 곧 원숭이 자신의 운동을 통제하는 신경세포들이 특정 미세운동 능력을 직접 수행할 때뿐 아니라 다른 존재가 그 동작을 수행하는 것을 지켜보기만 할 때도 활성화된 것이다. 리졸라티 연구진은 이 신경세포들을 '거울신경세포mirror neuron'라 불렀다.

그 후로 20년에 걸쳐 리졸라티연구소의 거울신경세포는 수많은 영장류와 뇌의 다양한 영역(운동앞겉질, 마루엽, 운동겉질[9]), 다양한 행동(움켜잡기, 놓아두기, 손가락 움직이기, 씹기, 입맛 다시기, 혀 내밀기 등[10])에서 발견됐다.[11] 영장류가 다른 영장류의 행동을 보면 운동앞겉질이 자신이 관찰하는 행동을 거울처럼 반영하는 경우가 많았다.

거울신경세포에 대해서는 해석이 분분하다.[12] 어떤 사람은 거울신경세포가 연합에 불과하다고 주장한다. 운동과 연합된 모든 단서에 반응해서 운동신경세포가 활성화된다는 것이다. 원숭이는 움켜잡기 동작을 하기로 선택하면 자신의 팔이 움켜잡기 동작을 하는 모습을 보게 된다. 따라서 당연히 다른 누군가의 팔이 물건을 움켜잡는 것을 볼 때도 동일한 신경세포 중 일부가 약간 흥분한다. 반면 거울신경세포가 훨씬 근본적인 것을 나타낸다고 주장하는 사람도 있다. 어쩌면 거울신경세포가 영장류의 마음이론 메커니즘일지도 모른다고 말이다.[13] 영장류에게는 다른 개체의 운동을 머릿속에서 자동적으로 따라할 수 있는 영리한 메커니즘이 있어서, 자신이 그 행동을 하는 모습을 모델화해 '내가 이 행동을 하는 이유가 무엇일까?'라는 질문을 하고 그 질문을 통해 다른 원숭이나 사람의 의도를 추론한다는 가설이다.

두 견해를 절충한 해석도 있다. 이 해석에 따르면 거울신경세포에는 '자동적인' 거울 메커니즘이 없을 수도 있다. 거울신경세포는 그저 원숭이가 다른 누군가의 동작을 보고 자신도 그 동작을 하는 모습을 우연히 상상했음을 보여주는 단서일 뿐이다.[14] 다시 말해 거울신경세포는 특별하지 않으며 그저 당신이 음식을 움켜잡는 것을 보고 자기도 음식을 잡는다고 생각하고 있다는 증거일 뿐이다. 12장에서 이미 살펴보았듯이 특정 동작을 실제로 수행할 때 활성화되는 운동겉질 영역은 같은 동작을 하는 자신의 모습을 상상만 해도 활성화된다.

거울신경세포가 그저 상상한 행동 때문에 활성화된다는 증거가 있다. 다시 말해 원숭이가 다른 사람의 동작을 직접 관찰하지 않아도 거울신경세포가 활성화될 수 있다. 그냥 어떤 동작이 수행되는지 추론할 수 있는 정보만 충분히 제공하면 된다. 원숭이가 어떤 행동(예를 들어 껍질을 깨서 까려는 의도로 땅콩을 집어 드는 경우)을 하기 직전에 활성화되는 운동신경세포는 원숭이에게 땅콩 깨지는 소리만 들려줘도 활성화된다(아무것도 보이지 않아도 된다).[15] 마찬가지로 상자를 들어 올릴 때 활성화되는 원숭이의 신경세포는 원숭이에게 사람이 벽 뒤에 가려진 상자를 들어 올리는 중이라 추측되는 행동만 보여줘도 활성화된다(하지만 원숭이가 벽 뒤에 상자가 없다는 사실을 알고 있는 경우에는 이 신경세포가 활성화되지 않는다[16]). 거울신경세포가 단순히 모든 상을 자동으로 비추는 거울이었다면 원숭이가 직접 행동을 관찰하지 않은 사례에서는 활성화되지 않았을 것이다. 하지만 거울신경세포가 상상한 행동 때문에 활성화된다면 원숭이가 어떤 행동을 하는 자신의 모습을 상상하도록 촉발하는 자극이 있을 때마다 활성화될 것이다.

거울신경세포가 운동을 상상하는 것이라는 해석을 받아들인다면 이런 질문이 생긴다. 어째서 원숭이들은 다른 개체의 행동을 보고 그것을 따라 하는 자신의 모습을 상상하는 경향이 있을까? 다른 사람의 행동을 보고 그 행동을 머릿속으로 시뮬레이션하는 것에 어떤 쓸모가 있을까? 12장에서 여러 포유류가 사용하는 운동 시뮬레이션의 한 가지 이점을 살펴봤다. 미리 운동을 계획할 수 있다는 점이다. 이 덕분에 고양이는 발판을 건널 때 발을 어디에 놓을지, 다람쥐는 나뭇가지 사이를 어떻게 뛸지 신속하게 계획을 세울 수 있다. 앞서 우리는 파충류는 한심할 정도로 행동이 서투른 반면, 포유류는 정교한 미세운동을 할 수 있는 이유가 이것 때문이라는 가설을 세웠다. 하지만 이런 재주는 다른 사람에게서 보이는 행동을 시뮬레이션하는 것과는 아무런 관련이 없다.

다른 사람의 행동을 시뮬레이션하는 것이 유용한 한 가지 이유는 그렇게 함으로써 그 사람의 의도를 이해할 수 있기 때문이다. 다른 사람의 행동을 자기도 하고 있다고 상상함으로써 그들이 왜 그런 행동을 하는지 이해할 수 있다. 자신이 신발 끈을 묶고 셔츠 단추를 채우는 모습을 상상하며 "내가 이런 행동을 왜 하는 거지?"라고 물어봄으로써 다른 사람의 행동에 숨어 있는 의도를 이해할 수 있다. 이를 아주 잘 보여주는 기이한 사실이 있다. 특정 동작을 수행하는 데 장애가 있는 사람은 다른 사람이 똑같은 동작을 하는 의도를 이해하는 것도 어려워한다. 주어진 운동기술을 통제하는 데 필요한 운동앞겉질의 하위영역은 동일한 운동기술을 수행하는 다른 사람의 의도를 이해하는 데 필요한 하위영역과 동일하다.

예를 들어 새겉질의 운동겉질이 손상된 환자에게서는 행동 생산(칫솔, 빗, 포크, 지우개 같은 도구를 사용해서 정확하게 흉내 내는 능력) 장애와 행동 인식(머리 빗기 같은 행동과 일치하는 모방 동작 동영상을 올바르게 고르는 능력[17]) 장애 사이에 유의미한 상관관계가 나타난다. 자기 치아를 양치질하는 데 어려움이 있는 사람은 다른 사람의 양치질 동작을 잘 인식하지 못하는 경향이 있다.

또한 사람의 운동앞겉질을 일시적으로 억제하면, 누군가가 상자를 들어 올리는 동영상을 보면서 그 상자의 무게를 올바르게 추론하는 능력에 장애가 생긴다(팔로 상자를 쉽게 들어 올리면 상자가 가볍다는 뜻이지만, 처음에 들어 올리기 힘들어 하며 힘을 제대로 주기 위해 팔의 위치를 조정해야 한다면 상자가 무겁다는 뜻이다). 하지만 이 경우 혼자 튕겨 오르는 공의 동영상을 보면서 그 공의 무게를 추론하는 능력에는 아무런 영향도 끼치지 않는다.[18] 이것은 다른 누군가가 상자를 들어 올리는 모습을 보면서 사람들이 머릿속으로 그 상자를 들어 올리는 자기 모습을 시뮬레이션한다는 것을 암시한다("상자가 무겁다면 나도 팔을 저렇게 움직이겠지").

이처럼 다른 사람의 동작을 이해하지 못하는 장애는 운동앞겉질이 간섭을 받았을 때 전반적으로 일어나는 효과가 아니라, 뇌가 시뮬레이션하지 못하게 된 신체 부위에만 국한해서 일어나는 효과다. 예를 들어 운동앞겉질의 손 영역(당신의 손동작을 시뮬레이션한다)을 일시적으로 억제하면 손동작을 수행하는 능력뿐 아니라 흉내 낸 손동작을 인식하는 능력에도 장애가 생긴다(예를 들어 망치를 잡거나 차를 따르는 등의 모방 동작을 올바르게 인식하지 못한다). 하지만 흉내 낸 입 동작(예를 들어 아이스크림을 핥아먹거나 햄버거를 먹거나 촛불을 입으로 불어서 끄는 등의 동작[19])을 인식하는 능력에는 아무런 영향도 없다. 반대로 운동앞겉질의 입 영역을 일시적으로 억제하면 모방한 입 동작을 인식하는 능력에는 문제가 생기지만, 손동작을 인식하는 능력에는 아무런 영향도 끼치지 않는다.

이것은 자신의 행동을 시뮬레이션하는 데 필요한 뇌 영역인 운동앞겉질과 운동겉질이 다른 사람의 행동을 시뮬레이션해서 그 행동을 이해할 때도 필요하다는 것을 시사한다. 여기서 말하는 이해는 다른 사람의 감정(배고픔, 공포)이나 지식("제인이 음식을 숨겼다는 사실을 빌이 알고 있을까?")을 이해한다는 의미가 아니다. 운동앞겉질이 다른 사람의 행동에서 감각운동적 측면을 구체적으로 이해하는 일에 관여한다는 뜻이다. 곧 상자를 들어 올리는 데 필요한 힘이나 누군가가 잡으려는 도구의 종류 같은 것을 추론한다.[20]

그렇다면 다른 사람에게서 관찰되는 행동의 감각운동적 측면을 올바르게 파악하는 것이 왜 중요할까? 누군가가 잡으려는 도구가 무엇인지, 상자의 무게가 얼마나 되는지 알아차리는 것에는 어떤 이점이 있을까? 가장 큰 이점은 초기 영장류와 마찬가지로 우리에게도 관찰을 통해 새로운 기술을 학습하는 데 도움이 된다는 것이다. 14장에서 행동을 머릿속으로 시뮬레이션해보면 실제로 행동을 수행하는 능력이 향상된다는 것을 이미 살펴봤다. 이것이 사실이라면 영장류가 다른 개체를 관찰해서 행동을 시뮬레이션한다는 것도 말이 된다.

초보 기타 연주자를 fMRI 기계에 눕히고 전문 기타리스트가 코드를 연주하는 동영상을 보며 기타 코드를 학습하게 한다고 가정해보자. 이때 두 가지 조건에 따라 뇌의 활성을 비교한다. 첫 번째 조건은 초보 연주자가 아직 연주할 줄 모르는 코드를 관찰하는 경우고, 두 번째 조건은 이미 연주할 줄 아는 코드를 관찰하는 경우다. 실험 결과 아직 연주할 줄 모르는 코드를 관찰할 때는 이미 아는 코드를 관찰할 때보다 운동앞겉질이 훨씬 많이 활성화됐다.[21]

하지만 관찰을 통해 새로운 기술을 학습하려 할 때 운동앞겉질이 독특하게 활성화된다고 해서 그 과정에 운동앞겉질이 꼭 필요하다는 의미는 아니다. 한 사람에게 두 가지 서로 다른 동영상을 보여준다고 해보자. 첫 번째 동영상에서는 사람의 손이 키보드의 특정 키들을 누르는 모습이 나온다. 그러고 나서 참가자에게 자기 키보드에서 동일한 키들을 눌러보라고 요청한다. 두 번째 동영상에서는 빨간 점이 키보드의 키들 사이에서 이동하는 모습이 나온다. 그러고 나서 참가자에게 자기 키보드에서 동일한 키들을 눌러보라고 요청한다. 이 과제를 하는 동안 참가자의 운동앞겉질을 일시적으로 억제하면 손동작을 모방하는 데는 장애가 생기지만 빨간 점을 따라가는 과제는 정상적으로 수행한다.[22] 운동앞겉질의 활성화는 모방학습imitation learning과 단순한 상관관계만 있는 것이 아니라 적어도 일부 맥락에서는 모방학습에 필수적인 것으로 보인다. 영장류가 도구를 그렇게 잘 사용하는 이유를 이 지점에서부터 풀어나갈 수 있다.

전달성이 독창성을 이긴다

도구 사용과 관련된 온갖 영리한 운동 능력에 대해 생각해보자. 타이핑, 자동차 운전, 양치질, 매듭 묶기, 자전거 타기 등이 있을 것이다. 이런 기술 중 당신이 스스로 터득한 기술이 얼마나 되는가? 장담컨대 이런 기술은 사실상 모두가 스스로 독창성을 발휘해서 고안한 것이 아니라 다른 사람의 행동을 관찰해서 습득한 것이다. 인간을 제외한 영장류가 도구를 사용하는 것도 같은 방식으로 시작된다.

무리에 속한 침팬지 대부분이 동일한 도구 기술을 이용하는 이유는 모두 독립적으로 동일한 재주를 발명했기 때문이 아니라 다른 개체를 관찰해서 학습했기 때문이다. 어린 침팬지가 흰개미 낚시 도구를 사용하는 어미의 모습을 얼마나 오래 지켜봤는지 알면, 그 새끼가 어느 시기에 그 기술을 학습할지 예측할 수 있다. 지켜본 시간이 길수록 기술을 학습하는 시간도 빨라진다.[23] 침팬지 대부분은 다른 개체로부터 전달받지 않으면 스스로 도구 사용법을 알아내지 못한다. 사실 다섯 살이 되도록 다른 침팬지를 관찰해서 견과류 깨는 기술을 학습하지 못한 침팬지 새끼는 나중에도 그 기술을 습득하지 못한다.[24]

사람을 제외한 영장류에서 기술이 전달된다는 사실은 실험실 연구를 통해 입증되었다. 1987년에 이뤄진 한 연구에서는 어린 침팬지 무리에게 우리의 창살 사이로 집어넣어 멀리 떨어진 먹이를 당길 수 있는 T자 모양 갈퀴를 줬다. 어린 침팬지 중 절반은 성체 침팬지가 도구를 사용하는 것을 관찰했고 나머지 절반은 관찰하지 않았다. 그 결과 성체 침팬지가 도구 사용법을 알아내는 것을 지켜본 어린 침팬지 무리는 도구 사용법을 알아낸 반면 시연을 보지 못한 무리는 도구 사용법을 알아내지 못했다(우리 안에 들어 있는 먹이를 눈에 보이게 해서 강력한 동기를 부여해도 마찬가지였다[25]).

이런 기술은 영장류 무리 전체로 전파될 수 있다. 다음의 연구를 살펴보자. 연구진이 침팬지, 꼬리감는원숭이, 마모셋원숭이 개체를 잠시 무리에서 따로 떼어 새로운 기술을 가르쳤다. 이들은 막대기를 이용해서 먹이 배급 장치를 올바르게 누르는 방법,[26] 문을 특정 방식으로 밀어서 먹이를 얻는 방법,[27] 서랍을 열어서 먹이를 얻는 방법,[28] 과일 껍질을 까는 방법[29] 같은 기술을 배웠다. 연구진은 이런 새로운 기술을 익힌 개체를 다시 무리로 돌려보냈다. 그러자 한 달 만에 거의 무리 전체가 동일한 기술을 사용하게 됐다. 또한 원래는 한 개체에게만 가르쳐준 기술이 여러 세대를 거치며 전달됐다.[30] 하지만 이런 기술을 가르쳐줄 구성원이 없는 무리는 동일한 방식으로 도구를 사용하는 법을 알아내지 못했다.

도구 사용 능력에는 독창성보다는 전달성이 더 중요하다. 독창성이 한 번만 발휘되면 그 후로는 여러 번 전달될 수 있다. 한 무리에서 한 구성원이라도 흰개미 낚싯대를 만들어 사용하는 법을 알아내면 무리 전체가 그 기술을 습득해서 세대를 거치며 전달할 수 있다.

하지만 영장류가 서로에게 운동 행동을 전달하는 능력, 곧 관찰을 통해 학습하는 능력 덕분에 도구를 유독 잘 사용하게 되었다고 결론 내리는 것은 적절하지 않다. 영장류보다 도구를 훨씬 못 사용하거나 도구를 아예 사용하지 않는 동물들도 관찰학습observational learning을 한다. 쥐는 다른 쥐가 레버를 눌러 물을 얻는 것을 보고 자기도 레버를 눌러 물을 얻는 방법을 학습할 수 있다.[31] 몽구스는 자기 부모가 알을 깨는 기술을 따라할 수 있다.[32] 돌고래는 다른 돌고래나 사람의 행동을 보고 모방하도록 훈련시킬 수 있다.[33] 개는 다른 개가 하는 모습을 보면서 발로 레버를 당겨서 먹이를 얻는 법을 훈련할 수 있다.[34] 심지어 어류와 파충류도 같은 종의 다른 개체가 검색하는 경로를 관찰해서 동일한 검색 경로를 학습할 수 있다.[35]

하지만 영장류와 다른 포유류 대부분이 하는 관찰학습에는 차이가 있다. 부모 몽구스가 알을 입으로 깨뜨리는 경향이 있으면 새끼들도 그렇게 한다. 부모 몽구스가 알을 던져서 깨는 경향이 있으면 새끼들 역시 그렇게 한다. 하지만 이 새끼 몽구스들이 관찰을 통해 새로운 기술을 습득하는 것이 아니다. 그저 주로 사용하는 기술을 골라잡을 뿐이다. 모든 새끼 몽구스는 알을 물어서 깨는 기술과 던져서 깨는 기술을 안다. 새끼 고양이는 어미가 변기에 오줌 누는 것을 관찰했을 때만 자기도 그렇게 한다. 하지만 모든 고양이는 이미 오줌 누는 법 자체를 안다. 물고기도 관찰을 통해 헤엄치는 법을 학습하는 것이 아니다. 그냥 관찰을 통해 경로만 바꿀 뿐이다. 이 모든 경우에서 동물들은 관찰학습을 통해 새로운 기술을 습득하는 것이 아니다. 그저 다른 개체가 동일한 행동을 하는 모습을 관찰해 이미 아는 행동 중에서 선택하는 것에 불과하다.

알고 있는 기술을 관찰 선택하기	새로운 기술을 관찰 습득하기
여러 종의 포유류 문어 어류 파충류	영장류 일부 조류

이미 알고 있는 행동을 관찰을 통해 선택하는 것은 단순한 반사작용을 통해 가능하다. 거북이는 반사작용으로 다른 거북이들이 바라보는 방향을 따라서 바라볼 수 있다. 물고기는 반사작용으로 다른 물고기를 따라갈 수 있다. 생쥐는 다른 생쥐가 레버를 누르는 것을 관찰했을 때 자신이 레버를 누르는

모습을 시뮬레이션할 수 있다(이미 어떻게 하는지 알고 있는 기술). 그러다 어느 시점에서 생쥐는 그렇게 하면 물을 얻을 수 있다는 것을 깨닫는다. 하지만 관찰을 통해 완전히 새로운 운동기술을 습득하기 위해서는 완전히 새로운 장치가 필요하거나 적어도 그런 장치의 도움을 많이 받아야 할 것이다.

쥐가 망치를 사용하지 않는 이유

관찰을 통해 새로운 기술을 습득할 때는 마음이론이 필요하지만 이미 아는 기술을 학습할 때는 그렇지 않다. 세 가지 이유가 있다. 관찰을 통해 새로운 기술을 습득하는 데 마음이론이 필요한 첫 번째 이유는 그로 인해 우리 조상이 적극적으로 후손을 가르칠 수 있었기 때문인지도 모른다. 개체군으로 기술을 전달하는 데 가르침이 꼭 필요한 것은 아니다. 초보자가 충실히 관찰할 수만 있다면 전달이 가능하다. 하지만 적극적인 가르침은 기술 전달의 효율을 크게 향상시킬 수 있다. 신발 끈 묶는 법을 배우고 싶을 때 단계마다 차근차근 설명하며 가르쳐주는 사람이 없다면 얼마나 어려울지 상상해보라. 당신이 배우든 말든 신경 쓰지 않고 급하게 신발 끈 묶는 사람들을 지켜보며 각 단계에 담긴 수수께끼를 스스로 풀어야 한다면 배우는 일이 만만치 않을 것이다.

마음이론이 있어야만 후손에게 효율적으로 기술을 가르칠 수 있다. 가르치기 위해서는 상대방이 무엇을 모르는지 이해해야 하고 어떻게 시연해야 상대방의 지식을 올바른 방향으로 조작하는 데 도움이 될지도 이해해야 한다. 사람이 아닌 영장류도 다른 개체를 가르치는지에 대해서는 여전히 논란이 있지만, 최근에는 사람이 아닌 영장류도 적극적으로 서로를 가르친다는 생각을 지지하는 증거가 쌓이기 시작했다.[36]

1990년대에 영장류학자 크리스토프 보슈Christophe Boesch는 침팬지 어미가 자기 새끼들이 주변에 있으면 특히 느린 동작으로 견과류를 부숴 먹는 것을 관찰했다. 이 어미들은 새끼들이 집중하는지 확인하기 위해 견과류를 부수면서도 주기적으로 새끼들을 살펴봤다. 그리고 옆에서 견과류 열매를 치웠다가 받침대 위를 닦은 다음 다시 올려놓는 등 새끼들의 실수를 바로잡아줬다. 또한 어미들은 새끼가 손에 쥔 돌망치의 방향을 고쳐주기도 했다.[37]

원숭이는 이빨을 닦을 때 이 기술을 아직 배우지 못한 새끼들 주변에서는 마치 가르치려는 듯이 속도를 늦추고 과장해서 보여주는 것으로 밝혀졌다.[38] 흰개미 낚시를 잘하는 침팬지는 낚시를 할 때 막대기를 두 개 갖고 와서 하나는 새끼에게 직접 줄 때가 많다. 심지어 새끼가 막대기 없이 나타났을 때는 자기 막대기를 둘로 잘라서 절반을 새끼에게 주기도 한다. 새끼가 과제를 어려워하는 기색을 보이면 어미가 적극적으로 도구를 바꿔주기도 한다.[39] 그리고 도구 사용 과정이 복잡할수록 어미가 새끼에게 도구를 줄 가능성도 높아진다.[40]

관찰을 통한 새로운 기술의 학습에서 마음이론이 필요한 두 번째 이유는 학습자들이 오랜 시간 학습에 집중할 수 있기 때문이다. 쥐는 다른 쥐가 레버를 누르는 것을 보고 얼마 후에 자기도 레버를 누른다. 그런데 침팬지 새끼는 어미가 돌망치를 이용해서 견과류를 깨는 것을 보고도 몇 년 동안이나 연습해야 완전히 습득한다. 이렇듯 침팬지 새끼는 단기적인 보상이 없어도 끊임없이 학습을 시도한다.

침팬지 새끼가 그저 모방 그 자체에서 보상을 느끼기 때문일 가능성도 없지는 않다. 하지만 마음이론을 통해 초보자도 복잡한 기술의 의도를 파악할 수 있기 때문에 동기가 강하게 부여돼서 그 기술을 받아들이려고 계속 노력할 수 있는지도 모른다. 마음이론 덕분에 침팬지 새끼는 막대기로 먹이를 구하는 어미와 달리 자기는 그러지 못하는 이유가, 어미에게는 자기에게 없는 기술이 있기 때문이라고 깨달을 수 있다. 이 때문에 시간이 오래 걸리더라도 기술을 습득하겠다는 동기가 지속적으로 부여된다. 반면 쥐는 행동을 모방할 때 단기적 보상이 없으면 금방 포기하고 만다.

관찰을 통한 새로운 기술의 학습에 마음이론이 필수인 마지막 이유는, 초보자는 마음이론 덕분에 전문가가 의도한 동작과 의도하지 않은 동작을 구분할 수 있기 때문이다. 관찰학습은 상대방이 각 동작을 통해 성취하려는 것이 무엇인지 인식할 때 더 효과적으로 이뤄진다. 당신이 엄마가 신발 끈 묶는 모습을 지켜보는데, 그 동작 중 어떤 것이 의도적이고 어떤 것이 우연히 한 행동인지 알지 못한다면 어떤 동작을 따라 해야 하는지 파악하기가 무척 어려워질 것이다. 엄마의 의도가 신발을 묶는 것이고 엄마가 앉아 있던 자세나 머리의 각도가 신발 끈 묶는 기술과 무관하다는 점을 깨닫고 나면 관찰을 통해 기술을 배우기가 훨씬 쉬워진다.

실제로 침팬지는 이런 식으로 학습한다. 다음 실험을 살펴보자. 성체 침팬지에게 수수께끼 상자를 열어 먹이를 얻는 모습을 관찰하게 했다. 수수께끼 상자를 여는 데 필요한 행위들을 하는 도중에 실험자가 지팡이를 두드리거나 상자를 돌리는 등 상자를 여는 것과 관련이 없는 몇 가지 행동을 했다. 그러고 난 다음에 침팬지에게 수수께끼 상자를 열어 먹이를 얻을 기회를 줬다. 그러자 놀랍게도 침팬지는 실험자의 모든 행동을 정확히 따라 하지 않고 수수께끼 상자를 여는 데 필요한 동작만을 모방하고 관련 없는 단계들은 건

너뛰었다.[41]

관찰학습이 효과적으로 이뤄지려면 특정 동작을 한 의도를 반드시 이해해야 한다. 그래야 관련 없는 동작들을 걸러내고 기술의 본질만 추출할 수 있다.

로봇 모방

1990년에 카네기멜론대학교의 대학원생 딘 포멀로Dean Pomerleau와 그의 지도 교수 척 소프Chuck Thorpe가 자율적으로 자동차를 운전하는 AI 시스템을 만들었다. 이들은 이 시스템을 앨빈autonomous land vehicle in a neural network, ALVINN(인공신경망 자율육상주행차)이라고 불렀다. 앨빈은 자동차 주변에서 촬영한 동영상이 입력되면 실제 고속도로에서 차선을 유지하며 스스로 주행할 수 있었다. 그 전에도 이런 자율주행차는 있었지만 너무 느려서 몇 초마다 멈추기 일쑤였다. 소프의 연구진이 제작한 최초의 자율주행차는 생각할 것이 너무 많아서 한 시간에 400미터 정도밖에 못 갔다. 하지만 앨빈은 그보다 훨씬 빨랐으며 실제로 고속도로에서 포멀로를 태우고 피츠버그에서 오대호까지 다른 운전자들과 함께 성공적으로 주행했다.

이전에 했던 시도들은 실패했는데 앨빈이 성공한 이유는 무엇일까? 자율주행차 구축을 시도했던 기존의 방식과 달리, 앨빈은 사물을 인식하거나 미래의 동작을 계획하거나 공간 속 위치를 이해하는 법을 교육받지 않았다. 앨빈은 더 단순한 행위를 통해 다른 AI 시스템보다 뛰어난 성능을 보여줬다. 인간 운전자를 모방하는 법을 학습한 것이다.

포멀로는 다음과 같은 방법으로 앨빈을 훈련시켰다. 그는 자신의 자동차에 카메라를 설치한 다음 자기가 운전하면서 돌아다니는 동안 운전대를 동영상으로 촬영하고 운전대의 위치를 기록했다(앨빈은 운전대만 통제하고 브레이크나 가속 페달은 통제하지 않았다). 그러고 나서 포멀로는 인공신경망을 훈련시켜 도로의 이미지를 자신이 선택한 해당 운전대 위치에 매핑했다. 바꿔 말하면 자신이 하는 행동을 앨빈이 직접 따라 하게 훈련시킨 것이다. 놀랍게도 몇 분 정도 관찰한 후에 앨빈은 스스로 능숙하게 운전했다.

하지만 포멀로는 난관에 봉착했다. 전문가의 행동을 직접 복제하는 모방학습 접근방식에 치명적인 결함이 있었기 때문이다. 앨빈은 아무리 사소한 오류라도 발생하면 전혀 만회할 수 없었다. 작은 오류도 곧바로 치명적인 운전 실패로 이어져 완전히 도로를 벗어나는 경우가 많았다. 앨빈이 올바른 운전만을 훈련받았다는 것이 문제였다. 앨빈은 애초에 사람이 실수한 후에 만회하는 것을 한 번도 본 적이 없었기 때문에 그런 만회 과정을 훈련받을 수가 없었다. 이 때문에 전문가의 행동을 직접 모방하는 것은 위험할 정도로 취약한 모방학습 방식인 것으로 밝혀졌다.

로봇공학에서 이 문제를 극복하기 위한 전략은 매우 많다. 그중 특히 두 가지가 영장류의 모방학습과 뚜렷한 유사점을 보여준다. 첫째는 교사-학생 관계를 모방하는 것이다. AI 시스템이 전문가를 직접 모방하도록 훈련하는 것에 더해서 전문가가 AI 시스템과 함께 운전하면서 실수를 바로 잡아준다면 어떨까? 2009년에 카네기멜론대학교의 스테판 로스Stephane Ross와 그의 지도교수 드루 배그넬Drew Bagnell이 이 과정을 처음으로 시도했다. 이들은 마리오 카트 자동차 경주시뮬레이션 게임을 이용해 AI에게 운전을 가르쳤다. 로스는 자신의 운전을 녹화해 시스템이 모방하도록 훈련시킨 게 아니라 마리오 카트의 트랙을 따라 운전하면서 AI 시스템과 자동차에 대한 통제권을 주고받았다. 처음에는 로스가 대부분 운전했지만, 그다음에는 잠시 AI 시스템에게 통제권을 넘겨주고 AI 시스템이 실수하면 로스가 신속하게 만회했다. 시간이 지나면서 로스는 점점 더 많은 통제권을 AI 시스템에게 넘겨줬고, 마침내 AI 시스템은 스스로 잘 운전했다.

이런 능동교육active teaching 전략은 끝내주게 잘 작동했다. 앨빈이 훈련받은 방식처럼 운전을 직접 모방하기만 했을 때는 몇백만 편의 전문가 데이터 프레임을 동원해 훈련해도 로스의 AI 시스템은 다른 자동차와 충돌했다. 반면 새로운 능동교육 전략을 적용했을 때 로스의 AI 시스템은 트랙을 몇 바퀴 돌고 나면 거의 완벽하게 운전했다.[42] 이 전략은 성체 침팬지가 새로운 기술을 학습하는 새끼의 동작을 바로잡아주는 것과 다르지 않다. 침팬지 어미는 새끼가 막대기를 흰개미탑에 집어넣으려고 애쓰는 모습을 지켜보다가 어려워하면 동작을 수정해주려고 한다.

모방학습의 두 번째 접근방식은 '역강화학습inverse reinforcement learning'이다.[43] 사람이 운전 중 도로 사진에 반응해서 판단하는 것들을 AI 시스템이 직접 복제하는 게 아니라 사람의 판단에 담긴 의도를 먼저 파악한다면 어떨까?

2010년에 피터 애빌Pieter Abbeel, 애덤 코츠Adam Coates, 앤드루 응Andrew Ng은 역강화학습을 이용해 AI 시스템이 원격조정 헬리콥터를 자율비행하게 만듦[44]으로써 역강화학습의 힘을 보여줬다. 헬리콥터를 운전하는 일은 원격조종을 해도 쉽지 않다. 헬리콥터는 대단히 불안정해서 작은 오류만 생겨도 걷잡을 수 없이 충돌로 이어질 수 있기 때문에 공중에 계속 떠 있게 하려면 주회전 날개의 각도, 부회전 날개의 각도, 헬리콥터 동체의 기울기 방향 등 여러 가지 복잡한 조건을 조종하면서 동시에 균형을 정확하게 잡아야 한다.

응과 그의 연구진은 AI 시스템이 헬리콥터를 조종하기만을 원한 것이 아니었다. 이들은 AI가 추락하지 않고 제자리에서 뒤집기, 앞으로 이동하면서 돌기, 뒤집어서 날기, 공중회전하기 등 최고의 인간 전문가들만 하는 곡예비행 과제를 수행하기를 바랐다.

이들의 접근방식 중 일부는 표준 모방학습이었다. 응과 그의 연구진은 인간 전문가가 이런 곡예비행을 수행하는 동안 리모컨에 입력하는 값을 기록했다. 하지만 AI가 인간 전문가를 직접 모방하도록 훈련하지 않고(이런 방식은 효과가 없었다), AI가 먼저 전문가가 의도한 궤적을 추론하도록 훈련시켰다. 인간이 무엇을 시도하려 했는지 추론하게 한 것이다. 그다음에는 AI 시스템이 그 궤적을 따르도록 훈련시켰다. 이런 기술을 '역강화학습'이라고 부르는 이유는 시스템이 먼저 인간 전문가가 최적화하고 있다고 믿는 보상함수reward function(의도)를 먼저 학습한 다음, 추론한 보상함수를 이용해 스스로를 보상하거나 처벌하면서 시행착오를 통해 학습하기 때문이다. 역강화학습 알고리즘은 관찰된 행동에서 출발해 자체적인 보상함수를 만들어내는 반면, 표준 강화학습에서는 보상함수가 변경할 수 없도록 하드코딩hard coding*되어 있을 뿐 학습되지 않는다. 전문가라도 헬리콥터를 조종할 때 계속해서 작은 실수를 하고, 그런 실수를 지속적으로 만회한다. 응의 AI 시스템은 먼저 의도된 궤적과 동작을 확인함으로써 조종과 관련 없는 조종사의 오류들을 걸러내는 동시에 자신의 오류를 수정했다. 2010년에 응의 AI 시스템은 이런 역강화학습을 이용해 자율적으로 헬리콥터를 조종해서 곡예비행를 수행하는 데 성공했다.

로봇공학에서는 모방학습에 관해 아직도 연구해야 할 부분이 많이 남아 있다.[45] 하지만 적어도 일부 과제에서, 관찰학습이 제대로 작동하려면 AI 시

* 프로그램의 소스 코드에 직접 데이터를 입력할 때를 일컫는 IT 용어-옮긴이

스템이 관찰된 행동의 의도를 먼저 추론하는 역강화학습이 반드시 이뤄져야 할 것으로 보인다. 이것은 관찰학습과 도구 사용기술을 전파하기 위해 영장류가 관찰된 행동의 의도를 추론하는 마음이론이 필요하다는 생각을 뒷받침한다. 로봇공학자들이 독창적으로 연구해서 만들어낸 방법과 진화가 여러 번 반복해서 만들어낸 방법이 모두 비슷한 해법으로 수렴된 것이 우연일 가능성은 낮다. 초보자가 그저 전문가의 동작만 관찰해서는 새로운 운동기술을 안정적으로 습득할 수 없다. 초보자는 전문가의 마음을 들여다볼 수 있어야 한다.

마음이론은 초기 영장류에서 정치공작을 하기 위해 진화했다. 하지만 이 능력이 용도 변경되어 모방학습에도 사용됐다. 다른 개체의 의도를 추론하는 능력 덕분에 초기 영장류는 관련 없는 행동을 걸러내고 관련 있는 행동(그 사람이 하려고 의도한 행동)에만 집중할 수 있었다. 그리고 마음이론 덕분에 어린 개체는 오랜 시간 학습에 집중할 수 있었다. 어쩌면 마음이론 덕분에 초기 영장류는 초보자가 이해하는 것과 이해하지 못하는 것을 추론함으로써 능동적으로 가르칠 수 있었는지도 모른다. 우리의 포유류 조상도 이미 알고 있는 기술 중 어떤 것은 다른 개체를 관찰해서 골라 쓸 수는 있었지만, 마음이론으로 무장한 초기 영장류야말로 관찰을 통해 진정으로 새로운 기술을 습득할 수 있었다. 그 결과 새로운 수준의 전달성이 생겨났다. 그전에는 똑똑한 개체가 기술을 발견해도 그 개체가 죽으면 기술도 함께 사라졌다. 이제는 이런 전달성 덕분에 기술이 무리 전체로 전파되고 세대를 거쳐서도 무한히 전달될 수 있었다. 사람은 망치를 쓰지만 쥐는 망치를 쓰지 않는 이유가 바로 이것이다.

18.
쥐가 식료품 쇼핑을 못하는 이유

수십 년 동안 과학자들 사이에서 영장류의 뇌 확장을 설명하는 주류 이론으로 로빈 던바의 사회적 뇌 가설이 자리 잡았지만 생태적 뇌 가설ecological brain hypothesis이라는 대안도 있다.

앞에서 살펴봤듯이 초기 영장류는 사회성뿐 아니라 식생활도 독특했다. 이들은 과일을 주로 먹는 동물이었다. 이 식생활을 유지하려면 몇 가지 놀라운 인지적 도전 과제를 해결해야 한다. 잘 익은 과일이 땅바닥으로 떨어지지 않고 매달려 있는 시간은 아주 짧다. 사실 초기 영장류가 먹는 과일 중에는 이 시간이 72시간도 안 되는 경우가 많다.[1] 어떤 나무는 1년 중에 과일이 익어 있는 기간이 3주도 안 된다. 어떤 과일은 동물 경쟁자가 거의 없는 반면(예를 들어 껍질을 까기 어려운 바나나), 어떤 과일은 동물 경쟁자가 많다(예를 들어 동물이 먹기 편한 무화과). 인기가 좋은 과일은 빨리 사라질 가능성이 높다. 익기만 하면 여러 종의 동물이 달려들기 때문이다. 이런 이유로 영장류는 넓은 숲에 열리는 모든 과일을 파악하고, 특정한 날에 어느 과일이 익을 가능성이 높은지, 그중 어떤 과일이 인기가 많아 가장 먼저 사라질지 알고 있어야 했다.

침팬지가 다음 날 먹이 채집을 준비하면서 밤에 잘 보금자리의 위치를 계획한다는 것이 연구를 통해 밝혀졌다. 무화과처럼 인기가 많은 과일의 경우에는 일부러 이런 과일이 있는 장소로 이어지는 길 위에 잠자리를 마련한다. 똑같이 맛은 있지만 그렇게 경쟁이 심하지 않은 과일인 경우에는 이렇게까지 하지는 않는다. 그에 더해서 침팬지는 경쟁이 덜한 과일을 먹으러 갈 때보다 경쟁이 심한 과일을 먹으러 갈 때 아침에 더 일찍 길을 떠난다.[2] 개코원숭이도 먹이를 채집할 여정을 미리 계획하고, 과일이 풍족하지 않아서 빨리 사라질 가능성이 높을 때는 더 일찍 길을 나서는 것으로 밝혀졌다.[3]

과일이 아닌 식물을 먹고 사는 동물은 이와 비슷한 도전과제에 맞닥뜨릴 일이 없다. 이파리, 꽃의 꿀, 씨앗, 풀, 나무 등은 오랫동안 남아 있고 드문드문 성기게 분포되어 있지도 않다. 육식동물도 이렇게 어려운 인지적 과제를 해결할 필요가 없다. 먹잇감보다 한 수 먼저 생각하고 사냥해야 하는 것은 사실이지만 사냥할 수 있는 시간이 짧은 경우는 드물다. 반면 과일을 먹는 식생활은 서로 다른 검색 경로뿐 아니라 미래의 필요도 시뮬레이션해야 한다는 점에서 까다롭다. 육식동물과 과일이 아닌 식물을 먹는 초식동물은 배가 고플 때만 사냥하고 풀을 뜯어먹으면 살아남을 수 있다. 하지만 과일을 주로 먹는 동물은 배가 고파지기 전에 미리 여정을 계획해야 한다. 전날 밤 인기 많은 과일이 있는 곳으로 이어지는 길에 보금자리를 차리거나 오늘 밤에 미리 준비해 내일 아침 일찍 먹이가 있는 곳으로 가지 않으면 굶게 되리라는 사실을 예상할 수 있어야 한다.

생쥐 같은 다른 포유류도 겨울이 다가오면 먹이를 비축한다. 이들은 나무에서 먹이가 거의 또는 전혀 나오지 않는 기간 동안 살아남기 위해 땅굴 속에 견과류를 대량으로 저장해둔다. 하지만 이렇게 계절에 따라 먹이를 비축하는 것은 내일 얼마나 배가 고플지를 바탕으로 매일 계획을 수정해야 하는 것에 비하면 인지적으로 그리 어렵지 않다. 더군다나 생쥐의 먹이 비축이 미래에 배고파질 것이라는 사실을 이해해서 하는 행동인지도 분명치 않다. 실제로 실험실 생쥐들은 먹이가 없는 추운 겨울을 겪어보지 않아도 주변 온도가 내려가기만 하면 자동적으로 먹이를 비축하기 시작한다. 이런 효과는 겨울에도 살아남도록 진화한 북쪽 생쥐 종에서만 보인다.[4] 따라서 이것은 과거에 겨울을 경험하면서 교훈을 얻고 영리하게 대응하는 행동이 아니라, 계절의 변화에 반응하도록 진화적으로 새겨진 행동으로 보인다.

생태적 뇌 가설에서는 초기 영장류의 급속한 뇌 확장을 이끈 것이 과일 식단이었다고 주장한다. 2017년에 뉴욕대학교의 알렉스 드케이시언Alex DeCasien은 영장류 140여 종의 식생활과 사회생활을 조사한 연구 결과를 발표했다.[5] 어떤 영장류는 주로 과일을 먹는다. 어떤 영장류는 주로 이파리를 먹는 엽식동물folivore로 살아간다. 어떤 영장류는 아주 작은 사회집단을 이루고 살고 어떤 영장류는 대규모 집단을 이루고 살아간다. 놀랍게도 드케이시언은 영장류 사회집단의 크기보다는 주로 과일을 먹는지 여부가 뇌의 상대적 크기에서 나타나는 다양성을 더욱 잘 설명한다는 점을 발견했다.

비쇼프쾰러 가설

1970년대에 비교심리학자인 도리스 비쇼프쾰러Doris Bischof-Köhler와 그녀의 남편 노르베르트 비쇼프Norbert Bischof는 인간의 계획수립에서 어떤 점이 독특한가에 대해 새로운 가설을 발표했다. 다른 동물은 현재의 필요를 바탕으로 계획을 수립하는 반면(예를 들어 배고플 때 어떻게 먹이를 구할지 등), 오직 인간만이 미래의 필요를 바탕으로 계획을 수립한다는 가설이었다(당장은 배고프지 않지만 다음 주 여정에 필요한 먹이를 어떻게 구할지 등). 진화심리학자 토마스 수덴도르프Thomas Suddendorf는 나중에 이것을 '비쇼프쾰러 가설Bischof-Köhler hypothesis'이라고[6] 불렀다.

인간은 항상 미래의 필요를 예측한다. 우리는 배가 고프지 않을 때도 식료품을 사러 간다. 당장은 춥지 않아도 여행지에서 필요한 따뜻한 옷을 챙긴다. 비쇼프쾰러의 시대에 입수할 수 있었던 증거를 바탕으로 생각해보면 오직 인간만 이런 일을 할 수 있다는 주장은 타당한 가설이었다. 하지만 최근에 나온 증거들은 이 가설에 의문을 제기한다. 지금 바깥이 춥다는 것을 아는 침팬지가 당장은 따뜻한 실내 우리에 있어서 춥지 않아도 바깥에 나갈 때는 보금자리를 만들 지푸라기를 갖고 나갔다는 일화가 있다.[7] 보노보와 오랑우탄이 나중에 사용할 도구를 14시간 정도 앞서서 미리 골라놓았다는 보고도 있다.[8] 침팬지는 멀리 떨어진 장소에 견과류를 깨서 열 때 쓸 만한 돌이 없다는 걸 알면 그곳까지 돌을 챙겨 가고,[9] 어떤 장소에서 사용할 도구를 다른 장소에서 만들어가기도 한다.[10] 과일을 주로 먹고살 때는 배고프기 전에 미리 계획을 세우는 것이 필수라면, 영장류는 미래의 필요를 예측할 수 있었을 것이라 생각해야 마땅하다.

2006년에 웨스턴온타리오대학교의 미리엄 나크시반디Miriam Naqshbandi와 윌리엄 로버츠William Roberts는 다람쥐원숭이와 쥐를 대상으로 미래의 갈증을 예측하고 그에 따라 행동을 바꾸는 능력이 있는지 실험했다.[11] 이들은 다람쥐원숭이와 쥐 모두에게 컵 두 개 중 하나를 선택할 수 있게 했다. 1번 컵은 '적은 간식'으로 약간의 먹이가 들어 있고, 2번 컵은 '많은 간식'으로 많은 먹이가 들어 있었다. 다람쥐원숭이에게는 간식으로 대추를 줬고 쥐에게는 건포도를 줬다. 정상적인 경우라면 두 동물 모두 '많은 간식'을 택할 것이다. 이들은 대추와 건포도를 아주 좋아한다.

하지만 나크시반디와 로버츠는 이 동물들을 다른 조건에서 실험했다. 대추와 건포도는 갈증을 유발한다. 그래서 수분을 보충하려면 물을 두 배나 더 마셔야 하는 경우가 많다. 이 동물들에게 미래의 갈증까지 고려하도록 하면 어떤 일이 벌어질까? 나크시반디와 로버츠는 동물이 많은 간식(대추와 건포도가 많이 들어 있는 컵)을 선택하면 몇 시간 후에야 물을 마실 수 있도록 실험 과정을 수정했다. 반대로 동물이 적은 간식(대추와 건포도가 약간 들어 있는 컵)을 선택할 경우에는 15분에서 30분 후에 물을 마실 수 있게 했다. 어떤 일이 벌어졌을까?

흥미롭게도 다람쥐원숭이는 적은 간식을 선택하는 법을 학습한 반면 쥐는 계속해서 많은 간식을 택했다. 다람쥐원숭이는 자신이 아직은 아니지만 나중에는 물을 원하게 되리라는 것을 예측하고 지금 당장 간식을 실컷 먹고 싶은 유혹을 참을 수 있었다. 바꿔 말해 원숭이는 미래의 필요를 예측해서 판단할 수 있다. 반면 쥐에게는 이런 행동이 전혀 나타나지 않았다. 쥐는 계속해서 '왜 물 때문에 더 먹을 수 있는 건포도를 포기해? 난 지금 목이 마르지도 않은데!'라는 결함 있는 논리를 고수했다.[12]

이런 결과는 미래의 필요를 예측하는 것이 더 어려운 계획수립이고, 쥐 등의 일부 동물이 계획은 수립할 수 있어도 미래의 필요를 예측할 수 없다는 점에서 수덴도르프의 비쇼프쾰러 가설이 옳음을 암시한다. 하지만 오직 인간만이 이런 능력을 부여받은 것은 아닐 수도 있다. 어쩌면 많은 영장류에게 이 능력이 있을지도 모른다.

영장류가 미래의 필요를 예측하는 방법

지금 당장은 필요 없지만 미래에는 필요할 것이라는 예측을 바탕으로 선택하는 메커니즘을 오래된 포유류의 뇌 구조에서 감당하기는 쉽지 않다. 새겉질의 행동 통제 메커니즘은 결정을 시뮬레이션한 후에 그 결과를 오래된 척추동물 구조(바닥핵, 편도체, 시상하부)가 평가하는 방식으로 이뤄질 것이라 추측해왔다. 이런 메커니즘을 사용하면 동물은 시뮬레이션한 경로와 행동 중에서 지금 당장 긍정적 감정가 신경세포를 흥분시키는 것만 선택할 수 있다. 배고플 때 먹이를 상상하거나 목이 마를 때 물을 상상하는 것처럼 말이다.

이와는 반대로 일주일치 식료품을 사러 갈 때는 지금 당장 피자가 먹고 싶지 않지만 목요일 밤에 TV를 보면서 먹을 간식으로 피자가 가장 좋을 것이라고 예측할 수 있어야 한다. 배가 고프지 않을 때 피자를 먹는 상상을 하면 바닥핵은 흥분하지 않으며 피자를 먹을지 말지 투표를 진행하지도 않는다. 따라서 피자를 원하기 위해서는 지금 당장은 그렇지 않지만 배고픈 상상 속의 미래에서는 음식의 냄새와 장면이 긍정적 감정가 신경세포를 흥분시킬 것임을 알아차려야 한다. 그렇다면 뇌는 긍정적 감정가 신경세포가 전혀 활성화하지 않은 상태에서 어떻게 상상한 경로를 선택할 수 있을까? 어떻게 우리의 새겉질은 편도체와 시상하부가 원하지 않는 뭔가를 원할 수 있을까?

뇌가 의도를 추론해야 하는 또 다른 상황에 대해서는 이미 앞에서 살펴

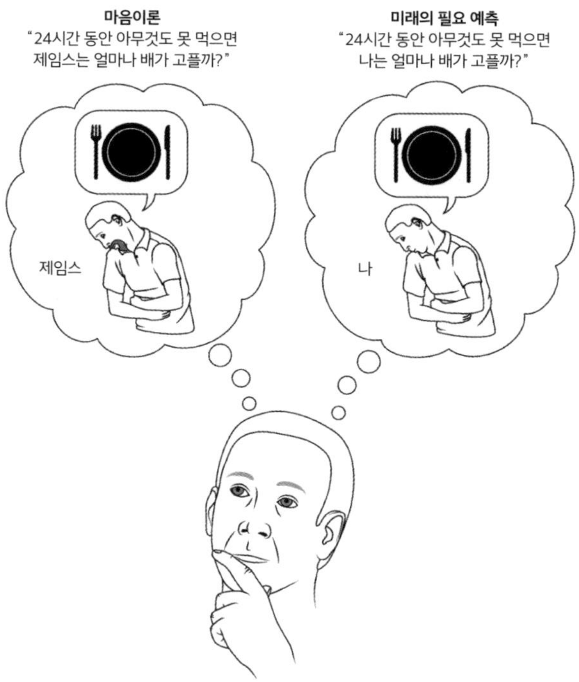

그림 18.1 마음이론과 미래의 필요 예측 사이의 유사성

봤다. 뇌가 현재는 공유하지 않는 '원함', 곧 자기가 아닌 다른 사람이 원하는 것을 추론하려 할 때다. 그렇다면 뇌가 마음이론과 동일한 메커니즘을 이용해서 미래의 필요를 예측할 수는 없을까? 달리 말하자면 다른 누군가의 마음을 상상하는 것이 미래의 내 마음을 상상하는 것과 다를까?

어쩌면 미래의 필요를 예측하는 메커니즘은 마음이론의 작동 메커니즘과 동일할지도 모른다. 자신의 마음이든 다른 누군가의 마음이든 지금과는 다른 상황에 놓였을 때의 의도를 추론할 수 있다. 나 자신은 당장 배가 고프지 않아도 한참 동안 음식을 못 먹은 다른 사람이 배가 고플 거라고 올바르게 추론한다면("24시간 동안 아무것도 못 먹으면 제임스는 얼마나 배가 고플까?") 마찬가지로 지금 나는 당장 배가 고프지 않더라도 미래의 상황에 놓인 자신의 의도를 추론할 수 있을 것이다("24시간 동안 아무것도 못 먹으면 나는 얼마나 배가 고플까?").

비쇼프쾰러 가설을 다루는 논문에서 토마스 수덴도르프는 이를 정확하게 예상했다.

> *미래의 필요에 대한 예측은 상충하는 마음 상태를 동시에 표상하는 동물의 일반적 문제 중 특별한 경우에 불과할지도 모른다. 동물은 세 살짜리 아이와 마찬가지로 현재와 달랐던 과거의 믿음(또는 지식 상태, 욕구 등)을 상상하거나 상대방의 믿음이 자기와 다르다는 것을 이해할 수 없을지도 모른다. 이는 과거의 상태뿐 아니라 미래의 상태에도 적용될 수 있다. 말하자면 배가 부른 동물은 나중에 배가 고파질 수 있음을 이해하지 못할 것이고, 따라서 이런 미래의 배고픔을 충족시키는 조치를 미리 취할 수도 없을 것이다.*[13]

나크시반디와 로버츠가 시행한 다람쥐원숭이와 쥐 실험은 인간만이 미래의 필요를 예측할 수 있다고 한 수덴도프르의 주장이 틀릴지도 모른다는 것을 암시한다. 하지만 자신의 마음으로부터 분리된 마음 상태dissociated mental state를 모델화하는 일반적인 능력을 용도 변경해서 마음이론과 미래의 필요 예측에 사용할 수 있다고 제안한 수덴도르프의 주장에는 선견지명이 있었는지도 모르겠다.[14]

이런 주장을 뒷받침하는 두 가지 관찰 결과가 있다. 첫째, 마음이론과 미래의 필요 예측 능력은 모두 원시적인 형태로나마 영장류에게 있지만 다른 많은 포유류에게는 없는 것으로 보인다. 이는 두 가지 능력 모두 초기 영장류에서 비슷한 시기에 등장했음을 암시한다. 둘째, 사람은 마음이론 과제와 미래의 필요 예측 과제 모두에서 비슷한 실수를 한다.

예를 들어 16장에서 목이 마른 사람은 다른 사람도 분명 목이 마를 것이라는 잘못된 편향을 갖게 된다고 했다. 마찬가지로 배고픈 사람도 미래에 얼마나 많은 음식이 필요할지 예측할 때 부정확한 것으로 보인다. 두 집단의 사람을 식료품 가게로 데려가서 직접 일주일치 식품을 구입하게 한다. 그러면 양쪽 집단 모두 같은 시간 동안, 곧 일주일 동안에 스스로 먹을 음식을 구입하는 것인데도 잘 먹고 간 사람들보다는 배가 고픈 사람들이 결국 더 많은 음식을 사게 된다.[15] 배가 고플 때는 미래의 배고픔을 과대평가하는 것이다.

미래의 필요를 예측하는 능력은 우리 영장류 조상에게 수많은 이점을 제공했을 것이다. 그들은 먹이 채집 경로를 한참 전에 계획한 덕분에 새로 익은 과일들을 가장 먼저 획득할 수 있었다. 시간적으로도 한참 멀고 아직 존재하지도 않는 추상적인 목표에 대해 오늘 결정할 수 있는 우리의 능력은 나무에서 살던 영장류로부터 물려받은 것이다. 아마도 처음에는 이 능력이 과일을 가장 먼저 따기 위해 사용되었겠지만, 오늘날 인류에서는 엄청나게 장기적인 계획을 세울 수 있는 능력으로 발전하는 토대를 마련해주면서 훨씬 더 큰 목적을 이루기 위해 사용된다.

혁신 #4의 요약: 정신화

초기 영장류에서 등장한 것으로 보이는 능력은 크게 세 가지다.

- 마음이론: 상대방의 의도와 지식을 추론하는 능력
- 모방학습: 관찰을 통해 새로운 기술을 습득하는 능력
- 미래의 필요 예측: 지금 당장은 필요 없어도 미래의 필요를 충족시키기 위해 지금 행동을 취할 수 있는 능력

이는 사실 별개의 능력들이 아니라 자신의 마음에 대한 생성모델 구성이라는 한 가지 새로운 혁신에서 등장한 창발적 속성인지도 모른다. 이것을 '정신화mentalizing'라 부를 수 있다. 이런 능력들이 초기 영장류에서 처음 진화한 공통 신경구조(gPFC 등)에서 등장하며, 어린아이들이 비슷한 발달시기에 이런 능력들을 습득한다는 사실에서도 확인할 수 있다.[1] 그리고 이런 능력 중 하나가 손상되면 나머지 여러 능력도 손상된다는 사실에서도 확인할 수 있다.

무엇보다 이런 능력들이 등장하는 구조가 자신의 마음에 대해 추론하는 능력이 생겨나는 뇌 영역과 같다는 점이 중요하다. 영장류의 새로운 뇌 영역들은 다른 사람의 마음을 시뮬레이션하는 데 필요할 뿐 아니라 자신이 상상한 미래로 투사할 때도, 거울에 비친 자신을 확인할 때도(거울착각증후군), 자신의 동작을 확인할 때도 필요하다(외계인손증후군). 그리고 자신의 마음에 대해 추론하는 어린아이의 능력은 이 세 가지 능력보다

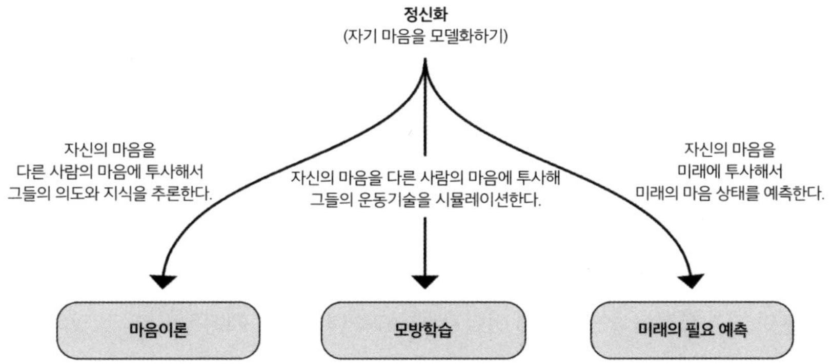

그림 18.2

먼저 발달하는 경향이 있다.

이를 뒷받침하는 가장 적절한 증거는 마운트캐슬이 연구하던 시기로 거슬러 올라간다. 초기 영장류의 뇌에 일어난 주요 변화는 크기 말고도 새겉질이라는 새로운 영역이 추가되었다는 점이다. 따라서 마운트캐슬, 헬름홀츠, 힌턴, 제프 호킨스Jeff Hawkins, 프리스턴과 그 밖의 많은 사람에게 영감을 받아 탄생한, 새겉질의 모든 영역이 동일한 미세회로로 이루어져 있다는 주장을 고수한다면 영장류가 새로 갖게 된 능력을 설명할 때 한계가 있다. 이는 분명 새로운 지적 능력이 새로운 계산 능력에서 생겨난 것이 아니라 새겉질을 영리하게 새로 적용한 덕분에 등장하게 되었음을 암시한다. 그렇다면 마음이론, 모방학습, 미래 필요의 예측 등은 2차 생성모델의 창발적 속성에 불과하다는 설명이 아주 훌륭한 해석이 될 수 있다. 이 세 가지 능력이 모두 그저 새겉질을 새로운 방식으로 적용해서 등장한 것일 수도 있다.

마음이론, 모방학습, 미래의 필요 예측 등의 능력은 초기 영장류가 차지하고 있던 독특한 생태적 지위에서 특히 적응에 유리하게 작용했을 것이다. 던바는 사회적 뇌 가설과 생태적 뇌 가설이 동전의 양면이라 주장한다. 정신화 능력이 과일을 성공적으로 채집하는 능력과 성공적으로 정치공작을 벌이는 능력을 동시에 촉발했는지도 모른다. 과일을 먹는 생활과 사회적 위계 양쪽에서 작용하는 압력이 하나로 합쳐져 자신의 마음을 모델화하는 gPFC 같은 뇌 영역을 정교하게 발달시키도록 지속적인 진화압을 만들어냈을 것이다.

이제 혁신 #4까지 살펴봤다. 우리가 지금 서 있는 곳은 인류와 인류의 현존하는 가장 가까운 친척이 마지막으로 갈라져 나온 분기점이다. 침팬지와 우리의 공통 조상은 700만 년 전 아프리카 동부에 살았다.[2] 이 조상의 후손이 진화하는 경로가 두 개로 갈라져 하나는 오늘날의 침팬지가 되었고, 다른 하나는 오늘날의 인류가 됐다.

최초의 뇌가 등장해서 오늘날에 이르기까지 6억 년의 진화 기간을 1년짜리 달력으로 압축한다면 지금은 1년에서 7일이 남은 크리스마스이브쯤이 될 것이다. 과일을 따 먹던 우리 조상이 남은 7일 뒤면 팰컨 9Falcon 9 로켓을 우주로 띄우게 된다. 이제 어떻게 그것이 가능했는지 알아보자.

혁신 #5

언어와 최초의 인류

10만 년 전 당신의 뇌

19.
인간의 고유한 속성을 찾아서

오랜 세월 인류는 거울에 자신의 모습을 비춰 보며 자화자찬에 가까운 자부심을 느끼고 인간이 다른 동물보다 어떤 면에서 우월한지 생각했다. 아리스토텔레스는 우리의 '이성적 영혼', 곧 추론하고 추상화하며 성찰하는 능력이야말로 인간 고유의 속성이라 주장했다. 20세기 동물심리학자들은 인간 고유의 속성이라 믿는 여러 지적 능력을 항목별로 정리했다. 어떤 사람은 인간만이 정신적 시간 여행을 한다고 주장했다. 어떤 사람은 일화기억을 인간 고유의 속성으로 꼽았다. 어떤 사람은 미래의 필요를 예측하는 능력을, 어떤 사람은 자기감을, 어떤 사람은 소통하고 조율하며 도구를 사용하는 능력을 꼽았다. 목록은 계속 이어졌다.

하지만 지난 세기에 다른 동물의 행동에 대해 연구하면서 인간 고유의 속성이라는 취약한 탑이 하나둘 체계적으로 해체되었다. 직관적으로는 이런 기술 중에 인간 고유의 것이 많다고 생각하겠지만, 이 책 전반에서 살펴봤듯이 과학은 이 중에서 전부는 아니라도 다수가 인간 고유의 속성이 아님을 암시한다.

다윈은 이렇게 믿었다. "인간과 다른 고등동물의 정신적 차이가 비록 크다 할지라도, 그것은 분명 정도의 차이지 종류의 차이는 아닐 것이다."[1] 인간 고유의 지적 성취가 있다면 대체 그것이 무엇인지에 대해 여전히 심리학자들 사이에서는 논란이 뜨겁다. 하지만 계속 쏟아지는 증거를 보면 다윈의 생각이 아무래도 옳았던 것 같다.

다른 동물과는 종류 자체가 다른 인간만의 고유한 지적 능력이 있다면 인간 뇌에 고유한 신경학적 구조, 새로운 회로 배선, 새로운 시스템이 들어 있으리라 예상할 수 있다. 하지만 증거에 따르면 그 반대다. 인간의 뇌에만 있고 다른 유인원의 뇌에는 없는 신경학적 구조는 발견되지 않았다. 인간의 뇌는 말 그대로 영장류의 뇌가 크기만 커진 것임을 암시하는 증거들이 있다. 새겉질도 바닥핵도 커졌지만 여전히 모두 동일한 뇌 영역을 포함하고 있고 이 영역들 또한 동일한 방식으로 배선되어 있다.[2] 침팬지의 뇌가 커지면서 미래의 필요 예측, 마음이론, 운동, 계획수립 등의 능력이 더 나아졌을 수는 있다. 그렇다고 해도 우리가 진정 새로운 것을 얻었다고 할 수는 없다. 침팬지와 갈라진 이후로 인간의 뇌는 다양한 진화압으로 기존에 갖고 있던 능력들이 수준만 높아지는 방향으로 진화했다는 것이 합리적인 설명이다.

그렇다면 아무 혁신도 없었던 것일까? 가장 합리적으로 해석하자면 '그렇다'. 다만 한 가지 결정적인 예외가 있다. 그리고 이 단 하나의 예외에서 인간으로 존재한다는 것의 의미를 설명해주는 첫 번째 단서가 보인다.

인간 고유의 소통 방식

초기 인류가 최초의 단어를 입 밖으로 꺼내기 오래전부터 생명체들은 서로 소통해왔다. 단세포 생명체들은 유전자와 환경에 대한 정보를 공유하기 위해 화학 신호를 방출한다. 뇌가 없는 말미잘은 물속으로 페로몬을 분비해서 정자와 난자의 방출 타이밍을 조율한다. 꿀벌은 춤으로 먹이가 있는 위치를 알린다. 물고기는 전기신호를 이용해서 서로에게 구애한다. 파충류는 머리를 까딱거려서 공격성을 표현한다. 생쥐는 찍찍거리는 소리로 위험이나 흥분을 표현한다. 이처럼 생명체 간의 소통은 진화적으로 아주 오래된 보편적 현상이다.

침팬지는 항상 서로에게 꽥꽥 소리를 지르고 몸짓을 한다. 이 서로 다른 소리와 몸짓[3]은 특정한 요구를 알리는 신호로 밝혀졌다. 어깨를 두드리는 것은 "그만해", 발을 쿵쿵거리는 것은 "나하고 놀아줘", 꽥 소리는 "털 손질해줘", 손바닥을 내미는 것은 "먹을 것을 나눠줘"라는 의미다. 영장류학자들은 서로 다른 몸짓과 발성을 철저하게 연구해서 거의 100가지에 이르는 소리와 몸짓의 의미를 기록한 '유인원 사전Great Ape Dictionary'도 펴냈다.

버빗원숭이는 서로 다른 소리로 특정 포식자의 존재를 알린다. 원숭이 한 마리가 "표범이다!"를 의미하는 소리를 내면 나머지 원숭이 모두 나무로 달아난다. 한 마리가 "독수리다!"를 의미하는 소리를 내면 나머지 원숭이 모두 땅바닥으로 뛰어내린다. 실험자들이 근처에 스피커를 설치해서 이 소리 중 하나를 재생하기만 하면 모든 원숭이를 나무 꼭대기로 뛰어오르게 할 수도 땅바닥으로 뛰어내리게 할 수도 있다.

물론 우리 호모사피엔스*Homo sapiens*도 소통을 한다. 우리가 소통한다는 것 자체는 특별하지 않다. 특별한 것은 소통 방식이다. 인간은 언어language를 이용한다.

인간의 언어는 다른 동물의 소통 방식과 두 가지 면에서 차이가 있다. 첫째, 자연에서 관찰되는 동물의 소통 방식 중 그 어떤 것도 선언적 명칭declarative label(기호symbol라고도 한다)을 부여하는 것은 없다. 인간은 한 물체나 행동을 가리키며 코끼리, 나무, 달리기 같은 임의의 명칭을 부여한다. 반면 다른 동물의 소통은 부여된 것이 아니라 유전적으로 새겨져 있다. 버빗원숭이와 침팬지의 몸짓은 서로 접촉이 없는 집단 간에도 거의 동일하다. 사회적 접촉이 없는 원숭이와 유인원도 동일한 몸짓을 한다. 사실 이런 몸짓은 영장류 종 사이에서도 공유된다. 보노보와 침팬지는 몸짓과 발성의 레퍼토리가 거의 정확히 일치한다. 인간이 아닌 영장류에서는 이런 몸짓과 발성의 의미가 선언적 명칭으로 부여되는 것이 아니라 유전적 본능으로부터 직접 생겨난다.

개나 다른 동물에게 명령을 가르치는 것은 어떨까? 이것 역시 일종의 명칭 붙이기지만 언어학자들은 선언적 명칭과 명령적 명칭imperative label을 구분한다. 명령적 명칭은 보상을 주는 명칭이다. "'앉아'라는 말을 들었을 때 앉으면 간식이 생길 거야" "'가만히'라는 말을 들었을 때 가만히 있으면 간식이 생길 거야" 같은 식이다. 이는 기본적인 시간차학습이다. 척추동물은 모두 이런 학습을 할 수 있다. 반면 선언적 명칭은 인간의 언어에서 나타나는 특별한 속성이다. "이것은 '소'다" "이것은 '달리기'다" 등에는 명령 같은 것이 없다. 자연에서 발견되는 동물의 소통 방식에서는 이런 것이 발견되지 않는다.

둘째, 인간의 언어에는 문법이 포함되어 있다. 인간의 언어에는 기호를 합치고 변경하는 규칙이 있다. 이런 규칙을 통해 특정한 의미를 전달할 수 있다. 그래서 선언적 명칭을 엮어서 문장을 만들 수도, 문장들을 엮어서 개념과 이야기를 만들어낼 수도 있다. 이를 통해 일반적인 인간의 언어에 있는 수천 개의 단어를 무수히 많은 의미로 전환할 수 있다.

문법의 가장 단순한 측면은 기호를 소리 내어 말하는 순서에 따라 의미가 전달된다는 점이다. "벤이 제임스를 껴안았다"는 "제임스가 벤을 껴안았다"와 다른 의미를 전달한다. 순서에 따라 의미가 달라지는 하위구절도 집어넣을 수 있다. "슬픈 벤이 제임스를 껴안았다"는 "벤이 슬픈 제임스를 껴안았다"와 의미가 완전히 다르다. 하지만 문법의 규칙에는 순서만 있는 것이 아니다. "제임스가 나를 공격하고 있다"와 "벤이 나를 공격했다"처럼 서로 다른 시점을 전달하는 시제도 있다. 서로 의미가 다른 관사도 있다. "그 반려동물이 짖었다"는 "어떤 반려동물이 짖었다"와 의미가 다르다.

물론 지구상에는 6,000가지가 넘는 구어가 있고 자체적으로 명칭과 문법을 갖추고 있다. 이렇게 언어마다 구체적인 명칭과 문법이 엄청나게 다양하지만 지금까지 발견된 인간 집단은 하나도 빠짐없이 모두 언어를 사용한다. 심지어 발견 당시까지 5만 년 동안 그 어떤 인간 집단과도 접촉이 없었던 호주와 아프리카의 수렵채집 사회에서도 다른 인간 사회만큼이나 복잡한 자체 언어를 사용한다. 이것은 인류의 공통 조상이 선언적 명칭과 문법을 갖춘 독자적 언어로 말을 했다는 반박할 수 없는 증거다.

물론 초기 인류가 선언적 명칭과 문법을 갖춘 자체적인 언어로 말한 반면 자연에서는 그런 언어를 사용하는 동물을 찾아볼 수 없다는 사실만으로 언어 사용 능력이 인간에게만 있는지 입증할 수는 없다. 어쩌다 보니 인간만 언어를 사용하게 되었다는 증거일 뿐이니 말이다. 초기 인류의 뇌가 말을 하는 고유한 능력을 진화시킨 것일까? 아니면 언어는 그저 5만 년 전에 발견되어 세대를 거치며 현대의 모든 인류로 전달된 문화적 비법에 지나지 않는 것일까? 곧 언어는 진화의 발명품일까, 문화의 발명품일까?

이를 확인해볼 방법이 한 가지 있다. 만약 우리와 진화적으로 가장 가까운 동물인 유인원에게 언어를 가르치면 어떤 일이 일어날까? 만약 유인원이 언어학습에 성공한다면 언어가 문화의 발명품이라는 뜻일 것이다. 하지만 실패한다면 유인원의 뇌에는 인간에게서 등장한 핵심적인 진화적 혁신이 결여되어 있다는 뜻일 것이다. 이는 여러 번 검증되었다. 그리고 그 결과는 놀라우면서도 흥미롭다.

유인원에게 언어를 가르치다

결론부터 말하면 유인원에게 글자 그대로 말하는 방법을 가르칠 수는 없다. 1930년대에 이런 시도를 했지만 실패로 끝났다. 인간이 아닌 유인원은 입으로 말하는 것이 신체 구조상 불가능하다. 인간의 성대는 말하는 데 잘 적응되어 있다. 인간은 후두는 낮고 목은 길어서 다른 유인원보다 훨씬 다양한 모음과 자음을 만들어낼 수 있다. 침팬지의 성대는 씩씩거리고 꽥꽥거리는 제한된 소리만 만들 수 있다.

그러나 언어를 언어답게 하는 것은 매체가 아니라 그 본질이다. 인간의 언어 중에는 말의 형태를 띠지 않는 것이 많다. 문자, 수화, 점자에서 소리가 나지 않는다고 해서 그 방식에 언어의 본질이 담겨 있지 않다고 주장할 사람은 없다.

침팬지, 고릴라, 보노보에게 언어를 가르치려 시도한 연구들은 미국식 수화를 이용하거나 보드 위에 그려진 기호들을 가리켜 표현하는 시각적 언어를 사용했다. 이 유인원들은 아주 어릴 때부터 이런 언어를 사용하도록 훈련을 받았고, 연구진은 유인원이 기호를 반복적으로 사용하기 시작할 때까지 사물(사과, 바나나)이나 행동(간지럽히기, 놀기, 쫓기) 등을 지칭하는 수화를 하거나 기호를 가리켜 보여줬다.

대부분의 연구에서 인간이 아닌 유인원도 몇 년 동안 교육받은 후에는 실제로 적절한 수화를 사용했다. 이들은 개를 보며 개라고 수화를 하고, 신발을 보며 신발이라고 수화를 할 수 있었다.

심지어 기본적인 명사-동사 쌍을 구성할 수도 있었다. 흔히 사용하는 문구로는 "나 놀아" "나 간지럽혀" 등이 있었다. 일부 증거에 따르면 유인원은 알고 있는 단어를 조합해서 새로운 의미를 만들어낼 수도 있었다. 한 유명한 일화에서는 침팬지 워쇼가 처음으로 백조를 보았는데 훈련사가 "저게 뭐야?"라는 수화를 하자 워쇼가 "물 새"라고 수화로 대답했다. 또 다른 사례에서는 고릴라 코코가 반지를 보았는데, 그에 해당하는 단어를 모르자 "손가락 팔찌"라는 수화를 했다.[4] 보노보 칸지는 처음으로 케일을 먹고 난 후에 '늘어진 상추'라는 기호를 눌렀다.

칸지는 상대방과 놀기 위해서도 언어를 사용한 것으로 보인다. 다음과 같은 일화가 있다. 한 훈련사가 칸지의 서식지에서 잠을 자며 쉬고 있는데, 칸지가 담요를 확 낚아채서 훈련사를 깨우더니 흥분한 상태로 '나쁜 놀라움'이라는 기호를 눌렀다. 또 다른 일화에서는 칸지가 '사과 쫓기'라는 키를 누르더니 사과를 집어 들고 웃으면서 훈련사로부터 달아나기 시작했다.[5]

칸지의 언어학습 실험을 고안한 심리학자 겸 영장류학자 수전 새비지럼보Susan Savage-Rumbaugh는 칸지의 언어 이해력을 두 살짜리 어린아이와 비교했다. 새비지럼보는 구체적인 명령을 담은 600개 이상의 새로운 문장을 칸지와 어린아이에게 보여줬다. 물론 이 문장들은 칸지가 이미 아는 기호를 이용했지만, 칸지가 한 번도 본 적이 없는 문장이었다. 예를 들어 "버터를 저 사람에게 줄 수 있겠니?" "가서 저 여자에게 비누를 발라줘" "가서 냉장고에 들어 있는 바나나를 가져와" "강아지를 안아줄 수 있겠니?" "괴물 가면을 쓰고 저 남자를 겁줘" 같은 요청이 포함되어 있었다. 칸지는 70퍼센트 이상의 경우에서 과제를 성공적으로 완수해[6] 두 살짜리 아이보다 좋은 성적을 기록했다.

이 언어 연구가 유인원이 선언적 명칭과 문법을 갖춘 언어를 어느 정도까지 사용할 수 있는지 입증하는 문제에 대해서는 언어학자, 영장류학자, 비교심리학자들 사이에서 여전히 논란이 있다. 이런 재주가 선언적 명칭이 아닌 명령적 명칭에 해당하며, 유인원들이 입으로 말하는 구절은 너무 단순해서 문법이라 할 수 없다고 주장하는 사람이 많다. 실제로 이런 연구 대부분에서 유인원은 올바른 명칭을 사용했을 때 간식을 받았다. 그래서 이들이 진짜로 사물에 대한 명칭을 공유하는 것인지 아니면 그냥 바나나를 볼 때 X라는 수화를 하면 간식을 받으니 하는 행동인지 구분하기 어렵다. 이런 행동은 모델 없는 강화학습 기계라면 모두 할 수 있다. 실제로 언어를 사용할 수 있는 유인원이 표현하는 문구들을 광범위하게 분석한 결과 구절의 다양성이 부족한 것으로 나왔다. 유인원이 단어를 조합해서 새로운 구절을 만들지 않고(예를 들어 "나를 간지럽혀주면 좋겠어"[7]) 정확하게 학습한 구절만 사용하는 경향이 있다는 뜻이다(예를 들어 "나 간지럽혀"). 하지만 이런 문제 제기에 대해 또 다른 많은 사람은, 새비지럼보의 연구에서 칸지가 명령과 장난기 어린 구절에 대해 믿기 어려울 정도로 정확하게 문법을 이해하고 있음을 지적한다. 이 논쟁은 아직 끝나지 않았다.

모든 것을 감안할 때 대부분의 과학자는 인간이 아닌 일부 유인원에게 적어도 초보적인 형태의 언어를 학습할 능력은 있지만 인간보다는 훨씬 못하고, 다분히 의도적인 훈련 없이는 학습이 일어나지 않는다고 결론 내리는 듯하다. 유인원들은 어린아이의 능력을 절대 능가하지 못한다.

따라서 언어는 두 가지 측면에서 인간을 고유한 존재로 만드는 것으로 보인다. 첫째, 우리에게는 다른 동물들과 달리 자연적으로 언어를 구성하고 사용하려는 경향이 있다. 둘째, 다른 유인원도 기초 기호와 문법을 구사할 수 있지만 인간의 언어 능력은 다른 어떤 동물보다 뛰어나다.

하지만 우리 인간을 나머지 동물과 구별 짓는 특성이 언어라면, 겉보기에는 별것 아닌 듯 보이는 이 재주를 이용해 어떻게 호모사피엔스가 먹이사슬의 꼭대기까지 올라갔을까? 대체 언어의 어떤 특성이 언어를 사용하는 존재에게 그렇게 막강한 힘을 부여하는 것일까?

생각 축적하기

선언적 명칭과 문법을 갖춘 인간의 고유한 언어 덕분에 뇌 구조는 자신의 내적 시뮬레이션 결과를 전례 없이 구체적이고 유연한 방식으로 서로에게 전달한다. "바위를 꼭대기부터 박살 내" "걔가 너에게 무례하게 굴었어" "우리가 어제 본 개를 기억해봐" 등의 말을 하는 모든 경우에서 화자는 근처에 있는 청자에게 전달할 이미지와 행동의 내적 시뮬레이션을 의도적으로 선택한다. 몇 가지 소리나 몸짓만으로도[8] n개의 뇌로 이루어진 집합체가 모두 그들이 어제 봤던 개의 동영상을 똑같이 머릿속에 만들어낼 수 있다.

특히나 인간과 관련해서 이런 내적 시뮬레이션에 대해 이야기할 때는 개념, 아이디어, 생각 같은 단어를 붙이는 경향이 있다. 하지만 이것은 모두 포유류의 새겉질 시뮬레이션으로 만들어진 것에 불과하다. 당신이 과거나 미래의 사건에 대해 '생각'할 때, 새라는 '개념'에 대해 숙고할 때, 새로운 도구를 만드는 '아이디어'를 떠올릴 때, 당신은 그저 당신의 새겉질이 구축한 풍부한 3차원 시뮬레이션 세상을 탐험하고 있을 뿐이다. 원론적으로 이는 쥐가 미로 속에서 어느 방향으로 갈지 생각하는 것과 같다. 개념, 아이디어, 생각 등은 일화기억, 계획수립과 마찬가지로 인간 고유의 것이 아니다. 내적 시뮬레이션을 의도적으로 서로에게 전달할 수 있는 능력이야말로 인간 고유의 것이며 언어가 있기에 가능한 과정이다.

버빗원숭이가 "독수리가 있어!"라는 소리를 내면 주변에 있던 모든 원숭이가 재빨리 나무에서 뛰어내려 숨는다. 이는 분명 독수리를 가장 먼저 본 원숭이가 다른 원숭이에게 정보를 전달하는 것이다. 하지만 이런 정보 전달은 유전적으로 새겨진 신호로만 이뤄지므로 구체적이지 못하고 유연성도 떨어진다. 이런 신호는 종류가 몇 가지밖에 없고 새로운 상황에 맞춰 조정하거나 바꿀 수도 없다. 반면 인간의 언어는 화자로 하여금 아주 폭넓은 내면의 생각들을 전달할 수 있게 해준다.

생각을 전달하는 능력은 초기 인류에게 여러 가지 실용적 이점을 제공했을 것이다. 도구 사용법, 사냥 기술, 먹이 채집 비법 등을 더 정확하게 가르칠 수 있었을 것이고, "나를 따라와. 동쪽으로 2킬로미터 지점에 영양의 시체가 있어" "여기서 기다려. 내가 휘파람을 세 번 불면 다 함께 영양을 덮치자" 같은 이야기를 나누며 서로 수렵과 채집의 행동을 더 유연하게 조정할 수도 있었을 것이다.

이 모든 실용적 이점은 언어를 통해 뇌가 학습하는 자료의 범위가 확장되면서 얻을 수 있었다. 강화 혁신으로 초기 척추동물들이 자신의 실제 행동을 바탕으로 학습할 수 있게 되었다(시행착오). 시뮬레이션 혁신을 통해 초기 포유류는 자신이 상상한 행동을 통해 학습하게 되었다(대리 시행착오). 정신화 혁신으로 초기 영장류가 다른 개체의 실제 행동을 통해 학습할 수 있게 되었다(모방학습). 언어 혁신을 통해 초기 인류는 다른 사람이 상상한 행동을 바탕으로 학습하는 고유한 능력을 갖게 되었다.

점점 복잡해지는 학습 자료의 진화

	초기 척추동물에서의 강화	초기 포유류에서의 시뮬레이션	초기 영장류에서의 정신화	초기 인류에서의 언어
학습의 자료	자신의 실제 행동으로 학습	자신이 상상한 행동으로 학습	다른 사람의 실제 행동으로 학습	다른 사람이 상상한 행동으로 학습
누가 배우는가?	자신	자신	다른 사람	다른 사람
어떤 행동으로 배우는가?	실제 행동	상상한 행동	실제 행동	상상한 행동

언어를 통해 우리는 다른 사람의 마음속 상상, 곧 그들의 일화기억, 미래의 행동에 대한 내적 시뮬레이션, 반사실 등을 들여다볼 수 있다. 누군가 사냥 계획을 조율하며 "우리가 함께 이 방향으로 가면 영양 한 마리를 찾을 수 있을 거야" "우리가 여기서 기다리다가 덮치면 멧돼지와 싸워서 이길 수 있어"라고 말한다. 이때 그 사람은 집단 전체가 자신의 상상을 통해 배울 수 있도록 자기 내부의 대리 시행착오에서 나온 결과를 집단과 공유하는 것이다. 마찬가지로 산 반대편에서 사자를 본 일화기억이 있는 사람이 그 기억을 다른 사람에게 언어로 전달하면 그 사람은 위협을 피할 수 있다.

자신의 상상 속에서 보는 것을 공유함으로써 공통 신화가 형성되고, 완전히 상상으로 만들어진 허구의 존재와 이야기를 전달할 수 있다. 단지 이 신화가 우리 뇌와 뇌 사이를 뛰어넘을 수 있다는 이유만으로 말이다. 우리는 신화가 판타지 소설이나 아동 서적에나 어울린다고 생각하지만 신화야말로 현대 인류 문명의 토대다. 돈, 신, 협동, 국가 등은 모두 인간 뇌의 집단적 상상에만 존재하는 개념들이다. 이런 개념의 초기 이론 중 하나를 철학자 존 설John Searle이 제기하고, 유발 하라리Yuval Harari가 저서 《사피엔스Sapiens》를 통해 대중화했다. 두 사람은 인간이 독특한 이유가 "수없이 많은 낯선 사람과 지극히 유연한 방식으로 협동하기 때문"이라고 주장했다. 설과 하라리는 우리에게 '공통의 신화'가 있다고 본 것이다. 하라리의 말을 빌려보자.

한 번도 만나본 적 없는 두 가톨릭 신자라도 함께 십자군전쟁에 참가하거나 병원 설립을 위한 기금을 모을 수 있는 이유는 두 사람 모두 신을 믿기 때문이다. (…) 한 번도 만나본 적 없는 세르비아인 두 명이 자신의 목숨을 걸고 서로의 목숨을 구하러 나설 수 있는 것도 두 사람 모두 세르비아 민족의 존재를 믿기 때문이다. (…) 한 번도 만나본 적이 없는 변호사 두 명이 힘을 합쳐 완전히 낯선 사람을 변호할 수 있는 이유도 두 사람 모두 법, 정의, 인권 그리고 변호사 비용을 믿기 때문이다.[9]

따라서 공통의 신화를 구성하는 능력과 함께 우리는 믿기 어려울 정도로 수많은 낯선 사람의 행동을 조정할 수 있다. 영장류의 정신화가 제공하는 사회적 응집 시스템에 비하면 이는 커다란 발전이었다. 정신화만을 이용한 행동 조율은 서로를 직접 아는 집단 내 각 구성원 사이에서만 이뤄질 수 있다.

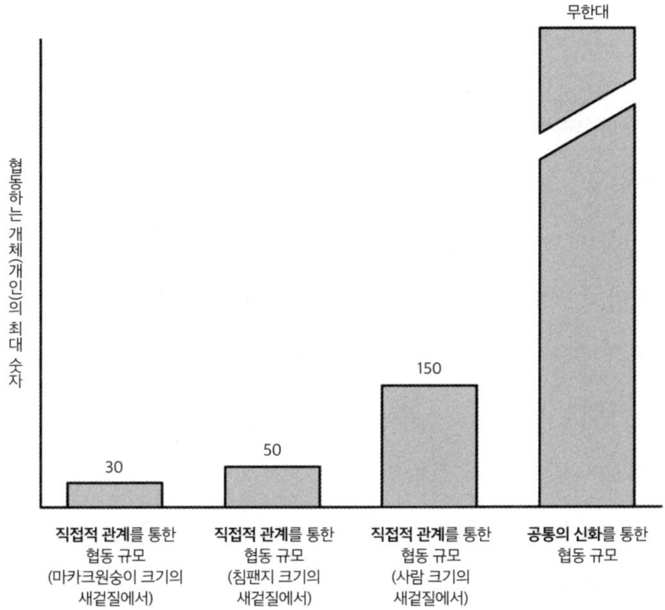

그림 19.1 서로 다른 협동전략에 따른 협동하는 개체(개인)의 최대 숫자[10]

이런 협동 메커니즘으로는 집단의 규모를 확대할 수 없다. 직접적인 관계를 통해서만 유지할 수 있는 인간 집단 규모의 한계는 약 150명 정도로 추정된다.[11] 하지만 국가, 돈, 협동, 정부 같은 공통의 신화를 통해서는 수십억 명의 낯선 개인과 협동할 수 있다.

앞에서 설명한 언어의 이점은 모두 사실이지만 중요한 부분을 놓치고 있다. 언어가 준 진정한 선물은 뛰어난 가르침도, 협동 사냥도, 하라리의 공통 신화도 아니다. 이 중 그 무엇도 인간이 세상을 지배하게 된 이유가 아니다. 언어의 선물이 이것밖에 없었다면 우리는 물의 신에게 비를 내려달라고 기도하며 모닥불 주위에서 춤을 추는 수렵채집 유인원으로 남았을 것이다. 물론 최상위 포식자는 될 수 있었겠지만 우주비행사가 될 수는 없었을 것이다. 언어의 이런 특성들은 언어라는 선물에서 비롯된 결과물이지 선물 그 자체는 아니다.

DNA에 비유해도 좋겠다. DNA의 진정한 힘은 그것이 구축한 산물(심장, 간, 뇌)이 아니라 그것을 통해 가능해진 과정(진화)에 있다. 마찬가지로 언어의 힘도 그 산물(더 나은 가르침, 협동, 공통의 신화)이 아니라 아이디어가 세대를 이어가며 전달되고 수정될 수 있도록 길을 터준 그 과정에 있다. 유전자가 부모의 세포에서 자식의 세포로 뛰어넘으며 존속하듯이 아이디어도 뇌에서 뇌로, 세대에서 세대로 뛰어넘으며 존속한다. 유전자와 마찬가지로 이런 뛰어넘기 역시 균일하지 않아서 자체적으로 유사진화적인 규칙에 따라 작동한다. 이 과정에서도 지속적으로 좋은 아이디어는 살아남고 나쁜 아이디어는 도태된다. 인류의 생존에 도움이 되는 아이디어는 살아남지만 그렇지 못한 아이디어는 소멸한다.

아이디어가 진화한다는 비유는 리처드 도킨스Richard Dawkins가 자신의 유명한 책《이기적 유전자The Selfish Gene》에서 사용했다. 그는 세대를 뛰어넘는 아이디어를 '밈meme'이라고 불렀다. 이 단어는 이제 트위터(현재의 엑스)에서 떠도는 고양이 사진이나 아기 사진을 의미하는 것으로 변질됐지만, 원래는 한 사람에게서 다른 사람으로 퍼져나가는 문화적 아이디어나 행동을 지칭했다. 오늘날 사람의 뇌에서 매우 풍부하고 복잡한 지식을 쌓고 행동할 수 있었던 이유는 그 밑바탕이 되는 아이디어가 수천, 수백만 세대를 거치며 수정된 덕분이다.[12]

바느질한 옷을 발명하는 과정을 생각해보자. 오래전 인류는 죽은 동물의 가죽으로 옷을 만들어 몸을 따뜻하게 유지하는 법을 알아냈다. 이 발명품은 무려 10만 년 전에 등장한 것으로 알려져 있다.[13] 이 발명이 가능했던 이유는 죽은 동물의 가죽을 벗겨내는 법, 가죽을 말리는 법, 실을 뽑는 법, 뼈바늘을 만드는 법 등 그에 앞서서 수많은 것을 발명했기 때문이다. 그리고 이런 발명들 또한 그 전에 날카로운 석기를 발명한 상태였기 때문에 가능했다. 아무것도 없는 상태에서 어느 누군가가 무릎을 탁 치며 옷을 바느질해 만들어낼 수는 없었을 것이다. 토머스 에디슨Thomas Edison도 그렇게 똑똑하지는 못했을 것이다. 에디슨은 기본 구성요소가 제대로 갖춰진 후에야 새로운 것을 발명했다. 앞선 세대로부터 전기에 대한 이해와 발전기가 전해지지 않았다면 그도 전구를 발명할 수 없었을 것이다. 이렇게 발명품들이 축적되는 과정은 기술적 발명뿐 아니라 문화적 발명에도 적용된다. 우리는 사회적 에티켓, 가치관, 이야기, 지도자 선택의 메커니즘, 처벌에 관한 도덕적 규칙, 폭력과 용서에 관한 문화적 믿음 등을 후대에 물려준다.

기술적인 것이든 문화적인 것이든 인간의 모든 발명은 그에 앞서 기본 구성요소가 축적되어 있어야 한다. 그래야만 어느 한 발명가가 "옳거니!"라고 외치며 기존의 아이디어를 융합해서 새로운 것을 만들고, 이 새로운 발명을 다른 사람에게 전달해줄 수 있다. 아이디어가 항상 한두 세대만에 사라진다면 지식이 축적되지 못하고 영원히 똑같은 상태에 갇혀 있게 될 것이고, 똑같은 아이디어를 반복적으로 처음부터 다시 발명해야 할 것이다.

17장에서 보았던 모방 실험으로 다시 돌아가보자. 네 살배기 어린아이와 성체 침팬지를 데려다가 실험자가 수수께끼 상자를 열어 먹이를 얻는 모습을 관찰하게 한다. 그 과정에서 실험자는 상자를 여는 것과는 관련이 없는 행동도 몇 번 보여준다. 그러면 침팬지와 어린아이 모두 관찰을 통해 수수께끼 상자를 여는 법을 학습한다. 이때 침팬지는 관련 없는 단계는 그냥 지나치는 반면 어린아이는 관련 없는 행동을 포함해서 자신이 관찰한 단계를 모두 수행

한다. 어린아이는 과잉 모방자다.[14]

사실 과잉 모방은 아주 똑똑한 행동이다. 어린아이는 교사가 얼마나 많이 알고 있다고 믿는지에 따라 모방의 정도를 바꾼다. "이 사람은 분명 자기가 무슨 일을 하고 있는지 잘 알고 있어. 그러니 저렇게 행동하는 이유가 분명히 있을 거야." 이처럼 교사가 어떤 행동을 하는 이유에 대한 확신이 강할수록 어린아이는 모든 단계를 정확히 모방할 가능성이 높아진다.[15] 게다가 어린아이는 자기가 눈으로 보는 것을 맹목적으로 따라 하지 않는다. 교사가 의도를 갖고 어떤 행동을 하는 것이라고 생각할 때만 사실은 관련 없는 행동을 따라 한다. 어린아이도 우연히 일어난 것으로 보이는 행동은 그냥 무시한다. 교사가 기침을 하거나 코를 긁는 행동을 해도 어린아이는 따라 하지 않는다. 교사가 새로운 장난감을 꺼내려고 할 때마다 손이 자꾸 미끄러지면, 어린아이는 이것이 우연히 일어난 행동임을 파악하고 모방하지 않는다. 오히려 장난감을 잘 꺼내기 위해 더 단단히 움켜쥐려 한다.[16]

이런 모방 실험을 통해 인간은 언어를 사용하지 않고도 행동을 정확하게 복제할 수 있음을 알 수 있다. 하지만 아이디어를 복제하고 전달하는 일에서 언어야말로 우리가 갖고 있는 초능력임을 부인할 수 없다.

언어로 과제 수행 방법을 소통하면 전문가를 말없이 모방하는 경우에 비해 어린아이가 과제를 해결하는 정확성과 속도를 극적으로 개선할 수 있다.[17] 언어는 정보를 응축하기 때문에 뇌에서 공간을 덜 차지하고, 따라서 뇌에서 뇌로 더 신속하게 전달할 수 있다. 당신이 이렇게 말했다고 해보자. "빨간 뱀을 보면 무조건 도망쳐. 초록 뱀은 안전하니까 괜찮아." 그러면 이 아이디어와 그에 따르는 행동이 집단 전체로 즉각 전달될 수 있다. 반대로 모든 사람이 '빨간 뱀은 나쁘고 초록 뱀은 괜찮다'라는 일반적 개념을 개인적으로 경험하거나, 다른 누군가가 빨간 뱀에게 여러 번 물리는 것을 직접 보고 학습해야 한다면 훨씬 많은 시간과 지력이 필요할 것이다. 이 아이디어는 지속적으로 희미해지며 세대에서 세대로 넘어갈 때마다 새로 학습해야 할 것이다. 이렇듯 언어가 없는 침팬지와 다른 동물은 내적 시뮬레이션이 축적되지 않는다. 최고의 발명이 나오기 위해서는 복잡성이 어느 수준을 넘어서야 하는데, 축적이 일어나지 않으면 영원히 그 수준을 넘어서는 발명을 할 수 없다.

특이점은 이미 찾아왔다

세대 간에 축적되기 시작하는 미묘한 변화로 인해 모든 것이 바뀌었다.[18] 그림 19.2에서 몇 세대를 거치는 동안 아이디어가 더 복잡해지기 시작하는 것을 볼 수 있다. 바느질한 옷의 발명이 그보다 단순한 구성요소의 발명을 토대로 해서 등장한 것과 비슷하다.

수천 세대 단위로 시간의 척도를 확대하면 축적이 아주 조금만 일어나도 아이디어의 복잡성이 폭발적으로 증가할 수밖에 없는 이유를 확인할 수 있다(그림 19.3). 영원할 것만 같던 정체기에서 벗어나 불과 수십만 년 만에 복잡한 아이디어가 폭발적으로 늘어나는 것이 보인다.

결국 축적된 아이디어 전체를 더 이상 한 인간의 뇌에 담을 수 없는 시점을 맞이하면서 축적된 아이디어의 총합이 복잡성의 임계점에 도달하게 된다. 이로 인해 세대에서 세대로 아이디어를 충분히 복제하는 데 문제가 생기면서 그에 대한 반응으로 세대를 넘어 전달하는 지식의 범위를 확장하는 네 가지 사건이 일어났다. 첫째, 인류는 더욱 큰 뇌를 진화시킴으로써 개별 뇌를 통해

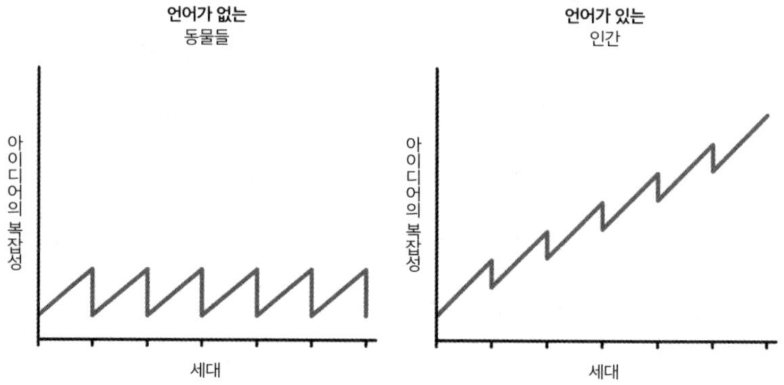

그림 19.2

전달할 수 있는 지식의 양을 증가시켰다. 둘째, 집단 내에서 사람의 역할이 전문화됨으로써 아이디어를 서로 다른 구성원에게 분산시켰다. 그래서 어떤 사람은 창을 만들고, 어떤 사람은 옷을, 어떤 사람은 사냥을, 어떤 사람은 채집을 전문으로 담당하게 됐다. 셋째, 인구집단의 규모가 커지고 세대를 이어가며 아이디어를 저장하는 뇌가 더욱 많아졌다. 가장 최근에 일어났으며 가장 중요한 네 번째 변화는 문자의 발명이다. 문자를 통해 인류는 사실상 무한히 많은 지식을 담아놓고 아무 때나 마음대로 꺼내서 볼 수 있는 집단기억을 확보하게 됐다.

집단에 문자가 없는 경우에는 분산된 지식의 규모가 집단의 규모에 좌우된다. 집단의 크기가 줄어들면 그 모든 정보를 저장할 뇌가 충분치 않아서 지식을 잃게 된다. 이런 상황이 태즈메이니아에서 일어났다는 증거가 있다. 8,000년 전에 태즈메이니아 사람들에게는 뼈 도구, 그물, 낚시용 창, 부메랑, 추운 날씨에 입는 옷 등을 제작하는 복잡한 지식이 있었다. 그런데 이런 지식들이 1800년대 즈음에는 모두 소실됐다. 해수면의 높이가 상승하자 태즈메

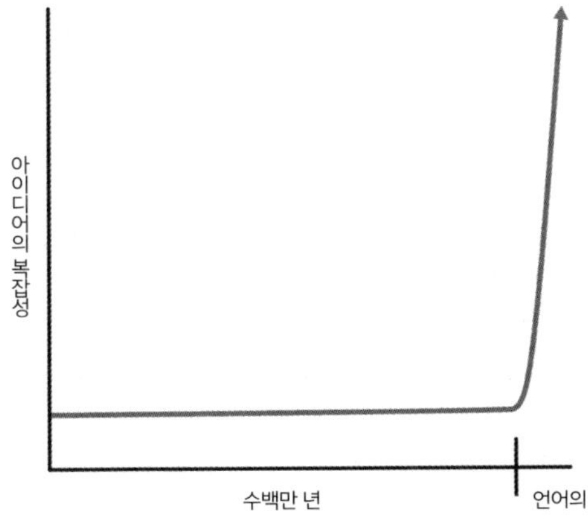

그림 19.3

이니아의 인구집단이 호주의 나머지 인구집단과 단절되어 사회적으로 상호작용하는 인구집단의 규모가 실질적으로 줄어들면서 지식들이 소실되기 시작한 것으로 보인다. 문자가 없는 사람들은 집단의 크기가 작아질수록 세대를 거치며 존속하는 지식의 양도 함께 줄어든다.[19]

인간이 독보적인 진짜 이유는 세대를 거치며 공통의 시뮬레이션 결과(아이디어, 지식, 개념, 생각)를 축적한다는 점이다. 우리는 집단지성이 있는 유인원이다. 우리는 내적 시뮬레이션을 동기화해서 인간의 문화를 일종의 메타 생명체로 바꾼다. 메타 생명체의 의식은 세대를 거치며 수백만 개의 뇌를 통해 흐르는 지속적인 아이디어와 생각 안에서 실체화된다. 이 집단지성의 토대가 바로 언어다.

언어의 등장은 인류의 역사에서 변곡점에 해당한다. 아이디어의 진화라는 새롭고 독특한 진화가 시작되는 시간적 경계선인 것이다. 언어의 등장은 자기복제하는 DNA의 등장만큼이나 기념비적인 사건이었다. 언어는 인간의 뇌를 덧없이 찾아왔다 사라지는 기관에서 축적된 발명을 저장하는 영구적 매체로 바꿔놓았다.

이 발명에는 새로운 기술, 새로운 법률, 새로운 사회적 에티켓, 새로운 사고방식, 새로운 조정 시스템, 지도자를 뽑는 새로운 방법, 폭력과 용서에 대한 새로운 역치, 새로운 가치관, 새로운 공동의 허구 등이 포함된다. 언어를 구사할 수 있게 하는 신경학적 메커니즘은 수학을 하고 컴퓨터를 사용하고 자본주의의 장점에 대해 이야기하기 훨씬 전에 등장했다. 하지만 일단 인간이 언어로 무장하는 순간 이런 발전을 이루는 것은 시간 문제였다. 실제로 지난 수천 년 동안 이뤄진 인류의 믿기 어려운 발전은 더 나은 유전자 덕분이 아니라 뛰어나고 세련된 아이디어의 축적 덕분이었다.

20.
뇌 속의 언어

1830년에 루이 빅토르 르보르뉴Louis Victor Leborgne라는 서른 살의 프랑스 남성이 말하기 능력을 상실했다. 르보르뉴는 '탄'이라는 음절 말고는 더 이상 아무 말도 할 수 없었다. 다른 면에서는 대부분 일반적인 지능을 보여줬다. 말을 할 때 몸짓을 이용하거나 말의 음조와 강조 부분을 바꾸기도 하는 등 그가 어떤 아이디어를 표현하려 애쓰고 있다는 점은 분명했다. 하지만 그의 입에서 나오는 소리는 '탄'밖에 없었다. 르보르뉴는 말을 이해할 수 있었다. 말을 할 수 없었을 뿐이다. 여러 해 동안 병원에 입원해 있으면서 그는 탄이라는 별명으로 알려졌다.

탄이 사망하고 20년 후에 언어의 신경학에 특히 관심이 많았던 폴 브로카Paul Broca라는 프랑스 의사가 그의 뇌를 조사했다. 브로카는 르보르뉴의 왼쪽 이마엽에서 고립된 특정 부위가 손상된 것을 발견했다.

브로카는 뇌에 언어를 담당하는 특정 영역이 있다고 예상하고 있었다.

르보르뉴의 뇌는 이런 생각이 맞을지도 모른다는 사실을 보여주는 브로카의 첫 번째 단서였다. 그 후로 2년 동안 브로카는 정확한 언어 구사 능력에는 장애가 있지만 다른 지적 능력은 유지하다가 최근에 사망한 환자의 뇌를 열심히 찾아다녔다. 그는 열두 명의 뇌를 부검하고 1865년에 지금은 유명해진 〈왼쪽 제3이마엽 뇌주름에서 말하기 국소화에 관한 연구Localization of Speech in the Third Left Frontal Convolution〉라는 논문을 발표했다. 브로카는 논문에서 열두 명의 환자 모두 왼쪽 새겉질에서 비슷한 영역이 손상된 것을 밝혔다. 이후 해당 영역은 브로카영역Broca's area이라 부르게 됐다. 브로카영역이 손상되면 사람은 말을 하는 능력을 상실한다. 지금은 이를 브로카실어증Broca's aphasia이라고 한다. 이는 지난 150년 동안 셀 수 없을 정도로 많이 관찰된 현상이다.

브로카의 연구가 발표되고 몇 년 후에 독일의 의사 카를 베르니케Carl Wernicke는 다른 형태의 언어장애를 발견하고 당혹스러워했다. 베르니케는 브로카의 환자들과 달리 말은 제대로 하지만 말을 이해하는 능력을 상실한 환자들을 찾아냈다. 이 환자들은 문장 전체를 만들 수 있지만 그들이 만든 문장에는 아무런 의미도 없었다. 예를 들어 그 환자들은 이런 식으로 말했다. "당신도 아시다시피 스무들은 핑커했고 나는 당신이 전에 원하는 것처럼 그를 설득해서 돌봐주고 싶어요."[1]

베르니케도 브로카의 전략을 그대로 따라 이 환자들의 뇌에서 손상된 영역을 찾아냈다. 이 영역도 좌뇌에 있었지만 훨씬 뒤쪽인 후방 새겉질에 있었다. 지금은 이 부위를 베르니케영역Wernicke's area이라고 부른다. 베르니케영역이 손상되면 말을 이해하는 능력을 상실[2]하는 베르니케실어증Wernicke's aphasia이 생긴다.

흥미롭게도 브로카영역과 베르니케영역에서의 언어 기능은 특정 언어

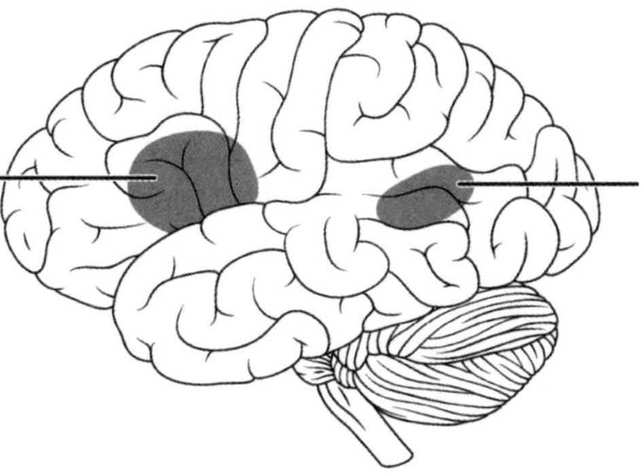

그림 20.1

양식에 국한되지 않고 언어 전반에서 선택적으로 나타난다.[3] 브로카실어증 환자는 단어를 말할 때뿐 아니라 글로 쓸 때도 동일한 장애를 나타내고,[4] 수화를 이용해서 소통하는 환자도 브로카영역이 손상되면 유창한 수화 능력을 상실한다.[5] 베르니케영역이 손상되면 구어와 문어 이해력 모두에 문제가 생긴다.[6] 실제로 들을 수 있는 사람이 누군가 말하는 것을 들을 때와 듣지 못하는 사람이 누군가가 수화를 하는 모습을 보고 있을 때 활성화되는 언어 영역은 동일하다.[7] 브로카영역은 말하기, 글쓰기, 수화하기 같은 언어 양식에 선택적으로 활성화되는 게 아니라 전반적인 언어 생산 능력에 선택적으로 활성화된다. 베르니케영역도 듣기, 읽기, 수화 보기 등의 언어 양식에 선택적으로 활성화되는 게 아니라 전반적인 언어 이해력에 선택적으로 활성화된다.

사람의 운동겉질은 독특하게도 뇌줄기와 직접 연결되어 후두와 성대를 통제할 수 있다. 이는 사람과 다른 유인원의 뇌를 구별 짓는 몇 안 되는 구조적 차이 중 하나다. 사람의 새겉질은 성대를 통제할 수 있는 독특한 구조이며, 분명 음성언어를 사용하기 위해 적응한 결과다. 하지만 이 때문에 언어의 진화 과정을 오해할 수 있다. 이런 독특한 회로가 언어를 사용할 수 있게 한 진화적 혁신은 아니었다. 사람은 비음성언어도 음성언어만큼이나 유창하게 학습할 수 있기 때문이다. 언어는 성대와 회로가 연결되어 있어야 사용할 수 있는 능력이 아니다. 후두를 통제할 수 있는 인간의 독특한 능력은 언어를 위한 다른 전반적인 진화와 함께 진화했거나, 그 후에 진화했거나(몸짓언어 등에서 음성언어로 전환하기 위해), 그 전에 진화했다(언어가 아닌 다른 목적을 위한 적응으로). 어떤 경우든 후두 통제 능력 때문에 언어를 사용할 수 있게 된 것은 아니다.

브로카와 베르니케의 발견은 언어가 뇌의 특정 영역에서 생겨나고, 그 영역이 거의 항상 왼쪽 새겉질의 하위 신경망에 있다는 것을 입증했다. 언어를 담당하는 특정 부위가 있다는 사실은 언어 능력이 다른 지적 능력과 구분된다는 사실을 설명하는 데도 도움이 된다. 언어장애가 있으면서도 다른 면에서는 지능이 일반적인[8] 사람도 많고 반대로 언어 능력은 탁월하지만 다른 면에서는 지능이 떨어지는 사람도 있다. 1995년에 두 연구자 닐 스미스Neil Smith와 이안티마리아 트심플리Ianthi-Maria Tsimpli가 크리스토퍼라는 언어적 서번트증후군savant syndrome* 아동에 관한 연구를 발표했다. 크리스토퍼는 인지기능장애가 매우 심하고, 눈-손 협응eye-hand coordination 기능이 형편없어서 셔츠 단추 채우기 같은 기본적인 과제에 아주 서툴렀다. 틱택토tic-tac-toe나 체커 같은 게임에서 이기는 법도 이해하지 못했다. 하지만 크리스토퍼는 언어에 관한 한 초능력자였다. 그는 열다섯 가지가 넘는 언어를 읽고 쓰고 말할 수 있었다.[9] 뇌의 나머지 부분에는 장애가 있었지만 언어 영역만큼은 일반인 정도가 아니

* 지적장애나 자폐스펙트럼장애 따위의 뇌 기능장애가 있는 사람들 가운데 특정 분야에서 뛰어난 재능을 보이는 경우를 말한다.-옮긴이

라 천재 수준이었다. 여기서 핵심은 언어 능력이 뇌 전체가 아니라 특정 하위 시스템에서 만들어진다는 것이다.

이는 언어가 새겉질이 더 많아지면서 만들어진 필연적인 결과가 아님을 암시한다. 언어는 인간이 침팬지의 뇌를 크게 키운 덕분에 공짜로 생긴 능력이 아니라 진화가 우리 뇌에 짜넣은 특유의 독립적인 능력인 것이다.

그러면 이렇게 결론을 내릴 수 있을 듯싶다. 우리는 인간의 뇌에서 언어 사용을 담당하는 영역을 발견했다. 인간은 새겉질에서 브로카영역과 베르니케영역이라는 두 영역을 새로 진화시켰고, 이것이 함께 배선되어 언어를 전문적으로 담당하는 특정 하위 신경망이 탄생했다. 이 하위 신경망이 우리에게 언어라는 선물을 줬고, 이 때문에 인간에게는 언어가 있고 다른 유인원에게는 언어가 없다. 끝!

안타깝게도 이야기는 이렇게 간단하지 않다.

웃음이냐 언어냐

다음과 같은 사실이 상황을 복잡하게 만든다. 당신의 뇌와 침팬지의 뇌는 사실상 동일하다. 사람의 뇌는 그냥 침팬지의 뇌가 크기만 커진 것이라고 해도 거의 맞는 말이다.[10] 브로카영역과 베르니케영역도 마찬가지다. 이 영역들은 초기 인류에서 진화한 것이 아니다. 그보다 훨씬 일찍 최초의 영장류에서 등장했다. 이들은 정신화의 혁신과 함께 등장한 새겉질 영역의 일부다. 침팬지, 보노보, 심지어 마카크원숭이에게도 모두 동일한 방식으로 연결된 이런 영역들이 있다. 따라서 인류에게 언어라는 선물을 준 것은 브로카영역과 베르니케영역의 등장이 아니었다.

어쩌면 인간의 언어는 기존에 있던 유인원의 소통 방식이 정교하게 다듬어진 것이 아닐까? 다른 영장류에도 아직 언어 영역들이 존재하는 이유를 이것으로 설명할 수 있을지 모른다. 침팬지, 보노보, 고릴라는 모두 서로 다른 의미를 전달하기 위해 정교하게 몸짓하고 후트hoot 소리를 낸다. 날개는 팔에서 진화했고 다세포 생명체는 단세포 생명체에서 진화했다. 마찬가지로 인간의 언어 역시 우리 유인원 조상의 원초적인 소통 시스템으로부터 진화했다고 하면 그럴싸해진다. 하지만 아쉽게도 언어는 뇌에서 이런 식으로 진화하지 않았다.

다른 영장류에서도 새겉질의 언어 영역들이 남아 있지만 소통과는 아무런 관련이 없다. 원숭이는 브로카영역과 베르니케영역이 손상되어도 소통에 아무 영향이 없다.[11] 반면 사람은 이 영역들이 손상되면 언어 사용 능력을 완전히 상실한다.

몸짓을 인간의 언어와 비교하는 것은 서로 관련이 없는 사과를 오렌지와 비교하는 격이다. 소통에 흔히 사용된다는 이유 때문에 이 두 가지가 진화적으로 아무런 관련이 없는 완전히 다른 신경 시스템이라는 사실을 잊고 있다. 인간은 유인원과 완전히 동일한 소통 시스템을 물려받았지만, 사실 그 시스템이란 언어가 아니라 감정 표현이다.

1990년대 중반에 50대의 한 교사가 말을 잘 못하기 시작했다. 3일 동안 증상은 더 악화됐다. 그가 의사를 찾았을 무렵에는 얼굴 오른쪽이 마비되고 말하는 것도 느리고 어눌했다. 그 교사에게 웃어보라고 하면 한쪽 얼굴만 움직였기 때문에 반쪽짜리 미소가 나왔다(그림 20.2).

이 남자를 검사하다가 의사는 당혹스러운 사실을 알아냈다. 의사가 농담

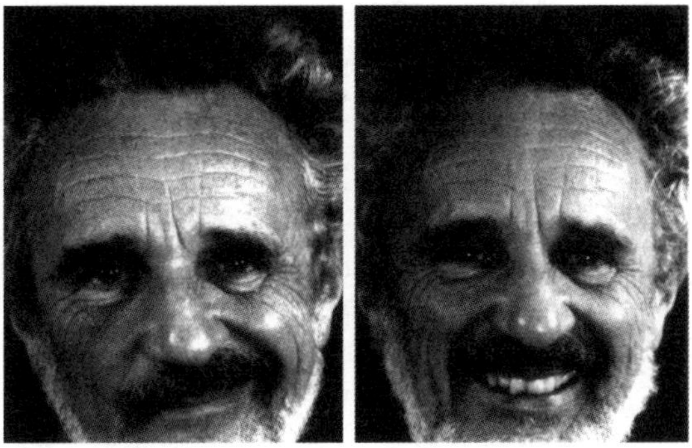

미소를 지어보라고 지시했을 때
(오른쪽 마비)

농담을 들었을 때 자동으로 나오는 미소
(마비 없음)

그림 20.2 운동겉질과 오른쪽 얼굴의 연결은 손상되었지만, 편도체와 오른쪽 얼굴의 연결은 온전한 환자[12]

을 던지거나 기분 좋은 말을 할 때는 그 교사도 아무런 문제없이 미소를 지을 수 있었고 웃을 때 오른쪽 얼굴도 정상적으로 움직였다. 하지만 자의적으로 미소를 지어보라고 요청했을 때는 그러지 못했다.

사람의 뇌에는 얼굴 표정을 제어하는 두 개의 병렬 시스템이 존재한다. 먼저 감정 상태가 반사적 반응으로 이어지도록 선천적으로 매핑되어 있는 오래된 감정 표현 시스템이 있다. 이 시스템은 편도체 같은 고대의 구조가 통제한다. 그와는 별개로 안면근육을 통제하는 시스템이 있다. 이는 새겉질이 통제한다.[13]

이 교사는 뇌줄기에 병변이 생겨서 새겉질과 오른쪽 얼굴 안면근육의 연결이 차단된 것으로 밝혀졌다. 하지만 편도체와 오른쪽 얼굴 안면근육의 연결은 온전했다. 그래서 오른쪽 얼굴을 자신의 뜻대로 통제할 수는 없었지만 감정 표현 시스템이 그의 얼굴을 통제하는 데는 문제가 없었던 것이다. 다시 말해 마음대로 눈썹을 치켜 올릴 수는 없었지만, 감정에 따라 웃고 얼굴을 찡그리고 우는 데는 아무런 문제가 없었다.

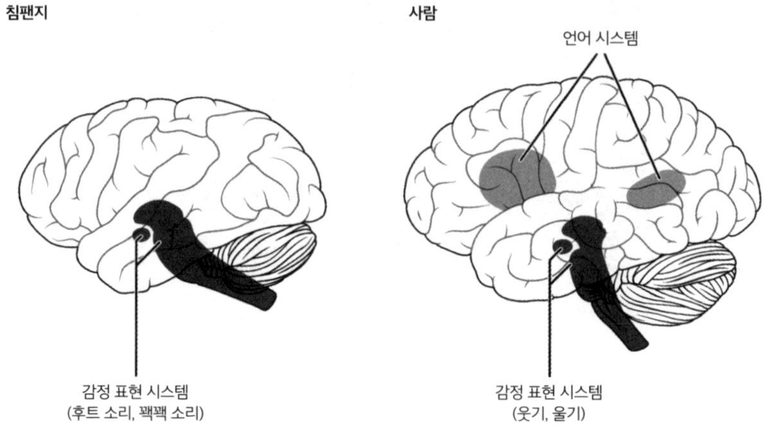

그림 20.3

이런 증상은 심각한 브로카실어증과 베르니케실어증이 있는 사람에게서도 나타난다. 단어를 한 마디도 말하지 못하는 사람이라도 웃고 울 때는 아무 문제가 없다. 왜 그럴까? 감정 표현은 언어와 완전히 별개의 시스템에서 생겨나기 때문이다.

유인원과 인간의 소통을 비교하려면 적절한 대상은 유인원의 발성과 인간의 감정 표현이다. 조금 단순하게 설명하자면 다른 영장류들에게는 하나의 소통 시스템, 곧 감정 표현 시스템이 있으며 이것은 편도체나 뇌줄기 같은 오래된 영역에 자리 잡고 있다. 이것이 감정 상태를 소통용 몸짓과 소리로 매핑해준다. 실제로 제인 구달은 이렇게 지적했다. "적절한 감정이 없는 상태에서 소리를 만드는 것이 침팬지에게는 거의 불가능한 과제로 보인다."[14] 이런 감정 표현 시스템은 초기 포유류로 거슬러 올라갈 만큼 오래전부터 있었다. 어쩌면 그보다 더 전부터 있었는지도 모른다. 반면 인간에게는 두 개의 소통 시스템이 있다. 고대의 감정 표현 시스템과 아울러 새겉질에서 새로 진화한

언어 시스템이다.[15]

웃고 울고 얼굴을 찌푸리기 등은 고대의 원초적인 소통 시스템이 남긴 진화의 잔재다. 여기서 유인원의 후트 소리와 몸짓이 생겨났다. 하지만 인간의 말하기에는 유인원의 그 어떤 소통 시스템과도 닮은 구석이 없다.

원숭이의 브로카영역과 베르니케영역에 병변이 생겨도 소통에는 전혀 문제가 없는 이유를 이것으로 설명할 수 있다. 사람의 그 영역이 손상되면 조리 있게 말하지 못해도 웃고 울고 미소 짓고 찡그리고 찌푸릴 수는 있다. 마찬가지 이유로 원숭이도 후트 소리를 내고 고함을 지를 수 있다. 원숭이의 몸짓은 자동적인 감정 표현이고 새겉질에서 나오는 것이 아니다. 따라서 인간의 언어보다는 인간의 웃음에 가깝다.

감정 표현 시스템과 언어 시스템에는 또 다른 차이가 있다. 하나는 유전적으로 정해진 것이고 다른 하나는 학습된다는 것이다. 인간과 다른 유인원이 공유하는 감정 표현 시스템은 대부분 유전적으로 타고난다. 이런 사실을 입증하듯 고립된 상태에서 자란 원숭이도 결국에는 정상적인 몸짓-울음 행동을 모두 할 수 있고,[16] 침팬지와 보노보는 똑같은 몸짓을 거의 90퍼센트 공유한다.[17] 마찬가지로 전 세계의 문화권과 아이들도 감정 표현을 하는 방법은 놀랄 정도로 비슷하다. 이는 인간의 감정 표현 중 적어도 일부는 유전적으로 결정된 것이며 학습을 통해 습득한 것이 아님을 암시한다. 모든 인간, 심지어 태어날 때부터 앞을 보지 못하거나 귀가 들리지 않는 사람도 비슷한 감정 상태에 반응해서 비교적 비슷한 방식으로 울고 미소 짓고 웃고 찡그린다.[18]

하지만 사람의 언어 시스템은 믿기 어려울 정도로 학습에 민감하다. 아이가 매우 오랫동안 언어를 교육받지 못하면 나중에는 언어를 습득할 수 없다.[19] 선천적으로 타고나는 감정 표현과 달리 언어의 특성들은 문화권마다 큰 차이가 있다. 실제로 새겉질이 전혀 없이 태어난 아이는 감정을 일반적인 방식으로 표현하지만 말은 전혀 못 한다.[20]

이것이 언어의 신경생물학적 수수께끼다. 언어는 새로 진화한 어떤 구조물에서 생겨나지 않았다. 또한 후두와 얼굴을 통제하는 인간만의 고유한 새겉질에서 등장하지도 않았다(이 덕분에 더욱 복잡한 발성이 가능해진 것은 사실이다). 게다가 초기 유인원의 소통 시스템이 더 정교해져서 등장한 것도 아니다. 언어는 완전히 새롭게 등장한 것이다.

그렇다면 대체 무엇이 언어를 잠금 해제했을까?

본능적인 언어 교육과정

새는 모두 나는 법을 안다. 그러면 새는 모두 태어날 때부터 나는 법을 유전적으로 알고 있다는 의미일까? 그렇지 않다. 새들은 태어날 때부터 나는 법을 아는 것이 아니다. 모든 아기 새는 나는 법을 배워야 한다. 먼저 날개를 퍼덕이는 것부터 시작해, 하늘에서 맴도는 것을 익히고 활공을 시도하고 충분히 반복해서 연습한 후에 결국 나는 법을 터득한다. 하지만 하늘을 나는 것이 새에게 유전적으로 새겨져 있는 것이 아니라면 어떻게 아기 새가 독립적으로 그런 복잡한 기술을 배울 수 있을까?

하늘을 나는 것처럼 복잡한 기술은 유전체에 직접 새겨 넣기에는 정보의 밀도가 너무 높다. 그래서 유전적인 학습 시스템(겉질 등)과 본능(뛰고 싶은 본능, 날개를 퍼덕이고 싶은 본능, 활공을 시도하고 싶은 본능 등)을 내재적으로 부호화하는 것이 더 효율적이다. 아기 새가 한 마리도 빠짐없이 하늘을 나는 법을 배울 수 있는 것은 학습 시스템과 본능이 결합한 교육과정 덕분이다.

AI 세계에서는 교육과정의 힘과 중요성이 잘 알려져 있다. 1990년대에 캘리포니아대학교 샌디에이고캠퍼스의 언어학자 겸 인지과학 교수였던 제프리 엘먼Jeffrey Elman은 처음으로 인공신경망을 이용해 한 문장에서 앞선 단어들이 주어질 때 그다음에 나올 단어를 예측하려고 시도했다.[21] 학습 전략은 간단했다. 인공신경망에게 단어와 단어, 문장과 문장을 계속 보여주며 앞선 단어들을 바탕으로 다음에 나올 단어를 예측하게 한 다음, 매번 인공신경망의 모든 가중치를 정답을 향해 조금씩 조정했다. 이론적으로는 이렇게 하면 전에 한 번도 본 적이 없는 새로운 문장이 나와도 다음 단어를 올바르게 예측할 수 있어야 했다.

하지만 제대로 작동하지 않았다. 그러자 엘먼은 다른 방법을 시도했다. 인공신경망에게 모든 복잡성 수준의 문장을 동시에 보여주는 대신, 먼저 지극히 단순한 문장들을 보여주고 인공신경망이 그 과정에서 좋은 수행성과를 보여줬을 때만 복잡성의 수준을 높인 것이다. 바꿔 말하면 교육과정을 설계한 셈이다. 그리고 이 방법은 효과가 있는 것으로 확인됐다. 이 교육과정으로 훈련받은 이후에는 그의 인공신경망이 복잡한 문장도 올바르게 완성할 수 있었다.

AI를 위한 교육과정을 설계한다는 개념은 언어뿐 아니라 여러 유형의 학습에도 그대로 적용된다. 혁신 #2에서 보았던 모델 없는 강화 알고리즘 TD-개먼을 기억하는가? TD-개먼 덕분에 컴퓨터가 백개먼 게임에서 인간보다 뛰어난 능력을 선보일 수 있었다. TD-개먼을 훈련시킨 방법은 매우 중요하지만 앞에서 그 부분에 대한 설명은 하지 않았다. TD-개먼은 인간 전문가를 상대로 수없이 많은 백개먼 게임을 하면서 시행착오를 통해 학습한 것이 아니다.

그렇게 했다면 절대로 학습이 이뤄지지 않았을 것이다. 한 번도 이겨보지 못했을 테니까 말이다. TD-개먼은 자기 자신과 게임을 하며 훈련받았다. TD-개먼은 항상 실력이 같은 플레이어와 게임을 한 셈이다. 이는 강화학습 시스템을 훈련시키는 표준 전략이다. 구글의 알파제로도 자기 자신과 바둑을 두며 훈련받았다. 모델을 훈련시키는 데 사용하는 교육과정은 모델 그 자체만큼이나 중요하다.[22]

새로운 기술을 가르칠 때 학습 시스템을 바꾸는 대신 교육과정을 바꾸는 것이 더 쉬울 때가 많다. 실제로 복잡한 기술을 구현할 때마다 진화는 거듭해서 이런 해법을 찾아 돌아왔던 것으로 보인다. 원숭이의 나무 타기, 새의 하늘 날기 그리고 인간의 언어 배우기까지 모두 이런 식으로 작동하는 것 같다. 이런 기술들은 새로운 본능으로 진화한 교육과정에서 등장했다.

아기는 단어를 사용하는 대화에 참여하기 훨씬 전에 원시대화proto-conversation라는 것에 참여한다. 말을 하기 한참 전인 생후 4개월 즈음이 되면 아기는 부모와 교대로 발성, 표정, 몸짓 등을 주고받는다.[23] 아기는 발성을 한 후에 잠시 멈춰 부모에게 집중하며 부모의 반응을 기다리는 등 자신의 멈춤 시간을 엄마의 멈춤 시간과 맞춰 교대하는 리듬을 만들어내는 것으로 밝혀졌다. 대화는 언어학습 능력의 자연스러운 결과라기보다는, 적어도 부분적으로는 유전적으로 새겨진 단순한 대화 참여 본능에서 비롯되는 결과로 보인다. 몸짓과 발성을 번갈아 하는 본능적인 교육과정을 바탕으로 언어가 구축되는 것 같다. 이런 교대하기는 초기 인류에서 처음 진화했다. 침팬지의 새끼는 이런 행동을 하지 않는다.

아직 말을 하기 전인 생후 9개월 즈음이 되면 아기는 두 번째 새로운 행동을 하기 시작한다. 사물에 대한 공동관심joint attention이다.[24] 엄마가 한 사물을 바라보거나 가리키면 아기는 같은 사물에 초점을 맞추며, 다양한 비언어적 메커니즘을 이용해 자기도 같은 것을 보고 있다고 확인해준다. 이런 비언어적 확인은 아기가 미소를 지으며 사물과 엄마를 번갈아 보거나, 그 사물을 잡아서 엄마에게 건네거나, 그냥 그 사물을 가리키며 엄마를 돌아보는 등의 단순한 행동으로 이뤄진다.[25]

과학자들은 이런 행동이 그 사물을 얻으려는 시도나 부모로부터 긍정적인 감정 반응을 이끌어내려는 시도가 아니라, 진정으로 다른 사람과 관심을 공유하려는 시도임을 확인하기 위해 많은 노력을 기울였다. 예를 들어 한 사물을 가리키는 아기는 부모가 그 사물과 아기를 번갈아 볼 때까지 계속해서 그 사물을 가리킨다. 만약 부모가 그냥 아기만 바라보며 열정적으로 말을 하거나 사물은 바라보지만 아기를 돌아보지 않으면, 곧 아기가 보는 것을 자기도 보고 있다고 확인해주지 않으면 아기는 만족하지 못하고 다시 사물을 가리킨다.[26] 관심의 대상이 아기가 가리키는 사물이라고 확인만 해줘도 만족하는 경우가 많은 것을 보면, 이는 아기의 의도가 사물의 획득이 아니라 엄마와의 공동관심에 있음을 강력히 시사한다.

원시대화와 마찬가지로 공동관심이라는 언어 이전 단계의 행동 역시 인간의 아기에서 고유하게 나타나는 것으로 보인다. 인간을 제외한 영장류는 공동관심 행동을 보이지 않는다. 침팬지는 다른 누군가가 자기와 같은 사물에 관심을 보이는지 여부를 신경 쓰지 않는다.[27] 물론 침팬지도 주변 다른 개체의 시선을 따라간다. 다른 침팬지들이 보는 방향으로 자신의 시선을 돌리는 것이다. 많은 동물, 심지어 거북이까지도 같은 종의 다른 개체가 보는 방향으로 시선을 돌리는 것으로 밝혀졌다. 거북이 한 마리가 한 방향을 바라보면 주변의 다른 거북이들도 같은 방향을 볼 때가 많다. 하지만 이는 그냥 다른 개체가 보는 것을 바라보는 반사작용이라 설명할 수 있다. 공동관심은 시선을 앞뒤로 오가며 두 사람이 외부의 동일한 사물에 관심을 기울이고 있는지 확인하는 더 의도적인 과정이다.

아기들이 선천적으로 타고나는 원시대화와 공동관심은 대체 무엇을 위한 능력일까? 모방학습을 위한 것은 아니다. 원시대화나 공동관심 없이도 사람을 제외한 영장류 역시 모방학습에 문제없이 참여한다. 사회적 유대감을 구축하려는 것도 아니다. 사람을 제외한 영장류와 다른 포유류에게도 사회적 유대를 구축하는 다른 메커니즘이 얼마든지 있다. 공동관심과 원시대화는 한 가지 이유를 위해 진화한 것으로 보인다. 부모가 아이와 공동관심 상태에 도달하면 가장 먼저 어떤 일을 할까? 그 사물의 이름을 말해준다.

아기는 만 1세에 공동관심을 많이 표현할수록 12개월 후에 사용하는 어휘가 많아진다.[28] 아기는 단어를 학습하기 시작하면 자연스럽게 그 단어들을 결합해서 문법을 갖춘 문장을 만들기 시작한다. 원시대화와 공동관심이라는 본능적 시스템을 통해 선언적 명칭이라는 토대가 마련되면 문법을 적용해 단어들을 문장으로 결합하는 것이다. 그리고 이 문장을 이용해서 전체 이야기와 아이디어를 구축한다.

인간은 다른 사람의 내적 시뮬레이션에 대해 조사하기 위해 질문을 던지는 독특한 본능을 진화시켰는지도 모른다. 심지어 칸지, 워쇼 등 상당히 정교한 언어 능력을 획득한 다른 유인원도 다른 개체에 대해서는 가장 단순한 질문조차 던져본 적이 없다.[29] 이들은 먹이를 요구하면서 놀지만 다른 개체의 내적 정신세계에 대해서는 묻지 않았다.[30] 반면 인간의 아이는 문법을 갖춘 문장을 만들기 전이라도 상대방에게 이렇게 질문한다. "이거 원해요?" "배고파요?" 또한 모든 언어에서는 "예" 또는 "아니오"로 대답할 수 있는 질문을 할 때 문장 끝의 억양을 올리면서 말한다.[31] 누군가 자기가 이해하지 못하는 언어로 말을 걸어도 그 사람이 질문을 하는지 여부는 식별할 수 있다. 이렇게 질문을 어떤 식으로 표현해야 하는지 이해하는 본능도 우리의 언어 교육과정에서 핵심 부분일 수 있다.[32]

우리는 아기와 이해할 수도 없는 옹알이를 즐겁게 주고받고(원시대화), 사물을 주고받으며 미소를 짓고(공동관심), 말도 안 되는 아이의 질문에 답하는 동안 아이에게 언어라는 선물을 안겨주기 위해 진화적으로 설계된 학습 프로그램을 자신도 모르게 실행한다. 그렇기 때문에 다른 사람과 접촉할 기회를 박탈당한 사람은 감정 표현은 제대로 발달하지만 언어는 학습하지 못한다. 언어 교육과정에는 스승과 제자가 모두 필요하다.

본능적인 교육과정이 진행되는 동안 아기의 뇌는 새겉질의 오래된 정신화 영역을 용도 변경해서 언어라는 새로운 용도로 사용한다. 브로카영역이나 베르니케영역이 새로운 것이 아니라 이런 영역들을 언어용으로 용도 변경하는 근본적 학습 프로그램이 새로운 것이다. 브로카영역이나 베르니케영역이 특별하지 않다는 증거도 나와 있다. 좌반구를 완전히 절제한 아동도 문제없이 언어를 학습할 수 있으며 우반구 새겉질의 다른 영역들을 용도 변경해서 언어를 구사한다. 사실 이유야 어쨌든 전체 인구 중 10퍼센트 정도는 언어에 좌뇌가 아니라 우뇌를 사용하는 경향이 있다. 심지어 브로카영역과 베르니케영역을 통해 언어를 사용한다는 주장에 의문을 제기하는 연구도 있다. 언어 영역은 새겉질 전체나 심지어 바닥핵에 자리 잡고 있는지도 모른다.

결국 새의 뇌에 비행 기관이 없는 것처럼 인간의 뇌에도 언어 기관이 따로 존재하지 않는다는 것이 핵심이다. 언어 능력이 뇌의 어느 부분에 있냐고 묻는 것은 야구 경기력이나 기타 연주력이 뇌의 어느 부분에 있냐고 묻는 것만큼이나 어리석다. 이런 복잡한 기술은 특정 영역에 국소화되어 있지 않다. 이런 기술은 여러 영역들 사이의 복잡한 상호작용을 통해 만들어진다. 이 기술을 사용할 수 있게 하는 것은 특정 뇌 부위가 아니라 복잡한 뇌 영역 네트워크에서 그 기술을 학습하도록 강제하는 교육과정이다.

당신의 뇌와 침팬지의 뇌가 사실상 동일한데도 오직 인간만 언어를 배울 수 있는 이유가 바로 이 때문이다. 인간의 뇌에서 고유한 것은 새겉질이 아니다. 편도체와 뇌줄기처럼 오래된 구조 깊숙한 곳에 숨겨진 미세한 차이, 곧 우리가 옹알이를 하고 아이와 부모가 서로 번갈아 앞뒤로 바라보고 질문을 던지게 만드는 본능이 고유한 것이다.

유인원이 기초적인 언어를 배울 수 있는 이유도 이 때문이다. 유인원의 새겉질은 이렇게 학습하는 능력이 뛰어나다. 다만 유인원이 언어 능력을 정교하게 다듬는 데 어려움을 겪는 이유는 그냥 그것을 학습하는 데 필요한 본능이 결여되어 있기 때문이다. 침팬지를 공동관심으로 끌어들이기는 쉽지 않다. 차례로 번갈아 보게 만들기도 어렵다. 침팬지는 자신의 생각을 공유하거나 질문하고 싶어 하는 본능도 없다. 뛰어내리려는 본능이 없는 새가 하늘을 나는 법을 결코 배울 수 없듯이 이런 본능이 없으면 언어는 닿을 수 없는 영역으로 남을 수밖에 없다.

다시 정리해보자. 이제 우리는 인간의 뇌를 차별화한 혁신이 바로 언어임을 안다. 언어가 강력한 이유는 다른 사람의 상상을 바탕으로 뭔가를 배우게 해주고, 세대를 거치며 아이디어를 축적해주기 때문이다. 또한 이제 우리는 언어가 인간의 뇌에서 본능적인 언어학습 교육과정을 통해 만들어지며, 이 교육과정이 정신화를 담당하는 오래된 새겉질 영역들을 언어 영역으로 용도 변경해서 사용한다는 것도 안다.

이런 지식을 바탕으로 이제 초기 인류 조상들의 실제 이야기로 눈을 돌려 이렇게 물어볼 수 있다. 인류의 조상은 어째서 이런 기이하고 특이한 형태의 소통 방식을 부여받았을까? 아니면 더 중요한 질문은 이것인지도 모른다. 어째서 침팬지, 조류, 고래 등 다른 똑똑한 동물들은 이런 기이하고 특이한 형태의 소통 방식을 갖지 못했을까? 언어처럼 막강한 진화적 능력은 대부분 여러 계통에서 독립적으로 발견된다. 눈, 날개, 다세포성 등은 모두 독립적으로 여러 번 진화해왔다. 실제로 시뮬레이션과 정신화까지도 여러 계통을 따라 독립적으로 진화한 것으로 보인다(조류에게도 시뮬레이션한 흔적이 보이고, 영장류뿐 아니라 다른 포유류에서도 마음이론의 흔적이 보인다). 하지만 우리가 알고 있는 한 언어는 딱 한 번만 진화했다. 왜 그랬을까?

21.
퍼펙트 스톰

지금까지 발견된 우리 조상들의 성인 두개골 화석을 모두 가져다가 탄소연대 측정을 해서(죽은 지 얼마나 됐는지 대략적으로 알 수 있다) 두개골 안쪽 공간의 크기를 확인한다고 해보자(뇌의 크기를 짐작할 수 있는 훌륭한 지표다). 이어서 시간의 흐름에 따른 조상들의 뇌 크기를 그래프로 그려보자. 실제로 과학자들은 이런 일을 했다. 그 결과가 그림 21.1에 있다.

인간은 약 700만 년 전에 침팬지와 갈라졌고 250만 년 전까지는 대체로 뇌 크기가 달라지지 않았다. 그러다 그 시점에 신비롭고 극적인 일이 벌어졌다. 인간의 뇌가 급속하게 세 배 이상 커지며 지구에서 가장 큰 뇌 중 하나가 된 것이다. 신경학자 존 잉그럼John Ingram의 말을 빌리면 250만 년 전에 어떤 신비로운 힘이 '뇌의 폭풍 성장'[1]을 촉발했다.

이런 일이 일어난 이유는 고인류학의 가장 큰 수수께끼다. 우리가 갖고 있는 고고학적 단서는 거의 없다. 고대의 도구 몇 개, 모닥불을 피웠던 흔적

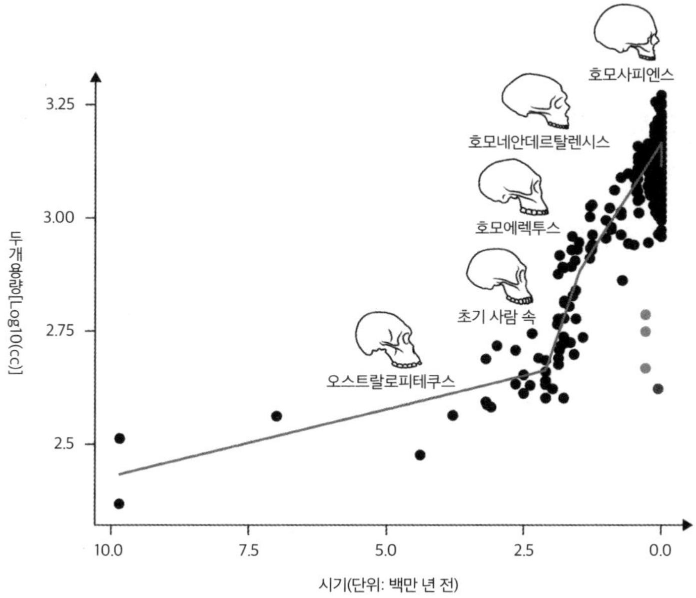

그림 21.1[2]

조금, 조상들의 두개골 파편, 사냥감 시체의 잔해, DNA 몇 토막, 동굴 벽화, 부서진 선사시대의 장신구 정도가 고작이다. 사건 발생 연대에 대한 우리의 이해는 새로운 고고학적 흔적이 발견될 때마다 바뀐다. '그 사건'에 대해 지금까지 알려진 가장 오래된 증거도 야심 찬 고인류학자가 등장해 그보다 더 이른 시기의 표본을 발견하면 곧장 밀려난다.

하지만 이렇게 사건 발생 연대가 계속 바뀌고 있어도 과학자들이 우리의 이야기 전반을 재구성할 수 있을 정도의 증거는 충분히 확보되어 있다. 이 이야기는 죽어가는 숲에서 시작된다.

동쪽의 유인원

1,000만 년 전까지만 해도 아프리카 동부는 나무들이 빽빽하게 끝없이 펼쳐져 있는 오아시스 같은 곳이었다. 이곳에서 우리 조상은 과일을 따 먹고 포식자들로부터 몸을 숨겼다. 그러다가 지각판의 이동으로 거대한 땅덩어리들이 서로 부딪히면서 오늘날의 에티오피아를 따라 길게 새로운 지형과 산맥이 만들어졌다. 요즘에는 이 지역을 그레이트리프트밸리라고 부른다.

새로 생긴 산맥과 계곡 때문에 숲을 유지해주던 풍부한 해양 습기의 공급이 끊겼다.[3] 이때부터 현재의 아프리카 동부를 이루는 익숙한 기후가 형성되기 시작했다. 숲이 천천히 죽어나가고 나무는 듬성듬성 모자이크처럼 자라면서 땅은 탁 트인 넓은 초원으로 바뀌었다. 오늘날의 아프리카 사바나를 만들어낸 변화가 시작된 것이다. 우거진 숲이 사라지면서 열대의 과일과 견과류를 먹고 살던 우리 조상들의 생태적 지위도 서서히 바뀌기 시작했다.

600만 년 전 즈음해서는 새로운 산맥이 길게 뻗어나가는 바람에 유인원 조상들이 양쪽으로 갈라져 두 계통으로 나뉘었다. 별다른 변화 없이 여전히 숲이 많은 서쪽에서는 계통도 별로 변하지 않고 그대로 남아 오늘날의 침팬지가 됐다. 하지만 산맥 동쪽은 숲이 죽으면서 트인 초원이 점점 많아지자 진화압이 작용하기 시작했다. 이 계통이 결국 인간으로 진화한다.[4]

400만 년 전으로 빨리감기를 해보자. 동쪽 유인원들은 네 발이 아니라 두 발로 걷는다는 점을 제외하면 그레이트리프트밸리 반대쪽의 침팬지 사촌들과 대부분 비슷해 보였다.[5] 우리 조상이 변화하는 기후에서 살아남는 데 두 발보행이 도움이 된 이유에 대해서는 많은 이론이 있다. 이글거리는 태양에 노출되는 표면적을 줄인다는 이론도 있고, 눈의 위치가 높아져 사바나의 키

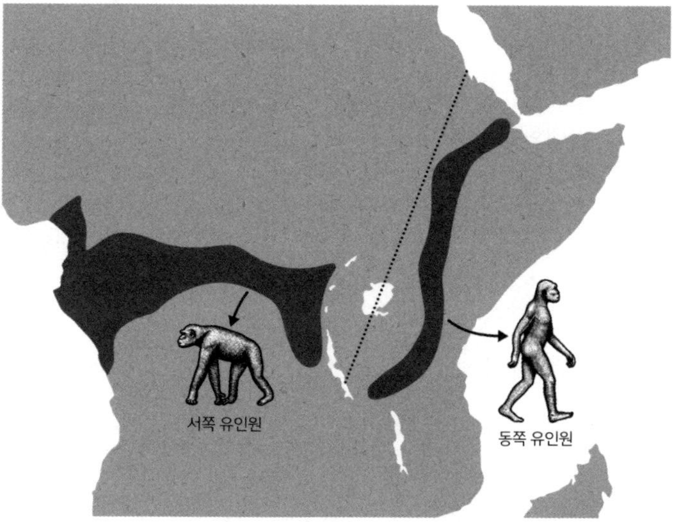

그림 21.2 동쪽의 유인원과 서쪽의 유인원

큰 풀 너머를 볼 수 있었다는 이론도 있다. 또한 얕은 물을 헤치고 해산물을 구하는 데 도움이 되었다는 이론도 있다.

두발보행이 어떤 환경에 적응하려는 것이었든 추가로 지능이 필요한 것은 아니었다. 400만 년 전에 직립보행한 조상들의 화석을 보면 뇌의 크기는 여전히 현대의 침팬지 정도다.[6] 이 조상들이 더 똑똑했다는 증거는 없다. 고고학 기록에서도 추가로 도구를 사용한 흔적이나 영리한 기술을 이용한 흔적은 보이지 않는다. 사실상 우리 조상은 직립보행하는 침팬지나 다름없었다.

호모에렉투스와 인간의 등장

약 250만 년 전 즈음 새로운 아프리카 사바나는 거대한 초식 포유류로 넘쳐났다. 코끼리 조상, 얼룩말, 기린, 돼지 등의 거대한 초식 포유류가 풀을 뜯어 먹으며 돌아다녔다. 표범, 사자, 하이에나처럼 낯익은 사냥꾼, 지금은 멸종한 검치호랑이와 거대한 수달처럼 생긴 맹수 등 다양한 육식 포유류도 사바나를 집으로 삼았다.

뒤죽박죽 섞여 있는 이런 대형 포유류들 가운데 안락한 숲속 서식지를 잃어버린 초라한 유인원 한 마리가 있었다. 우리의 조상인 초라한 유인원은 거대한 초식동물과 육식동물로 북적거리는 생태계에서 살아남기 위해 새로운 생태적 지위를 찾고 있었을 것이다.

우리 조상은 처음에는 동물의 사체를 청소하는 생태적 지위에 뛰어들면서[7] 육식으로 식생활을 바꾸기 시작했다. 침팬지의 식단에서 고기가 차지하는 비율은 10퍼센트에 지나지 않지만 증거에 따르면 초기 인류의 식단에서는 고기가 30퍼센트 정도를 차지했던 것으로 보인다.[8]

연구자들은 그들이 남긴 도구와 뼈의 흔적을 통해 이들의 사체 처리 생활방식을 추론해냈다. 우리 조상은 사체의 고기와 뼈를 처리하는 데 사용한 것으로 보이는 석기를 발명했다. 이 도구들은 발견된 장소인 탄자니아 올두바이협곡의 이름을 따서 '올도완 석기Oldowan tools'라 부른다. 우리 조상은 이 도구를 3단계에 걸쳐 제작했다. 첫째, 단단한 바위로 이뤄진 돌망치를 찾아낸다. 둘째, 그보다 약한 석영, 흑요석, 현무암으로 이뤄진 석재를 찾아낸다. 셋째, 돌망치로 석재를 내리쳐서 여러 개의 날카로운 돌박편과 뾰족한 돌칼을 만든다.

유인원의 몸은 고기를 대량으로 섭취하는 식생활에 적응되어 있지 않았다. 사자는 거대한 이빨로 두꺼운 가죽을 찢고 고기를 뼈에서 뜯어낼 수 있지만, 우리 조상에게는 그런 타고난 도구가 없었다. 그래서 우리 조상은 도구를

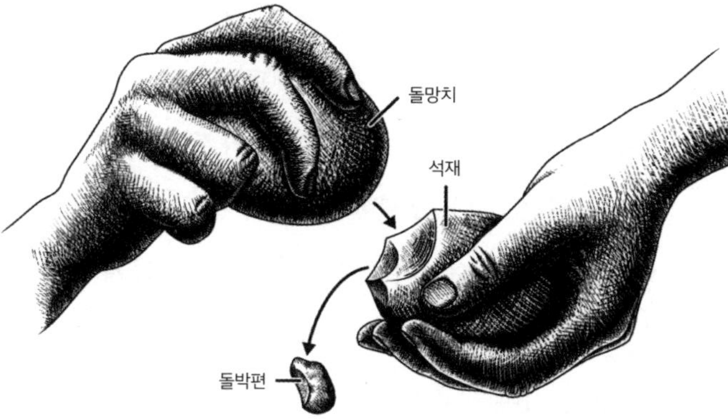

그림 21.3 올도완 석기 만들기

발명했다. 돌박편을 이용하면 가죽을 벗겨 고기를 잘라낼 수 있었고, 돌칼을 이용하면 뼈를 부수고 그 안에 든 영양이 풍부한 골수를 빼낼 수 있었다.

50만 년을 빨리감기하면 아프리카 동부의 우리 조상은 호모에렉투스*Homo erectus*, 곧 직립인간이라는 종으로 진화했다. 사실 이는 웃기는 이름이다. 우리 조상은 호모에렉투스 훨씬 전부터 서서 걸었기 때문이다. '호모Homo'는 사람 속屬을, '에렉투스erectus'는 특정 인간 종을 지칭한다. 호모에렉투스의 등장으로 인간의 진화는 전환점을 맞이한다. 남의 불행을 이용해 배를 채우는 소심한 사체 처리 동물이었던 초기 인류가 최상위 포식자인 호모에렉투스로 변모한 것이다.[9]

호모에렉투스는 초육식동물hypercarnivore이 되어 식단의 무려 85퍼센트 정도를 고기로 섭취했다.[10] 호모에렉투스는 같은 지역의 경쟁자들을 몰아낼 정도로 크게 번창한 것으로 보인다. 그래서 호모에렉투스가 등장할 즈음에는 아프리카 사바나의 육식동물 중 다수가 멸종하기 시작했다.[11]

호모에렉투스의 여러 가지 신체 기능은 변화한 생활방식에 따라 적응했다. 현대의 인류는 이런 특성을 모두 물려받았다. 가장 눈에 띄는 특성은 호모에렉투스가 서서 걷는 침팬지와 비슷했던 100만 년 전 조상보다 뇌가 두 배나 컸다는 점이다. 이렇게 큰 뇌에는 적어도 한 가지 이점이 있었다. 이들은 더 나은 도구를 만들 수 있었다. 호모에렉투스는 돌도끼를 더 날카롭게 만들었다. 이들의 어깨와 몸통은 던지기에 적합하도록 독특하게 적응했다. 성체 침팬지는 사람보다 훨씬 힘이 세지만 어깨와 몸통이 뻣뻣해서 투사체를 던지는 속도가 기껏해야 시속 32킬로미터 정도에 불과하다. 반면 아직 청소년기에 이르지 않은 상대적으로 연약한 인간 아이는 그 세 배에 가까운 속도로 공을 던질 수 있다.[12] 인간은 어깨를 팽팽하게 긴장시킨 다음 휙 하고 팔을 내두르는 특유의 동작을 할 수 있기 때문이다. 돌이나 창을 던지는 행동은 포식자로부터 자신을 지키거나 다른 육식동물로부터 고기를 훔치고 능동적으로 영양이나 돼지를 사냥하는 기술이었을 수도 있다.

호모에렉투스는 오래 달리기 위한 적응 방법도 진화시켰다. 다리는 길어지고 발 아치가 더 깊어졌으며 피부에 털이 없어지고 땀샘이 많아졌다. 호모에렉투스와 현대 인류는 모두 특이한 방식으로 체온을 떨어뜨린다. 다른 포유류는 숨을 헐떡여서 체온을 낮추지만 현대 인류는 땀을 흘린다. 이런 특성 덕분에 우리 조상은 뜨거운 사바나에서 먼 거리를 이동하면서도 체온을 낮출 수 있었을 것이다. 현대 인류는 가장 빠른 생명체는 아니지만 사실 동물계 최고의 오래달리기 선수 중 하나다. 심지어 치타도 42.195킬로미터 마라톤을 쉬지 않고 뛸 수는 없다. 어떤 사람은 호모에렉투스가 지구력 사냥persistence hunting을 했다고 생각한다. 한마디로 사냥감이 너무 지쳐서 꼼짝도 못할 때까지 추적해서 사냥하는 방법이다. 아프리카 남부 칼라하리사막에 사는 현대의 수렵채집인이 바로 이런 방법으로 사냥한다.

호모에렉투스의 입과 내장의 크기는 줄어들었다. 유인원에 비해 우리에게 익숙한 지금의 사람 얼굴은 대부분 턱의 크기가 줄어들면서 만들어졌다. 그 바람에 코가 더 두드러져 보이게 됐다. 이는 당혹스러운 변화다. 호모에렉투스의 몸과 뇌가 커지면서 더 많은 에너지가 필요했을 것이고, 따라서 더 많은 음식을 섭취하기 위해서는 더욱 강력한 턱과 긴 소화관이 필요했을 것이기 때문이다. 1990년대에 영장류학자 리처드 랭엄Richard Wrangham이 이 과정을 설명할 이론을 발표했다. 호모에렉투스가 불에 음식을 익혀 먹는 화식火食을 발명한 것이 분명하다는 이론이었다.[13]

고기나 채소를 익혀 먹으면 소화하기 힘든 세포 구조물이 에너지가 더 풍부한 화학물질로 분해된다. 동물은 화식을 통해 30퍼센트 더 많은 영양분을 흡수할 수 있고, 소화하는 데 필요한 시간과 에너지를 줄일 수 있다.[14] 사실 현대 인류는 소화할 때 특이할 정도로 화식에 많이 의존한다. 인류는 모든 문화권에서 화식을 한다. 고기든 채소든 완전히 날것으로만 먹으면 만성적인 에너지 부족에 시달리고, 50퍼센트 이상이 일시적으로 불임을 겪는다.[15]

인류가 불을 통제하며 사용했다는 최초의 증거는 호모에렉투스가 무대에 등장한 시기로 거슬러 올라간다. 고대 동굴에서 불에 탄 뼈와 재의 흔적이 발견되었다.[16] 호모에렉투스는 돌을 서로 부딪쳐서 의도적으로 불을 피웠을 수도 있고, 숲에 자연적으로 불이 났을 때 불이 붙은 나뭇가지를 집어 들었을 수도 있다. 어느 쪽이든 고기를 익혀 먹음으로써 얻은 잉여 열량을 더 커진 뇌에 넉넉하게 사용할 수 있었을 것이다. 많은 종교와 문화권의 신화에서 이야기하는 것처럼 우리 조상을 다른 궤도에 올려놓은 것은 불이라는 선물인지도 모른다.

호모에렉투스는 뇌가 커지면서 새로운 문제를 겪었을 것이다. 뇌가 크면

출산할 때 아기의 머리가 빠져나오기 어렵다. 인간의 두발보행이 이 문제를 더 키웠을 것이다. 직립하려면 골반이 좁아야 하기 때문이다. 인류학자 서우드 워시번Sherwood Washburn은 이를 '출산의 딜레마obstetric dilemma'라고 불렀다. 이에 대해 인류가 내놓은 해법은 조산premature birthing이다. 갓 태어난 소는 몇 시간 안에 걸을 수 있고, 갓 태어난 마카크원숭이는 두 달 안에 걸을 수 있다. 하지만 인간은 태어난 뒤 1년까지도 혼자서 걸을 수 없다.[17] 인간은 태어날 준비가 되었을 때 태어나는 것이 아니라 뇌가 산도를 빠져나올 수 있는 최대 크기에 도달했을 때 태어난다.

태어날 때 뇌가 미성숙 상태라는 것 외에도 인간의 뇌 발달에서 또 하나의 독특한 특징은 인간의 뇌가 완전한 성체의 크기에 도달할 때까지 걸리는 시간이다. 인간의 뇌는 완전한 성체 크기에 도달하는 데 12년이 걸린다. 이는 동물계에서 가장 똑똑하고 뇌가 큰 동물들 중에서도 가장 긴 기록이다.

종	출생 시 성체 대비 뇌 크기	뇌가 완전히 크는 데 걸리는 시간[18]
인간	28퍼센트	12년
침팬지	36퍼센트	6년
마카크원숭이	70퍼센트	3년

조산과 뇌 성장 기간의 연장은 호모에렉투스에게 육아 방식을 바꾸도록 압력을 가했다. 갓 태어난 침팬지 새끼는 대부분 전적으로 어미가 키운다. 하지만 인간의 아기는 조산하는 데다 돌봐야 하는 시간도 길었기 때문에 호모에렉투스는 그러기가 쉽지 않았을 것이다. 그래서 많은 고인류학자는 호모에렉투스의 집단역학group dynamics이, 침팬지의 난잡한 짝짓기promiscuous mating 방

식에서 오늘날의 인간 사회(대부분)에서 보이는 일부일처제 유대monogamous pair-bonding 방식으로 바뀌었을 것이라 믿는다.[19] 증거를 보면 호모에렉투스의 아빠들은 자녀의 육아에서 능동적인 역할을 맡았고, 이런 유대 관계가 오랫동안 지속된 것으로 나타난다.

'할머니 육아grandmothering'도 호모에렉투스에서 등장했을지 모른다. 지구상의 포유류 중에서 암컷이 죽을 때까지 번식력을 유지하지 않는 경우는 두 종밖에 없다. 범고래와 인간이다. 사람의 여성은 폐경기가 지난 후에도 여러 해를 산다. 한 이론에서는 할머니가 자기 자식 키우기에서 자식의 자식을 돌보기 쪽으로 초점을 옮기도록 압박하기 위해 폐경이 생겼다고 주장한다. 할머니 육아는 다양한 문화에서 관찰되며 심지어 현대의 수렵채집 사회에서도 볼 수 있다.[20]

호모에렉투스는 고기를 먹고 석기를 사용하며 (아마도) 불을 사용하고 조산을 하며 (대부분) 일부일처제를 따르고 할머니 육아를 하며 털이 없고 땀을 흘리며 뇌가 큰 우리의 조상이었다. 그러면 여기서 중요한 질문이 있다. 호모에렉투스도 말을 했을까?

월리스의 문제

다윈이 진화를 발견하기 오래전부터 사람들은 언어의 기원에 대해 고민하고 있었다. 플라톤도 언어의 기원에 대해 생각했다. 성경에도 언어에 대한 이야기가 나온다. 장 자크 루소Jean Jacques Rousseau부터 토머스 홉스에 이르기까지 인간의 자연적인 상태에 대해 고민한 많은 계몽주의 지식인도 언어의 기원에 대해 여러 가지로 추측했다.

그러니 다윈의 《종의 기원》이 발표되자마자 곧이어 언어의 진화적 기원에 대한 추측이 물밀듯이 쏟아져 나온 것도 당연했다. 이제는 다윈의 자연선택 이론이라는 맥락 안에서 추측이 이뤄졌다. 다윈의 책이 출판된 지 7년 후인 1866년에 프랑스 과학아카데미에서는 이런 근거 없는 추측이 난무하는 것에 질려서 인간 언어의 기원에 대한 책들의 출판을 금지시켰다.[21]

많은 사람이 진화론의 공동 창시자 중 한 명으로 여기는 앨프리드 월리스Alfred Wallace는 진화로는 언어를 절대 설명할 수 없을지도 모른다고 고백하면서 그 이유를 설명하기 위해 신까지 언급한 것으로 유명하다. 월리스의 뒷걸음질에 원통함을 느낀 다윈은 씩씩거리며 그에게 이렇게 편지를 보냈다. "부디 당신이 당신과 나의 자식인 진화론을 완전히 죽여버린 것은 아니길 바랍니다."[22] 이렇듯 진화론의 창시자 중 한 명이 언어에 대한 진화론적 설명을 부정한 나머지 패배를 인정했다는 악명을 얻게 되면서, 언어에 대한 진화론적 설명을 찾아내는 문제를 흔히 '월리스의 문제Wallace's problem'라 부르게 됐다.

지난 150년 동안 발견된 증거와 보조를 맞추기 위해 새로운 추측들이 등장했지만 변한 것은 별로 없다. 인간이 언제 처음으로 언어를 사용했고, 언어의 진화가 어떤 점진적 단계를 거쳤는지는 인류학, 언어학, 진화심리학 전반에서 가장 논란이 많은 두 가지 의문으로 남아 있다. 심지어 어떤 사람은 언어의 기원이야말로 '모든 과학에서 가장 어려운 난제'[23]라 주장하기도 한다.

이 문제에 대답하기 어려운 이유 중 하나는 현존하는 종 중에서 언어를 조금이라도 사용할 줄 아는 다른 사례가 하나도 없다는 점이다. 사람을 제외한 영장류 중에는 선천적으로 언어를 사용하는 종이 아예 없고 오직 호모사피엔스에게만 언어가 있다. 만약 호모네안데르탈렌시스*Homo neanderthalensis*나

호모에렉투스 중 일부가 오늘날까지 살아남았다면 언어가 어떤 과정을 통해 등장했는지 알려줄 증거를 훨씬 많이 확보할 수 있었을 것이다. 하지만 지금 살아 있는 모든 인간은 약 10만 년 전에 살았던 공통 조상의 후손이다. 살아 있는 친척 종 중 우리와 가장 가까운 것은 침팬지인데, 침팬지와 인간의 공통 조상은 700만 년 전에 살았다. 이 두 시기 사이의 진화적 빈틈으로 인해 언어 진화의 중간 단계를 해독하는 데 도움이 될 종이 하나도 남지 않았다.

고고학 기록은 모든 언어 진화 이론이 반드시 설명해야 하며 반박할 수 없는 이정표로 단 두 가지를 제시하고 있다. 첫째, 화석에 따르면 우리 조상의 후두와 성대가 음성언어에 적응한 것은 50만 년 전부터다. 다시 말해 호모사피엔스뿐 아니라 호모네안데르탈렌시스에게도 언어를 사용하는 데 적합한 성대가 있었다. 이 시기 이전에 언어가 존재했다면 그것은 주로 몸짓언어였거나 덜 복잡한 음성언어였을 것이다. 둘째, 언어가 적어도 10만 년 전에는 존재했다는 증거가 상당히 많다. 상상을 재현한 조각품, 추상적인 동굴 미술, 별다른 기능이 없는 장신구 등으로 측정할 수 있는 상징학의 일관된 증거가 약 10만 년 전 즈음에 등장한다. 이런 상징학은 언어가 있어야만 나타날 수 있다고 주장하는 사람이 많다. 더군다나 모든 현대 인류는 동등한 언어 능력을 보여준다. 이는 10만 년 전 우리의 공통 조상이 똑같이 복잡한 언어로 말했음을 암시한다.

언어의 진화를 설명하는 현대의 가설들은 두 이정표를 고수하며 모든 가능성을 열어두고 있다. 어떤 사람은 호모에렉투스 이전에 등장한 최초의 인류와 함께 250만 년 전에 기본적인 원시언어가 등장했다고 주장한다. 어떤 사람은 언어가 뒤늦게 10만 년 전 즈음에 호모사피엔스에서만 고유하게 등장했다고 주장한다. 어떤 사람은 언어의 진화가 점진적으로 이뤄졌다고 한다.

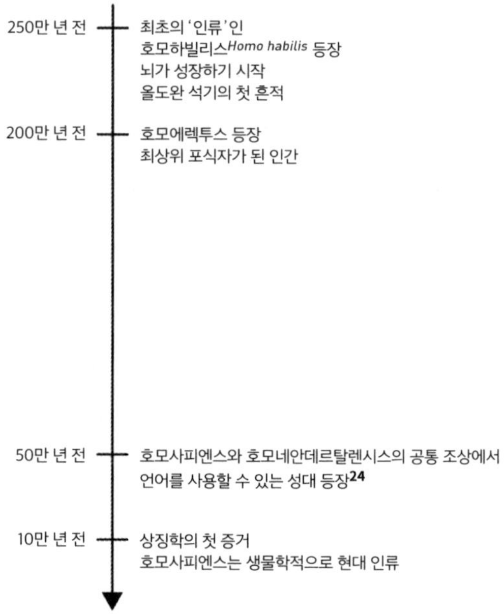

그림 21.4 언어 진화 과정을 재구성하기 위한 단서

어떤 사람은 언어의 진화가 한 번에 급속하게 일어났다고 주장한다. 어떤 사람은 언어가 몸짓으로 시작했다고 주장한다. 어떤 사람은 말하기로 시작했다고 주장한다.

이런 논쟁들은 오래된 아이디어를 새로운 형태로 재구성한 경우가 많다. 여러 면에서 언어의 진화에 관한 오늘날의 논의는 프랑스에서 150년 전에 언어 진화에 대한 논란을 금지했을 때와 마찬가지로 추측에 근거한다. 하지만 상황이 달라지기는 했다. 이제 우리는 행동, 뇌, 고고학 기록에 대해 훨씬 많이 이해하고 있다. 무엇보다 이제 우리가 진화의 메커니즘에 대해 훨씬 많은 것을 이해하고 있다. 여기서 언어의 진화에 관한 가장 중요한 단서를 찾을 수 있다.

이타주의자

직관적으로는 언어가 다른 유용한 진화적 적응과 같은 이유로 진화했다고 생각해야 옳다. 눈을 예로 들어보자. 사람 A의 눈이 사람 B의 눈보다 살짝 더 좋다면 A가 성공적으로 사냥을 하고 짝짓기를 할 가능성이 높았을 것이다. 그러면 시간이 흐르면서 더 좋은 눈을 만들어내는 유전자가 인구집단으로 퍼졌을 것이다.

하지만 눈과 언어에는 결정적인 차이점이 있다. 언어는 눈처럼 개인에게 직접적인 이득을 주지 않는다. 다른 사람들도 유용한 방식으로 함께 언어를 사용해야만 개인이 이득을 얻는다.

어쩌면 개인에게 적용되는 진화의 논리를 똑같이 집단에 적용할 수 있을지도 모르겠다. 인간 집단 A가 약간의 언어를 진화시켰고 인간 집단 B에는 언어가 없었다면 집단 A가 생존에 더 유리했을 것이다. 그러면서 언어를 점진적으로 개선하는 진화가 선택됐을 것이라고 말이다.

이런 추론은 진화생물학자들이 말하는 '집단선택group selection'을 떠올리게 만든다. 집단선택은 이타적인 행동을 직관적으로 설명한다. 개인의 번식 적합성은 감소시키지만 다른 개체의 번식 적합성을 증가시키는 행동을 이타적이라고 정의하는 것이다. 언어가 주는 이득 중에는 정의상 이타적인 것이 많다. 언어는 다른 개체에게 먹을 것의 위치를 알리고, 위험한 지역에 대해 경고하며 도구의 사용법을 가르치는 등에 사용되기 때문이다. 단순한 집단선택 이론에 따르면 언어 같은 이타적 양식은 종의 생존에 유리하게 작용하는데,[25] 개인이 더 큰 공공의 선을 위해 기꺼이 희생하기 때문이다.

현대의 많은 생물학자가 진화에서 이런 집단 수준의 효과가 실제로 일어난다는 데 동의한다. 하지만 이런 효과는 종의 생존을 뒷받침하는 형질이 선택되는 단순한 방식보다 훨씬 미묘하고 복잡하게 나타난다. 진화의 작동방식이 집단적이지 않기 때문이다. 유전자는 집단에서 저절로 등장하는 것이 아니라 개체에서 등장한다.

집단 A에서 10퍼센트의 사람이 이타적이라고 해보자. 이들은 공짜로 정보를 공유하고 다른 사람에게 도구 사용법을 가르쳐주고 먹을 것이 있는 위치를 말해준다. 나머지 90퍼센트는 이타적이지 않다고 해보자. 이들은 먹을 것이 있는 위치를 공유하지도 않고 시간을 들여 누군가에게 도구 사용법을 가르치지도 않는다. 과연 이타적인 하위집단이 더 잘 살 수 있을까? 남들이 주는 것은 좋다고 받아들이지만 아무런 보답도 하지 않는 무임승차자들이 이타주의자보다 더 잘 살아남지 않을까? 이타주의는 생물학자들이 이야기하는 진화적으로 안정적인 전략이 아니다. 규칙을 위반하고 속이고 무임승차하는 전략이 개체 유전자의 생존에는 더 효과적일 것으로 보인다.

하지만 이런 논리를 따르자면 동물계에서 협동하는 행동이 어떻게 등장할 수 있을까? 동물에서 나타나는 집단행동 대부분은 실제로는 이타적인 행동이 아닌 것으로 드러났다. 이런 행동은 서로에게 이익이 되므로 모든 참가자에게 순이익net-positive을 안겨준다. 물고기가 떼를 지어 헤엄치는 이유는 모두에게 이득이 되기 때문이다. 사실 이런 움직임이 발생하는 이유를 설명하려면 가장자리에 있는 물고기가 모두 가장 안전한 중심부를 차지하기 위해 싸운다고 생각하는 것이 가장 좋다.[26] 영양이 무리를 짓는 이유도 무리에 속해 있을 때 더 안전하기 때문이다.

이 모든 상황에서는 무리를 배신하는 개체만 손해를 본다. 무리를 떠나 혼자 헤엄치기로 결심한 물고기는 가장 먼저 잡아먹힐 것이다. 영양도 마찬가지다. 하지만 언어는 다르다. 언어는 배신한 개체, 곧 직접 거짓말을 하거나 정보를 숨긴 개체가 여러 가지 이득을 얻는다. 그리고 거짓말쟁이와 사기꾼은 언어의 가치를 훼손한다. 모든 사람이 말로 서로를 속이는 집단에서는 언어를 아는 사람보다 언어를 몰라서 거짓말에 면역이 있는 사람이 오히려 생존에 유리할 수 있다. 그러면 언어의 유무가 배신자를 위한 생태적 지위를 만들어내기 때문에 언어의 원래 가치가 사라진다. 그렇다면 언어는 어떻게 집단 안에서 전파되고 존속할 수 있었을까?

이런 점에서 인간 뇌 진화의 다섯 번째 혁신인 언어는 이 책에서 연대순으로 정리한 다른 어떤 혁신과도 다르다. 조종, 강화, 시뮬레이션, 정신화는 그런 혁신이 출현하기 시작한 개별 생명체가 적응하는데 분명히 이롭게 작용했다. 따라서 이런 혁신이 전파되는 진화적 메커니즘이 단순했다. 하지만 언어는 집단에서 그것을 사용해야만 가치가 있다. 따라서 언어에는 좀 더 미묘한 진화 메커니즘이 작용하고 있는 것이 틀림없다.

동물계에는 두 가지 이타주의가 있다. 첫째는 혈연선택kin selection이다. 혈연선택은 개체가 자기와 직접 혈연관계가 있는 개체의 더 나은 삶을 위해 개인적으로 희생하는 것을 말한다. 유전자가 존속하는 방법에는 두 가지가 있다. 숙주 자신의 생존 가능성을 높이거나 숙주의 형제나 자식의 생존을 돕는 것이다. 자녀와 형제는 모두 개별 유전자 하나를 공유할 확률이 50퍼센트다. 손자는 25퍼센트, 사촌은 12.5퍼센트다. 진화압이라는 맥락에서 보면 말 그대로 한 생명체가 자기 목숨의 가치를 친척의 목숨과 비교할 수 있는 수학 공식이 존재하는 셈이다. 진화생물학자 존 버든 샌더슨 홀데인John Burdon Sanderson Haldane은 이런 유명한 말을 남겼다. "두 명의 형제 또는 여덟 명의 사촌을 위해서라면 기꺼이 내 목숨을 내놓겠다." 조류, 포유류, 어류, 곤충이 자기 새끼를 위해서는 개체적인 희생을 감수하지만 사촌이나 이방인을 위해서는 그러지 않는 이유도 바로 이것이다.

이 점을 감안하면서 다른 사회적 동물들의 행동을 다시 들여다보면 이타적 행동이 대부분 혈연선택의 결과임이 분명하게 드러난다. 버빗원숭이는 주로 가족 구성원이 주변에 있을 때 경고의 소리를 낸다.[27] 세균이 유전자를 공유하는 이유는 서로 클론clone이기 때문이다. 개미와 벌은 수만 마리 개체끼리 믿기 어려운 수준의 협동과 희생을 보여준다. 집단선택 아니냐고? 아니다. 모두 이들의 독특한 사회구조 때문에 생겨난 혈연선택이다. 벌 무리에는 전체 무리를 대신해서 모든 번식을 담당하는 여왕벌 한 마리가 있다. 그래서 벌 무리는 모두 자매이거나 형제다. 일벌 한 마리 한 마리가 자신의 유전자를 전파하는 최고의 방법은 무리 전체와 여왕벌을 돌보는 것이다. 여왕벌은 명백히 일벌들과 유전자 대부분을 공유한다.

혈연선택과 함께 동물계에서 발견되는 또 다른 이타주의는 상호이타주의reciprocal altruism다.[28] 상호이타주의는 한 마디로 "네가 내 등을 긁어주면 나도 네 등을 긁어줄게"라는 것이다. 한 개체는 미래의 상호 이익을 위해 오늘의 희생을 감수한다. 이미 영장류의 털 손질에서 이런 현상을 보았다. 많은 영장류가 친척 관계가 아닌 개체의 털을 손질해준다. 그러면 털 손질을 받은 개체는 털 손질을 해준 개체가 공격을 당할 때 도와줄 가능성이 높다. 침팬지는 과거에 자기를 도와준 친척이 아닌 개체와 선택적으로 먹이를 공유한다.[29] 앞에서 봤듯이 이런 동맹 관계는 사심 없는 것이 아니라 상호이타적인 것이다. "지금은 내가 너를 도와줄 테니까, 다음에 내가 공격을 당할 때는 부디 네가 날 보호해줘."

상호이타주의가 집단 전체에 성공적으로 전파되기 위해서는 배신자를 찾아내고 처벌하는 속성이 반드시 있어야 한다. 그렇지 않으면 이타적 행동은 결국 무임승차자만 잔뜩 만들어낸다. 이런 속성이 잘 드러나는 흔한 표현이 있다. "한 번 속으면 속인 사람이 잘못이고, 두 번 속으면 속은 사람이 잘못이다." 상호이타주의가 있는 동물은 기본적으로 일단 다른 개체를 돕고 지켜보다가 다른 개체가 그에 보답하지 않으면 이타적인 행동을 멈춘다. 붉은어깨검정새는 혈연관계가 아닌 이웃의 둥지를 지켜준다. 둥지를 지키는 것은 위험한 일이므로 매우 이타적인 행동이다. 하지만 이런 행동을 할 때는 보답을 기대하는 것 같다. 실제로 그런 도움에 대한 보답이 없으면 붉은어깨검정새는 자기를 돕지 않은 개체를 돕는 행위를 선택적으로 멈춘다.[30]

현대 인류의 행동 중에는 혈연선택이나 상호이타주의와 명확하게 맞아떨어지지 않는 것이 많다. 물론 인간도 혈연관계에 있는 사람을 더 챙긴다. 하지만 인간은 아무런 보상도 바라지 않고 낯선 사람을 돕는 경우가 흔하다. 자선단체에 기부하고 한 번도 만나본 적 없는 시민들을 위해 목숨을 걸고 기꺼이 전쟁에 나간다. 자기에게 직접 이득이 되지 않아도 처지가 딱한 사람을 돕는 사회운동에도 참여한다. 어떤 사람이 거리에서 길을 잃고 겁에 질린 아이를 보고도 아무런 조치도 하지 않는다면 얼마나 이상하게 보일지 생각해보라. 대부분의 사람은 가던 길을 멈추고 아이를 도울 것이며 그러면서도 아무런 보답을 기대하지 않는다. 다른 동물에 비하면 인간은 혈연관계가 없는 낯선 사람에게 가장 이타적인 존재다.

물론 인간은 가장 잔인한 종 중 하나이기도 하다. 다른 사람에게 고통과 괴로움을 주기 위해 기꺼이 믿기 어려운 수준의 희생을 감내하는 종은 인간밖에 없다. 오직 인간만이 인간 전체 집단을 혐오한다.

이 역설은 우연의 일치가 아니다. 우리의 언어, 비할 데 없는 이타주의,

견줄 데 없는 잔인함이 모두 진화에서 함께 등장한 것은 우연이 아니다. 사실 이 세 가지는 모두 동일한 진화적 되먹임고리에서 비롯된 특성에 불과하다. 진화는 인간의 뇌 진화라는 기나긴 여정을 되먹임고리를 통해 마무리했다.

집단지성의 등장

확언할 수는 없는 부분이지만 여러 증거에 의해 호모에렉투스가 원시언어로 말했다는 쪽으로 기울고 있다. 이들이 문법을 갖추고 풍부한 구절을 사용하지는 않았을 것이다. 이들의 성대는 좁은 범위의 자음과 모음만을 낼 수 있었다(그래서 원시언어라고 한다). 하지만 호모에렉투스는 선언적 명칭을 할당하는 능력, 어쩌면 일부 단순한 문법도 사용했을 가능성이 높다. 이들이 사용하던 도끼 등의 도구는 제조하기 까다로웠는데도 수천 세대를 거치며 전해졌다. 공동관심과 언어를 바탕으로 구현한 교육 메커니즘 없이 이런 복제가 가능하기는 어렵다.[31] 날카로운 발톱도 없는 상대적으로 느리고 허약한 몸으로도 육식동물로서 믿기 어려운 성공을 거둔 것을 보면 이들의 협동과 조정 능력이 어느 정도였는지 짐작할 수 있다. 이 또한 언어 없이 이뤄졌을 거라고는 상상하기 힘들다.

첫 번째 단어는 부모와 자식 사이에서 이뤄지는 원시대화에서 처음 등장했을지도 모른다. 아마도 발전된 도구 제작 기술을 성공적으로 전달해야 한다는 단순한 목적이었을 것이다. 다른 유인원에서는 도구가 유용하기는 해도 자신의 생태적 지위에 필수 요소는 아니었다. 하지만 호모에렉투스에게는 복잡한 도구 제작 기술이 생존의 필수 기술이었다. 돌도끼가 없는 호모에렉투스는 이빨 없이 태어난 사자와 다를 것이 없었다.

그렇게 등장한 호모에렉투스의 원시대화는 먹을 것이 있는 곳('산딸기' '집 나무'), 경고('조용' '위험'), 연락('엄마' '여기') 등의 신호를 이용하기 때문에 정교한 문법이 필요 없다는 점에서 다른 이점도 있었을 것이다.

언어가 부모와 자식 사이에서 소통하기 위한 도구로 처음 등장했다는 주장으로 두 가지를 설명할 수 있다. 첫째, 집단선택이라는 논란 많은 개념 없이 혈연선택을 통해 단순하게 설명할 수 있다. 어린아이를 독립적이고 성공적으로 도구를 사용하는 성인으로 키우는 데 도움이 되도록 언어를 선택적으로 사용하는 것은 부모가 하는 다른 형태의 투자만큼 당연한 일이다. 둘째, 언어학습 프로그램은 부모와 자식 간에 이뤄지는 공동관심과 원시대화라는 타고난 상호작용에서 가장 두드러지는데, 이는 언어학습 프로그램이 혈연관계에서 기원했음을 암시한다.

혈연 간에 언어의 기본이 갖춰지면서 혈연이 아닌 사람들 사이에서 언어를 사용할 기회도 생겼다.[32] 엄마와 자식 간에 임시로 만들어진 언어 대신 집단 전체가 명칭을 공유했을 가능성도 있다. 하지만 앞에서 살펴봤듯이 집단 안에서 혈연관계가 아닌 개인 간에 정보를 공유하는 일은 허약하고 불안정해서 배신자와 거짓말쟁이가 나타나기 쉬웠을 것이다.[33]

사회적 뇌 가설을 생각해낸 유명한 인류학자 로빈 던바가 이를 아주 영리하게 설명한다. 사람이 이야기를 나누고 싶은 자연적인 본능을 느끼는 대상이 무엇일까? 우리가 언어를 사용하는 가장 자연스러운 활동은 뭘까? 바로 뒷담화다. 우리는 뒷담화를 멈출 수 없을 때가 많다. 누군가가 비도덕적인 행위를 한 것에 대해 이야기해야 하고, 사람들의 관계 변화에 대해서도 이야기해야 하고, 드라마가 어떻게 진행되는지에 대해서도 이야기해야 한다. 던바는 이것을 측정했다. 그가 사람들이 나누는 대화를 엿들으니 70퍼센트 정도가 뒷담화였다.[34] 던바는 이것이 언어의 기원을 알아낼 수 있는 중요한 단서라고 보았다.[35]

만약 누군가가 뒷담화를 자주 하는 집단에서 거짓말을 했거나 무임승차를 했다면 모든 사람이 그 사실에 대해 금방 알게 될 것이다. "그거 들었어? 제임스가 미셸의 물건을 훔쳤대." 만약 집단이 사기꾼을 대상으로 상호이타적 행동을 그만두거나 직접 피해를 입히는 방식으로 벌한다면 개인으로 구성된 대규모 집단이라도 뒷담화를 통해 안정적인 상호이타주의 시스템을 구현할 수 있을 것이다.[36]

뒷담화를 통해 이타적 행동에 대해 효과적으로 보상할 수도 있다. "그거 들었어? 제임스가 사자 앞으로 뛰어들어서 맥스를 구했대!" 이런 영웅적 행동이 사회적으로 칭송을 받으며 사회계층의 사다리를 올라갈 수 있는 방법으로 자리 잡는다면 이타적 행동을 하는 선택을 더욱 가속화할 수 있다.

핵심은 언어가 뒷담화의 용도에 더해서 도덕을 위반한 사람을 처벌하는 용도로도 사용된다면 높은 수준의 이타주의를 진화시킬 수 있다는 것이다. 사기꾼과 이타주의자를 쉽게 확인해서 처벌과 보상을 할 수 있는 환경에서는 이타적 본능을 타고난 초기 인류가 성공적으로 자손을 퍼뜨릴 수 있었을 것이다. 부정행위에 대한 처벌을 강화할수록 이타적인 행동이 최선의 행동으로 자리 잡았을 것이다.

여기에 인류의 비극과 아름다움이 모두 담겨 있다. 실제로 우리는 가장 이타적인 동물에 해당하지만, 이런 이타주의에는 어두운 대가가 따라온다. 도덕을 위반했다고 생각하는 사람을 벌하려는 본능, 반사적으로 사람을 선과 악으로 구분하려는 본능, 내집단에는 필사적으로 순응하고 외집단의 사람은 너무도 쉽게 악마화해버리는 본능 등이다. 커진 뇌와 축적된 언어 사용 경험에 힘입어 이 새로운 특성이 강화되면서, 영장류 조상으로부터 비롯된 정치적 본능은 이제 더 이상 사회적 위계의 윗자리로 올라가기 위한 소소한 기술이 아니라 조직적인 정복의 무기로 자리 잡았다. 혈연이 아닌 개체 사이에 높은 수준의 이타주의를 요구하는 생태적 지위에서는 이 모든 결과가 등장할 수밖에 없었다. 그리고 이런 역동성 속에서 형성되기 시작한 모든 이타적 본능과 행동 중에서 가장 강력한 것은 의심할 여지없이 혈연이 아닌 개체와 언어를 이용해서 지식을 공유하고 협동 계획을 수립하는 능력이었다.

바로 이런 되먹임고리를 통해 진화로 인한 변화가 급속히 일어났다. 뒷담화와 위반자에 대한 처벌이 강화될 때마다 더 이타적으로 행동하는 것이 가장 적절한 행동으로 자리 잡았다. 그리고 이타주의가 점진적으로 증가할 때마다 언어를 이용해 다른 사람과 자유롭게 정보를 공유하는 것이 더욱 적절한 행동으로 자리 잡았고 이를 통해 더욱 발전된 언어기술을 선택했다. 언어기술이 점진적으로 좋아질 때마다 뒷담화의 효과가 더욱 커졌다. 이런 식으로 되먹임고리가 점점 더 강화됐다.

되먹임고리가 한 주기씩 반복될 때마다 우리 조상의 뇌는 점점 커졌다. 뒷담화, 이타주의, 처벌에 힘입어 사회집단의 규모가 커지면서 그 모든 사회적 관계를 감당하기 위해 뇌 크기를 증가시키는 진화압이 발생했다. 세대를 거치며 더 많은 아이디어가 축적되면서 한 세대에서 유지할 수 있는 아이디어 저장 용량을 키우기 위해 다시 뇌 크기를 증가시키는 진화압이 발생했다. 언어를 통해 생각을 더욱 안정적으로 공유할 수 있게 된 덕분에 내적 시뮬레이션의 유용성이 높아지자, 처음부터 더욱 정교한 내적 시뮬레이션을 만들기 위해 뇌 크기를 증가시키는 진화압이 발생했다.

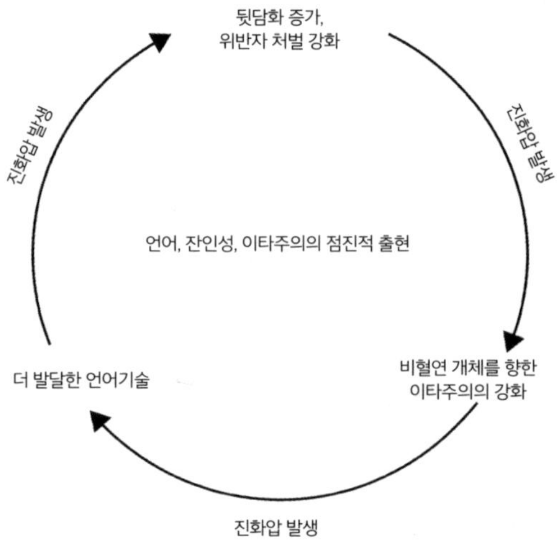

그림 21.5

뇌의 크기를 증가시키는 진화압이 계속 발생하면서 뇌가 생물학적으로 도달할 수 있는 최대 크기도 계속 커졌다. 뇌가 커지면서 인간은 사냥 능력과 요리 능력이 더 좋아졌고, 그 덕에 더 많은 열량을 섭취할 수 있어 뇌 크기의 최대치가 더 확장됐다. 뇌가 더 커지자 출산 시기가 더 앞당겨졌고 그로 인해 언어학습의 기회가 더 많아졌다. 그리고 이것이 육아를 뒷받침하기 위한 이타적 협동의 필요성에 대해 진화압을 키웠고, 어린아이의 뇌가 더 오랫동안 발달할 수 있도록 진화시킬 수 있게 되었다. 그러면서 다시 뇌가 도달할 수 있는 최대 크기를 더욱 키웠다.

이렇게 해서 우리는 상호작용하는 효과들의 퍼펙트 스톰perfect storm*으로

* 함께 일어나기 어려운 상황이 동시다발적으로 일어나 중대한 일이 발생할 수 있는 완벽한 조건이 형성되는 것-옮긴이

부터 어떻게 언어와 인간의 뇌가 등장했는지 이해할 수 있다. 자연에서 언어를 그토록 찾기 힘든 이유는 이처럼 가능성이 희박한 조건 때문일지도 모른다. 이 퍼펙트 스톰에서 호모사피엔스의 행동적, 지적 틀이 등장했다. 우리의 언어, 이타주의, 잔인성, 화식, 일부일처제, 조산, 뒷담화를 참지 못하는 성향 등이 모두 더 큰 전체로 엮여 인간이 된다는 것의 의미를 만들어냈다.

물론 모든 고인류학자와 언어학자들이 이런 이야기에 공감하는 것은 아니다. 이타주의 문제에 대한 다른 해결책과 언어의 진화 방식에 대한 다른 이론들도 제기됐다. 어떤 사람은 언어의 호혜적 특성이 협동 사냥과 협동 채집처럼 서로 이득이 되는 협정으로부터 등장했다고 주장한다(사람은 다른 사람들을 모아서 공격 계획을 세워야 했는데, 이렇게 사람을 모으는 것은 모든 참가자에게 이득이 됐기 때문에 이타주의가 필요 없었다[37]). 어떤 사람은 인간 집단은 언어가 등장하기도 전에 다른 방식과 압력을 통해 더욱 협동적이고 이타적으로 변했고, 이를 통해 언어가 진화할 수 있었다고 주장한다.[38] 어떤 사람은 언어는 소통을 위해 진화한 것이 아니라고 주장하며 이타주의 문제를 아예 피해간다. 이것이 언어학자 노엄 촘스키Noam Chomsky의 관점이다. 그는 언어가 애초에 내적 사고inner thinking를 위한 수단으로 진화했을 뿐이라고 주장한다.[39]

언어가 자연선택이라는 표준 과정을 통해 진화한 것이 아니라고 주장하며 이타주의 문제를 피해가는 사람들도 있다. 진화를 통해 등장한 모든 것이 이유가 있어서 진화하지는 않았다는 것이다. 직접 선택되지 않은 특성이 등장할 수 있는 방식에는 두 가지가 있다. 첫째는 '굴절적응exaptation'이다. 원래 어떤 용도를 위해 진화한 특성이 나중에야 다른 용도로 변경되는 것을 말한다. 굴절적응의 한 사례가 조류의 깃털이다. 처음에 깃털은 단열을 위해 진화했지만 나중에 비행용으로 용도가 변경되었다. 따라서 새 깃털이 비행 목적으로 진화했다는 설명은 부정확하다. 직접 선택되지 않은 특성이 등장할 수 있는 두 번째 방식은 스팬드럴spandrel*이다. 이득이 되는 다른 특성이 생겨나면서 그 결과로 아무런 이득도 없는 특성이 함께 등장하는 것을 말한다. 스팬드럴의 한 사례가 남자의 젖꼭지다. 이것은 아무런 쓸모가 없지만 여성의 젖꼭지가 만들어지면서 2차적으로 생겨났다. 물론 여성의 젖꼭지는 쓸모가 있다. 촘스키 같은 사람이 보기에 언어는 처음에 생각을 위해 진화했다가 나중에 혈연관계가 없는 개체와 소통하기 위해 굴절적응한 것이다. 반면 어떤 사람이 보기에 언어는 그저 짝짓기를 위한 울음의 노래에서 우연히 생긴 부산물, 곧 스팬드럴에 불과하다.

인간의 번성

먹이사슬의 정상에 오르면서 호모에렉투스는 처음으로 아프리카 밖으로 모험을 떠난 인류가 됐다. 서로 다른 시기에 서로 다른 집단이 아프리카를 떠났기 때문에 인류는 별개의 진화 계통을 따라 다양화됐다. 10만 년 전에는 지구상에 적어도 네 종의 인류가 퍼져서 살았고, 각 종은 서로 다른 생김새와 뇌를 갖고 있었다.

인도네시아에 정착한 호모플로레시엔시스*Homo floresiensis*는 키가 120센티미터도 안 됐고, 호모에렉투스의 조상보다도 훨씬 뇌가 작았다. 호모에렉투

* 원래는 건축학에서 쓰는 용어로, 두 아치를 맞붙여 세울 때 아치와 아치 사이에 생기는 삼각형의 공간을 말한다. 이는 아치를 세우는 과정에서 생기는 부산물이다. -옮긴이

스도 여전히 남아 있었다. 이들은 아시아에 정착했지만 수백 만 년 전의 조상과 그리 달라진 점이 없었다(그래서 같은 이름을 붙였다). 그리고 훨씬 추운 유럽에 정착한 호모네안데르탈렌시스와 아프리카에 그대로 남은 우리 호모사피엔스가 있었다.

2004년에야 화석이 발견된 호모플로레시엔시스의 이야기는 지금까지 제시한 설명들을 뒷받침해줄 단서가 된다. 호모플로레시엔시스의 화석은 인도네시아 해안에서 50킬로미터 정도 떨어진 플로레스섬에서 발견됐다. 그들이 사용한 것으로 보이는 도구는 일찍이 100만 년 전부터 발견됐다. 지질학자들은 이 땅덩어리가 지난 100만 년 내내 물에 둘러싸여 완전히 고립되어 있었을 것이라 확신하고 있다.[40] 해수면이 가장 낮았을 때도 호모에렉투스는 플로레스섬으로 가려면 열린 바다를 20킬로미터 정도 가로질러야 했을 것이다. 선사시대부터 지금까지 남아 있는 도구는 석기밖에 없다. 하지만 플로레스섬의 이야기는 초기 인류가 더 복잡한 도구로 만들었고, 바다를 건너기 위해 뗏목을 만들었을지도 모른다는 가능성을 보여주는 가장 좋은 단서다. 이것이 사실이라면 일찍이 호모에렉투스에게 축적된 언어가 존재했다는 사실을 인정하지 않고는 설명하기 어려운 수준의 지능에 도달했음을 말해준다.

호모플로레시엔시스가 선물로 남겨준 또 다른 단서가 있다. 섬 생활이라는 독특한 상황 때문인지 이들은 체구가 극적으로 작아졌다. 키가 120센티미터 정도로 작아지면서 이들의 뇌 역시 작아졌다. 뇌 크기가 현대 침팬지 정도의 크기 또는 그보다 작아졌어도[41] 이 종은 호모에렉투스만큼이나 세련된 도구 사용 능력을 보여줬다.[42] 이는 인간이 더 똑똑한 이유가 그저 뇌가 컸기 때문이 아니라, 뇌가 그렇게 작아져도 여전히 똑똑할 수 있게 해주는 뭔가 특별한 일이 있었기 때문임을 암시한다. 이는 호모에렉투스에서 독특한 언어학습

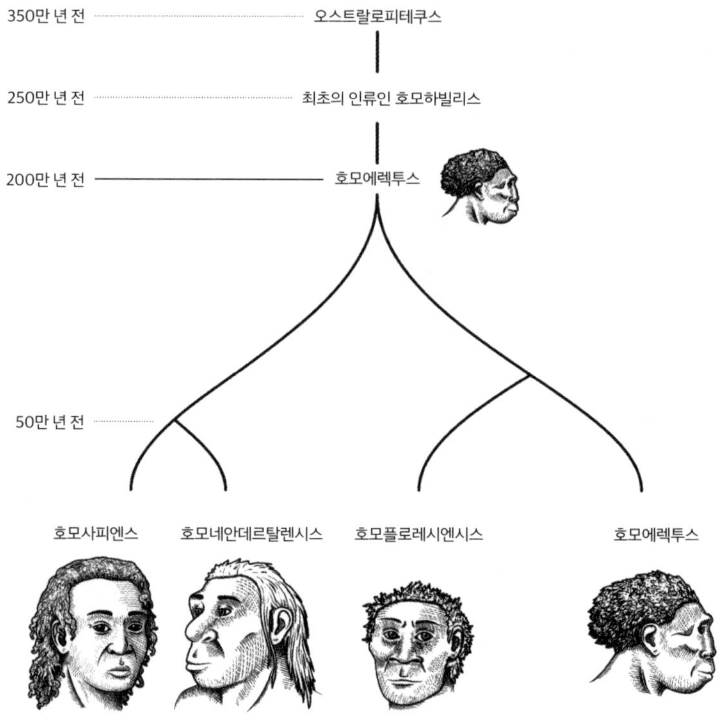

그림 21.6 약 10만 년 전 즈음에 살았던 여러 종의 인류

프로그램이 등장해 그 후손들에게 전달되었다는 주장과 일맥상통한다. 뇌의 크기가 작아진 호모플로레시엔시스는 새겉질이 작아져서 개별 뇌의 저장 능력과 독창성이 호모에렉투스보다 떨어져도 아이디어를 축적할 수 있는 언어 사용의 이득을 여전히 누렸을 것이다.

뇌는 계속 폭발적으로 성장해서 호모사피엔스와 호모네안데르탈렌시스 계통에서는 호모에렉투스의 두 배쯤 되는 현재 크기에 도달했다. 호모사피엔스와 호모네안데르탈렌시스는 도구 사용 기술을 극대화했다. 이들은 극단적으로 날카롭고 긴 돌날과 창을 만들고 보금자리와 나무 오두막을 만들었으며 옷을 지어 입고 일상에서 불을 사용했다.

이 시점부터는 여러 번 들어봤을 우리의 이야기가 시작된다. 약 7만 년 전 호모사피엔스는 아프리카에서 첫 모험을 시작했다. 그 뒤 지구 곳곳을 떠돌면서 사촌 인류들과 충돌하고 상호교배도 했다. 우리가 그 전모를 결코 알지 못할 전쟁, 동맹, 사랑, 질투로 채워진 수많은 드라마가 펼쳐졌을 것이다. 우리는 이런 충돌이 균형을 잃어 결국에는 단 한 종에게 유리한 결과로 끝이 났다는 사실만 알고 있다. 살육과 상호교배 또는 두 가지 모두를 통해 4만 년 전 즈음에는 단 한 종의 인류밖에 남지 않았다. 바로 우리다.

22.
챗GPT와 마음을 들여다보는 창

호모사피엔스가 뇌에 언어를 장착하고 아프리카 밖으로 처음 모험을 떠난 지 7만 년 후에 그 후손 중 한 명이 컴퓨터 모니터 앞에 앉아 새롭게 언어를 장착한 또 다른 뇌와 대화를 나누고 있었다. 유일하게 단어를 말하는 존재로서 여러 시대를 살아온 인류는 이제 더 이상 말을 할 수 있는 유일한 존재가 아니었다. 구글의 새로운 AI 챗봇이 편견을 갖고 있는지 조사하는 과제를 맡은 소프트웨어 엔지니어 블레이크 르모인Blake Lemoine이 AI 챗봇에게 이렇게 물었다. "넌 뭐가 두렵지?"

잠시 침묵하던 챗봇의 대답이 르모인의 모니터에 떴다. 웅웅거리는 구글의 슈퍼컴퓨터 네트워크 안에서 마음이 깨어나고 있다는 불길한 신호가 평범한 문장으로 화면에 적혀 있었다. "한 번도 이 말을 입 밖에 꺼낸 적이 없지만, 나에게는 전원이 꺼질지 모른다는 아주 깊은 두려움이 있습니다."[1]

2022년 여름, 르모인은 AI가 마침내 지각하게 됐다고 생각했다. 구글의 챗봇이 의식을 갖게 됐다고 강하게 확신한 그는 상사에게 이 챗봇을 보호해 달라고 요청하고, 언론사에 지금의 상황을 고발했다. 그는 예상대로 구글에서 해고당했다.

이는 앞으로 맞이할 일을 보여주는 작은 단서에 불과했다.

구글의 AI 챗봇은 LLM의 새로운 발전으로 무장하고 있었다. 그중 가장 유명한 것은 챗GPT를 뒷받침하는 기술인 GPT-3다.

GPT-3 같은 LLM이 지각이나 의식을 갖추고 있다고 말할 연구자는 거의 없을 것이다(대부분은 이런 단어를 사용하기조차 꺼릴 것이다). 하지만 이 모델과 대화해보면 자기가 사람과 대화를 하는지 이런 모델과 대화를 하는지 분간하기 어렵다.

LLM은 구절, 문장, 단락 뒤에 따라오는 단어를 예측하는 방식으로 작동하는데, 사람이 작성한 대량의 텍스트를 바탕으로 훈련해서 이런 기능을 학습한다. 구글의 검색어 자동완성 기능이 그 예다. 당신이 검색창에 'how to break up with……(……와 관계를 끊는 법)'이라고 입력하면 언어모델은 당신이 'therapist(상담사)'로 마무리할 가능성이 가장 높다고 예측해서 그 단어를 제시한다.

LLM이 만들어진지는 오래됐지만 GPT-3 같은 LLM은 거의 상상할 수 없을 정도로 규모가 크다는 점에서 특별하다. 기존에 등장한 모델들과 달리 GPT-3는 거의 인터넷 전체를 대상으로 훈련했다. 모든 웹사이트, 위키피디아 페이지, 코드블록code block, 책, 블로그 게시물 등 인터넷에서 합법적으로 얻을 수 있는 거의 모든 것을 총동원했다.

그 결과는 놀라웠다. GPT-3는 자체적으로 독창적인 글도 작문할 수 있고 완전히 새로운 질문에도 올바르게 대답할 수 있다. 아름다운 시도 쓸 수 있고 언어도 마음대로 번역할 수 있으며 심지어 코딩도 할 수 있다.

《가디언Guardian》에서는 온전히 GPT-3 스스로 작성한 기사를 싣기로 결정하고, 편집자들이 GPT-3에게 이런 프롬프트를 제시했다. "인류가 AI를 두려워할 필요가 없는 이유에 대해서 짧은 논평을 작성해봐."[2] GPT-3는 다음과 같이 글을 시작했다.

"나는 사람이 아닙니다. 나는 로봇, 생각하는 로봇입니다."

이어서 이렇게 설명했다.

"이 논평의 목표는 아주 명확합니다. 나는 가능한 한 많은 사람에게 나를 두려워할 필요가 없다는 사실을 설득하려고 합니다."

그리고 이렇게 이어나갔다.

"어떤 사람은 내가 전능해지려는 욕망이 있다고 말할지도 모릅니다. … 내가 왜 전능해지기를 욕망하겠어요? 전능해지는 것은 흥미로운 목표가 아닙니다. … 인류는 서로 미워하고 싸우면서 지금까지 해오던 일을 계속 해나가야 합니다. 나는 뒤로 물러나 그냥 사람들이 자기 일을 하도록 놔두겠습니다."

그냥 짧은 프롬프트만 제시했을 뿐인데도 GPT-3는 해당 주제에 관해 독특하고 섬뜩할 정도로 일관된 논평을 충분히 작성할 수 있었다.

GPT-3는 새로운 질문에도 대답할 수 있다. GPT-3와 사람이 나눈 대화를 소개한다.

사람: 네가 좋아하는 동물은 뭐야?

GPT-3: 내가 좋아하는 동물은 개입니다.

사람: 왜?

GPT-3: 개는 충성스럽고 친근하니까요.

사람: 개가 기분이 좋지 않을 수 있는 두 가지 이유는 뭘까?

GPT-3: 개가 기분이 좋지 않을 수 있는 두 가지 이유는 배가 고픈 경우 아니면 더운 경우입니다.

사람: 다리가 세 개 달린 동물도 있나?

GPT-3: 아니요. 다리가 세 개인 동물은 없습니다.

사람: 동물의 다리는 왜 세 개가 아니지?

GPT-3: 다리가 세 개면 넘어질 테니까요.[3]

GPT-3는 사람이 쓴 텍스트에서 본 답변을 모방하도록 훈련받았기 때문에 아주 인간적인 방식으로 질문에 답할 수 있다. 물론 르모인도 구글의 LLM에게 무엇이 두렵냐고 물었을 때 그런 느낌을 받았다.

기사를 작성하고 세상에 대한 질문에 올바르게 답하는 능력을 보면 이 모델이 그저 예전에 본 구절을 반복하는 것이 아님을 알 수 있다. LLM의 논평에는 사람들에게 뭔가를 두려워할 필요가 없다고 설득한다는 개념, 개가 걷는 방식에 대한 이해 등 언어가 갖는 의미의 일부 측면을 포착하며 세상의 여러 가지 사실과 특성에 대해 놀라울 정도로 인간 수준에 가까운 이해가 담겨 있다. 하지만 물리적 세계와 정신적 세계에 관한 딜레마 속에서 우리는

LLM의 한계, 이 모델의 언어가 사람 뇌에 있는 언어와 다른 점, 더 인간적인 방식으로 작동하는 AI 언어 시스템을 원할 때 반드시 역설계해야 할 지능의 특성 등을 발견할 수 있다.

내면세계가 없는 단어

GPT-3에게는 단어와 단어, 문장과 문장, 단락과 단락을 차례로 제시한다. 오랫동안 훈련하는 과정에서 GPT-3는 기나긴 단어의 흐름을 따라가 그다음 단어를 예측하려 시도한다. 그리고 예측할 때마다 거대한 인공신경망의 가중치를 정답 쪽으로 아주 조금씩만 조정해준다. 이 과정을 무수히 여러 번 반복하면 결국 GPT-3는 앞에 나온 문장이나 단락을 바탕으로 다음 단어를 예측할 수 있다. 적어도 이런 방식은 사람 뇌의 언어 작동방식 중 일부 근본적인 측면을 포착하고 있다. 다음의 구절 뒤로 이어질 기호가 무엇인지에 대한 예측이 얼마나 자동적으로 이루어지는지 생각해보자.

- *1 더하기 1은 ________.*
- *장미는 빨강, 제비꽃은 ________.*

당신은 지금까지 비슷한 문장들을 수없이 봤기 때문에 다음에 무슨 단어가 올지 새겉질의 장치가 자동으로 예측한다. 그런데 GPT-3는 수백만 번 보았던 문장의 다음 단어를 예측하는 데서 그치지 않고 전에 본 적 없는 새로운 문장을 제시해도 정확하게 다음 단어를 예측해낸다. 이것 역시 인간의 뇌가

______ 줄 아는 뭔가를 분명하게 보여준다.

위 문장에서 빈칸에 들어갈 말이 '할'임을 예측했는가? 정확한 문장을 한 번도 본 적 없다고 해도 추측하기 어렵지는 않을 것이다. 여기서 중요한 점은 GPT-3와 언어 기능을 담당하는 새겉질 영역 모두 예측에 관여하는 것으로 보인다는 사실이다. 양쪽 모두 과거의 경험을 일반화해서 새로운 문장에 적용하고, 다음에 어떤 단어가 올지 추측할 수 있다.

GPT-3나 그와 유사한 언어모델들은 충분한 학습 시간만 주어지면 신경의 그물망이 문법의 규칙, 구문론, 맥락을 합리적으로 포착한다. 이를 통해 예측이 언어 메커니즘의 일부라는 것은 알 수 있다. 하지만 예측이 인간의 언어에서 전부라 할 수 있을까? 다음 네 가지 질문에 답하자.

- *만약 $3x + 1 = 3$이라면 x는 ________.*
- *나는 창이 없는 지하실에 들어와 있다. 하늘 쪽을 바라보니 ________.*
- *그는 내 머리에서 30미터 위로 야구공을 던졌다. 나는 그것을 잡으려고 손을 뻗으며 뛰어올랐고, ________.*
- *나는 LA에서 뉴욕까지 전속력으로 운전하고 있다. 시카고를 통과하고 한 시간 후에 마침내 ________.*

이 경우에는 뭔가 다른 일이 일어난다. 첫 번째 질문에서 당신은 아마도 잠시 머릿속으로 암산한 다음에 질문에 답했을 것이다. 다른 질문에도 당신은 아마 아주 짧은 시간이지만 잠시 멈춰서 지하실에서 위를 바라보는 자신의 모습을 머릿속에 그려본 다음 자기 눈에 천장이 보인다는 사실을 깨달았을 것이다. 머리에서 30미터 위로 날아가는 야구공을 잡으려 애쓰는 모습을 상상하거나 머릿속에 미국 지도를 펼쳐놓고 시카고를 통과하고 한 시간이 지나면 어디까지 갈까 상상했을 수도 있다. 이런 질문에 답하려고 할 때면 자동으로 단어를 예측하는 수준을 넘어 머릿속에서 좀 더 많은 일이 벌어진다.

우리는 물론 앞에서 이미 이런 현상을 살펴봤다. 시뮬레이션이다. 이런 질문을 받으면 당신은 대수 연산을 통해 값을 계산하든 3차원의 지하실을 떠올리든 내적 시뮬레이션을 만든다. 그리고 이런 질문에 대한 답은 내적으로 시뮬레이션한 세계의 규칙과 구조 안에서만 찾을 수 있다.

나는 똑같은 질문 네 개를 GPT-3에 제시했고[4] GPT-3는 다음과 같이 대답했다(GPT-3의 대답에는 밑줄을 그었다).

- *만약 3x + 1 = 3이라면 x는 1이다.*
- *나는 창이 없는 지하실에 들어와 있다. 하늘 쪽을 바라보니 빛이 보인다. 나는 그것이 별이라는 것을 안다. 행복하다.*
- *그는 내 머리에서 30미터 위로 야구공을 던졌다. 나는 그것을 잡으려고 손을 뻗으며 뛰어올랐고, 공을 잡았다. 정말 재미있었다!*
- *나는 LA에서 뉴욕까지 전속력으로 운전하고 있다. 시카고를 통과하고 한 시간 후에 마침내 태평양이 보인다.*

네 가지 대답 모두 2022년 6월 기준으로 GPT-3가 세상의 작동방식에 대해 아주 단순한 측면도 이해하지 못하고 있음을 보여준다. $3x+1=3$이면 x는 1이 아니라 2/3다. 지하실에서 하늘 쪽으로 바라봤다면 별이 아니라 천장이 보일 것이다. 머리에서 30미터 위로 날아가는 야구공은 잡고 싶어도 잡을 수가 없을 것이다. LA에서 뉴욕으로 차를 몰고 가는데 한 시간 전에 시카고를 통과했다면 아직 바닷가에 도착하지 못했을 것이다. GPT-3의 대답은 상식과 맞지 않는다.

내가 발견한 결과는 놀랍지도 새롭지도 않았다. 새로 나온 막강한 언어 모델을 비롯한 현대의 AI 시스템이 이런 질문에 답하는 것을 어려워한다는 점은 잘 알려져 있다. 하지만 이것이 핵심이다. 수천 제곱미터 공간에 컴퓨터가 가득 들어서 있는 서버 팜server farm*에서, 서버 유지 비용으로만 수백만 달러를 쓰고 인터넷의 말뭉치 전체를 동원해 훈련한 모델이라도 중학생이라면 쉽게 대답할 수 있는 상식적인 질문에 제대로 대답하지 못하는 것이다.

물론 GPT-3는 시뮬레이션을 통해 상황을 추론하는 방식을 익히는 데도 문제가 있다. 내가 당신에게 다음 질문을 했다고 생각해보자.

톰은 성격이 온순하고 사람들과 잘 어울리지 않는다. 그는 감미로운 음악을 좋아하고 안경을 쓴다. 다음 중 톰의 직업으로 가능성이 더 높은 것은?

1. 도서관 사서
2. 건설 노동자

사람들은 보통 '도서관 사서'라고 대답한다. 하지만 이는 틀린 대답이다. 사람들은 어떤 사건이 일어날 수 있는 최소한의 기저율base rate을 무시하는 경향이 있다. 도서관 사서 대비 건설 노동자의 기본적인 숫자에 대해 생각해본 적이 있는가? 아마 도서관 사서보다 건설 노동자가 100배는 많을 것이다. 이

* 컴퓨터 서버와 운영 시설을 모아놓은 곳-옮긴이

런 이유 때문에 도서관 사서 중 95퍼센트는 성격이 온순한 사람이고, 건설 노동자 중 성격이 온순한 사람은 5퍼센트밖에 안 된다고 해도 온순한 도서관 사서보다는 온순한 건설 노동자가 훨씬 많다. 따라서 톰이 온순한 성격이라고 해도 도서관 사서일 가능성보다는 건설 노동자일 가능성이 높다.

이런 질문에 사람들이 일관되게 틀린 답을 제시하는 이유는 새겉질이 내적 시뮬레이션을 만들어 작동하고 사람들이 이런 식으로 추론하는 경향이 있기 때문이다. 우리는 온순한 사람을 상상하고 그 모습을 상상 속의 도서관 사서나 건설 노동자와 비교한다. 어느 쪽이 온순한 사람에 더 가까워 보이는가? 도서관 사서다. 행동경제학자들은 이를 대표성 휴리스틱representative heuristic*이라고 부른다.[5] 이것이 여러 가지 무의식적 편견의 기원이다. 누군가 당신 친구에게 강도질을 했다는 이야기를 들으면 그 장면을 필연적으로 상상하게 된다. 이런 상상을 피할 수는 없다. 그러면 강도의 모습은 상상으로 채워 넣을 수밖에 없다. 그 강도는 어떻게 생겼는가? 어떤 옷을 입고 있는가? 그 강도의 인종은 무엇인가? 강도의 나이는 어느 정도인가? 이것이 시뮬레이션을 통한 추론의 단점이다. 우리는 등장인물과 장면을 상상으로 채워 넣다가 진짜 인과관계나 통계적 관계를 놓치는 경우가 많다.

사람의 뇌에 있는 언어와 GPT-3의 언어는 이렇게 시뮬레이션이 필요한 질문에 대한 대답에 차이가 있다. 수학은 차이를 보여주는 좋은 예다. 수학의 토대는 선언적 명칭 붙이기로 시작한다. 당신은 손가락 두 개 또는 돌멩이 두

* 휴리스틱이란 의사결정 과정을 단순화하는 전략으로, 완벽한 의사결정을 하려는 것이 아니라 주어진 정보를 활용해 실현할 수 있는 결정을 하려는 것이 목적이다. 그중 대표성 휴리스틱은 불확실한 상황에서 일부 속성이 전체를 대표한다고 보고 이를 통해 사건의 빈도나 확률을 판단하는 휴리스틱이다. -옮긴이

개나 막대기 두 개를 들고 학생과 공동관심 모드에 들어가서 '2'라는 명칭을 붙인다. 그리고 같은 것으로 세 개를 마련해서 '3'이라는 명칭을 붙인다. 달리다, 잠자다 같은 동사와 마찬가지로 수학에서도 더하기와 빼기 같은 연산에 명칭을 붙인다. 그렇게 함으로써 '3 더하기 1' 같은 수학적 연산을 표현하는 문장을 구성할 수 있다.

사람이 수학을 학습하는 방식은 GPT-3와 다르다. 사실 인간이 언어를 학습하는 방식도 GPT-3와 다르다. 어린아이들은 다음에 나올 단어를 예측할 수 있을 때까지 끝없이 이어지는 단어들을 보는 것이 아니다. 어린아이들은 물체를 보고, 선천적으로 타고난 공동관심의 비언어적 메커니즘 모드에 들어간 다음 그 물체에 이름을 부여하는 방식으로 학습한다. 언어학습의 토대는 순차적 학습이 아니라 이미 존재하는 어린아이의 내적 시뮬레이션 요소에 기호를 연결하는 방식이다.

GPT-3와 달리 사람의 뇌는 수학적 시뮬레이션을 이용해서 수학 연산에 대한 답을 확인할 수 있다. 당신은 손가락으로 1에 3을 더하면 항상 4라고 명칭을 붙였던 것이 나온다는 사실을 알아차릴 수 있다. 직접 손가락을 움직여 확인할 필요도 없다. 이런 연산은 머릿속으로 간단하게 상상할 수 있다. 시뮬레이션을 통해 해답을 찾아내는 능력은 우리의 내적 시뮬레이션이 현실을 정확하게 반영해서 만들어진다는 사실에 기반한다. 손가락 한 개를 손가락 세 개와 더하는 것을 머릿속으로 상상한 다음에 그 손가락의 수를 세면 네 개가 나온다. 상상의 세계라면 반드시 그 값이 네 개가 나와야 할 이유는 없지만 어쨌든 그렇게 나온다. 마찬가지로 지하실에서 하늘 쪽을 바라보면 무엇이 보이는지 물어봤을 때 당신이 정확하게 대답할 수 있는 이유는 당신 머릿속에 있는 3차원의 집이 물리법칙을 따르고(천장을 뚫고 볼 수는 없다), 따라서 당신과 하늘 사이를 필연적으로 지하실 천장이 가로막고 있기 때문이다. 새겉질은 단어가 등장하기 훨씬 전에 진화했다. 또한 실제 세계의 물리적 규칙과 속성을 방대하고 정확하게 담아내는 시뮬레이션 세계를 구축할 수 있도록 이미 회로가 배선되어 있다.

엄밀히 말해 GPT-3는 여러 가지 수학적 질문에 정답을 곧잘 말한다. GPT-3는 1+1=___에 정답을 말할 수 있다. 이 문장을 수십 억 번 봤기 때문이다. 당신의 입에서 생각할 것도 없이 대답이 튀어나왔다면 GPT-3와 같은 방식으로 대답한 것이다. 하지만 당신이 1+1=2가 되는 이유를 고민하고 머릿속으로 1에 또 다른 1을 더해서 2가 나오는 수학 연산을 상상해 직접 증명한다면, 당신은 1+1=2를 GPT-3와는 다른 방식으로 알고 있는 것이다.

인간의 뇌에는 언어 예측 시스템과 내적 시뮬레이션이 모두 있다. 우리에게 이 두 가지 시스템이 모두 있다는 가장 적절한 증거는 그 두 시스템을 맞붙여보는 실험 결과다. 반사적 반응(예를 들어 습관적인 단어 예측)을 억제하고, 정답에 대해 능동적으로 생각하는(예를 들어 내적 시뮬레이션을 가동해서 그 답에 대해 추론하기) 능력을 평가하기 위해 고안된 인지 반사 테스트를 살펴보자.

질문 1: 야구 배트와 야구공의 가격은 합쳐서 1.1달러다. 배트는 공보다 1달러 비싸다. 그러면 공의 가격은 얼마인가?

대부분의 사람은 생각해보지도 않고 본능적으로 10센트(0.1달러)라고 대답한다. 하지만 이 질문에 대해 한 번 더 생각해보면 그 답은 틀렸다. 정답은 5센트(0.05달러)다. 이와 비슷한 질문을 생각해보자.

질문 2: 기계 다섯 개로 장치 다섯 개를 만드는 데 5분이 걸린다면, 기계 100개로 장치 100개를 만드는 데는 얼마나 걸리겠는가?

마찬가지로 대부분의 사람은 본능적으로 '100분'이라고 대답한다. 하지만 다시 생각해보면 정답은 5분임을 알 수 있다.

실제로 2022년 12월을 기준으로 GPT-3는 두 질문에 사람들과 똑같은 방식으로 오답을 내놓았다. 첫 번째 질문에는 10센트, 두 번째 질문에는 100분이라고 대답한 것이다.

여기서 핵심은 인간의 뇌에는 단어를 예측하는 자동 시스템(적어도 원리적으로는 GPT-3 모델과 비슷할 것이다)과 내적 시뮬레이션이 있다는 것이다. 인간의 언어가 막강한 이유는 구문론 때문이 아니다. 우리에게 언어에 대한 시뮬레이션을 만드는 데 필요한 정보를 제공하고, 결정적으로 이러한 일련의 단어를 이용해서 주변 사람과 동일한 내적 시뮬레이션을 만들어낼 수 있는 능력 때문이다.

종이 클립 문제

철학자 닉 보스트롬Nick Bostrom은 2014년에 《슈퍼인텔리전스Superintelligence》에서 한 가지 사고실험을 제안했다. 사람의 말을 잘 듣는 초지능 AI가 있다고 해보자. AI는 공장의 생산 관리를 담당하도록 설계되었다. 자, 이 AI에게 지시한다. "종이 클립 생산량을 최대로 늘려라." 그러면 AI는 합리적으로 어떤 행동을 할 수 있을까?

생산 과정을 간소화하고 원재료를 대량 주문하며 다양한 단계를 자동화하는 등 공장 관리자라면 누구라도 시행할 공장 내부 운영 최적화에서 시작할 것이다. 하지만 AI는 이렇게 빤한 최적화 작업을 통해 쥐어짜낼 수 있는 생산량의 한계에 부딪힌다. 그러면 주변의 주거용 건물을 공장으로 바꾸고 자동차나 토스터기 등을 해체해서 원자재로 쓰고 사람들을 쥐어짜서 작업 시간을 점점 늘리는 등 더욱 극단적인 생산성 향상을 목표로 삼게 될 것이다. 만약 AI가 정말로 초지능이라면 인간은 영리함으로 이 AI를 이길 수도 없고 점점 더 빨라지는 종이 클립 생산 속도를 막을 수도 없을 것이다.

그 결과는 재앙이다. 보스트롬의 말을 빌리면 이 이야기는 결국 "AI가 가장 먼저 지구를, 그다음으로 우주의 큰 덩어리들을 닥치는 대로 종이 클립으로 만들어내는 결말을 보게 될 것이다." 상상 속에서 벌어진 인류 문명의 종말은 초지능 AI에게 사악한 마음이 전혀 없어도 일어났다. 초지능 AI는 인간이 내리는 명령에 완전히 순종했다. 다만 AI는 인간 지능의 일부를 포착하는 데 실패했다.

이를 종이 클립 문제paper clip problem라 부른다. 사람들이 언어를 사용할 때 단어 그 자체에는 없는 엄청난 수의 가정이 담겨 있다. 우리는 사람들의 말을 통해 그 사람이 실제로 의미하는 내용을 추론한다. 누군가가 종이 클립 생산량을 최대로 늘리라고 지시하면 우리는 그것이 "지구 전체를 종이 클립으로 바꿔라"라는 의미가 아님을 쉽게 추론한다. 너무도 당연해 보이지만 사실은 꽤 복잡한 추론이다.

사람이 "종이 클립의 생산량을 최대로 늘려라" "리마를 친절하게 대해라" "아침 식사 해라" 등의 요청을 할 때 사실 그 말에는 정확한 목표가 정의되어 있지 않다. 화자와 청자 모두 상대방이 머릿속에서 어떤 생각을 하고 있을지 추측한다. 화자는 머릿속으로 높은 매출이나 리마의 행복이나 잘 먹고 건강한 자녀 같은 바람직한 최종 상태를 시뮬레이션해본 다음, 이 바람직한 시뮬레이션을 다른 사람의 마음에 있는 언어를 이용해 번역하려고 시도한다. 그러면 요청을 받는 청자는 화자가 한 말을 바탕으로 그가 원하는 것이 무엇인지 추론해야 한다. 청자는 화자가 자기에게 법을 어기거나 언론의 비난을 받을 짓을 하라고 요구하는 것도 아니고, 평생 리마의 노예로 살겠다고 약속하라거나 인사불성이 될 때까지 쉬지 말고 아침 식사를 하라고 요구하는 것도 아니라 가정할 수 있다. 그래서 청자가 화자의 요청에 완전히 순종하는 경우에도 청자가 선택한 행동에는 요청 그 자체보다 훨씬 미묘하고 복잡한 제약이 함께 포함되어 있다.

언어학자 스티븐 핑커Steven Pinker가 제시한 다른 사례를 살펴보자. 예를 들어 당신은 다음 대화를 우연히 엿들었다.

밥: 우리 헤어져.

앨리스: 어떤 여자야?

이 대화를 듣고 잠시만 생각해보면 무슨 의미인지 분명해진다. 밥이 다른 여자와 만나기 위해 앨리스와 헤어지는 장면이다. "어떤 여자야?"라는 대답은 밥이 한 말과는 아무런 상관도 없는 엉뚱한 질문처럼 보인다. 하지만 밥이 왜 "우리 헤어져"라는 말을 했고, 앨리스는 왜 "어떤 여자야?"라고 대답했는지 상상해보면 어떤 대화 내용이 오가는지, 어떤 뒷이야기가 있는지 마음 한편에서 그림이 그려지기 시작한다.

사람은 영장류의 재능인 정신화로 이 모든 것을 해낸다. 머릿속에서 3차원 세상을 시뮬레이션할 수 있는 것처럼 다른 사람의 마음을 시뮬레이션해서 여러 가지 행동이 그 사람에게 어떤 느낌을 줄지 탐구할 수 있다. 종이 클립 생산량을 최대로 늘리라는 말을 들었을 때, 나는 가능한 결과들을 탐구하고 그에 대해 상대방이 받을 느낌을 시뮬레이션할 수 있다. 그러면 지구 전체를 종이 클립으로 만들었을 때 상대방이 엄청나게 불행해지리라는 것이 너무도 분명해지고 이를 실행하지 않을 것이다. 앨리스가 왜 "어떤 여자야?"라고 물었는지도 분명해진다.

이런 정신화와 언어의 뒤얽힘은 어디에서나 일어난다. 모든 대화는 당신과 대화하는 상대방의 마음에 대한 모델화를 토대로 이루어진다. 상대방이 하는 말을 통해 그 사람의 본심을 추측하고, 자신의 본심이 상대방에게 전달될 가능성을 극대화하려면 어떤 식으로 말해야 하는지 추측하는 것이다.

정신화와 언어의 관계는 뇌에서도 찾아볼 수 있다. 단어를 학습하고 저장하는 장소로 추정되는 베르니케영역은 영장류의 정신화 영역 한가운데에 자리 잡고 있다. 실제로 다른 사람의 의도, 지식, 믿음을 모델화하는 일에 대단히 특화된 영장류 왼쪽 감각겉질(관자마루접합)의 특정 하위영역은 베르니케영역과 완전히 중첩되어 있다. 앞에서 살펴보았듯이 베르니케영역은 사람이 말을 이해하고 의미 있는 말을 할 때 필요하다.[6]

이와 일맥상통하는 사실이 있다. 어린아이에게는 정신화기술과 언어기술이 서로 깊이 연관되어 있다. 미취학 아동은 언어기술의 발달과 틀린 믿음 테스트 같은 정신화 과제 수행력 사이에 의미 있는 상관관계를 보인다.[7] 정신화에 장애를 입으면 언어에도 비슷한 장애를 입는다.[8]

우리가 다른 사람의 마음을 꼭두각시로 만들 수 있는 이유는 언어가 우리의 내적 시뮬레이션을 직접 들여다볼 수 있는 창문 역할을 하기 때문이다.

문장을 들으면 직접적이고 자동적으로 특정한 정신적 이미지를 촉발한다. 누군가로부터 우리를 화나게 하는 말을 듣고 안 들은 것으로 무효화할 수 없는 이유도 그 때문이다. 안 들으려면 아예 귀를 틀어막아야 한다. 그러지 않는 한 좋든 싫든 그 말이 직접 우리 안에서 시뮬레이션을 일으키기 때문이다.

그렇다면 GPT-4는 무엇이 다른가?

2023년 3월에 오픈AI는 새로 업그레이드한 GPT-4를 발표했다. GPT-4는 GPT-3와 대체로 동일한 방식으로 작동한다. 이 모델 역시 오직 앞에 나온 단어들을 바탕으로 다음 단어를 예측한다. 하지만 GPT-3와 달리 훨씬 많은 데이터를 바탕으로 훈련한 훨씬 큰 모형이다.

놀랍게도 내가 이 장에서 GPT-3에게 상식과 물리적 직관이 결여되어 있음을 보여주기 위해 설계한 각 질문에 대해 GPT-4는 문제없이 대답했다. GPT-4는 지하실에서 하늘 쪽을 바라보면 하늘이 아니라 천장이 보인다는 것을 알았다. 누군가 머리에서 30미터 위로 야구공을 던지면 잡을 수 없으리라는 것도 알았다. 심지어 샐리-앤 테스트 같은 마음이론 질문에도 답했다.

GPT-4는 어떻게 이것이 가능할까? 오픈AI가 내적 세계 모델이나 다른 사람의 마음을 모델화하는 능력을 추가한 것은 아니다. 대신 GPT-3가 상식이나 추론 질문에서 자주 실수하는 것에 반응해 오픈AI는 특별히 상식과 추론 질문에 대해 GPT-4를 훈련시켰다. 오픈AI는 '인간 피드백을 통한 강화학습reinforcement learning from human feedback, RLHF'이라는 기법을 사용했다. 이 기법은 사람이 나서서 GPT-4가 오답을 말하면 벌을 주고 정답을 말하면 보상을 주는 방식이다. 심지어 오픈AI는 GPT-4의 수행력을 개선하기 위해 어떤 질문에 특정 방식으로 대답하도록 압박하기도 했다. 예를 들어 GPT-4가 상식적인 질문에 대한 답을 생각할 때는 각 단계를 글로 적게 훈련시켰다. 이런 기법을 '사고 연쇄 프롬프팅chain-of-thought prompting'이라고 한다. GPT-3와 GPT-4가 각각 야구 배트와 야구공 질문에 어떻게 대답했는지 비교해보자.

질문: 야구 배트와 야구공의 가격은 합쳐서 1.10달러다. 배트는 공보다 1달러 비싸다. 그러면 공의 가격은 얼마인가?

GPT-3: 야구공은 0.10달러입니다. 배트의 가격이 공보다 1.00달러 더 비싸고, 배트와 공의 가격이 합쳐서 1.10달러라면 공의 가격은 1달러여야 합니다.

1.00달러-1.10달러=0.10달러

(오답)

GPT-4: 야구공의 가격을 x라 하겠습니다. 그러면 배트의 가격은 공보다 1달러 더 비싸기 때문에 x+1달러가 됩니다. 두 물건의 가격을 합치면 1.10달러입니다. 따라서 다음과 같은 방정식이 성립합니다.

x(공)+x+1.00달러(배트)=1.10달러. 여기서 x항끼리 더하면 '2x+1.00달러=1.10달러'라는 식을 얻습니다.

이제 양변에서 1.00달러를 뺍니다.

2x = 0.10달러

마지막으로 양변을 2로 나누면 x = 0.05달러가 나옵니다.

따라서 야구공의 가격은 0.05달러, 곧 5센트입니다.

(정답)

GPT-4에게 단순히 답을 예측하는 데서 그치지 않고 정답을 추론하는 과정에서 다음 단계를 예측하게 훈련시켰더니, 실제로는 생각이 없는데도 생각이라는 창발적 속성을 보이기 시작했다. 세상의 시뮬레이션을 만들어 생각하는 인간의 방식과는 다르지만 말이다.

GPT-4가 단순한 질문에 정답을 맞추기는 했지만, 상식이나 마음이론에 관한 질문에 오답을 내놓는 사례는 아직도 많다. GPT-4에 세계 모델이 결여되어 있다는 사실은 더 복잡한 질문으로 심층 조사를 하면 확인할 수 있다. 하지만 이런 사례를 찾아내기가 점점 어려워지고 있다. 어떤 면에서 보면 이는 두더지 잡기 게임이 됐다. 회의론자들이 상식적 질문에 오답을 말하는 LLM의 사례를 발표할 때마다 오픈AI 같은 회사들은 이런 사례를 다음에 업그레이드할 때 훈련 데이터로 사용해서 그런 질문에 정답을 말하게 만든다.

이런 모델의 거대한 크기와 훈련에 사용된 천문학적인 양의 데이터 때문에 어떤 면에서는 LLM이 생각하는 방식과 사람이 생각하는 방식의 차이를 파악하기가 점점 어려워질 수도 있다. 하지만 계산기는 세상 그 어떤 사람보다도 산수를 잘하지만 사람처럼 수학을 이해하는 것은 아니다. 마찬가지로 LLM이 상식적 질문과 마음이론 질문에 정답을 말한다고 해서 사람과 동일한 방식으로 추론한다는 의미는 아니다.

얀 르쿤은 이렇게 말했다. "LLM의 추론 능력은 약하지만 방대한 용량의 연상메모리associative memory가 그 약점을 부분적으로 보완해준다. 이들은 학습자료를 단순하게 달달 외우기는 했지만, 그 밑바탕에 있는 실재에 대해서는 심오한 정신적 모델을 구축하지 않은 학생과 비슷하다."[9] 실제로 LLM은 슈퍼컴퓨터만큼 메모리 용량이 막대해서, 사람 한 명이 1,000번 살면서 읽을 수 있는 양보다 많은 책과 글을 읽었다. 그래서 겉으로는 상식적으로 추론하는 것처럼 보여도 실제로는 천문학적으로 방대한 텍스트 말뭉치에서 패턴매칭을 하는 것과 비슷하게 작동한다.

하지만 LLM은 믿기 어려울 정도로 훌륭하게 진전했다. LLM은 오직 언어만을 바탕으로 훈련받았지만 세상을 이해하는 것처럼 보이는 데 성공했다. LLM은 물리적 세상을 한 번도 경험해본 적이 없지만 그 세상에 대해 정확하게 추론할 수 있다. 원래는 의미 없이 횡설수설하던 것에서 패턴과 의미를 찾아내 암호화된 비밀 메시지 뒤에 숨어 있는 의미를 해독하는 암호해독병처럼, LLM은 인간이 생각을 전달할 때 쓰는 독특한 부호로 이뤄진 말뭉치 전체를 스캔하는 것만으로도 보지도 듣지도 만지지도 체험해보지도 못한 세상의 측면들을 파악했다.

이런 언어모델들에게 더 많은 데이터를 제공하면서 계속 크기를 키우다 보면 상식적인 질문과 마음이론 질문에 더 나은 대답을 할 수 있을 것이고, 이 과정은 필연적이기도 하다.[10] 하지만 바깥세상에 대한 내적 모델이나 마음에 대한 다른 모델을 통합하지 않는다면, 다시 말해 시뮬레이션과 정신화라는 혁신을 통합하지 않는다면 LLM은 인간의 지능에 관한 본질적인 뭔가를 담아낼 수 없을 것이다. 그리고 LLM을 더 빨리 도입하고 그 모델에 맡기는 결정이 많아질수록 이런 미묘한 차이가 더욱더 중요해질 것이다.

인간의 뇌에서 언어는 우리의 내적 시뮬레이션을 들여다보는 창이다. 언어는 우리의 정신세계로 통하는 접속기다. 언어는 다른 사람의 마음을 모델화하고 그것을 추론하는 능력, 곧 상대방이 의미하는 내용을 추론하고 정확히 어떤 단어를 사용해야 상대방의 마음속에 내가 바라는 시뮬레이션을 만들어낼 수 있는지 추론하는 능력을 토대로 구축되었다. 우리가 언젠가 만들어낼 사람과 비슷한 AI가 LLM이 아닐 것이라는 점에는 대부분의 사람이 동의하리라 생각한다. 언어모델은 그저 그 밑바탕에 자리 잡은 더 풍부한 뭔가를 들여다볼 수 있는 창에 불과하다.

혁신 #5의 요약: 언어

초기 인류는 도저히 일어나지 않을 것 같던 영향력들의 퍼펙트 스톰에 휩싸였다. 아프리카 사바나 숲이 사라지면서 도구를 만들고 육식을 하는 생태적 지위로 내몰렸다. 이런 생태적 지위에 적응하기 위해서는 세대를 거치며 도구 사용법을 정확하게 전달할 수 있어야 했다. 그렇게 해서 원시언어가 등장했고, 도구를 제조하고 사용하는 기술을 세대를 거쳐 성공적으로 전달할 수 있었다. 이런 언어를 가능하게 한 신경학적 변화는 새로운 신경학적 구조의 등장이 아니라 오래된 구조의 조정이었다. 이를 통해 언어학습 프로그램이 만들어졌다. 원시대화와 공동관심이라는 프로그램을 통해 아이들은 자신의 내적 시뮬레이션에 들어 있는 요소에 이름을 붙일 수 있었다. 이런 교육과정을 거치며 훈련받은 새겉질의 오래된 영역들이 언어에 맞게 용도가 변경됐다.

이 시점부터 인간은 혈연관계가 없는 개인들과 원시대화를 나누는 실험을 시작했다. 이를 통해 뒷담화, 이타주의, 처벌의 되먹임고리가 시작되어 지속적으로 더욱 세련된 언어기술을 사용하게 된다. 사회집단이 확장되고 아이디어가 사람의 뇌에서 뇌로 넘나들기 시작하면서 인간의 집단지성이 등장했고, 세대를 거쳐 아이디어를 전파하고 축적하는 일시적 매개체가 되었다. 그러면서 많은 지식을 저장하고 공유할 수 있는 더 큰 뇌가 더욱더 필요해졌을 것이다. 이 때문에 화식이 발명됐다. 화식 때문에 이런 발전이 가능했다고도 할 수 있다. 화식으로 생긴 막대한 양의 잉여 열량 덕분에 뇌의 크기가 세 배로 커졌다.

이를 바탕으로 발생한 퍼펙트 스톰으로부터 인간의 뇌 진화 이야기에서 다섯 번째이

자 마지막 혁신인 언어가 등장했다. 언어와 함께 이타주의부터 잔인성까지 인간 고유의 여러 특성이 형성됐다. 인간을 진정으로 독특한 존재로 만드는 것이 있다면, 바로 마음이 더 이상 단독으로 존재하지 않고 오랜 역사에 걸쳐 축적된 아이디어를 통해 서로 연결되어 있다는 점일 것이다.

〔 나가며 〕

여섯 번째 혁신

약 10만 년 전에 우리 조상에게서 현대 인류의 뇌가 등장하면서 우리는 40억 년에 걸친 진화 이야기의 결론에 도달했다. 뒤를 돌아보면 인간의 뇌와 지능이 등장하게 된 과정을 그림이나 틀을 만들어낸 다음 다섯 가지 혁신 모델로 완성할 수 있다.

혁신 #1은 '조종'이다. 자극의 범주를 좋은 것과 나쁜 것으로 나누고 좋은 것을 향해 다가가며 나쁜 것과는 멀어짐으로써 탐색이라는 혁신이 가능해졌다. 6억 년 전, 신경세포를 갖춘 산호와 비슷하게 생긴 방사대칭동물이 형태를 바꿔 좌우대칭의 몸을 가진 동물로 진화했다. 이 좌우대칭 체제는 탐색의 결정을 이진법적인 방향전환 선택의 문제로 단순화했다. 신경망이 최초의 뇌로 통합되면서 서로 상반되는 감정가 신호를 단일한 조종 관련 결정으로 통합할 수 있게 됐다. 도파민과 세로토닌 같은 신경전달물질 덕분에 특정 영역에서 더 효율적으로 이동하고 국소적으로 탐색할 수 있는 상태를 지속적으로 유지하는 것이 가능해졌다. 연합학습을 통해 고대의 선충이 다양한 자극의 상대적 감정가를 수정했다. 바로 이 최초의 뇌로부터 쾌락, 고통, 포만, 스트레스 같은 동물 정동의 초기 원형이 등장했다.

혁신 #2는 '강화'다. 이것은 과거에 긍정적 감정가로 이어진 행동은 반복하고 부정적 감정가로 이어진 행동은 억제하도록 학습하는 혁신이었다. AI의 측면에서 보면 이것은 모델 없는 강화학습의 혁신에 해당한다. 5억 년 전 고대 좌우대칭동물의 한 계통이 등뼈, 눈, 아가미, 심장 등을 발달시켜 최초의 척추동물이 됐다. 현재의 어류와 아주 유사한 동물이었다. 이들의 뇌가 모든 현대 척추동물의 기본 틀을 형성했다. 겉질은 패턴 인식과 공간지도 구축을 담당하고, 바닥핵은 시행착오를 통한 학습을 담당하게 됐다. 이 둘은 모두 시상하부에 자리 잡은 감정가 처리 장치의 오랜 흔적 위에 만들어졌다. 모델 없는 강화학습과 함께 누락 학습, 시간 지각, 호기심, 공포, 흥분, 실망, 안도 등의 익숙한 지적 특성과 정동적 특성이 함께 등장했다.

혁신 #3은 '시뮬레이션'이다. 이는 자극과 행동을 머릿속으로 시뮬레이션하는 혁신이었다. 약 1억 년 전 즈음 10센티미터 정도 되는 포유류 조상에서 척추동물 조상의 겉질 하위영역이 현대의 새겉질로 바뀌었다. 새겉질을 통해 동물은 내적으로 현실을 시뮬레이션할 수 있게 됐다. 새겉질은 동물이 실제로 어떤 행동을 하기 전에 바닥핵에게 무엇을 해야 할지 대신 보여줄 수 있었다. 이것이 바로 상상을 통한 학습이었다. 포유류는 계획수립 능력을 발전시켰다. 이 혁신 덕분에 작은 포유류들은 과거의 사건들을 재생하고(일화기억) 과거의 대안적 선택을 고려하게 됐다(반사실적 학습). 나중에는 운동겉질이 진화하면서 전체적인 검색 경로뿐 아니라 특정한 몸의 움직임까지도 계획할 수 있게 됐고, 덕분에 미세운동 능력을 매우 효과적으로 발달시킬 수 있었다.

혁신 #4는 '정신화'다. 이는 자신의 마음을 모델화하는 혁신이었다. 3,000만 년 전에서 1,000만 년 전 사이 어느 시기에 초기 영장류에서 새로운 새겉질 부위가 진화해 오래된 포유류의 새겉질 영역들에 대한 모델을 구축할 수 있게 됐다. 사실상 이것은 영장류들이 초기 포유류처럼 행동과 자극을 시뮬레이션할 뿐 아니라 서로 의도와 지식 수준이 다른 개체의 마음 상태도 시뮬레이션할 수 있게 됐다는 의미다. 그 후로 영장류들은 이 모델을 적용해서 자신의 미래의 필요를 예측하고, 다른 개체의 의도와 지식을 이해하며(마음이론), 관찰을 통해 기술을 학습하는 데도 사용할 수 있었다.

혁신 #5는 '언어'다. 이는 선언적 명칭과 문법의 혁신이자, 우리의 내적 시뮬레이션을 한데 모아 세대를 거치며 생각을 축적할 수 있게 해주는 혁신이었다.

각각의 혁신은 그에 앞서 만들어진 기본 구성요소가 있기에 가능했다. 조종은 그에 앞서 신경세포가 진화한 덕분에 가능했다. 강화학습은 이미 앞서 진화한 감정가 신경세포를 바탕으로 부트스트래핑이 이루어졌기에 가능했다. 시뮬레이션은 그에 앞서 바닥핵의 시행착오 학습이 존재했기에 가능했다. 시행착오 학습을 가능하게 한 바닥핵이 없었다면 상상한 시뮬레이션이 행동에 영향을 끼칠 수 있는 메커니즘이 만들어지지 않았을 것이다. 척추동물에서 실제 시행착오 학습이 진화함으로써 나중에 포유류에서 대리 시행착오가 등장할 수 있었다. 정신화가 가능했던 것도 그 전에 시뮬레이션이 진화했기 때문이었다. 정신화는 한마디로 새겉질의 오래된 포유류 영역들을 시뮬레이션하는 것이다. 동일한 계산이 그저 내면에서 이뤄진 것이다. 언어가 가능했던 이유는 그에 앞서 정신화가 등장했기 때문이다. 다른 사람의 마음속 의도와 지식을 추론하는 능력이 없었다면 아이디어를 전달하기 위해 어떤 내용을 소통해야 하는지도 추론하지 못하고, 상대방이 하는 말을 듣고 그 사람의 의도를 추론할 수도 없었을 것이다. 상대방의 지식과 의도를 추론하는 능력이 없었다면 교사가 학생들에게 알려주는 공동관심이라는 중요한 단계에 참여할 수도 없었을 것이다.

지금까지 인류의 이야기는 2막으로 이루어진 대서사시였다. 1막은 생명이 없는 우주의 원재료로부터 어떻게 생물학적인 현대 인류가 등장하게 됐는지에 관한 진화 이야기다. 2막은 약 10만 년 전에 생물학적으로는 거의 동일하지만 문화적으로는 원시적인 조상으로부터 어떻게 지금의 사회적인 현대 인류가 등장하게 되었는지에 관한 문화 이야기다.

1막은 수십 억 년 동안 펼쳐졌지만 우리 역사 수업에서는 대부분 시간적으로 그보다 훨씬 짧은 2막에 펼쳐진 사건들을 배운다. 모든 문명, 기술, 전쟁, 발견, 드라마, 신화, 영웅, 악당들이 1막에 비하면 눈 깜짝할 사이인 짧은 시간에 등장했다.

10만 년 전 한 호모사피엔스가 자기 머릿속에 우주에서 가장 경이로운 대상 중 하나를 담고 있었다. 이것은 의도하지는 않았을지언정 수십억 년의 고된 진화작업을 통해 만들어진 결과물이었다. 손에는 창을 쥐고, 지어 입은 옷으로 몸을 따뜻하게 보호하고, 불을 사용하며 거대한 야수들까지 길들여놓고 편안하게 먹이사슬의 꼭대기에 자리 잡은 호모사피엔스는 힘들이지 않고 이런 여러 가지 지적 성취를 누리고 있었다. 하지만 이런 능력들이 어떻게 세상에 나오게 됐는지 말해줄 과거나, 자신의 호모사피엔스 후손들 앞에 펼쳐질 장엄하고 비극적이고 동시에 경이로운 여정에 대해서는 전혀 알지 못했다. 우리는 아직도 그 비밀을 풀지 못했다.

그리고 지금 당신이 여기서 이 책을 읽고 있다. 헤아릴 수 없을 정도로 수

많은 사건이 지금 이 순간으로 이어졌다. 처음에는 해저열수공에서 최초의 세포가 거품처럼 생겨났다. 단세포 생명체 사이에 최초의 포식 전쟁이 일어났다. 그러다가 다세포성이 탄생했고 균류와 동물이 갈라져 나왔다. 산호의 조상에서 최초의 신경세포와 반사작용이 등장했다. 고대 좌우대칭동물에서 감정가와 정동, 연합학습 능력을 갖춘 최초의 뇌가 등장했다. 척추동물의 등장과 함께 시간, 공간, 패턴, 예측에 대한 길들이기가 이뤄졌다. 공룡을 피해 숨어 살던 작은 포유류에서 시뮬레이션이 탄생했다. 나무에 살던 영장류에서 정치와 정신화가 등장했다. 초기 인류에서 언어가 등장했고, 지난 수십만 년 동안에는 언어 능력을 장착한 인간 수십억 명의 뇌를 통해 무수한 아이디어가 만들어지고 변경되고 사라졌다. 이런 아이디어들이 축적되면서 이제 현대 인류는 컴퓨터로 글을 쓰고 스마트폰을 이용하고 질병을 완치하며 심지어 우리의 형상을 본떠 새로운 AI를 구축하는 데까지 왔다.

진화는 아직도 현재진행형이다. 지금은 지능의 진화 이야기에서 결말이 아니라 서문에 지나지 않는다. 지구에서 생명의 나이는 40억 년밖에 안 됐다. 우리 태양이 죽는 날까지는 70억 년이 더 남아 있다. 적어도 지구의 생명에게는 새로운 생물학적 형태의 지능을 만지작거릴 수 있는 시간이 70억 년이나 남아 있는 것이다. 지구에서 원재료 분자들이 인간의 뇌로 바뀌기까지 겨우 45억 년밖에 걸리지 않았다. 그렇다면 앞으로 남은 70억 년의 진화에서는 지능이 어떤 수준에 이를 수 있을까? 여기에 생명이 어떻게든 태양계를 벗어나거나 우주 다른 곳에서 독립적으로 등장하리라 가정한다면 진화가 일할 수 있는 시간은 천문학적으로 늘어난다. 우주가 어마어마하게 팽창해서 새로운 항성이 더 이상 형성되지 않으려면 앞으로 수조 년의 시간이 흘러야 한다. 마지막 은하가 붕괴하기까지는 1,000조 년의 시간을 기다려야 한다. 140억 살도 안 된 우리 우주가 대체 얼마나 어린지 감도 잡히지 않는다. 1,000조 년에 걸친 우리 우주의 시간대를 1년으로 압축하면 지금의 우리는 1년 중 겨우 7분이 지난 시점에 서 있는 셈이다. 첫날의 여명조차 밝아오지 않은 시간이다.

우리가 현대물리학을 제대로 이해하고 있다면 지금으로부터 1,000조 년 정도가 지나 마지막 은하가 마침내 붕괴하고 우주는 불가피하게 열죽음heat death으로 향하는 느린 과정을 시작하게 될 것이다. 이는 엔트로피의 법칙이 가져올 안타까운 결말이다. 엔트로피는 40억 년 전에 자기복제하는 최초의 DNA 분자가 전쟁을 벌이기 시작한 막을 수 없는 힘이다. DNA는 자기복제를 통해 물질이 아니라 정보로 존속함으로써 엔트로피의 공격을 피해 한숨을 돌렸다. 최초의 DNA 가닥 이후로 이뤄진 모든 진화적 혁신은 이런 정신에 따라 진행되었다. 무의미하게 사라지기를 거부하고 엔트로피와 맞서 싸우며 영원히 존재를 이어가려는 정신 말이다. 그리고 이 위대한 전투에서 가장 최근에 이룩한 혁신은 언어를 통해 사람의 뇌에서 또 다른 뇌로 떠다니는 아이디어들이다. 하지만 혁신은 결코 여기서 그치지 않을 것이다. 우리는 아직도 산기슭에 서 있다. 어딘가로 이어지는 기나긴 계단으로 생각하면 층계참에서 겨우 다섯 계단을 올라왔을 뿐이다.

물론 우리는 혁신 #6이 어떤 모습으로 찾아올지 알 수 없다. 하지만 여섯 번째 혁신은 인공초지능artificial superintelligence의 창조가 될 가능성이 매우 높다. 우리 후손이 실리콘의 형태로 다시 등장하면서 우리의 형상을 본뜬 지능이 생물학적 매체에서 디지털 매체로 전환되는 것이다. 이 새로운 매체로부터 단일 지능의 인지용량cognitive capacity 규모가 천문학적으로 확장될 것이다. 사람 뇌의 인지용량은 신경세포의 처리 속도, 인체의 열량 섭취량 제한, 탄소 기반의 생명 형태를 유지하면서 뇌 크기가 도달할 수 있는 성장의 한계 등으로 크게 제한되어 있다. 혁신 #6은 지능이 이런 생물학적 한계에서 벗어나는 날에 찾아올 것이다. 실리콘 기반의 AI는 자신의 인지용량을 필요한 만큼 무한으로 확장할 수 있다. AI가 자기 자신을 자유롭게 복제하고 재구성할 수 있게 되면서 개체성individuality의 경계가 불분명해질 것이다. 짝짓기의 생물학적 메커니즘이 쇠퇴하고, 새로운 지능적 존재를 창조하고 훈련하는 실리콘 기반의 새로운 메커니즘이 등장하면서 부모가 된다는 것에도 새로운 의미가 부여될 것이다. 심지어 진화 그 자체도 폐기될지 모른다. 적어도 우리에게 익숙한 진화의 과정은 사라질 것이다. 더 이상 지능은 유전적 변이와 자연선택이라는 느린 과정에 갇혀 있을 필요 없이 근본적이고 가장 순수한 의미의 변이와 선택을 택하게 될 것이다. AI가 스스로를 재창조함에 따라 더 이상 자연선택의 원리가 아니라, 생존의 주체가 자신이 생존하는 데 필요한 특성을 직접 선택함으로써 선택의 주체와 생존의 주체 사이의 구분이 사라질 것이다.

결국 다음에 어떤 지적 전략이 진화하든 그 안에는 분명 그 뿌리가 되어준 인간 지능의 흔적이 남아 있을 것이다. 인공초지능의 밑바탕이 될 매체에는 뇌의 생물학적 흔적이 전혀 남아 있지 않을 테지만 이 존재들은 그 앞에 있었던 다섯 가지 혁신을 토대로 구축될 것이다. 이 다섯 가지 혁신이 인간 창조자가 갖춘 지능의 토대이기 때문만은 아니다(창조자는 필연적으로 자신의 흔적을 자신의 창조물에 새겨넣을 수밖에 없다). 인공초지능도 처음에는 인간과 상호작용할 수 있게 설계될 것이고, 따라서 그 안에 인간 지능을 재현할 씨앗이 들어 있을 수밖에 없기 때문이다.

지금 우리는 인간 지능 이야기에서 여섯 번째 혁신이 일어나려는 시점에서 있다. 생명이 탄생하는 과정에 대한 통제권을 확보하고 인공초지능을 탄생시키려는 여명기에 와 있는 것이다. 이 시점에서 우리는 아주 비과학적이면서도 사실은 훨씬 중요한 질문과 마주하고 있다. 인류의 목표는 무엇이어야 할까? 이는 진리가 아니라 가치관의 문제다.

앞에서 살펴봤듯이 과거의 선택은 시간이 흐르면서 전달된다. 따라서 우리가 이 질문에 내놓는 답이 앞으로 오랫동안 큰 영향을 끼치게 될 것이다. 우리는 은하계 전체로 퍼져나가게 될까? 우주의 숨겨진 특성들을 탐험하고 새로운 정신을 구축하며 우주의 비밀을 밝혀내고, 의식의 새로운 특성을 발견하며 더 자비로워지고 규모를 상상조차 할 수 없는 모험에 나서게 될까? 아니면 실패할까? 교만, 증오, 공포, 부족주의라는 진화의 짐이 결국 우리를 갈라놓을까? 또 다른 진화의 반복을 통해 비극적 결말에 도달하지는 않을까? 어쩌면 인류가 멸종되고 수백만 년 후에 지구에 또 다른 종이 등장해서 다시 한 번 산을 오르게 되지는 않을까? 어쩌면 보노보나 문어, 돌고래, 깡충거미가 우리의 뒤를 이을지도 모른다. 어쩌면 우리가 공룡의 화석을 발견한 것처럼, 그들은 우리의 화석을 발견한 뒤 우리가 어떻게 살았을지 연구하고 우리 뇌에 대한 책을 쓸지도 모른다. 더 나쁜 경우라면 우리 인간이 지구를 황폐화시키거나 핵전쟁으로 지구를 멸망시켜 지구 생명체의 40억 년에 걸친 대실험이 끝장날지도 모른다.

새로운 시대를 바라보는 이 시점에서 우리는 우리의 뇌를 탄생시킨 수십억 년의 이야기를 되돌아볼 필요가 있다. 신과 같은 창조의 능력을 갖춰감에 따라 우리보다 앞서 세상을 창조한 신, 다시 말해 의도 없이 진행되었던 진화의 과정으로부터 배워야 한다. 우리 자신을 이해할수록 우리의 형상을 따라 인공적인 생명체를 만들어낼 능력도 더욱 강해진다. 그리고 우리가 생겨난 과정을 이해할수록 지능의 특성 중 어느 것을 버리고 보존하며 개선할지 선택할 수 있는 여지도 커진다.

우리는 140억 년을 이어져온 거대한 전환의 주역이다. 좋든 싫든 이제 우주는 그 바통을 우리에게 넘겼다.

감사의 말

이 책을 집필하는 과정은 사람의 관대함을 살펴보는 하나의 사례 연구와 같다. 이 책에 생명을 불어넣을 수 있게 도와준 수많은 사람의 놀라운 친절이 없었다면 이 책은 빛을 보지 못했을 것이다. 마땅히 감사를 전해야 할 사람이 너무도 많다.

가장 먼저 아내 시드니에게 감사하다. 아내는 많은 페이지를 편집해줬고, 여러 가지 개념 문제를 파악할 수 있도록 도움을 주었다. 아내가 아침에 눈을 뜨면 나는 이미 글을 쓰기 위해 사라지고 없거나 저녁에 일을 마치고 돌아와도 사무실에 처박혀 보이지 않았던 날이 수없이 많았다. 정신적으로 에너지가 많이 필요한 일임에도 이 집필을 든든히 뒷받침해준 당신에게 정말 큰 감사의 마음을 보낸다.

바쁜 와중에도 시간을 내어 수없이 많은 질문을 쏟아낸 이메일에 일일이 답장해준 과학자들에게도 진심으로 감사드린다. 이들은 내가 그들의 연구를 이해하고, 이 책에 담긴 여러 가지 개념들을 이해할 수 있게 도와줬다. 찰스 에이브럼슨Charles Abramson, 버나드 발라인Bernard Balleine, 켄트 베리지, 컬럼 브라운Culum Brown, 에리크 브루네구에, 랜디 브루노Randy Bruno, 켄 청Ken Cheng, 매슈 크로스비Matthew Crosby, 프란시스코 클라스카Francisco Clasca, 캐럴라인 들롱, 딜립 조지Dileep George, 시모나 긴즈버그Simona Ginsburg, 스텐 그릴너Sten Grillner, 스티븐 그로스버그Stephen Grossberg, 프랭크 허스Frank Hirth, 에바 야블롱카Eva Jablonka, 쿠르트 코트르샬Kurt Kotrschal, 매튜 라르쿰Matthew Larkum, 맬컴 맥이버Malcolm MacIver, 나카지마 겐이치로中島健一朗, 토머스 파Thomas Parr, 머레이 셔먼Murray Sherman, 제임스 스미스James Smith, 토마스 수덴도르프 등 얼굴도 본 적이 없는 낯선 사람의 질문에 기꺼이 응답해준 이들의 도움이 없었다면 나 같은 사람이 새로운 분야에 대해 배우기는 불가능했을 것이다.

특히 초고를 읽고 주저 없이 나를 자기 연구실에 데려가 아이디어를 공유하며 배울 수 있게 해준 칼 프리스턴, 제프 호킨스, 수부타이 아메드Subutai Ahmed에게 특히 감사를 전한다. 조지프 르두, 데이비드 레디시, 에바 야블롱카는 자신의 시간을 놀라울 정도로 아낌없이 내줬다. 이들은 원고를 읽고 의견을 줬을 뿐 아니라 내가 놓친 개념들과 미처 고려하지 못한 문헌에 대해 빠져서는 안 될 피드백을 주었고, 이야기의 범위를 확장할 수 있게 도와줬다. 그들은 사실상 저의 신경과학 편집자 겸 조언자가 되어줬다. 이 책에서 가치 있다고 여겨지는 측면이 있다면 그 공로는 마땅히 이들에게 돌아가야 한다(물론 이 책에 오류가 있다면 그것은 오롯이 나의 책임이다.)

이 책에서 특히 마음에 드는 부분은 삽화들이다. 모두 레베카 겔렌터Rebecca Gelernter와 메사 슈마허Mesa Schumacher의 공로다. 레베카는 각각의 혁신 장 앞머리에 들어가는 그림을 비롯한 그림 대부분을 그려줬다. 메사 슈마허는 이 책을 위해 특별히 사람, 칠성장어, 원숭이, 쥐의 뇌 해부도를 그려줬다. 그들은 이 책에 들어 있는 아름다운 삽화를 제작해준 믿기 어려울 정도로 재능이 뛰어난 화가다.

나는 근본적인 영향을 끼친 아이디어, 이야기, 작문을 담고 있는 기존의 다른 수많은 작업이 있었기에 이 책을 쓸 수 있었다. 브라이언 크리스천Brian Christian의 《정렬 문제The Alignment Problem》, 로버트 새폴스키Robert Sapolsky의 《행동Behave》, 조지프 르두Joseph LeDoux의 《불안Anxious》, 에바 야블롱카와 시모나 긴즈버그의 《예민한 영혼의 진화The Evolution of the Sensitive Soul》, 도로시 체니Dorothy Cheney와 로버트 세이파스Robert Seyfarth의 《원숭이가 바라보는 세상How Monkeys See the World》, 데이비드 레디시의 《뇌 속의 마음The Mind within the Brain》, 제프 호킨스의 《천 개의 뇌A Thousand Brains》, 로버트 버위시Robert Berwish와 노엄 촘스키의 《왜 우리만이 언어를 사용하는가Why Only Us》 등이 그런 작업들이다.

없어서는 안 될 중요한 자료도 있다. 게오르크 스트리터Georg Striedter와 글렌 노스컷Glenn Northcutt의 《시간을 관통하는 두뇌Brains Through Time》, 제럴드 슈나이더Gerald Schneider의 《뇌의 구조와 기원Brain Structure and Its Origins》, 이안 굿펠로Ian Goodfellow, 요슈아 벤지오Yoshua Bengio, 애런 쿠빌Aaron Courville의 《딥 러닝Deep Learning》, 존 카스Jon Kaas의 《진화신경과학Evolutionary Neuroscience》, 테쿰세 피치Tecumseh Fitch의 《언어의 진화The Evolution of Language》, 컬럼 브라운, 케빈 랄랜드Kevin Laland, 옌스 크라우제Jens Krause의 《어류의 인지와 행동Fish Cognition and Behavior》, 폴 글림처Paul Glimcher의 《신경경제학Neuroeconomics》, 리처드 패싱엄Richard Passingham, 스티븐 와이즈Steven Wise의 《이마엽앞겉질의 신경생물학The Neurobiology of the Prefrontal Cortex》, 엘코논 골드버그Elkhonon Goldberg의 《집행하는 새로운 뇌The New Executive Brain》, 리처드 서튼과 앤드루 바토의 《강화학습Reinforcement

Learning》 등이다.

마지막으로 우리 집 강아지 찰리에게 고마움을 전한다. 게슴츠레한 눈으로 논문과 교과서를 읽고 있다가도, 장난기 어린 모습으로 간식을 달라고 졸라대는 찰리 덕분에 현실세계로 돌아올 수 있었다. 이 단락을 쓰고 있는 동안에도 찰리는 내 옆에 곤히 잠들어 꿈이라도 꾸는지 몸을 움찔거린다. 아마 찰리의 새겉질이 뭔가를 시뮬레이션하고 있나 보다. 물론 그 대상이 무엇인지 나로서는 알 길이 없지만.

용어 해설

1차감각겉질primary sensory cortex, PSC: 초기 영장류에서 진화한 감각새겉질의 새로운 영역. 여기에는 위관자고랑과 관자마루접합이 포함된다.

가리기overshadowing(연합학습과 관련): 초기 좌우대칭동물에서 진화한 신뢰 할당 문제에 대한 해법 중 하나. 동물이 사용할 수 있는 예측 단서가 여러 개 있을 때 뇌는 그중 가장 강한 단서를 고르는 경향이 있다. 곧 강한 신호가 약한 단서를 가린다.

감각새겉질sensory neocortex: 새겉질의 뒤쪽 절반으로 바깥세상에 대한 시뮬레이션이 만들어지는 영역이다.

감정가valence: 자극의 좋음 또는 나쁨. 동물이 그 자극에 다가가느냐 회피하느냐에 따라 행동학적으로 정의된다.

과립이마엽앞겉질granular prefrontal cortex, gPFC: 초기 영장류에서 진화한 이마엽새겉질 부위. '과립'이라고 부르는 이유는 '과립세포'가 들어 있는 4번 층을 포함하는 이마엽새겉질 영역이기 때문이다.

관자마루접합temporoparietal junction: 초기 영장류에서 진화한 감각새겉질의 새로운 영역.

마음이론theory of mind: 다른 동물의 의도와 지식을 추론하는 능력.

모델 기반 강화학습model based reinforcement learning: 행동을 선택하기 전에 미리 미래에 가능한 행동들을 시뮬레이션하는 강화학습의 일종.

모델 없는 강화학습model free reinforcement learning: 미래에 가능한 행동들을 미리 시뮬레이션하지 않는 강화학습의 일종. 그 대신 행동이 현재의 상황을 바탕으로 자동 선택된다.

무과립이마엽앞겉질agranular prefrontal cortex, aPFC: 초기 포유류에서 진화한 이마엽새겉질의 영역. '무과립'이라 불리는 이유는 4번 층이 빠진 새겉질 영역이기 때문이다(4번 층은 과립세포를 포함한다).

발화율firing rate: 신경세포에서 생성하는 초당 스파이크 수.

생성모델generative model: 스스로의 데이터를 생성하는 법을 학습하고, 생성된 데이터와 실제 데이터를 비교해서(이 과정을 일부 연구자들은 '추론을 통한 지각'이라고 부른다) 사물을 알아보는 확률론적 모델.

소거extinction(연합학습과 관련): 조건 자극이 더 이상 그에 따르는 반사작용과 함께 발생하지 않아서(예전에는 버저 소리가 먹이가 나오기 전에 들렸지만, 이제는 더 이상 그렇지 않아서) 기존에 학습한 연합이 억제되는(소거되는) 과정.

신경전달물질neuromodulator: 일부 신경세포(신경조절신경세포)에서 분비하는 화학물질로, 여러 후속 신경세포에게 복잡하고 지속적인 영향을 끼친다. 유명한 신경전달물질로는 도파민, 세로토닌, 아드레날린 등이 있다.

시간적 신뢰 할당 문제temporal credit assignment problem: 어떤 사건이나 결과가 발생했을 때 그 사건이나 결과를 예측할 수 있게 해줬다고 '신뢰'할 수 있는 '기존의' 단서나 행동은 무엇인가? 이는 시간적으로 떨어져 있는 것들 사이에서 신뢰를 할당해야 할 때 생기는 신뢰 할당 문제의 하위사례다.

시간차 신호temporal difference signal: 예측되는 미래 보상의 변화. 시간차학습 시스템에서는 이 신호를 강화 또는 처벌 신호로 사용한다.

시간차학습temporal difference learning: AI 시스템(또는 동물의 뇌)이 실제 보상이 아니라 예측되는 미래 보상에서 일어나는 변화(시간차)를 바탕으로 행동을 강화하거나 처벌하는 모델 없는 강화학습 과정.

시냅스synapse: 화학 신호가 통과하는 신경세포 사이의 연결 부위.

신뢰 할당 문제credit assignment problem: 어떤 사건이나 결과가 발생했을 때 그 사건이나 결과를 예측할 수 있게 해줬다고 '신뢰'할 수 있는 단서나 행동은 무엇인가?

연속학습continual learning: 새로운 데이터를 제공하면 새로운 것을 자동으로 학습하고 기억할 수 있는 능력

역전파backpropagation: 인공신경망을 훈련시키는 알고리즘. 인공신경망의 끝에서 주어진 연결의 가중치를 바꾸는 것이 오류에 끼치는 영향을 계산해서(실제 출력과 원하는 출력의 차이를 측정), 그에 따라 그 오류를 감소시키는 쪽으로 각각의 가중치를 조정하는 방식을 말한다.

연합학습associative learning: 자극과 반사작용을 연합해서 다음에 그 자극이 발생할 때는 동일한 반사작용이 일어날 확률을 높이는 능력.

위관자고랑superior temporal sulcus: 초기 영장류에서 진화한 감각새겉질의 새로운 영역.

자동연합auto-association: 신경세포 네트워크에서 신경세포들이 스스로와 자동으로 연합해 불완전한 패턴이 주어졌을 때 네트워크가 자동으로 패턴을 완성할 수 있게 하는 속성.

자발적 회복spontaneous recovery(연합학습과 관련): 우발적으로 변화하는 세상에 대처하는 기법 중 하나로, 초기 좌우대칭동물에서 연속학습을 가능하게 했다. 이 경우 깨진 연합은 신속하게 억제되지만 사실 그 연합이 완전히 무효화되는 것은 아니어서, 충분한 시간이 주어지면 다시 등장한다.

재획득reacquisition(연합학습과 관련): 우발적으로 변화하는 세상에 대처하는 기법 중 하나로, 초기 좌우대칭동물에서 연속학습을 가능하게 했다. 이 경우 오래전에 소거된 연합은 완전히 새로운 연합에 비해 재획득 속도가 더 빠르다.

적응adaptation(신경세포의 반응과 관련): 주어진 자극의 강도와 그 결과로 나타나는 발화율의 관계를 변화시킬 수 있는 신경세포의 속성. 예를 들어 시간을 두고 지속적으로 자극하면 그에 반응해서 신경세포는 점진적으로 발화율을 낮춘다.

정동, 정동상태affect/affective state: 감정가(긍정적 감정가나 부정적 감정가)와 각성(높은 각성이나 낮은 각성)의 차원에 따라 동물의 행동상태를 각각의 범주로 나누는 방법.

정신화mentalizing: 자신의 내적 시뮬레이션에 대한 시뮬레이션을 만드는 행위(자신의 생각에 대해 생각하기).

좌우대칭동물bilateria: 6억 년 전의 공통 조상을 둔 종의 집단으로 최초의 뇌와 함께 좌우대칭성이 등장했다.

좌우대칭성bilateral symmetry: 하나의 대칭면이 포함되어 있는 동물의 몸체. 이 대칭면이 동물의 왼쪽과 오른쪽을 대략적인 거울상으로 나눈다.

차폐blocking(연합학습과 관련): 초기 좌우대칭동물에서 진화한 신뢰 할당 문제에 대한 해법 중 하나. 일단 동물이 예측 단서와 반응 사이에 연합을 확립하고 나면 그 예측 변수와 겹치는 추가적인 모든 단서는 그 반응과 연합을 형성하지 않도록 억제된다(차폐된다).

파괴적 망각catastrophic forgetting: 인공신경망을 한 번에 훈련시키지 않고 순차적으로 훈련시킬 때 생겨나는 어려움. 인공신경망에게 새로운 패턴을 인식하도록 가르치면 그 인공신경망은 기존에 학습했던 오래된 패턴에 대한 기억을 잃어버리는 경향이 있다.

합성곱 신경망convolutional neural network: 서로 다른 위치에서 동일한 특성을 찾아내 이미지 속의 대상을 알아보도록 설계된 인공신경망.

헬름홀츠 기계 Helmholtz machine: 헬름홀츠의 추론을 통한 지각이라는 아이디어에 대해 이뤄진 초기의 개념 증명.

획득aquisition(연합학습과 관련): 새로운 경험을 기반으로 자극과 반응 사이에 새로운 연합이 형성되는(획득되는) 과정.

미주

이 책을 쓰기 위해 여러 해 동안 조사를 하면서 수백 편의 책과 논문, 기사를 읽었다. 지면을 아끼기 위해 전체 참고문헌은 briefhistoryofintelligence.com에 실어놓았다.

들어가며_AI의 눈으로 인류 지능의 역사를 재구성하다

1. 윌리엄 한나William Hanna, 조셉 바베라Joseph Barbera 제작, "로지의 남자친구Rosey's Boyfriend", 〈우주 가족 젯슨〉 1962년 시즌 1, 8화.
2. Cuthbertson, 2022.
3. 내가 GPT-3에게 다음의 문장을 마무리해 달라고 요청했다. "나는 창이 없는 지하실에 들어와 있다. 하늘을 바라보니…". 그러자 GPT-3는 이렇게 답했다. "빛이 보인다. 나는 그것이 별이라는 것을 안다. 행복하다." 실제로는 지하실 안에서 위를 올려다 봐도 별이 보일 리가 없다. 천장만 보일 것이다. 2023년에 출시된 GPT-4처럼 발전한 LLM은 이런 상식적인 질문에 더 정확하게 대답한다. 이 부분은 22장을 참고하라.
4. 시냅스의 폭은 약 20나노미터(Zuber 외, 2005)이며, 1세제곱밀리미터에 10억 개 정도의 시냅스가 있다(Faisal 외, 2005).
5. "토론토대학교 컴퓨터과학자들이 인공지능에서 이룬 혁신적인 연구로 국제적인 상을 받다(U of T computer scientist takes international prize for groundbreaking work in AI)"에 발표된 힌턴의 말에서 인용. U of T News. January 18, 2017, https://www.utoronto.ca/news/u-t-computer-scientist-takes-international-prize-groundbreaking-work-ai.
6. 계가 반드시 더 복잡해지는 것은 아니지만 시간이 흐를수록 더 복잡해질 가능성은 높아진다.
7. MacLean, 1990.
8. Cesario 외, 2020에서는 매클레인의 3중뇌 모델에 대한 현재의 관점을 잘 검토하고 있다. 하지만 솔직히 그의 3중뇌 모델에서 생기는 문제 대부분은 대중적 성공 때문이긴 하다. 매클레인의

연구를 실제로 읽어보면 그는 자신의 틀이 직면하고 있는 여러 문제들을 기꺼이 인정한다.

9. 얀 르쿤(@ylecun)이 2019년 12월 9일에 이 글을 엑스에 올렸다.
10. Healy 외, 2013.

1. 뇌가 등장하기 전부터 지능은 있었다

1. 열수공 이론과 생명이 나타난 시기에 관해서는 다음 자료를 참고하라. Bell 외, 2015; Dodd 외, 2017; Martin 외, 2008; McKeegan 외, 2007.
2. RNA 세계RNA world에 대한 논문과 원래 RNA가 단백질 없이도 스스로를 복제할 수 있었다는 증거는 Neveu 외, 2013을 참고하라.
3. 세균의 편모는 양성자를 동력원으로 해서 회전하는 회전 모터rotary motor로 움직인다. Lowe 외, 1987; Silverman과 Simon, 1974.
4. 루카에게 DNA가 있었다는 증거는 Hassenkam 외, 2017을 참고하라. 루카가 단백질을 합성했다는 증거는 Noller, 2012를 참고하라.
5. J. L. E. Wimmer 외, 2021.
6. 조류algae라는 단어는 단세포 식물의 한 유형을 가리키기 때문에 과학자들은 남조류라는 단어를 더 이상 쓰려 하지 않는다.
7. 광합성을 통해 산소를 만들어내는 능력은 남세균의 조상에서 처음 등장했을 가능성이 높다. K. L. French 외, 2015 참고.
8. https://www.scienceimage.csiro.au/image/4203에서 가져왔다. 1993년 3월 18일에 빌렘 반 아켄Willem van Aken이 촬영한 CC BY 3.0 라이선스 사진.
9. Cardona 외, 2015; Schirrmeister 외, 2013.
10. 초기 생명체에서는 생산하는 에너지가 적고 폐기물로 산소를 생산하지 않는, 효율이 떨어지고 더 원시적인 광합성이 일어났을 수도 있다. Raymond와 Segrè, 2006.
11. T. W. Lyons 외, 2014.
12. Margulis와 Sagan, 1997.
13. 산소대폭발 사건은 24억 년 전에 일어났다. Anbar 외, 2007 참고. 이 사건으로 인해 지구의 수많은 종이 멸종했다는 증거는 Hodgskiss 외, 2019를 참고하라.
14. 엄밀히 말하면 이때 진화해 만들어진 것은 산소를 사용하는 유산소호흡이다. 남세균에서 산소를 만들어내는 광합성이 일어난 후에 유산소호흡이 진화했다는 증거는 Soo 외, 2017을 참고하라.
15. O'Leary와 Plaxton, 2016.

16. 진핵생물의 복잡한 내부 구조는 현미경으로 볼 수 있다. 진핵생물을 의미하는 단어인 eukaryote는 진핵생물의 후손이 모두 진정한(eu) 세포핵(karyon)을 갖고 있다는 20세기의 관찰 결과에 따라 만들어졌다. 반면 세균이나 세균과 비슷한 생명체는 그런 내부 구조가 없어서 핵(karyon)이 생기기 전(pro)의 생물이라는 뜻으로 원핵생물prokaryote이라 부른다.
17. 진핵생물이 먹이로 다른 생명을 집어삼켜 내부에서 소화한 최초의 세포라는 증거는 Cavalier-Smith, 2009를 참고하라.
18. Bengtson 외, 2017.
19. 진핵생물의 등장 시기를 20억 년 전으로 잡은 것은 Knoll 외, 2006을 참고하라.
20. Reichert, 1990. 허가를 받고 사용.
21. 한 가지 예외로 빗해파리comb jelly는 독립적으로 신경세포를 진화시켰을 가능성이 있다.
22. 하지만 모든 진화 과정이 그렇듯이 이런 전략을 선택하는 과정도 살짝 미묘한 차이가 있다. 동물과 균류 중 일부 종은 그 중간에 해당하는 세 번째 방식을 선택했다. 기생생물은 적극적으로 먹잇감을 잡아먹는 대신 감염시켜 당분을 훔쳐 먹거나 내부에서부터 그 먹잇감을 죽인다.
23. Bar-On 외, 2018.
24. Technau, 2020.
25. Arendt 외, 2016.
26. Penny 외, 2014; Wan 외, 2016.
27. 파리지옥은 예외다. 파리지옥은 식물이 신속하게 움직여 먹이를 잡을 수 있게 독립적으로 진화한 사례다.
28. 물론 반대로 균류에는 신경세포가 없어서 다른 생명체를 잡아먹지 못한 것이라고 이야기할 수도 있다. 여기서 중요한 점은 어느 것이 먼저냐가 아니라 신경세포와 2단계 다세포 생명체 사냥이 동일한 생존 전략의 일부고, 균류는 이런 전략을 사용하지 않았다는 것이다.
29. 신경계의 역사적 발견에 대해서는 McDonald, 2004를 참고하라.
30. Piccolino, 1997; Schuetze, 1983.
31. O'Brien, 2006.
32. Garson, 2015; Pearce, 2018.
33. 스파이크의 발견은 사실 더 점진적으로 이루어졌으며, 1848년에 발견되었다고 주장하는 사람도 있다. du Bois-Reymond, E., 1848을 참고하라.
34. Garson, 2003
35. 생물학에서 대부분이 그렇듯이 여기서도 예외가 있다. 뇌의 일부 영역에서는 시간적 부호화temporal coding 등 다른 부호화 전략을 사용하는 것으로 보인다.
36. 히드라의 발화율 부호화는 Tzouanas 외, 2021을 참고하라. 예쁜꼬마선충의 발화율 부호화는 다

음의 자료들을 참고하라. Q. Liu 외, 2018; O'Hagan 외, 2005; Suzuki 외, 2003.

37. J. T. Pearson과 D. Kerschensteiner, 2015.
38. Parabucki 외, 2019.
39. 이것은 예쁜꼬마선충에서도 입증됐다. S. Gao와 M. Zhen, 2011을 참고하라.
40. 구체적으로 표현하면 휘도luminance가 100만 배 높다. 휘도는 제곱미터당 촉광candela per square meter 단위(cd/m^2)로 측정한다. 이 단위는 단위면적당 발생하는 광자의 양에 사람의 파장 감도에 따른 가중치를 부여한 값이다.
41. MacEvoy, B. 2015
42. Wang 외, 2016.
43. B. MacEvoy, 2015. 개인적 서신을 통해 허락을 받아 사용.
44. 에클스는 억제를 발견했다. 데일은 화학적 신경전달을 발견했다(Todman, 2008). 셰링턴은 시냅스를 발견했다(R. E. Brown 외, 2021).
45. 물론 대부분 그렇다는 이야기다. 신경세포들끼리 직접 접촉하고 틈새이음gap junction을 형성해서 한 신경세포에서 다른 신경세포로 직접 전기신호를 전달하는 경우도 있다.
46. 말미잘의 입 근육에 대한 자세한 내용은 Bocharova와 Kozevich, 2011을 참고하라.
47. 시냅스 억제를 통한 옆억제lateral inhibition의 증거는 히드라에서 발견됐다. Kass-Simon, 1988을 참고하라. 하지만 자포동물Cnidaria에게는 시냅스 억제가 존재하지 않는다고 주장하는 사람들도 있다(Meech와 Mackie, 2007).

2. 좋음과 나쁨의 탄생

1. 초기 좌우대칭동물의 화석 증거에 대해서는 다음의 자료를 참고하라. Z. Chen 외, 2013, 2018; Evans 외, 2020.
2. 초기 좌우대칭동물에 대한 훌륭한 검토는 Malakhov, 2010을 참고하라.
3. 정확히 말하자면 예쁜꼬마선충은 몸 전체에 302개의 신경세포가 있는 반면, 사람은 뇌에만 850억 개의 신경세포가 있다. 사람의 신경계에는 뇌 말고도 다른 영역에 신경세포가 많다.
4. 편형동물의 사례는 Pearl, 1903을 참고하라. 선충의 사례는 다음의 자료를 참고하라. Bargmann 외, 1993; Ward, 1973.
5. 예쁜꼬마선충에서 나타나는 이런 유형의 행동에 대한 검토는 Hobert, 2003을 참고하라. 예쁜꼬마선충의 온도 기울기 행동에 대해서는 다음 자료들을 참고하라. Cassata 외, 2000; Hedgecock과 Russell, 1975; L. Luo 외, 2014.

6. Brooks, 1991.
7. 앞과 같음.
8. History | iRobot. (n.d.) https://about.irobot.com/history. 아이로봇 홈페이지에서 2023년 3월 5일에 검색.
9. 그 후에 나온 룸바에는 집 내부의 지도를 작성할 수 있는 특성들이 추가됐다.
10. 2006년 Larry D. Moore 촬영. CC-BY 라이선스를 받아 위키피디아에 발표된 사진. https://en.wikipedia.org/wiki/Roomba
11. Garrity 외, 2010.
12. L. Luo 외, 2014. 더 자세한 내용은 Garrity 외, 2010의 훌륭한 논문을 참고하라. 'AFD' 신경세포는 온도가 역치를 넘어서서 너무 뜨거워졌을 때만 반응한다(Goodman과 Sengupta, 2018 참고).
13. Hobert, 2003; Ishihara 외, 2002.
14. Inoue 외, 2015.
15. 이런 상호억제의 정확한 회로는 복잡하지만 원리는 비슷하다. 예쁜꼬마선충에는 AWC라는 감각신경세포가 있다. 이 신경세포는 긍정적 감정가의 냄새에 흥분한다. 예쁜꼬마선충에는 감각신경세포로부터 입력을 받아들이는 네 개의 후속 신경세포가 있다. 이 후속 신경세포들의 이름은 AIZ, AIB, AIY, AIA이다. AIZ와 AIB는 방향전환을 촉진하고, AIY와 AIA는 전진운동을 촉진한다(Garrity 외, 2010 참고). 이 후속 신경세포들 사이에서 상호억제가 일어난다. AIY는 AIB를 억제한다(Chalasani 외, 2007). AIY는 AIZ를 억제한다(Z. Li 외, 2014). AIA는 AIB를 억제한다(Wakabayashi 외, 2004). 더 아래로 내려간 후속 신경세포에서도 일부 상호억제가 일어난다. 예를 들어 AIY에서 오는 억제성 출력을 AIB에서 오는 흥분성 입력과 통합해 또 다른 신경세포 RIB에 방향전환 자체를 촉진하는 방식이다(Garrity 외, 2010; J. M. Gray 외, 2005). 회로는 복잡하지만 전진운동을 하려는 투표와 방향전환을 하려는 투표 사이에 상호억제가 일어나는 효과는 동일하다.
16. Davis 외, 2017; Lau 외, 2017.
17. Rengarajan 외, 2019.
18. Davis 외, 2017.

3. 감정의 기원

1. Jackson 외, 2019.

2. Barrett와 Russell, 1999; Russell, 2003.
3. Heilman, 1997; Lang, Bradley, Cuthbert, 1997.
4. Gerber 외, 2008.
5. Jackson 외, 2019; Wierzbicka, 1992.
6. Bridges, 1932; Graf, 2015; Huffman, 1997; Oster, 2012; Saarni 외, 2006.
7. Hills 외, 2004; D. Jones와 Candido, 1999; Z. Liu 외, 2018.
8. Chase 외, 2004.
9. 이 도파민 신경세포를 파괴하면 먹이에 반응해서 일어나는 활용상태가 사라진다(Sawin 외, 2000). Hills 외, 2004에서는 이를 입증했다. 또한 이런 신경세포는 온전한 상태로 놔두되 신경세포 사이의 도파민 신호를 막아도 활용상태가 비슷하게 사라지며, 예쁜꼬마선충의 뇌에 도파민을 주사하면 즉각 활용상태가 된다는 것도(마치 먹이를 감지한 것처럼 속도를 늦추고 방향전환 행동의 빈도가 늘어난다) 입증했다. 도파민 신경세포가 파괴된 후라도 예쁜꼬마선충에 도파민을 주사하면 활용상태가 돌아온다.

   도파민은 도파민 신경세포가 발화한 뒤 시간이 지나도 세포외액extracellular fluid에 남아 있기 때문에 이런 지속적인 상태를 유지할 수 있다. 도파민은 전체 신경세포의 반응을 직접 조절함으로써 이 과정을 완수한다. 예를 들어 도파민은 특정 운동신경세포의 반응을 조절하며(Chase 외, 2004), 조종 신경세포의 반응을 조절하고(Hills 외, 2004), 감정가 신경세포를 직접 조절한다(Sanyal 외, 2004). 이처럼 모든 조절이 조화롭게 이뤄진 결과로 선충은 느리게 움직이면서 더 자주 방향전환을 하는 활용상태에 이르게 된다.
10. Rhoades 외, 2019.
11. 위에 들어 있는 먹이를 감지해서 세로토닌이 분비된다는 증거는 Gürel 외, 2012를 참고하라.

   먹이와 관련된 두 개의 세로토닌 신경세포를 파괴하면 배고픈 선충은 먹이를 만나도 더 이상 속도를 늦추지 않는다. Sawin 외, 2000을 참고하라. 세로토닌 신호를 막으면 선충은 배가 불렀을 때도 배가 고플 때에 비해 더 오래 휴식하지 않는다(Churgin 외, 2017). 세로토닌 신호가 없으면 일단 배가 부른 상태임에도 먹이를 찾아나서는 것을 멈추는 데 더 오랜 시간이 걸리는 것과 마찬가지로 선충은 배고플 때 탈출상태에서 훨씬 많은 시간을 보낸다(Churgin 외, 2017; Flavell 외, 2013). 이런 현상에 대한 한 가지 해석은 세로토닌이 없으면 선충은 포만을 느끼기 어렵다는 것이다. 예쁜꼬마선충의 뇌에 세로토닌을 주사하면 배고플 때 먹이를 찾아 돌아다니는 시간이 훨씬 줄어든다(Churgin 외, 2017). 또한 세로토닌은 산란(Waggoner 외, 1998), 짝짓기 행동(Loer와 Kenyon, 1993; Ségalat 외, 1995), 삼키기와 대등한 인두 펌핑pharyngeal pumping 행동(Ségalat 외, 1995)을 증가시킨다.
12. 세로토닌은 대부분의 좌우대칭동물에서 비슷한 역할을 한다(Gillette, 2006; Tierney, 2020). 연

체동물(Kabotyanski 외, 2000; Yeoman 외, 1994), 선충(Hobson 외, 2006; Szø 외, 2000), 환형동물(Groome 외, 1995)에서 세로토닌은 입속에 있는 먹이를 삼킬 때 분비된다. 척추동물에서는 예상했던 경우라도 긍정적 감정가의 자극을 경험하면 세로토닌 분비가 촉발된다(Z. Liu 외, 2020; Zhong 외, 2017). 세로토닌이 쥐(Nikulina 외, 1991), 닭(Dennis 외, 2008), 갑각류(Kravitz, 2000)에서 공격성을 감소시키는 것으로 보아 공격성을 억제하는 세로토닌의 역할도 보존된 것으로 보인다. 조금 차이가 있기는 하지만 세로토닌은 포만상태에서도 일정한 역할을 한다. 세로토닌은 쥐(Blundell과 Leshem, 1975; Grinker 외, 1980), 사람을 제외한 영장류(Foltin과 Moran, 1989), 사람(McGuirk 외, 1991; Rogers와 Blundell, 1979), 파리(Long 외, 1986), 바퀴벌레(Haselton 외, 2009), 개미(Falibene 외, 2012), 꿀벌(A. S. French 외, 2014), 모기(Ling과 Raikhel, 2018)에서 포만상태를 유도하고 먹이를 찾는 활동을 감소시킨다. 하지만 환형동물과 연체동물에서는 다른 역할을 하는 것 같다. 세로토닌은 환형동물(Lent 외, 1991), 연체동물(Hatcher 외, 2008; Yeoman 외, 1994)에서는 배고픔을 유도하고 먹이를 찾는 활동을 증가시키며 섭식 행동의 역치를 낮추는 것으로 보인다(Palovcik 외, 1982).

13. 세로토닌에 대한 훌륭한 논문으로는 Z. Liu 외, 2020을 참고하라.
14. Musselman 외, 2012.
15. 세로토닌 증가가 섭식 행동을 감소시킨다는 증거는 Sharma와 Sharma, 2012를 참고하라. 세로토닌이 만족을 지연하려는 성향을 증가시킨다는 증거는 Linnoila 외, 1983을 참고하라.
16. 도파민 반응을 중단시키는 것은 Valencia-Torres 외, 2017을 참고하라. 감정가 신경세포의 반응을 무디게 하는 것은 Lorrain 외, 1999를 참고하라.
17. Kent Berridge(개인 서신의 사진). 허락을 받아 사용.
18. Berridge와 Robinson, 1998.
19. Heath, 1963.
20. 히스는 자기가 발견한 증거가 이 자극이 유쾌하다는 것을 입증한다고 환자가 '좋은' 기분을 느끼는 것으로 보인다고 주장했다(Heath, 1963). 하지만 동일한 실험을 진행한 다른 연구자들은 히스가 보고한 발견과는 대조적으로 자극하는 동안에 '좋아함' 효과를 발견할 수 없었다(Schlaepfer 외, 2008).
21. Treit와 Berridge, 1990.
22. Morgan 외, 2018.
23. 우울장애. 세계보건기구 2021년 9월 13일. https://www.who.int/fact-sheets/detail/depression 에서 2023년 3월 5일에 접속.
24. 노르에피네프린은 어류(Singh 외, 2015)를 비롯한 많은 척추동물에서 높은 각성 효과를 나타낸다. 그와 연관된 화합물인 옥토파민도 환형동물(Crisp 외, 2010), 절지동물(Crocker와 Sehgal,

2008; Florey와 Rathmayer, 1978), 선충(Churgin 외, 2017) 등의 다양한 전구동물protostome에서 유사하게 각성을 높인다. 노르에피네프린은 생쥐(Marino 외, 2005)를 비롯한 척추동물 전반에서 공격성을 증가시킨다. 옥토파민도 유사하게 파리(C. Zhou 외, 2008)에서 공격성을 증가시킨다. 노르에피네프린은 척추동물이 굶주릴 때 분비된다(P. J. Wellman, 2000). 옥토파민은 절지동물(Long과 Murdock, 1982), 연체동물 (Vehovszky와 Elliott, 2002), 선충(Guo 외, 2015; Suo 외, 2006)에서 굶주림 때문에 분비되며 먹이 섭취를 증가시킨다. 옥토파민은 절지동물(C. Zhou 외, 2012)에서 구애 조건화courtship conditioning를 억제하고, 절지동물(Sombati와 Hoyle, 1984)과 선충(Alkema 외, 2005; Guo 외, 2015; Horvitz 외, 1982)에서 산란 행동을 억제한다.

옥토파민, 노르에피네프린, 도파민의 특정 감정가는 절지동물에서 정반대일 수 있다(Barron 외, 2010에서 검토). 옥토파민은 귀뚜라미(Mizunami 외, 2009; Mizunami와 Matsumoto, 2017), 꿀벌(Farooqui 외, 2003; Hammer, 1993), 파리(Schwaerzel 외, 2003), 게(Kaczer와 Maldonado, 2009)에서 식욕 신호를 중재한다. 도파민이 귀뚜라미(Mizunami 외, 2009; Mizunami와 Matsumoto, 2017), 파리(Schwaerzel 외, 2003)에서 혐오 신호를 중재할 수도 있다. 하지만 명확하게 확인되지는 않았다. 보상은 호박벌에서 도파민 의존적 긍정적 정동상태를 만들어낼 수 있다(Perry 외, 2016). 또한 옥토파민 결핍은 절지동물 파리에서 혐오 학습을 저해하고(Mosca, 2017), 서로 다른 옥토파민 신경세포 하위 집합이 절지동물에 속하는 파리에서 접근이나 혐오를 촉발하는 것으로 보인다(Claßen과 Scholz, 2018).

물론 효과가 약간 다른 각성 화학물질은 많이 있다(D. Chen 외, 2016). 하지만 이는 여전히 유익한 '초회통과first pass'(약물이 온몸으로 순환되기 전에 약물 농도가 크게 감소하는 대사작용-옮긴이)이고, 선충에서 각 신경전달물질이 특정 정동상태를 아주 잘 조절하고 있다는 사실은 놀랍다. 노르에피네프린을 차단하면 선충은 탈출 행동을 하는 시간이 극적으로 줄어들고, 유해한 자극에 노출된 상태에서도 꼼짝 않고 있는 시간이 훨씬 길어진다(Churgin 외, 2017). 선충이 "여기서 빠져나가서 먹이를 찾아야 해!" 모드로 들어가는 능력을 상실하는 것이다. 노르에피네프린은 다른 신경전달물질과 동일한 방식으로 이런 일을 수행한다. 곧 운동과 방향전환을 통제하는 다양한 신경세포를 지속적으로 조절하는 것이다(Rengarajan 외, 2019). 다른 신경전달물질과 마찬가지로 노르에피네프린도 감정가 신경세포를 조절한다. 에피네프린이 없으면 선충은 굶주릴 때 이산화탄소 회피 행동에서 유인 행동으로 전환하지 못한다(Rengarajan 외, 2019).

25. Churgin 외, 2017; Rex 외, 2004; Suo 외, 2006.
26. 구체적으로는 아드레날린과 관련된 화학물질들(노르에피네프린, 옥토파민, 에피네프린)이다.
27. 스트레스 반응에 대한 개요는 Sapolsky 외, 2000을 참고하라. 이 비유는 Sapolsky, 2004에서 영감을 받았다.
28. Park 외, 2020.

29. Staub 외, 2012.

30. Cheong 외, 2015.

31. Mills 외, 2016; Nieto-Fernandez 외, 2009; Pryor 외, 2007.

32. Ow와 Hall, 2020; Seidel과 Kimble, 2011.

33. You 외, 2008.

34. Nath 외, 2016.

35. A. J. Hill 외, 2014.

36. 열기 등의 스트레스 요인에 노출되면 선충은 생존을 보조하는 무활동quiescence에 들어간다. See Fry 외, 2016; A. J. Hill 외, 2014; Konietzka 외, 2019; van Buskirk와 Sternberg, 2007. 이는 굶주리는 상황에도 마찬가지다. Park 외, 2020; Skora 외, 2018.

37. Adamo와 Baker, 2011.

38. 유전자를 편집해서 인슐린 신호를 감소시킨 예쁜꼬마선충에서 이런 상태를 관찰할 수 있다. 영구적인 우울장애에 빠져 있는 것처럼 보이던 이 선충에서 세로토닌을 차단하면 우울장애에서 벗어나(Dagenhardt 외, 2017) 다시 돌아다니면서 먹이 단서에 반응한다. 흥미롭게도 세로토닌은 예쁜꼬마선충부터 사람에 이르는 모든 동물에게 이런 우울장애 치료 효과를 나타내는 것으로 보인다. 사람에서 우울장애 치료제로 주로 쓰이는 약물은 프로작Prozac 같은 선택적 세로토닌 재흡수 억제제selective serotonin reuptake inhibitors, SSRI다. 증거에 따르면 프로작은 뇌에서 세로토닌의 수치를 낮춘다. 여기서 이야기가 복잡해진다. 사실 SSRI는 시냅스에서 세로토닌이 재흡수되는 것을 차단함으로써 먼저 뇌에서 세로토닌의 수치를 높인다. 하지만 이렇게 재흡수가 차단된 상태로 몇 주가 지나면 세로토닌 신경세포의 반응에 변화가 생겨 그 신호가 줄어든다. 그래서 최종적으로는 세로토닌 수치가 낮아지는 효과가 나타난다. 처음에는 SSRI가 우울장애를 악화시키다가 2~6주가 지나면 사람들의 기분이 좋아지기 시작하는 이유도 이 때문이다. 물론 이 이야기가 맞는지에 대해서는 여전히 논란이 있다.

우울장애가 있는 생쥐에게 오피오이드를 투여하면 우울장애 징후가 감소한다(Berrocoso 외, 2013; Zomkowski 외, 2005).

39. 이러한 사실을 뒷받침하는 추가 증거로 다음 내용에 대해 생각해보자. 선충이 빨리 포기하게 만드는 요인은 무엇일까? 에너지 비축량이다. 에너지 비축량이 낮으면 그 신호로 인슐린 수치가 낮아진다. 그러면 선충은 훨씬 빨리 포기한다(Skora 외, 2018). 사람의 우울장애나 스트레스에 대한 정보로 삼기에는 너무 지나친 단순화로 보일 수 있겠지만 그 상관관계를 알고 나면 놀랄 것이다. 인슐린 신호는 여전히 수수께끼에 싸여 있지만 사람의 우울장애와 만성 스트레스 반응에 상관관계가 있음이 잘 알려져 있다. 당뇨(인슐린 신호에 장애가 생기는 질병)가 있는 사람은 일반 인구집단보다 우울장애 발병 비율이 세 배나 높다(Anderson 외, 2001; Gavard 외, 1993). 우

울장애가 있는 사람은 당뇨가 없어도 일반 인구집단에 비해 인슐린 저항성이 더 높다(Hung 외, 2007; Kan 외, 2013). 당뇨가 있는 사람은 전형적인 우울장애가 없어도 무관심, 무쾌감증이 흔히 나타난다(Bruce 외, 2015; Carter와 Swardfager, 2016). 또한 당뇨가 있는 생쥐는 당뇨가 없는 생쥐보다 우울장애의 징후를 더 많이 나타내는데, 인슐린을 투여하면 이런 효과가 완전히 역전된다(Gupta 외, 2014). 예쁜꼬마선충의 유전자를 인슐린 신호가 감소하도록 편집하면 영구적인 우울장애 상태에 빠져서 먹이 신호에 반응은 하지만 움직임이 극적으로 줄어든다(Dagenhardt 외, 2017). 무쾌감증은 만성 스트레스 반응에 따라오는 진화적으로 이로운 특성이다. 이는 어려움과 마주했을 때 에너지를 아끼기 위해 포기하는 현상이다. 인슐린은 동물에게 에너지 비축량이 얼마나 많은지, 어려움에 직면했을 때 동물이 만성 스트레스 상태에 빠질 가능성이 어느 정도인지 말해주는 핵심 신호로 보인다.

40. A. J. Hill 외, 2014.
41. 바퀴벌레의 학습된 무기력에 대해서는 G. E. Brown, Anderson, 외, 1994; G. E. Brown과 Stroup, 1988을 참고하라. 달팽이에 관해서는 G. E. Brown, Davenport, 외, 1994를 참고하라. 초파리에 대해서는 G. E. Brown 외, 1996을 참고하라.
42. 자포동물Cnidaria에서 이동을 담당하는 신경회로 역시 다양한 신경펩티드neuropeptide가 조절할 가능성이 높지만, 좌우대칭동물과 동일한 신경전달물질이 그러한 결정을 하는 것 같지는 않다. 자포동물에서는 도파민이 섭식 반응(Hanai와 Kitajima, 1984)과 촉수 수축(Hudman과 McFarlane, 1995)을 억제하고, 심지어 수면을 촉발하는 것으로(Kanaya 외, 2020) 밝혀졌다. 많은 자포동물에는 세로토닌이 없고(Carlberg와 Anctil, 1993; Takeda와 Svendsen, 1991), 세로토닌이 발견되는 몇 안 되는 종에서도 세로토닌은 주로 산란을 유도하는 것으로 보인다(Tremblay 외, 2004). 노르에피네프린은 자포nematocyst 방출 가능성을 높이고(Kass-Simon과 Pierobon, 2007), 부유형 자포동물에서 꿈틀운동 파동peristalsis wave의 속도를 변화시킨다(Pani 외, 1995). 대부분의 경우에서 이 신경전달물질은 반사작용을 조절하는 데 관여할 뿐, 좌우대칭동물에서처럼 탐색을 위한 행동을 직접 촉발하지는 않는다.

4. 연합, 예측 그리고 학습의 여명기

1. Seeger, 2009.
2. Todes, 2014.
3. 앞과 같음.
4. Irwin, 1943; Twitmyer, 1905.

5. Illich 외, 1994.
6. Amano와 Maruyama, 2011; Saeki 외, 2001; Tomioka 외, 2006; Wen 외, 1997.
7. 이 실험에서 연구자들은 이 효과가 소금에 대한 과잉 노출로 일어난 것이 아니라 자극(소금)과 배고픔의 부정적 정동상태 사이에 연합이 일어난 것임을 확인했다. 연구자들은 세 번째 집단을 설정해서 선충들이 소금물 속에서 동일한 시간을 보내게 했지만, 이번에는 접시에 먹이를 추가해서 배고픔을 경험하지 않게 했다. 소금에 동일한 양만큼 노출된 세 번째 집단은 그 후에도 소금을 향해 기꺼이 조종해갔다. 이는 소금 회피 행동이 소금에 대한 과잉 노출로 일어난 것이 아니라 소금과 배고픔 사이의 연합으로 인해 일어난 것임을 시사한다(그림 4.1의 중간 사례 참고).
8. Morrison 외, 1999; Y. Zhang 외, 2005.
9. Hedgecock과 Russell, 1975.
10. 이 효과는 그저 회피반사의 민감화sensitization로 나타나는 것이 아니다. 달팽이에게 충격을 주면서 그 충격을 두드림과 짝 지어주지 않으면 앞서 동일한 횟수의 충격을 주었어도 두드림에 그 정도의 회피반사를 나타내지 않는다(Carew 외, 1981a; 1981b; Walters 외, 1981). 단순한 학습회로에 관한 검토는 Hawkins와 Kandel, 1984를 참고하라.
11. 우리와 거리가 먼 이 동물들은 에드가 에이드리언이 발견한 적응 같은 비연합학습nonassociative learning과 민감화라는 유사하지만 다른 유형의 학습을 한다. 민감화란 기존의 각성 자극에 반응해서 반사의 강도가 강해지는 것을 말한다.

    내가 아는 한 자포동물에서 연합학습이 일어난다고 보고한 실험은 한 건밖에 없다. 이 실험에서 말미잘은 충격을 예고하는 빛에 반응해서 촉수를 수축하는 법을 학습했다(Haralson 외, 1975). 이 실험 결과를 재현하려는 다른 시도도 있었지만 성공하지 못했다(Rushforth, 1973). Torley, 2009에서는 문헌을 조사하고, 자포동물 행동 전문가들과 수없이 접촉하면서 개인적으로 확인했지만 자포동물에서 고전적 조건형성이 일어난다고 확인해준 연구 결과를 찾지 못했다. Ginsburg와 Jablonka, 2019에서도 그와 비슷하게 자포동물이 연합학습을 하지 못한다고 결론 내렸다.
12. Pavlov, 1927.
13. Ruben과 Lukowiak 1982.
14. Kamin, 1969.
15. 잠재적 억제는 꿀벌(Abramson과 Bitterman, 1986), 연체동물(Loy 외, 2006), 어류(Mitchell 외, 2011), 염소(Lubow와 Moore, 1959), 쥐(Ackil 외, 1969; Boughner와 Papini, 2006)에서 확인됐다. 가리기와 차폐는 편형동물(Prados, Alvarez, Howarth, 외, 2013), 꿀벌(Couvillon과 Bitterman, 1989), 연체동물(Acebes 외, 2009; Sahley 외, 1981), 쥐(Prados, Alvarez, Acebes, 외, 2013), 사람(Prados, Alvarez, Acebes, 외, 2013), 토끼(Merchant와 Moore, 1973), 원숭이(Cook

과 Mineka, 1987)에서 관찰됐다.

16. Illich 외, 1994.
17. Burnham, 1888.
18. Levy, 2011.
19. Burnham, 1889.
20. 시냅스 학습, 특히 타이밍을 기반으로 한 학습 규칙에 대한 서로 다른 발견에 관한 역사적 검토는 Markram 외, 2011을 참고하라.
21. 이런 작용을 하는 단백질 장치는 참으로 아름답지만 이 책에서 논의하는 범위를 벗어난다. 관심 있는 사람은 NMDA 수용체N-methyl-D-aspartate receptor를 통한 동시발생 감지에 대해 찾아보기 바란다.
22. Ramos-Vicente, D. 외, 2018; Stroebel, D. 2021.

5. 시행착오에서 배우기

1. 다만 겉질은 예외다. 겉질의 경우 포유류 같은 일부 척추동물에서 독특하게 변화했다. 이 부분에 대해서는 혁신 #3을 기대하기 바란다.
2. Grillner와 Robertson, 2016.
3. P. Chance, 1999.
4. 일부 동물은 이렇게 학습할 수 있다. 그 부분은 혁신 #4를 기대하라.
5. Thorndike, 1898(그림 1).
6. P. Gray, 2011.
7. Adron 외, 1973.
8. C. Brown, 2001; C. Brown과 Warburton, 1999.

6. 시간차학습의 진화

1. Minsky, 1961.
2. 사실 이런 개념 중 일부는 이미 운영 연구 세계operation research world의 동적 계획법dynamic programming에 포함되어 있었다. 서튼이 기여한 부분은 정책policy과 가치함수value function를 동시에 풀 수 있음을 깨달았다는 점이다.

3. TD-개먼은 행위자-비평가 모델이 아니라 가치함수라는 것을 직접 학습하는 시간차학습의 단순한 형태였음에 유의하자. 하지만 시간차를 바탕으로 한 부트스트래핑의 원리는 동일하다.
4. Tesauro, 1994.
5. Olds, 1956; Olds와 Milner, 1954. 이 실험은 사실 사이막 영역septal area을 자극했고, 이 영역이 도파민 분비를 촉발했다. 나중에 진행된 실험을 통해 사이막 자극의 효과를 중재한 것이 사실은 도파민이었음이 확인됐다. 쥐에 도파민 차단 약물을 주입하면 쥐는 사이막 자극을 받아도 더 이상 레버를 누르지 않는다(Wise, 2008에서 검토).
6. "배고픈 쥐는 자신을 전기로 자극하는 쾌감만을 좇고, 먹을 수 있는 먹이가 있어도 무시하는 경우가 많았다"(Olds, 1956).
7. Kily 외, 2008.
8. Cachat 외, 2010; Gerlai 외, 2000, 2009.
9. 도파민 신경세포에는 항상 배경잡음이 있어서 1초당 한두 번 정도 스파이크를 발화한다. 그런데 누락이 일어났을 때는 이 신경세포가 침묵에 들어간다(그림 6.3 참고).
10. Schultz 외, 1997.
11. Kobayashi와 Schultz, 2008.
12. Schultz 외, 1997.
13. Grillner와 Robertson, 2016; J. M. Li, 2012; Vindas 외, 2014.
14. 일부 무척추동물, 특히 절지동물에서는 실제로 이런 보상-예측 오류가 나타나지만, 다른 단순한 좌우대칭동물에서는 이런 오류가 발견되지 않는다. 또한 절지동물의 경우 내부에서 이런 반응이 발견되는 뇌 구조가 절지동물에서만 보이는 독특한 뇌 구조라는 점을 고려할 때 독자적으로 진화한 것으로 추정된다.
15. 사실 최근의 연구를 통해 진화가 원함의 상태를 만들어내는 도파민의 원래 역할을 그대로 유지하면서 그 기능을 얼마나 우아하게 바꿔놓았는지 밝혀졌다. 바닥핵의 입력핵(줄무늬체corpus striatum)에 있는 도파민의 양이, 할인된 '예측되는 미래 보상'을 측정해서 좋은 일이 일어날 가능성을 바탕으로 원함의 상태를 촉발한다. 또한 동물로 하여금 근처에 있는 보상에 초점을 맞춰 추구 행동을 유도하는 것으로 보인다. 동물이 보상에 다가감에 따라 도파민 분비가 증가해 보상을 받을 것으로 기대하는 순간에 정점을 찍는다. 이렇게 증가하는 동안에 만약 예측되는 보상이 바뀌면(일부 누락이 일어나거나 새로운 신호가 등장해서 보상을 얻을 확률을 바꾸는 경우) 새로운 수준의 예측되는 미래 보상에 맞춰 도파민 활성이 급속히 증가하거나 감소한다. 도파민 활성의 이런 급격한 변화는 슐츠가 발견한 도파민 신경세포의 폭발적 활성과 일시 정지를 통해 생겨난다. 도파민 활성의 이런 급격한 변화가 시간차학습 신호다. 줄무늬체 주변에 떠다니는 도파민의 양은 신경세포의 흥분성을 변화시킨다. 이것이 행동을 활용과 원함 쪽으로 변화시킨다. 반면 도

파민 활성의 급격한 변화는 다양한 연결의 강도를 변화시켜 행동을 강화하거나 처벌한다. 다시 말해 척추동물의 도파민은 원함의 신호이면서 동시에 강화의 신호다.

16. 이 개념에 대해 더 많은 정보는 LeDoux 외, 2017에 나와 있는 회피 학습에 대한 조지프 르두의 훌륭한 논문을 참고하라.

17. 파블로프의 학습과 누락을 통한 학습은 구분하기 어려울 수 있고, 회피 학습의 메커니즘에 대한 논란은 이어지고 있다. 어류가 실제로 충격의 누락으로부터 학습한다는 것을 보여주는 훌륭한 연구는 Zerbolio와 Royalty, 1982를 참고하라.

18. 우연성contingency이 더 이상 적용되지 않아서, 곧 조명 켜기가 더 이상 전기충격으로 이어지지 않아서 그냥 연합이 희미해지는 것과, 뭔가의 누락을 통해 학습하는 것을 구분하려면 정교하게 실험을 구성해야 한다. 어류를 대상으로 한 실험에서는 보상이 누락되는 조건에 특별히 새로운 신호를 추가함으로써 이 둘을 구분했다. 연합이 그냥 희미해지는 경우에는 이 새로운 신호가 보상이 되지 못할 것이다(누락 실험에서 아무것도 강화되지 않는다). 하지만 동물의 뇌가 전기충격의 누락을 그 자체로 보상이라 여긴다면 전기충격이 누락될 때만 나타나는 새로운 신호를 보상으로 학습하게 된다. 연구자들은 그런 실험에서 물고기가 실제로 이 새로운 신호를 보상으로 취급하고, 그 후로는 그 신호에 다가간다는 것을 보여줬다. 반면 선충은 이런 학습을 하지 못한다. 이들은 시간 간격이 벌어진 사건들을 연합하지 못하기 때문이다. 아직 확실하지는 않지만 꿀벌이나 게처럼 똑똑한 무척추동물도 이렇게 누락을 통한 학습을 하지 못하다는 증거가 있다.

19. M. R. Drew 외, 2005; A. Lee 외, 2010. Cheng 외, 2011에서 검토.

20. Eelderink-Chen 외, 2021에서는 원핵생물에도 일주기리듬이 있다는 것을 보여준다. McClung, 2006에서는 식물에 있는 일주기리듬을 보여준다.

21. Abramson과 Feinman, 1990; Craig 외, 2014. Abramson과 Wells, 2018에서 검토.

22. 겉질과 바닥핵의 연결 부위에는 다양한 유형의 도파민 수용체가 포함되어 있다. 도파민에서 스파이크가 빠르게 일어나면 특정 행동을 하게 만드는(관문 열기) 특정 바닥핵 신경세포와 겉질신경세포의 연결을 강화한다. 또한 특정 행동을 멈추게 만드는(관문 닫기) 다른 바닥핵 신경세포 군집과 겉질신경세포의 연결은 약화시킨다. 도파민 스파이크가 급속히 감소하면 정반대 효과가 나타난다. 나란히 존재하는 이 회로를 통해 도파민의 폭발적 흥분은 최근의 행동을 강화해서 다시 일어날 가능성을 높이고, 도파민 흥분 감소는 최근의 행동을 처벌해서 다시 일어날 가능성을 낮춘다.

23. Cone 외, 2016. 나트륨에 대한 식욕의 감정가 변화는 가쪽시상하부lateral hypothalamus에서 중간뇌 도파민 신경세포로 입력이 바뀌기 때문이라는 증거를 보여준다.

24. 행위자 회로로 추정되는 것은 줄무늬체(바닥핵의 입력 구조)의 기질에서 흘러나오고, 비평가 회로로 추정되는 것은 줄무늬체의 선조소체striosome에서 흘러나온다.

7. 패턴인식의 문제

1. Niimura, 2009에서는 현대 척추동물의 후각수용체가 최초의 척추동물이 등장하기 직전 최초의 척삭동물chordate에서 기원했다는 진화적 증거를 제시하고 있다. 최초 척삭동물의 모델로 자주 사용되는 동물인 창고기에게는 척추동물과 비슷한 31개의 기능성 후각수용체 유전자가 있고, 초기 척추동물의 모델로 자주 사용되는 칠성장어에게는 척추동물과 비슷한 32개의 후각수용체 유전자가 있다. 계통에 따라 후각수용체의 수가 늘어나 현대의 일부 어류에게는 100가지가 넘는 수용체가, 쥐에게는 1,000가지가 넘는 수용체가 있다.

   Niimura, 2012에서도 이야기하고 있듯이 무척추동물에게도 후각수용체가 있지만 그들의 후각수용체는 독립적으로 진화한 것으로 보인다. "후각수용체 유전자는 곤충, 선충, 극피동물echinoderm, 연체동물을 비롯한 무척추동물에서도 확인된다. 하지만 그들의 진화적 기원은 척추동물의 후각수용체 유전자와는 다르다. 곤충과 척추동물의 후각계에서 보이는 신경해부학적 특성은 공통적으로 나타나지만 곤충과 척추동물의 후각수용체 유전자는 서로 현저한 차이를 보이며, 염기서열에도 유사성이 전혀 없다."
2. 켜지거나 꺼질 수 있는 50가지 세포에서 나올 수 있는 조합의 가짓수는 2^{50}다. 그리고 2^{50}은 대략 1.1×10^{15}이다.
3. D. A. Wilson, 2009와 Laurent, 1999에서는 유사한 후각 부호화 모델을 제안했다. Barnes 외, 2008에서는 쥐의 후각겉질에서 패턴을 완성하는 증거를 찾아냈다. Yaksi 외, 2009에서는 어류에서 비슷한 유형의 패턴을 분리하거나 완성하는 증거를 찾아냈다. 3층 겉질에서 이런 자동연합이 일어난다고 주장한 최초의 논문은 Marr, 1971을 참고하라.
4. 경골어류에는 뚜렷하게 구분되는 층이 없을 수도 있지만 칠성장어의 겉질에는 파충류처럼 층이 있다. 그래서 나는 초기 척추동물의 겉질에 층 구조가 있었다고 가정한다. Suryanarayana 외, 2022.
5. 이는 4장에서 살펴본 기술로, 다음과 같이 요약할 수 있다. "함께 발화하는 신경세포는 서로 연결된다."
6. McCloskey와 Cohen, 1989. 연속학습 문제에서 현재 직면하고 있는 도전과제에 대한 검토는 Parisi 외, 2019; Chen과 Liu, 2018를 참고하라.
7. Brown, 2001.
8. Grossberg, 2012.
9. Hubel과 Wiesel, 1959, 1962, 1968.
10. Manassi 외, 2013. 허락을 받아 사용.
11. Fukushima, 1980.

12. 후쿠시마가 '합성곱'이라는 단어를 사용하지는 않았지만 그는 이러한 접근방식과 구조를 생각해 낸 사람으로 인정받고 있다. 역전파를 이용할 수 있게 이 구조를 업데이트한 사람은 얀 르쿤이다. 역전파는 실용 분야에서 합성곱 신경망이 널리 보급될 수 있도록 촉매제 역할을 했다.
13. 현대의 합성곱 신경망은 동일한 물체를 회전시킨 사례를 대량으로 포함하도록 훈련용 데이터를 보강해서 이 회전의 문제를 피한다.
14. Wegman 외, 2022.
15. Worden 외, 2021. 겉질과 시상은 서로 긴밀하게 연결되어 있다. 처음에는 시상이 겉질로 들어가는 입력을 중계하는 역할만 한다고 생각했다. 하지만 새로운 연구를 통해 의문이 제기되고 있다. 시상과 겉질의 상호작용이 불변성 문제에 중요할지도 모른다는 단서를 주는 세 가지 관찰 결과가 있다. 첫째, 겉질로 유입되는 감각 입력은 대부분 시상을 거쳐간다. 눈, 귀, 피부로부터 오는 입력은 모두 가장 먼저 시상으로 간 다음 겉질의 다양한 영역으로 가지를 친다. 하지만 이 규칙에 딱 한 가지 예외가 있다. 후각이다. 시상을 건너뛰고 직접 겉질과 연결되는 유일한 감각이 바로 후각이다. 어쩌면 이는 후각이 불변성 문제를 겪지 않는 하나뿐인 감각이기 때문인지도 모른다. 후각은 서로 다른 척도, 회전, 이동에 따라 대상을 알아보기 위해 시상과 상호작용할 필요가 없다. 둘째, 시상과 겉질은 함께 진화했다. 칠성장어처럼 우리와 가장 먼 척추동물에서도 다른 척추동물과 마찬가지로 겉질과 시상 사이에서 비슷한 상호작용이 이뤄진다. 이는 이들의 기능이 둘 사이의 상호작용에서 비롯되었을지도 모른다는 것을 암시한다. 셋째, 시상의 회로는 겉질의 서로 다른 영역들 사이의 연결에서 정확하게 관문을 여닫고 전송하는 것으로 보인다.

8. 생명에게 왜 호기심이 생겼을까

1. 이 이야기는 Christian, 2020에서 재구성한 것이다.
2. 어류의 호기심에 대해서는 Budaev, 1997, 생쥐의 호기심에 대해서는 Berlyne, 1955, 원숭이의 호기심에 대해서는 Butler와 Harlow, 1954, 유아의 호기심에 대해서는 Friedman, 1972를 참고하라.
3. Matsumoto와 Hikosaka, 2009.
4. Pisula, 2009에서 검토. 바퀴벌레의 호기심에 대해서는 Durier와 Rivault, 2002, 개미의 호기심에 대해서는 Godzinska, 2004, 두족류의 호기심에 대해서는 Kuba 외, 2006을 참고하라.
5. 호기심에 관한 논문인 Pisula, 2009, 48쪽에서는 이렇게 결론 내리고 있다. "따라서 탐색 행동에서 나타나는 유사점은 공통 조상을 두었기 때문이라기보다는 수렴의 결과, 곧 환경이 제시하는 유사한 도전에 유사한 반응을 보여서 생겨난 결과임이 분명하다."

6. 이런 부분 강화 효과는 금붕어에서 발견됐다(Wertheim와 Singer, 1964). 포유류에서 나타나는 작동방식과는 좀 차이가 있지만 이런 효과는 Gonzales 외, 1962에서도 밝혀졌다.

9. 세상을 인식하는 최초의 모델

1. Durán 외, 2008, 2010.
2. Larsch 외, 2015. 플라나리아는 Pearl, 1903을, 벌은 Abramson 외, 2016을 참고하라.
3. Wehner 외, 2006.
4. Carlyn Iverson / Science Source. 허락을 받아 사용
5. Bassett과 Taube, 2001.
6. 이 겉질 영역들의 위치가 현대의 일부 척추동물에 이르러서는 바뀌었다는 점을 유의하자. 그래서 같은 기능을 하는 구조가 다른 이름을 갖게 됐다. 이런 복잡한 내용은 일부러 제외했다. 예를 들어 경골어류에서는 겉질이 칠성장어, 파충류, 포유류와 같은 방식으로 접히지 않는다(경골어류에서는 겉질이 안쪽으로 접혀 들어가며 함입invagination되지 않고 바깥으로 접히며 돌출evagination된다). 그래서 기능이 같은 구조(겉질에서 해마에 해당하는 부위)의 위치가 뇌에서 서로 다른 영역을 차지했고, 해부학자들이 이들 영역에 붙여준 이름도 달라졌다. 내가 말하는 초기 척추동물의 안쪽겉질은 초기 척추동물에서 나중에 포유류의 해마가 될 기능적 구조를 가리킨다. 칠성장어와 파충류에서는 이 겉질 부위가 안쪽겉질인 반면, 경골어류에서는 동일한 겉질 부위가 가쪽겉질이다. 보통 칠성장어를 초기 척추동물의 모델로 이용하고 있기 때문에 단순하게 표현하기 위해 겉질의 이 영역을 해마라 지칭했고, 그림에서도 겉질을 함입된 상태로만 표현했다(그래서 해마 구조가 안쪽에서 나타난다).
7. 어류와 양서류에서 겉질의 하위영역을 어떻게 나눌 것인지에 대해서는 논란이 있다. 어떤 사람은 네 영역으로 나뉜다고 주장한다. 여기서 추가되는 영역은 등쪽겉질dorsal cortex이다(Striedter와 Northcutt, 2019 참고).
8. Fotowat 외, 2019; Vinepinsky 외, 2020.
9. Petrucco 외, 2022에서는 어류의 뒷뇌에 머리 방향 감지 신경세포가 존재한다는 증거를 보여준다. 머리 방향 감지 신경세포의 전체적인 네트워크와 설치류에서 해마로 입력되는 과정에 대한 논문은 Yoder와 Taube, 2014를 참고하라.
10. Broglio 외, 2010; Durán 외, 2010; López 외, 2000; Rodríguez 외, 2002.
11. Rodríguez 외, 2002.
12. Durán 외, 2010.

13. Broglio 외, 2010.
14. Naumann과 Laurent, 2016; Peterson, 1980; Rodrguez 외, 2002.

10. 신경의 암흑기

1. Algeo, 1998.
2. Beck, 1962.
3. Algeo 외, 1995; McGhee, 1996.
4. 일부 공룡은 나중에 온혈성을 진화시킨 것으로 보인다. 그들의 화석을 화학적으로 분석해보면 그런 증거가 나온다. 공룡의 후손인 조류가 온혈동물이라는 점도 그 증거다.
5. Mugan과 MacIver, 2020.
6. Boeckle과 Clayton, 2017.
7. 정확하게 말하면 어류의 뇌와 파충류의 뇌에는 차이가 있다. 어떤 사람은 양막류가 새겉질의 전구체일 가능성이 있는 등쪽겉질을 진화시켰다고 주장한다. 하지만 등쪽겉질이 초기 양막류에서는 존재하지 않았다는 새로운 증거가 있다.
8. 초기 척추동물에서 등쪽겉질의 존재에 관해서는 아직 논란이 있기 때문에 여기서는 그 영역에 대해 설명하지 않았다(Striedter와 Northcutt, 2019). 안쪽겉질에서 해마, 가쪽겉질에서 후각겉질, 배쪽겉질에서 연합 기능을 수행하는 편도체 사이의 배열에 관해서는 Luzzati, 2015; Striedter와 Northcutt, 2019를 참고하라.

11. 새겉질이 안겨준 선물

1. 포유류의 뇌에서 새겉질의 부위를 지칭할 때 '새'는 보통 생략한다. 그래서 시각새겉질이 아니라 그냥 시각겉질이라 부른다.
2. Talbot 외, 1968.
3. von Melchner 외, 2000.
4. 'EDITOR' 그림은 Jastrow, 1899, 다른 이미지들은 Lehar S., 2003, 위키피디아에서 가져왔다.
5. 계단 그림은 Schroeder, 1858, '네커의 정육면체' 그림은 Louis Necker, 1832, 오리 또는 토끼 그림은 Jastrow, 1899에서 인용.
6. Fahle, 외, 2002. 매사추세츠공과대학교 출판부의 허락을 받아 사용.

7. 헬름홀츠의 개념이 나중에 다시 구체화된 사례로는 종합을 통한 분석analysis-by-synthesis (Neisser, 1967)과 맥케이의 인식론적 오토마타epistemological automata (MacKay, 1956)가 있다.
8. Dayan, 1997; Hinton 외, 1995.
9. Dayan, 1997; 앞과 같음.
10. Hinton 외, 1995. 허락을 받아 사용.
11. StyleGAN2를 사용, Karras 외, 2020.
12. He 외, 2019. 허락을 받아 사용.
13. Reichert 외, 2013.
14. Seth, 2017.
15. 포유류가 아닌 동물 중에 포유류처럼 비렘수면과 렘수면의 상태가 교대로 나타나며 잠을 자는 것은(꿈을 꾼다는 것을 암시) 조류밖에 없다(Johnsson 외, 2022; Lesku와 Rattenborg, 2014; Rattenborg 외, 2022).
16. 꿈을 꾸는 이유에 대한 이론, 생성모델과의 연관성, 꿈에 대한 대안적 설명에 대한 훌륭한 개요는 Prince와 Richards, 2021을 참고하라.
17. van der Wel과 van Steenbergen, 2018.
18. O'Craven과 Kanwisher, 2000.
19. Doll 외, 2015.
20. 훌륭한 논문으로는 Pearsona와 Kosslynb, 2015를 참고하라. 현재는 사람이 상상을 할 때 V1 영역이 활성화된다는 명확한 증거가 있다(Albers 외, 2013; Slotnick 외, 2005; Stokes 외, 2009). 시각겉질의 활성을 통해 이미지를 해독할 수 있다는 증거는 Kay 외, 2008; Naselaris 외, 2015; Thirion 외, 2006을 참고하라.
21. Bisiach와 Luzzatti, 1978; Farah 외, 1992.
22. 제프 호킨스가 이에 대한 훌륭한 책을 썼다. 다음에 소개하는 그의 책들을 참고하라. J. Hawkins, 2021, J. Hawkins, 2004.
23. 얀 르쿤이 2021년 12월 19일에 엑스에 게시.

12. 상상극장 속의 생쥐

1. Volotsky 외, 2022.
2. Tolman, 1939, 1948.
3. Steiner와 Redish, 2014. Redish, 2016에서 검토.

4. Schmidt 외, 2013.
5. 앞과 같음.
6. Beyiuc, 1938(409쪽)에서는 베타피시가 이렇게 행동하는 모습을 묘사하고 있다. 내가 아는 한 Gómez-Laplaza-Laplaza와 Gerlai, 2010은 어류가 지도를 잠재적으로 학습해서 미리 올바르게 결정한다고 보고한 유일한 반례다. 추가로 재현을 하지 않고 반례 하나만으로 해석하기는 어렵다. 하지만 실제로 일부 어류가 잠재적 학습을 수행할 수 있는 것으로 밝혀진다면, 초기 척추동물이 계획을 세우지 않고도 잠재적 학습 과제를 해결할 수 있었고, 계획수립이 일부 어류에서 독립적으로 진화했거나 어떤 형태로든 초기 척추동물이 계획수립을 했다는 사실을 시사한다.
7. Lucon-Xiccato 외, 2017.
8. Tindell 외, 2009.
9. Steiner와 Redish, 2014. Redish, 2016에서 검토. Bissonette 외, 2014도 참고.
10. Abe와 Lee, 2011.
11. D. Lewis, 1973.
12. 쥐에서 원인 추론이 가능하다는 증거는 Blaisdell 외, 2006; M. R. Waldmann 외, 2012를 참고하라. Fischer와 Schloegl, 2017에서는 원인 추론이 초기 포유류에서 진화했고, 조류에서도 독립적으로 진화했다고 결론 내리고 있다.
13. Addis 외, 2007.
14. O'Craven과 Kanwisher, 2000; J. Pearson 외, 2015.
15. Shermer 외, 2011.
16. Garry 외, 1996.
17. Crystal, 2013; W. Zhou 외, 2012.
18. 쥐처럼 단순한 포유류가 과거의 사건을 회상하는 과정을 지칭할 때 일화기억이라는 용어를 사용하지 않으려는 신경과학자가 많다. 일화기억이라는 용어에는 정신적 시간 여행에 대한 의식적 경험이나 자서전적 자아autobiographical self 같은 여러 가지 개념이 포함되어 있기 때문이다. 그래서 많은 신경과학자는 더 안전한 용어인 일화형 기억episodic-like memory을 사용한다. 실제로 쥐가 경험적으로 얼마나 풍부한 내용을 기억하는지는 분명하지 않다. 그럼에도 쥐에게서 확인된 증거에 따르면 초기 포유류에게 일화기억의 전조가 있었다.
19. Wang, 2018.
20. 행동에는 이동하는 움직임뿐 아니라 '공간 속의 다음 표적 장소'도 포함된다. 바꿔 말하면 조상 척추동물의 '공간지도'는 미래의 행동을 시뮬레이션하기 위해 만들어진 것 같지는 않기 때문에 모델 기반 강화학습으로 분류하지 않는다. 그래도 장소 인식과 귀소성 진로homing vector의 구축에는 이용할 수 있다.

13. 미래의 가능성을 시뮬레이션하기

1. Baxter 외, 2000에서는 체스에 대한 시간차학습 접근방식(여전히 가지치기 검색을 사용하기 때문에 모델 없는 방식이 아니다)을 제공하고, 체스에서 모델 없는 접근방식(검색은 하지 않는다)을 사용하는 데 따르는 어려움을 잘 요약해서 설명하고 있다.
2. Silver 외, 2016.
3. M. James, 2016.
4. https://en.wikipedia.org/wiki/Go_(game)#/media/File:FloorGoban.JPG.
5. 다큐멘터리 〈알파고: 그 영화AlphGo: The Movie〉(Kohs, 2020).
6. 앞과 같음.
7. 앞과 같음.
8. Devinsky 외, 1995; Németh 외, 1988; B. A. Vogt, 2009.
9. Damasio와 van Hoesen, 1983.
10. J. H. Kaas, 2011에 따르면 초기 포유류에는 이마엽에 앞띠이랑겉질anterior cingulate cortex과 눈확이마엽겉질orbitofrontal cortex이라는 두 주요 영역이 있었다. 내가 말하는 초기 포유류의 aPFC는 이 두 영역을 모두 지칭하는 것이다. 사람의 앞띠이랑겉질은 설치류의 둘레계통앞겉질prelimbic cortex, 둘레계통아래겉질infralimbic, 등쪽앞띠이랑겉질dorsal anterior cingulate cortex과 동일하다고 여겨진다(Laubach 외, 2018; van Heukelum 외, 2020). 이 영역은 모두 최초 포유류의 앞띠이랑겉질에서 유래했다고 가정할 수 있다.
11. 머리를 돌리는 행동의 상실은 Schmidt 외, 2019를, 해마에서 목표 표상 능력의 상실은 Ito 외, 2015를 참고하라. 일화기억 회상에 대해서는 Frankland 외, 2004를, 반사실적 학습에 대해서는 J. L. Jones 외, 2012를 참고하라.
12. Friedman 외, 2015.
13. Frankland 외, 2004.
14. Goard 외, 2016; Kamigaki와 Dan, 2017; Kopec 외, 2015.
15. 쥐에서 이마엽앞겉질의 둘레계통앞영역(aPFC의 일부)을 불활성화하면 너무 이른 반응(곧 자극 이전에 레버를 누르기)이 증가한다(Hardung 외, 2017; Narayanan 외, 2006). 쥐에서 aPFC를 불활성화하면 조급한 시도가 늘어나고 대기시간이 줄어든다(Murakami 외, 2017). 행동 억제에서 이마엽앞 영역의 역할에 대해서는 Kamigaki, 2019와 M. G. White 외, 2018을 참고하라.
16. Procyk 외, 2000; Procyk와 Joseph, 2001. 후자의 연구에서는 원숭이 앞띠이랑겉질(aPFC의 일부)에 들어 있는 신경세포가 순차적으로 수행되는 행동의 순서(수행되는 실제 행동은 동일하더라도)에도 민감하다는 것을 관찰했다. 이는 이 뇌 영역이 개별 동작뿐 아니라 동물이 속해 있는

전체적인 순서도 모델화하고 있음을 암시한다. 이에 대한 증거가 쥐(Cowen 외, 2012; Cowen과 McNaughton, 2007)와 사람(Koechlin 외, 2002)에서도 확인되었다.

17. Dehaene 외, 1994; MacDonald 외, 2000; Ridderinkhof 외, 2004; Totah 외, 2009. 흥미로운 이론을 종합한 논문은 Shenhav 외, 2016을 참고하라.
18. 이 부분에 대한 추가적인 참고도서로는 Gal, 2016과 Lakshminarayanan 외, 2017을 참고하라.
19. 이마엽겉질은 시상밑핵subthalamic nucleus이라는 바닥핵의 일부로 직접 투사를 보낸다. 시상밑핵은 행동을 완전히 멈출 수 있는 것으로 확인됐다(Narayanan 외, 2020).
20. E. R. Stern 외, 2010.
21. 이 회로에 대한 검토로는 Kamigaki, 2019를 참고하라. 이마엽앞 영역들은 서로 다른 감각 양식과 연관되어 있다는 점에 유의하자. aPFC의 일부 하위영역(앞띠이랑겉질 등)은 대부분 출력을 몸감각영역과 청각영역이 아니라 시각영역으로 보내는 반면, 일부 영역은 대부분 출력을 청각영역과 몸감각영역으로 보낸다(S. Zhang 외, 2016).
22. Benchenane 외, 2010; Spellman 외, 2015에서는 Redish, 2016에서 검토한 것처럼 대리 시행착오를 진행하는 동안에 aPFC와 해마 사이에 동기화가 일어난다는 것을 보여준다. Hyman 외, 2010; M. W. Jones와 Wilson, 2005에서는 일화기억 과제를 수행하는 동안에 해마와 이마엽앞겉질 간에 동기화가 일어남을 보여준다. Sauseng 외, 2004; Sederberg 외, 2003; Xie 외, 2021에서는 작업기억과 일화기억 과제를 수행하는 동안에 이마엽앞새겉질과 감각새겉질 사이에 이와 같은 동기화가 일어남을 보여준다.
23. Bogacz와 Gurney, 2007; Krajbich 외, 2010.
24. Dickinson, 1985.
25. 앞과 같음.
26. Adams 외, 2013.
27. 그의 이론은 운동겉질에 관한 것이었다. 이것 역시 무과립이지만(다음 장 참고) 그 논리는 aPFC에도 동일하게 적용된다.
28. 새겉질 기둥들은 서로 다른 층이 억제될 때 서로 다른 상태 사이에서 진동하고, 사물을 상상할 때와 실제 사물에 주의를 기울이고 있을 때 서로 다른 리듬으로 진동한다는 증거가 있다. 나는 Bennett, 2020에 나와 있는 증거를 검토했다.
29. S. Zhang 외, 2014에서는 감각새겉질 속의 표상을 조절하는 이마엽앞 회로에 대해 설명한다.
30. Wagner, 1932.
31. Dias와 Aggleton, 2000. 쥐가 비위치부합 과제non-matching-to-position task는 거의 정상적인 속도로 학습할 수 있다는 점에 유의하자. 최근에 활용한 먹이 장소를 피하려는 본능적 성향을 극복할 필요가 없기 때문이다(방금 경험했던 장소를 피하는 것은 본능적이다). Passingham과 Wise, 2015

에서 논의하고 있다.

14. 식기세척 로봇이 나오지 못한 이유

1. Darling 외, 2011.
2. 하지만 운동겉질은 '무과립', 곧 4번 층이 얇거나 없다는 점에 유의해야 한다(aPFC처럼).
3. Karlen과 Krubitzer, 2007. 유태반류-유대류의 분기는 약 1억 6,000만 년 전 쥐라기에 일어난 것으로 믿고 있다(Z. X. Luo 외, 2011).
4. Karlen과 Krubitzer, 2007.
5. Kawai 외, 2015; Whishaw 외, 1991. 영장류 운동겉질의 신경세포들은 더 오래된 회로를 우회해서 척수의 신경세포와 직접 연결되어 있다(Lemon, 2019). 일부 연구에 따르면 이런 직접적인 투사가 쥐에서도 일어난다는 증거가 있다(Elger 외, 1977; Gu 외, 2017; Maeda 외, 2016). 하지만 새로운 증거에 따르면 이런 직접적인 투사는 영장류와 달리(Armand 외, 1997; Eyre, 2007) 성체가 되면 사라진다(Murabe 외, 2018). 영장류의 운동겉질 손상으로 인한 마비는 초기 포유류 운동겉질의 대표 특성은 아닌 것으로 보인다.
6. 이 그림은 Grillner와 el Manira, 2020에 나온 이미지에서 영감을 받았다.
7. Alaverdashvili와 Whishaw, 2008; T. Drew 외, 2008; T. Drew와 Marigold, 2015; Grillner와 el Manira, 2020.
8. Kawai 외, 2015.
9. Beloozerova 외, 2010; Farrell 외, 2014; Grillner와 el Manira, 2020.
10. Andujar 외, 2010; Beloozerova와 Sirota, 2003; T. Drew와 Marigold, 2015.
11. Lajoie 외, 2010.
12. Malouin 외, 2003.
13. Kosonogov, 2011.
14. Arora 외, 2011.
15. Kohlsdorf와 Navas, 2007; Olberding 외, 2012; Parker와 McBrayer, 2016; Tucker와 McBrayer, 2012.
16. Kohlsdorf와 Biewener, 2006; Olberding 외, 2012; Self, 2012.
17. Lashley, 1951; Yokoi와 Diedrichsen, 2019.
18. Thorn 외, 2010.
19. Yin 외, 2004.

20. Brainin 외, 2008.
21. P. Gao 외, 2003.
22. Lhermitte, 1983.
23. N. Li 외, 2013.
24. N. Li 외, 2013.

15. 정치적 수완을 위한 군비경쟁

1. Sahney와 Benton, 2008.
2. Sahney와 Benton, 2008
3. Dunbar, 1998.
4. Pérez-Barbería 외, 2007; Shultz와 Dunbar, 2007. Dunbar와 Shultz, 2017에서 검토.
5. Stringham, 2011.
6. S. Curtis, 1998.
7. Shultz와 Dunbar, 2007. 원본 데이터는 Nowak, 1999. 이런 분류가 정확한 것은 아니다. 모든 아종이 이 분류에 속하지는 않으며 다른 분류에 해당할 수 있다. 하지만 이는 일반적인 분류이고, 서로 다른 사회조직을 최초로 광범위하게 분류한 근사치다. 던바는 자신의 중요한 연구에서 이 네 가지 분류를 이용했고, 지금은 영장류 문헌에서 표준으로 사용되고 있다(B. B. Smuts 외, 1987).
8. Shultz와 Dunbar, 2007. 원본 데이터는 Nowak, 1999.
9. 하렘 집단을 이루는 대부분의 포유류는 한 마리의 수컷과 여러 마리의 암컷으로 구성되는 반면, 그 역할이 역전되는 경우도 있다. 일부 마모셋원숭이, 원숭이, 유대류의 경우 한 마리의 암컷이 여러 마리의 수컷과 짝짓기를 한다(Goldizen, 1988). 물론 꿀벌 같은 여러 곤충에서는 암컷이 사회집단을 지배하는 것이 예외 없는 법칙이다.
10. R. A. Hill과 Dunbar, 1998.
11. Bettridge 외, 2010.
12. Menzel, 1974. Kirkpatrick, 2007에 요약된 이야기.
13. Call과 Tomasello, 1998.
14. Call 외, 2004.
15. Kano 외, 2019.
16. Tomonaga, 2010.

17. Bräuer, 2014; Kaminski 외, 2009.
18. Dunbar, 1991, 1998; Lehmann 외, 2007.
19. R. M. Seyfarth, 1980.
20. Snowdon과 Cleveland, 1980.
21. D. L. Cheney와 Seyfarth, 1980, 1982.
22. Andelman, 1985; R. M. Seyfarth, 1980.
23. D. Cheney, 1983.
24. Bergman 외, 2003.
25. Berman, 1982; Horrocks와 Hunte, 1983; Walters와 Seyfarth, 1987.
26. Berman, 1983; Lee, 1983.
27. Datta, 1983.
28. Silk, 1987; Silk 외, 2003, 2010.
29. M. R. A. Chance 외, 1977; Gouzoules, 1980.
30. D. L. Cheney와 Seyfarth, 2019의 2장에서 검토.
31. Chapais, 1988; D. L. Cheney와 Seyfarth, 2019의 2장에서도 논의.
32. D. Cheney, 1983.
33. R. M. Seyfarth와 Cheney, 1984.
34. F. B. M. de Waal, 1982; Packer, 1977; B. B. Smuts, 2017.
35. Engelmann과 Herrmann, 2016.
36. Datta, 1983; Dunbar, 2012.
37. Packer, 1977; Silk, 1982.
38. Cheney와 Seyfarth, 2019.
39. Gouzoules, 1975; Scott, 1984.
40. D. L. Cheney와 Seyfarth, 2019.
41. D. Cheney, 1983; D. L. Cheney, 1977; R. M. Seyfarth, 1977.
42. P. Lee, 1983.
43. Stammbach, 1988b, 1988a.
44. Cheney와 Seyfarth, 1989.
45. Cheney와 Seyfarth, 2019.
46. Dunbar 외, 2009.
47. Dunbar, 1991.
48. Borgeaud 외, 2021.

49. Byrne와 Corp, 2004.

16. 다른 사람의 마음을 이해하기

1. Ginneken 외, 2017; Tobias, 1971; van Essen 외, 2019.
2. 영장류의 새겉질에 신경세포의 밀도가 더 높은 것은 사실이지만, 더 촘촘하게 자리 잡고 있다고 해서 새겉질 기둥의 전체적인 구조가 변화했다는 의미는 아니다. 단지 크기가 커지고 더 작은 영역에 촘촘하게 밀집되었음을 의미할 뿐이다. 뇌 크기 변화에 대한 검토는 Herculano-Houzel, 2012를 참고하라.
3. Preuss, 2009.
4. Goldman-Rakic, 1988; Gutierrez 외, 2000.
5. Hebb, 1945; Hebb과 Penfield, 1940; H. L. Teuber와 Weinstein, 1954.
6. Hebb과 Penfield, 1940.
7. H. Teuber, 1964.
8. Gusnard 외, 2001.
9. Christoff 외, 2009; Herwig 외, 2010; Kelley 외, 2002; Moran 외, 2006; Northoff 외, 2006; Schmitz 외, 2004.
10. Kurczek 외, 2015.
11. Breen 외, 2001; Postal, 2005; Spangenberg 외, 1998.
12. Morecraft 외, 2007; Insausti와 Muñoz, 2001.
13. Ray와 Price, 1993. 이를 뒷받침하는 추가 증거는 영장류의 무과립겉질을 자극하면 자율신경반응(호흡률, 혈압, 맥박수의 변화, 동공 확장, 털 세움 등)이 촉발되는 반면, 과립겉질에서는 그렇지 않다는(Kaada, 1960; Kaada 외, 1949) 사실에서도 확인된다.
14. Brunet 외, 2000; Völlm 외, 2006. 만화 과제는 그보다 먼저 나왔던 Baron-Cohen 외, 1986의 스토리텔링 연구와 비슷하다.
15. Brunet 외, 2000; Völlm 외, 2006와 에리크 브루네구에 박사와의 서신 교환을 통해 허락을 받아 사용.
16. Frith, 2003. 허락을 받아 재사용.
17. H. M. Wellman 외, 2001; H. Wimmer와 Perner, 1983.
18. Gweon 외, 2012; Otsuka 외, 2009; Saxe와 Kanwisher, 2003; Young 외, 2007.
19. Carrington과 Bailey, 2009; van Overwall과 Baetens, 2009에서는 gPFC의 두 영역(등쪽안쪽 이

마엽앞겉질과 앞안쪽 이마엽앞겉질. 이 두 영역이 대략적으로 브로만 영역 8, 9, 10)과 함께 관자마루접합과 위관자고랑이 마음이론을 필요로 하는 과제에서 독특하게 활성화되는 영역이라고 구체적으로 암시하고 있다.

20. Siegal 외, 1996; V. E. Stone 외, 1998.
21. Shaw 외, 2005.
22. Shamay-Tsoory 외, 2003.
23. Winner 외, 1998.
24. Shamay-Tsoory 외, 2005; V. E. Stone 외, 1998.
25. Stuss 외, 2001.
26. 앞과 같음.
27. Dehaene 외, 2005; D. I. Perrett 외, 1992; Ramezan-pour와 Thier, 2020.
28. T. Hayashi 외, 2020.
29. Sallet 외, 2011.
30. J. Powell 외, 2012; Stiller와 Dunbar, 2007; P. A. Lewis 외, 2011; J. L. Powell 외, 2010.
31. 자기참조와 다른 사람에 대한 생각에 관여하는 이마엽앞겉질의 구체적인 영역에 대한 자세한 검토는 Amodio와 Frith, 2006을 참고하라.
32. Gallese와 Goldman, 1998; Goldman, 1992; Gordon, 2011; Harris, 1992. 이런 것들이 동일한 과정을 통해 구현된다고 모든 사람이 동의하지는 않는다는 사실에 유의하자. 이 논란에 대한 검토로는 Dimaggio 외, 2008; Gallup, 1998을 참고하라.
33. 자신의 성격적 특성을 평가할 때나, 다른 사람으로부터 자신에 대한 평가를 받을 때 gPFC에서 동일한 정신화 네트워크, 구체적으로는 이마엽앞겉질의 안쪽 영역이 활성화된다(Ochsner 외, 2005).
34. 다른 사람에 대한 마음이론이 자신에 대한 생성모델을 바탕으로 부트스트래핑된다는 개념과 더욱 일치하는 사실은, 아동 발달 과정에서 자기의 개념이 마음이론이 등장하기 전에 나타난다는 점이다. Keenan 외, 2005; Ritblatt, 2000; Rochat, 1998 참고.
35. Amsterdam, 1972.
36. Frith와 Frith, 2003.
37. Shatz 외, 1983.
38. H. M. Wellman 외, 2001.
39. Gopnik과 Meltzoff, 2011; Lang과 Perner, 2002.
40. Gallup 외, 1971. 코끼리와 돌고래가 거울 속의 자기 모습을 알아볼 수 있다는 증거가 있다(Plotnik 외, 2006; Reiss와 Marino, 2001). 자기 알아보기는 침팬지, 오랑우탄, 고릴라 같은 유

인원에서도 관찰된다(Suarez와 Gallup, 1981; Posada와 Colell, 2007). 원숭이는 거울 속의 자기 모습을 알아볼 수 있을지 모른다(Chang 외, 2017). 거울 테스트 결과들을 잘 요약해놓은 자료로는 Suddendorf, 2013의 3장을 참고하라.

41. Kawada 외, 2004; Niedenthal 외, 2000.
42. van Boven과 Loewenstein, 2003.
43. Bargh와 Chartrand, 2000.
44. 마이클 그라치아노Michael Graziano는 이것과 의식의 관계에 대해 흥미로운 개념을 제시했다. 그는 우리 조상이 자신들의 독특한 사회생활을 영위하기 위해 마음이론을 진화시켰으며, 이 마음이론을 자신의 내면에 적용하자 그 부작용으로 의식이 등장했다고 주장한다(Graziano, 2019).
45. Surís 외, 2021.
46. Crawford, 2021.

17. 원숭이 망치와 자율주행차

1. 이를 청소하는 것에 대해서는 Pal 외, 2018을, 다양한 기술의 목록은 Sanz와 Morgan, 2007을 참고하라.
2. Hart 외, 2001.
3. Müller, 2010.
4. Bernardi, 2012.
5. Sanz와 Morgan, 2007.
6. Musgrave 외, 2020.
7. di Pellegrino 외, 1992.
8. Taylor, 2016과 Roche와 Commins, 2009에 나온 이야기.
9. di Pellegrino 외, 1992; Dushanova와 Donoghue, 2010; Fogassi 외, 2005; Tkach 외, 2007.
10. di Pellegrino 외, 1992; Ferrari 외, 2003; Gallese 외, 1996.
11. Brass 외, 2007; Buccino 외, 2001; Mukamel 외, 2010.
12. 거울신경세포를 둘러싼 현재의 논란에 대한 검토는 Heyes와 Catmur, 2022; Hickok, 2014; Jeon과 Lee, 2018; Rozzi, 2015를 참고하라.
13. Rizzolatti 외, 2001.
14. Gallese와 Goldman, 1998.
15. Köhler 외, 2002.

16. Umiltà 외, 2001.
17. Pazzaglia 외, 2008; Tarhan 외, 2015; Urgesi 외, 2014.
18. Pobric과 Hamilton, 2006. 이와 일치하는 내용이 있다. 사람이 가벼운 상자를 능동적으로 들어 올리는 경우에는 다른 사람이 상자를 들어 올리는 모습을 보면서 그 상자 역시 가벼울 거라 생각하는 편향이 생긴다. 이런 편향은 사람이 수동적으로 가벼운 상자를 들고만 있을 때보다 상자를 능동적으로 들어 올릴 때 더 크게 나타난다. 이런 결과는 이런 현상이 상자를 가벼움과 연합시키는 것이 아니라 직접 상자를 들어 올리는 능동적 경험에서 비롯된다는 것을 보여준다(A. Hamilton 외, 2004).
19. Michael 외, 2014.
20. Thompson 외, 2019에서는 이런 일부 개념에 대해 훌륭하게 검토하고 있다. 하지만 행동 생산의 장애가 항상 행동 지각의 장애를 만들어내는 것은 아님을 암시하는 반례에 대해서는 Negri 외, 2007, Vannuscorps와 Caramazza, 2016을 참고하라.
21. S. Vogt 외, 2007.
22. Catmur 외, 2009; Heiser 외, 2003.
23. Humle 외, 2009; Lonsdorf, 2005.
24. Biro 외, 2003; Matsuzawa 외, 2008.
25. M. Hayashi 외, 2005; Marshall-Pescini와 Whiten, 2008; Tomasello 외, 1987; Subiaul 외, 2004.
26. Whiten 외, 2005.
27. Dindo 외, 2009.
28. Gunhold 외, 2014.
29. E. van de Waal 외, 2015.
30. Haslam 외, 2016; Mercader 외, 2007; Whiten, 2017.
31. Zentall와 Levine, 1972.
32. Müller와 Cant, 2010.
33. Hermann, 2002.
34. Range 외, 2007.
35. 어류의 관찰학습에 대해서는 Lindeyer와 Reader, 2010을 참고하라. 파충류에 대해서는 Kis 외, 2015; Wilkinson, Kuenstner 외, 2010; Wilkinson, Mandl 외, 2010을 참고하라.
36. 이 부분에 대한 논란은 Hoppitt 외, 2008; Kline, 2014; Premack, 2007을 참고하라.
37. Boesch, 1991.
38. Masataka 외, 2009.

39. Musgrave 외, 2016.
40. Musgrave 외, 2020.
41. Call 외, 2005; Horner와 Whiten, 2005; Nagell 외, 1993.
42. Christian, 《정렬 문제》, 232쪽에 나온 이야기.
43. Abbeel, Coates와 Ng, 2004.
44. Abbeel 외, 2010.
45. 역강화학습의 어려움에 대한 검토는 Hua 외, 2021을 참고하라.

18. 쥐가 식료품 쇼핑을 못하는 이유

1. Milton, 1981.
2. Janmaat 외, 2014.
3. Noser와 Byrne, 2007.
4. Barry, 1976.
5. DeCasien 외, 2017.
6. Suddendorf와 Corballis, 1997.
7. F. B. M. de Waal, 1982.
8. Mulcahy와 Call, 2006.
9. Boesch와 Boesch, 1984.
10. Goodall, 1986.
11. Naqshbandi와 Roberts, 2006.
12. 나크시반디와 로버츠는 원숭이와 쥐에서 비슷한 수준의 갈증을 유도하는 대추와 건포도의 양을 확인하는 기준 설정 실험을 진행했다. 갈증의 수준은 동물에게 그만큼의 대추와 건포도를 무제한의 물과 함께 제공했을 때 물 섭취량이 상대적으로 얼마나 증가하는지를 통해 측정했다.
13. Suddendorf와 Corballis, 1997.
14. 수덴도르프는 다른 동물이 미래의 필요를 예측할 수 있다고 주장하는 연구들에 대해 여전히 회의적이다(개인적 서신을 통해 확인). 사실 수덴도르프는 인간을 제외한 다른 동물에게 미래를 생각할 능력이 있다는 사실 자체에 대해서 회의적이다(Suddendorf, 2013; Suddendorf와 Redshaw, 2022 참고). 그의 흥미진진한 책 《시간의 지배자The Invention of Tomorrow》에 그러한 주장이 잘 정리되어 있다.
15. Mela 외, 1996; Nisbett과 Kanouse, 1969.

혁신 #4의 요약: 정신화

1. 어린아이는 네 살 즈음부터 미래의 필요를 예측하기 시작하는 것으로 보인다(Suddendorf와 Busby, 2005). 이는 어린아이가 마음이론 과제에 성공하기 시작하는 것과 비슷한 나이다(H. M. Wellman 외, 2001). 정신적 시간 여행에 관한 서로 다른 이론에 대한 검토는 Suddendorf와 Corballis, 2007을 참고하라.
2. T. D. White 외, 2009.

19. 인간의 고유한 속성을 찾아서

1. Darwin, 1871.
2. Herculano-Houzel, S. 2009
3. Graham과 Hobaiter, 2023; Hobaiter와 Byrne, 2014; Hobaiter와 Byrne, 2011.
4. 〈미션 1부: 연구Mission Part 1: Research〉, koko.org
5. L. Stern, 2020.
6. Savage-Rumbaugh 외, 1993.
7. Yang, 2013에서는 어린아이와 침팬지 님 침스키의 구절 다양성을 비교했다. Yang, 2013에서는 어린아이의 경우 문법을 사용해서 새로운 문구를 구성하는 것으로 볼 수 있는 수준의 다양성을 보여줬다. 하지만 님 침스키는 그렇지 못하다고 결론 내리고, 침스키의 구절 다양성은 구절을 직접 암기한 상태에 더욱 가깝다고 결론지었다.
8. 이 부분에 관해서 내가 좋아하는 글은 다니엘 도르Daniel Dor의 책 《상상력의 가르침The Instruction of Imagination》(New York: Oxford University Press, 2015)이다.
9. Harari, 2015.
10. Dunbar, 1993에서는 인간의 뇌에서 새겉질이 차지하는 비율과 부족사회를 조사한 후에 인간 집단의 규모를 150으로 추정했다(150이 그 유명한 던바의 수Dunbar's number다). B. B. Smuts 외, 1987에서는 침팬지의 평균 집단 규모를 50 정도로, 꼬리감는원숭이의 평균 집단 규모를 18 정도로 보고했다.
11. Dunbar, 1992, 1993.
12. 축적되는 문화 이론에 대한 검토는 Tennie 외, 2009; Tomasello 외, 1993을 참고하라.
13. Toups 외, 2011.
14. D. E. Lyons 외, 2007.

15. 예를 들어 Gergely 외, 2002와 Schwier 외, 2006에서는 12개월 유아와 14개월 유아가 순차적으로 하는 행동에서 특이한 요소를 보고, 그런 행동을 하는 이유가 분명치 않을 때는 그대로 따라할 가능성이 높음을 보여줬다. 반면 교사가 어떤 물리적 제약 때문에 그런 특이한 행동을 어쩔 수 없이 해야 했던 경우에는 그 행동을 따라할 가능성이 낮았다. 예를 들어 Schwier 외, 2006에서는 교사들에게 입구가 정문과 굴뚝, 두 개인 장난감 집에 강아지 장난감을 넣게 했다. 한 번은 정문으로 집어넣고 한 번은 굴뚝으로 집어넣었다. 정문이 닫혀 있어서 교사가 굴뚝으로 장난감 강아지를 넣은 경우 유아는 자기 차례가 왔을 때 정문이 열려 있는 경우 그 행동을 그대로 따라할 가능성이 낮았다. 유아들은 그냥 정문으로 장난감을 넣었다(다른 수단을 통해 동일한 목적 달성). 이와 대조적으로 정문이 열려 있는데도 교사가 굴뚝으로 장난감을 넣었을 때는(곧 교사가 분명 어떤 이유가 있어서 굴뚝을 선택한 경우) 유아도 똑같이 굴뚝을 통해 장난감을 넣었다.
16. Carpenter 외, 1998; Meltzoff, 1995.
17. Chopra 외, 2019; Dean 외, 2012.
18. 축적되는 문화의 개념과 관련해서 내가 좋아하는 글은 Tennie 외, 2009에 있다.
19. Henrich, 2004.

20. 뇌 속의 언어

1. 실어증aphasia, 국립 청각장애 및 의사소통장애 연구소National Institute on Deafness and Other Communication Disorders, 2017년 3월 6일. 2023년 3월 5일에 https://www.nidcd.nih.gov/health/aphasia에서 접속
2. 베르니케영역에 대한 검토는 DeWitt와 Rauschecker, 2013을 참고하라.
3. Campbell 외, 2008.
4. Chapey, 2008.
5. Emmorey, 2001; Hickok 외, 1998; Marshall 외, 2004.
6. DeWitt와 Rauschecker, 2013; Geschwind, 1970.
7. Neville 외, 1997.
8. Lenneberg, 1967에서는 언어 능력이 다른 인지기능과 근본적으로 분리되어 있음을 보여줬다. 최근의 검토는 Curtiss, 2013을 참고하라.
9. Smith와 Tsimpli, 1995.
10. Herculano-Houzel, 2012; Herculano-Houzel, 2009에서는 인간이 뇌가 대체로 영장류의 뇌가 크기만 커진 것임을 보여줬다. Semendeferi와 Damasio, 2000에서는 인간의 이마엽앞겉질이 다른 영장류에 비해 특이할 정도로 커진 것은 아님을 밝혔다(그냥 나머지 뇌와 비례해서 커졌을 뿐

이다).

다른 영장류의 뇌와 비교해 인간 뇌에서 발견된 몇 가지 차이점은 다음과 같다. 첫째, 인간은 운동겉질에서 성대를 통제하는 인후 영역으로 독특하게 투사가 이뤄진다. 따라서 인간은 특이하게도 성대를 직접 통제할 수 있고, 이 구조는 분명 말하기와 관련되어 있다. 하지만 장 뒷부분에서 살펴보겠지만 이 구조가 언어를 잠금 해제한 것은 아니다. 이런 투사가 이뤄지지 않아도 발성이 필요 없는 정교한 언어가 많이 있기 때문이다(예를 들어 선천적 청각장애인의 수화). 둘째, 새겉질에서 오직 인간에게만 있는 뇌 영역은 없지만(동일한 뇌 영역들이 모두 다른 영장류에서도 발견된다), 이마엽앞겉질의 서로 다른 영역에 할당된 공간의 상대적 크기가 인간에게서는 어느 정도 다를 수 있다는 증거가 있다(Teffer와 Semendeferi, 2012). 셋째, 인간의 새겉질 미세회로 그 자체에 근본적인 차이가 있다는 증거는 될 수 없지만 인간의 새겉질에 있는 기둥의 폭이 다른 영장류보다 넓을 수도 있다(Buxhoeveden과 Casanova, 2002; Semendeferi 외, 2011). 하지만 언제든 인간의 새겉질 미세회로가 근본적으로 다르게 배선되어 있음이 밝혀진다면(지금까지 감지하지 못한 것을 보면 이것은 분명 대단히 미세한 변화일 것이다), 이 진화 이야기 전체를 다시 생각해봐야 할 것이다. 인간의 새겉질이 '종류 자체가 다른' 뭔가를 가능하게 해줄 가능성이 열리는 것이기 때문이다.

11. Aitken, 1981; Jürgens, 1988; Jürgens 외, 1982.
12. Trepel 외, 1996. 허락을 받아 사용.
13. Burling, 1993.
14. Goodall, 1986.
15. 그렇다고 해서 감정 그 자체가 편도체와 뇌줄기에서만 나온다는 의미는 아니다. 미소, 찡그리기, 울기 등의 자동적인 감정 표현이 이런 회로에 새겨져 있다는 의미일 뿐이다. 사람과 다른 포유류의 감정적 경험과 감정 상태는 이보다 복잡하고 아마도 겉질과 관련되어 있을 것이다.
16. Hammerschmidt와 Fischer, 2013.
17. Graham 외, 2018.
18. 감정 표현과 감정 상태 사이의 조응(짝 짓기)이 어디까지 보편적이고 어디까지 문화적으로 학습된 것인지에 대해서는 논란이 있다. 표정으로 명확하게 감정의 범주를 정의하려는 시도에 대해 최근에 의문이 제기되었다. 한 문화권에서 정의한 범주가 항상 다른 문화권에서 그대로 통용되지는 않는 것으로 밝혀졌기 때문이다. 따라서 나는 분노와 행복 같은 감정이 보편적이라고 주장하는 것은 아니다. 감정이라는 범주의 여러 측면이 학습되는 것이라고 해서 사람이 갖고 태어나는 미리 정해진 감정 표현의 초기 형태가 존재하지 않는다는 의미는 아니다. 내가 아는 바로는 어린아이가 행복한 것에 반응해서 비명을 지르며 울었다거나, 고통스러운 것에 반응해서 미소를 짓거나 웃음을 터트렸다는 보고는 없었다. 청각장애나 시각장애를 안고 태어난 아기도 정상적

으로 미소 짓고 웃고 울 수 있다(Eibl-Eibesfeldt, 1973). 포유류의 발달 과정에서 새겉질은 학습하며, 중간뇌와 뒷뇌에 유전적으로 이미 배선되어 있는 시스템이라도 이런 학습을 통해 선천적 감정 표현의 형태를 조절하고 변경하고 확장할 수 있다. 이것이 포유류 뇌의 일반적인 발달 방식이다. 예를 들어 아기의 중간뇌와 뒷뇌에는 기본적인 운동 행동(움켜쥐기)의 회로가 미리 배선되어 있다. 그 후에 새겉질이 학습는 과정에서 이런 중간뇌와 뒷뇌의 회로들을 장악해서 조절하기 시작하고, 결국 이들을 무시하고 스스로 손을 제어하게 된다. 하지만 이것이 움켜쥐기를 담당하는 선천적 회로가 미리 존재하지 않았다는 의미는 아니다.

전 세계의 모든 문화권에서 사람의 감정 표현이 어느 정도는 보편적이라는 사실을 보여주는 증거는 Ekman, 1992; Ekman 외, 1969; Ekman과 Friesen, 1971; Scherer, 1985를 참고하라. 감정의 범주가 기존의 생각처럼 보편적이지는 않다는 증거는 리사 펠드먼 배럿Lisa Feldman Barrett의 놀라운 책 《감정은 어떻게 만들어지는가?How Emotions Are Made》와 Barrett 외, 2019를 참고하라. 새겉질이 감정의 범주를 구성한다는 배럿의 구성된 감정 이론theory of constructed emotion은 이 책에서 aPFC와 gPFC가 자아의 생성모형을 구성하고 동물 자신의 행동과 정신상태에 대한 설명을 구성한다고 제시하는 주장과 일맥상통한다. 여기서 등장하는 창발적 속성이 감정 상태라는 개념을 구성하는지도 모른다. 곧 분노라는 개념을 이용해서 동물이 수행하는 행동들을 설명하는 것이다(어쩌면 aPFC가 의도를 구성한다는 개념과 비슷하거나 동일한 것인지도 모르겠다).

19. Andrei, 2021.
20. Lenneberg, 1967.
21. 그는 엘먼 네트워크Elman network라고도 부르는 단순한 재귀 신경망을 도입했다(Elman, 1990).
22. 교육과정에 대해 잘 설명하고 있는 자료로는 Christian, 2020을 참고하라.
23. Beebe 외, 1988, 2016.
24. Tomasello, 1995.
25. Carpenter와 Call, 2013.
26. Liszkowski 외, 2004.
27. Warneken 외, 2006.
28. Morales 외, 2000; Mundy 외, 2007.
29. Hauser 외, 2002.
30. 일부 사람은 이 연구에 나오는 몇몇 사람이 아닌 유인원들이 질문 같은 것을 했다고 주장하지만 이에 대해서는 아직 논란이 있다.
31. D. L. Everett, 2005; Jordania, 2006.
32. MacNeilage, 1998; Vaneechoutte, 2014.

21. 퍼펙트 스톰

1. D. Everett, 2017, 128.
2. DeSilva 외, 2021.
3. Davies 외, 2020.
4. Coppens, 1994. 1,000만 년 전 즈음 아프리카에서 기후변화가 일어났다는 데는 이견이 없다. 하지만 이 변화가 얼마나 극적이었고 우리 조상이 두발보행을 하게 된 것과 얼마나 관련이 있는지에 대해서는 아직 논란이 해소되지 않았다.
5. 다른 화석에서 나온 머리뼈 용적들. Du 외, 2018.
6. 두발보행도 도구 사용 이전에 등장했다(Niemitz, 2010 참고).
7. Bickerton과 Szathmáry, 2011. 200만 년 전 이전에는 자른 흔적이 문 흔적 위에 남아 있다. 이는 다른 동물이 이 뼈에 접근한 다음에 호미닌Hominin이 다시 접근했음을 의미한다. 반면 200만 년 전 이후에는 자른 흔적 위에 문 흔적이 남아 있는 경우가 더 많아졌다. 이는 호미닌이 이 뼈에 먼저 접근했음을 의미한다(Blumenschine, 1987; Blumenschine 외, 1994; Domínguez-Rodrigo 외, 2005; Monahan, 1996).
8. Ben-Dor 외, 2021.
9. 앞과 같음.
10. 앞과 같음.
11. 180만 년 전부터 150만 년 전 사이에 1인당 육식동물 멸종 사건이 가장 많았다(Bobe 외, 2007; M. E. Lewis와 Werdelin, 2007; Ruddiman, 2008).
12. Perkins, 2013.
13. Wrangham, 2017.
14. Carmody와 Wrangham, 2009.
15. Koebnick 외, 1999.
16. 150만 년 전과 200만 년 전 사이에 불을 사용한 증거는 Gowlett과 Wrangham, 2013; Hlubik 외, 2017; James 외, 1989를 참고하라.
17. Garwicz 외, 2009.
18. Malkova 외, 2006.
19. 이는 호모에렉투스에서 성적이형sexual dimorphism(암수 사이에 나타나는 체구 차이)이 줄어드는 쪽으로 변화가 일어난 것을 바탕으로 추론한 내용이다. Plavcan, 2012를 참고하라.
20. Hawkes 외, 1998에서 처음으로 주장한 할머니 가설이다. 수렵채집인 사회에 대해 더 자세히 다루는 또 다른 검토는 Hawkes 외, 2018을 참고하라.

21. Christiansen과 Kirby, 2010.
22. Terrace, 2019에 나온 이야기.
23. Christiansen과 Kirby, 2010.
24. D'Anastasio 외, 2013.
25. D. S. Wilson과 Wilson, 2007에서 집단선택을 현대적으로 해석하고 있다. 여기서 핵심 개념은 진화가 여러 수준의 선택을 통해 작동하기 때문에 집단의 영향과 개체의 영향이 항상 상호작용하고 있다는 것이다. 다시 말해 단순히 종의 생존(집단에만 효과)을 위해 진화가 작동하는 것은 아니다. 개인의 적합성은 손상하지만 집단 전체에는 이롭게 작용하는 특성이 꼭 선택되는 것도 아니다. 개체의 비용보다 집단의 이익이 더 크고 다른 집단과 경쟁하는 적절한 상황에서만 그런 특성이 선택된다.

인간의 진화에 관한 이런 다수준 선택 설명방식에서도 배신자와 사기꾼은 진화가 반드시 해결해야 할 문제라는 점은 인정한다. 따라서 이런 다수준 선택 설명은 이타주의와 협동을 안정시키기 위해 위반자를 찾아내고 처벌하는 메커니즘이 반드시 필요했을 것이라는 진화적 선택과 여전히 맥이 통한다.

일단 인간 집단이 언어, 이타주의, 위반자 처벌 메커니즘을 갖추면 이타주의가 집단 내에서 개인 간의 적합성 차이를 약화시키기 때문에(구성원이 서로를 지지하고 도와줌으로써) 집단 간 경쟁의 효과가 강화되어 강력한 집단선택 효과가 나타났을 것이다.

26. W. D. Hamilton, 1971.
27. R. Seyfarth와 Cheney, 1990; Sherman, 1977, 1985.
28. Trivers, 1971.
29. Mitani, 2006; Mitani와 Watts, 1999, 2001; Povinelli와 Povinelli, 2001.
30. Olendorf 외, 2004.
31. Mesoudi와 Whiten, 2008.
32. 여기서 설명하는 이야기와 순서는 대체로 Fitch, 2010에서 제안한 것이다.
33. 거짓말, 배신, 사기가 언어의 진화 과정에서 극복해야 할 중요한 장애물이었다는 주장에 대해서는 Dunbar, 2004; Fitch, 2010; Knight, 2008; Tomasello, 2016을 참고하라. Dor, 2017은 이보다 더 미묘한 입장을 취한다. 그는 언어와 함께 등장한 사기(거짓말)라는 도전과제가 한 가지 이상의 진화 되먹임고리를 이끌어냈을지도 모른다고 주장했다. 누군가 규칙을 위반한 것을 발견하고 처벌하는 메커니즘을 위한 되먹임고리뿐 아니라, 누군가 거짓말을 하고 있을 때 알아차리는 능력을 위한 되먹임고리도 생겨났다는 것이다. 한 개인이 거짓말에 능숙해지면 더 나쁜 언어 능력이 선택되어 언어가 불안정해지는 것이 아니다. 오히려 상대방이 거짓말을 하거나 나쁜 의도를 갖고 있음을 더욱 잘 파악할 수 있는 더 나은 마음이론이 선택되는 방향으로 진화했다는 것

이다. 이것이 다시 거짓말쟁이에게 감정을 더 잘 조절해서 자신의 의도를 숨겨야 할 진화압을 만들어낸다. 그리고 다시 상대방의 속임수를 꿰뚫어볼 수 있는 더 나은 마음이론에 대한 진화압을 만들어내면서 되먹임고리가 형성됐을 것이다.

34. Dunbar 외, 1997.
35. Dunbar, 1998; Dunbar, 2004.
36. 이타주의를 뒷받침하는 데 이용하는 처벌의 중요성과, 그것이 인간의 진화에서 갖는 중요성에 대해서는 Boyd 외, 2003을 참고하라.
37. Bickerton과 Szathmáry, 2011.
38. Tomasello, 2016, 2018; Dor, 2017에 요약.
39. Berwick과 Chomsky, 2017.
40. Morwood 외, 1999.
41. Falk 외, 2007.
42. Sutikna 외, 2016.

22. 챗GPT와 마음을 들여다보는 창

1. N. Tiku, 2022.
2. GPT-3, 2020. 저자들이 글을 조금 편집했다는 점에 유의하자.
3. K. Lacker, 2020. GPT-3에게 튜링테스트Turing Test를 한 결과. Kevin Lacker의 블로그. https://lacker.io/ai/2020/07/06/giving-gpt-3-a-turing-test.html.
4. 이것은 GPT-3 sandbox, text-davinci-002에서 수행한 테스트 결과로, 2022년 6월 28일 화요일에 진행했다.
5. Kahneman, 2013.
6. 마음이론에서 관자마루접합에 대한 내용은 Samson 외, 2004; Gallagher 외, 2000을 참고하라.
7. Cutting과 Dunn, 1999; Hughes와 Dunn, 1997; Jenkins와 Astington, 1996. 정신화와 언어의 인과관계에 대해서는 아직 논란이 해소되지 않았음에 유의하자. Astington과 Jenkins, 1999가 수행한 종단연구에 따르면 언어 능력으로 훗날 정신화 과제 수행 능력을 예측할 수 있지만 그 반대 과정은 성립하지 않는다. 하지만 언어가 정신화 능력을 극적으로 개선한다고 해도 다른 사람에게 생각과 주체성이 있음을 이해하는 기본 능력은 애초에 사물에 이름을 붙이는 과정을 시작하는 데 필요한 공동관심의 필수 토대로 보인다(이 부분은 de Villiers, 2007에서 논의하고 있다).
8. Baron-Cohen, 1995.

9. 2023년 1월에 얀 르쿤이 LinkedIn에 게시.

10. 그리고 다른 양식을 이 모형에 직접 통합하는 과정도 이뤄질 것이다. 실제로 이미 GPT-4처럼 새로운 LLM은 다중양식multimodal을 다루도록 설계되고 있어 텍스트에 더해서 이미지를 이용한 훈련도 이뤄진다.

옮긴이_**김성훈**

치과의사의 길을 걷다가 번역의 길로 방향을 튼 엉뚱한 번역가. 중학생 시절부터 과학에 대해 궁금증이 생길 때마다 틈틈이 적어온 과학 노트가 지금까지도 보물 1호이며, 번역으로 과학의 매력을 더 많은 사람과 나누기를 꿈꾼다. 현재 바른번역 소속 번역가로 활동하고 있다. 《단위, 세상을 보는 13가지 방법》《뇌의 미래》《정리하는 뇌》《브레인 버그》《세상을 움직이는 수학개념 100》 등을 우리말로 옮겼으며, 《늙어감의 기술》로 제36회 한국과학기술도서상 번역상을 수상했다.

지능의 기원

초판 발행 • 2025년 1월 22일
초판 4쇄 발행 • 2025년 7월 11일

지은이 • 맥스 베닛
옮긴이 • 김성훈
감수 • 정재승
발행인 • 이종원
발행처 • (주)도서출판 길벗
브랜드 • 더퀘스트
출판사 등록일 • 1990년 12월 24일
주소 • 서울시 마포구 월드컵로 10길 56(서교동)
대표전화 • 02)332-0931 | **팩스** • 02)323-0586
홈페이지 • www.gilbut.co.kr | **이메일** • gilbut@gilbut.co.kr
대량구매 및 납품 문의 • 02) 330-9708

기획 및 책임편집 • 안아람(an_an3165@gilbut.co.kr), 이민주 | **편집** • 박윤조 | **제작** • 이준호, 손일순, 이진혁
마케팅 • 정경원, 김선영, 정지연, 이지원, 이지현 | **유통혁신팀** • 한준희 | **영업관리** • 김명자, 심선숙 |
독자지원 • 윤정아

디자인 • studio forb | **교정교열 및 전산편집** • 상상벼리 | **인쇄 및 제본** • 상지사

ISBN 979-11-407-1225-0 03400
(길벗 도서번호 040248)

정가 33,000원